Bernhard Blume
Existenz und Dichtung

Essays und Aufsätze
Ausgewählt von
Egon Schwarz
Insel

© Insel Verlag Frankfurt am Main 1980
Alle Rechte vorbehalten
Druck: MZ-Verlagsdruckerei GmbH, Memmingen
Printed in Germany

Inhalt

Vorbemerkung

Diese Sammlung ist eine *hommage* für Bernhard Blume, sie ist seinem Andenken gewidmet. Bernhard Blume (1901–1978) wurde in Stuttgart geboren. In den zwanziger und frühen dreißiger Jahren arbeitete er als Schriftsteller in Deutschland und mußte dann unter Hitler emigrieren. In den Vereinigten Staaten wurde er zum Literaturhistoriker und -kritiker.

Dieses Buch will die Aufsätze eines Germanisten, der zwei selbst in Fachkreisen (und vielleicht gerade in diesen) seltene Künste, das Lesen und Schreiben, zu hoher Fertigkeit ausgebildet hat, einem breiteren Publikum zugänglich machen, indem es sie aus der Zerstreuung in mehr oder minder obskuren Fachzeitschriften löst und nach leicht erkennbaren Prinzipien geordnet vorlegt. Zwei Themenkreise, die den Verfasser ein Leben lang angezogen und zu schöpferischer Tätigkeit angeregt haben, Rainer Maria Rilke und die sich durch die Jahrhunderte ziehende Wassermetaphorik sind es, denen wir die beiden Teile dieser Aufsatzsammlung widmen. Das Eindringen in diese Materien wollten wir dadurch erleichtern, daß wir dem Besonderen jeweils das Allgemeine, das geschichtlich Frühere dem sich der Gegenwart Nähernden voranstellten. Dem auf diese Weise entstehenden Zusammenhalt mußte die Vielfalt des Blumeschen Werkes geopfert werden, zumal Vollständigkeit ohnehin nicht zu erreichen war. (Wer tiefer in seine geistige Welt einzudringen wünscht, kann sich der im Anhang abgedruckten Bibliographie als Leitfaden bedienen.) Um den direkten Zugang zu diesen Arbeiten nicht zu verbauen, wurde darauf verzichtet, sie literaturwissenschaftlich zu erläutern. Erst im Nachwort wird ein Weniges zur Kennzeichnung ihrer Eigenart gesagt. Möge sich der Leser zunächst spontan mit ihnen einlassen. Er wird sofort von der Lektüre gefesselt sein oder die Veröffentlichung hat eines ihrer sich selbst gesteckten Ziele verfehlt: zu zeigen, daß eine Beschäftigung mit Literatur möglich ist, die jedem Fachgelehrten Achtung einflößt und dennoch auch dem Liebhaber der Dichtung etwas bietet.   E.S.

I. Rainer Maria Rilke

Existenz und Dichtung
Eine Rede[1]

Manchmal habe ich einen Alptraum, ich träume das nicht nachts, ich stelle es mir nur immer wieder einmal vor, es überfällt mich mitten am Tage. Es ist der Gedanke, ich sei noch viel älter als ich bin, in der Tat so alt, daß ich schon am Ende des 19. Jahrhunderts Professor für deutsche Literatur war, nicht in Kalifornien, sondern an der deutschen Universität in Prag. Und ich sehe dann einen Studenten vor mir, der mich in meinem Büro aufsucht, mit einem Heft in der Hand. Es seien Gedichte, sagt er, er würde sie mir gern vorlegen, wenn er dürfe, und mich um mein Urteil bitten. Ich nehme das Heft, das in einem mir unbekannten Straßburger Verlag erschienen ist, und blättere darin, und ich fange irgendwo an zu lesen. Und ich lese:

> Es war vor alten Zeiten ein Herr auf Tollenstein,
> dem ein Gemahl zur Seiten stand, jung und hold und fein.
> Ihr Herz war ganz voll Milde, der Haß lag ihr wohl fern,
> doch liebte schön Swanhilde den Knappen ihres Herrn.

Ich lese nicht weiter, sondern versuche es irgendwo anders und lese:

> Am Bett des kranken Kindes
> mit Sorg und Müh durchwacht
> hat liebevoll die Mutter
> schon manche schwere Nacht.

Auch hier gebe ich auf und mache dann noch eine dritte Stichprobe, wiederum aufs Geratewohl, und mein Auge fällt auf diese Zeilen:

> Durch meine Seele ziehts mit Zauberweben –
> o! wie's im Herzen glückverheißend brennt!
> Die Pulse fliegen mir, die Lippen beben,
> ich fühls, *das* ist es, was sich ›Liebe‹ nennt!

Aber ob ich es nun bei ein paar Stichproben belassen oder den kleinen Band sorgfältig zu Ende gelesen hätte, an meinem Eindruck hätte das nichts geändert, und ich kann mir vorstellen, daß ich zu dem jungen Mann nicht ohne Wärme von den Aussichten im Bankfach oder im Versicherungswesen gesprochen hätte. Daß er als Lyriker ohne jede Zukunft war, hätte ich nicht nur aus dem völlig epigonalen Charakter seiner Verse geschlossen, sondern mehr noch aus ihrer Nichtigkeit, ihrer leeren Glätte, aus dem Fehlen jeglichen Lebensgehalts. Es wäre ein wohlbegründetes und zugleich fürchterliches Fehlurteil gewesen, und glücklicherweise hat sich der Professor August Sauer, der in Wirklichkeit in den 90er Jahren in Prag deutsche Literatur lehrte, dieses Fehlurteils nicht schuldig gemacht, als er den jungen René Rilke ermutigte, mit seinen dichterischen Versuchen fortzufahren.[2] Ich sage dies alles nicht, um mich über die jugendlichen Versuche Rilkes lustig zu machen; im Gegenteil, für mich wird es immer eins der staunenswertesten Schauspiele in der Geschichte der Dichtung bleiben, wie aus so aussichtslosen Anfängen eine so ungeheure Leistung herauswachsen konnte.

Wenn ich hier das Wort »Leistung« gebrauche, so meine ich nicht einfach Rilkes große *dichterische* Leistung. Ich gebrauche das Wort in einem viel umfassenderen Sinne, so wie Rilke es selbst gebraucht hat. »Leisten« und »Leistung« sind Schlüsselwörter Rilkes; sie gehören zu den Wörtern, die bei ihm immer wiederkehren. Baudelaire hat einmal erklärt: »Um die Seele eines Dichters . . . zu erraten, muß man das Wort oder die Wörter suchen, die in seinem Werk am häufigsten vorkommen. Die verraten, wovon er besessen ist.«[3]

Zu diesen Wörtern gehört bei Rilke ohne Zweifel das Wort »leisten«. Es ist dies nicht etwa eine neue Entdeckung. Karl Kraus hat, als der *Insel-Almanach auf das Jahr 1914* ein anonymes, nur mit drei Sternen gezeichnetes Gedicht veröffentlichte, aus dem Wort »leisten«, das darin vorkam, auf Rilke als den Verfasser geschlossen.[4] Das Gedicht heißt ›Winterliche Stanzen‹; die Zeile, um die es sich handelt, lautet: »Natur ist göttlich voll, wer kann sie leisten.«[5] Der Anspruch, die Natur zu *leisten*, mag uns beim ersten Hören befremdlich erscheinen. Wir sind es gewöhnt, die Natur zu betrachten oder zu genießen, auch sie zu fürchten oder zu bewundern, nicht aber sie zu leisten.

In der Art, wie wir gewöhnlich der Natur und den Erscheinungen der Welt gegenüberstehen, liegt für Rilke etwas Unzureichendes. Wir sind oberflächlich und unaufmerksam. Wir nehmen nicht auf, wir prägen uns nicht ein, was wir sehen, wir erinnern uns nicht. Rilke nimmt sich selbst von solchem Vorwurf nicht aus. So schreibt er in einem Brief aus Rom über die Parks und Fontänen, die er dort gesehen hat: »Was man davon im Gedächtnis behält, ist nichts, nichts gegen das völlig inkommensurable ihrer Existenz . . . Wie alt müßte man werden«, fährt er fort, »um wirklich genügend zu bewundern, um nirgends hinter der Welt zurückzubleiben; wie viel unterschätzt, übersieht, verkennt man noch!«[6]

Über diese Unzulänglichkeit im Aufnehmen stimmt die ›Erste Duineser Elegie‹ ihre Klage an:

»Ja, die Frühlinge brauchten dich wohl. Es muteten manche Sterne dir zu, daß du sie spürtest. Es hob sich eine Woge heran im Vergangenen, oder da du vorüberkamst am geöffneten Fenster, gab eine Geige sich hin. Das alles war Auftrag. Aber bewältigtest du's?«[7]

Eben dieses »bewältigen« ist es, was Rilke unter »leisten« versteht. Dabei muß man sich im klaren sein, daß die Einzelheiten, die hier in der Elegie genannt sind, über sich hinausweisen. In den Frühlingen ist der Wechsel der Jahreszeiten mitgemeint, und dahinter die Natur überhaupt mit ihren ungeheuren Kräften und Energien; die Sterne deuten den Kosmos an, den »Weltraum«, wie Rilke gern sagt, ein Ungeheures, das uns übertrifft und übersteigt; die Woge, die sich im Vergangenen heranhebt, bringt das versunkene Leben der Geschichte an uns heran, das bewahrt, gedeutet, im Gedächtnis erhalten sein will, und die Geige, die sich hingibt, fordert, daß auch wir uns hingeben, daß wir offen sind für den ungeheuren Reichtum, den die Kunst an uns heranbringt. All dies, Natur, Kosmos, Geschichte, Kunst, ist nicht etwas, das irgendwo ist und uns nichts angeht; es betrifft und meint uns, wir müssen es für uns realisieren, müssen es *leisten*. Es ist Auftrag.

Geleistet werden müssen aber auch die zwischenmenschlichen Beziehungen. Auch die Liebe muß »geleistet« werden; sie ist nichts, was so geradehin genossen werden kann, sondern etwas Schwieriges, selten Gemeistertes, das gelernt werden muß. Dies wird dem verlorenen Sohn im Schlußkapitel des *Malte Laurids Brigge* beigebracht. »Nun«, heißt es von ihm, »da er so mühsam und kummervoll lieben lernte, wurde ihm gezeigt, wie nachlässig und gering bisher alle Liebe gewesen war, die er zu leisten vermeinte. Wie aus keiner etwas hatte werden können, weil er nicht begonnen hatte, an ihr Arbeit zu tun und sie zu verwirklichen.«[8]

Arbeit ist ein Wort, das bei Rilke in dasselbe Sprachfeld gehört wie Leistung, und es wird auf ähnlich ungewöhnliche Art gebraucht wie Leistung. »Er vergaß Gott beinah über der harten Arbeit, sich ihm zu nähern.«[9] Das wird von demselben verlorenen Sohn gesagt, und von eben dem Gott, dessen Absicht es ist, uns »unser ganzes Herz leisten zu lassen«.[10]

Man kann all das zusammenfassen und sagen, die große Aufgabe, oder der Auftrag, der vor Rilke stand, war, seine *Existenz* zu leisten. Von dieser Leistung, in der sich Leben und Werk unauflöslich verschränken, soll im folgenden die Rede sein. Dabei wird sich zeigen, daß Rilkes Laufbahn alles andere als vorgezeichnet war; im Gegenteil, die äußeren Umstände dieses Lebens waren viel eher darauf angelegt, irgendeine große Leistung zu *verhindern*. Und so ist es unumgänglich, wenigstens kurz von Rilkes Kindheit zu reden. Diese Kindheit war, wie wir wissen, oder wie Rilke immer wieder betont hat, sehr unglücklich. Das beruhte zunächst darauf, daß Rilke in einer unglücklichen Ehe aufwuchs. Rilkes Schwiegersohn, Carl Sieber, der Biograph seiner Kindheit, hat dies zwar ausdrücklich bestritten. Bis zum Jahre 1884, erklärt er, das heißt bis zu Rilkes neuntem Lebensjahr, hätten die Eltern in einer *glücklichen* Ehe gelebt, dann hätten sie sich getrennt.[11] Nun ist es an sich schon nicht sehr wahrscheinlich, daß zwei Menschen acht Jahre in einer glücklichen Ehe leben und sich dann plötzlich und ohne Anzeichen einer Entfremdung trennen. *Rilke* war der Meinung, daß die Ehe seiner Eltern schon zur Zeit seiner Geburt erschüttert war.[12] Es ist glaubhaft. Zwei frustrierte, in ihren

Erwartungen enttäuschte Menschen versuchten, miteinander zu leben. Ein gescheiterter Offizier, der in einer bescheidenen Beamtenlaufbahn untergekommen war, und eine gesellschaftlich ehrgeizige, anspruchsvolle Frau, ohne Aussicht, ihre Ansprüche je zu realisieren, – es ist nicht zu erwarten, daß eine solche Ehe die Nestwärme erzeugt, in der ein Kind unbefangen aufwachsen kann. Als die Ehe auseinanderbrach, entstand die Frage, was mit dem kleinen René – so hieß er damals noch – geschehen solle. Man entschloß sich, den Zehnjährigen in eine Militärakademie zu stecken. Es schien eine plausible Lösung; das Kind war untergebracht, der Vater mochte sich erhoffen, was Väter sich nicht selten erhoffen: in der Zukunft seines Sohnes verwirklicht zu sehen, was ihm selbst nicht gelungen war, und die Lösung hatte überdies den Vorzug der Billigkeit; ein einflußreicher Verwandter hatte eine Freistelle in der Akademie vermittelt. *Teuer* war diese Lösung nur insofern, als der kleine René sie mit einem fünfjährigen Martyrium bezahlen mußte. Das Wort Martyrium ist nicht übertrieben. Rilke selbst hat seinen Aufenthalt in der Militärschule eine »Fibel des Entsetzens« genannt[13]; er spricht in dem rund dreißig Jahre später geschriebenen, berühmt gewordenen Brief an einen früheren Lehrer von der »gewaltigen Heimsuchung« seiner Kindheit, von einem »Abgrunde unverschuldeter Not«, einer »einzigen fürchterlichen Verdammnis«; die Militär-Akademie ist für ihn ein »Bagno«, hinter dessen »Gefängnismauern« er eingeschlossen war.[14]

Nun hat man öfter dagegen eingewandt, daß die Schule so schlimm nicht gewesen sein kann, und die *Schule* war vielleicht wirklich nicht so schlimm. Wir haben die Lehrpläne, wir haben Rilkes Schulzeugnisse, mit der Ausnahme von Turnen und Fechten sehr achtbare Zeugnisse; das Schlimme für Rilke war nicht die Schule, es waren die Schüler. Es gibt einen relativ frühen Brief Rilkes, den er an seinem neunzehnten Geburtstag an eine Jugendfreundin, Valerie von David-Rhonfeld, geschrieben und in dem er sich Rechenschaft über sein bisheriges Leben zu geben versucht hat.[15] In diesem Brief beschreibt er, was ihm das Leben in der Militärschule zur Hölle machte: es waren die seelischen und physischen Mißhandlungen, die ihm durch seine Mitschüler zugefügt wurden.

Else Buddeberg vergleicht in ihrem Buch über Rilke – sehr treffend, wie mir scheint – die Welt der Militärschule mit der »gnadenlosen Hackordnung eines Hühnerhofs«[16]. Innerhalb dieser Hackordnung war es ohne Bedeutung, daß Rilke sich im Deutschen, in Geschichte, fremden Sprachen und Naturgeschichte auszeichnete; ausschlaggebend hingegen war es, daß er in den Leibesübungen versagte; und wenn Rilkes Lehrer seinen Fleiß und seine »Konduite« hervorhoben und sein Benehmen als »sehr artig, bescheiden und zuvorkommend« bezeichneten, seine Gemütsbeschaffenheit als »still, zaghaft, gutmütig«[17], so waren das gewiß keine Eigenschaften, die Rilke dazu verhalfen, sich unter seinen Mitschülern durchzusetzen. Im Gegenteil, sie deuten darauf hin, daß Rilke sich nicht zu wehren wußte. Hier war ein vereinzeltes Kind, ohne Geschwister oder Spielkameraden aufgewachsen, das dem Anstaltsleben in keiner Weise gewachsen war und dessen Außenseitertum ihm seine Kameraden aufs unbarmherzigste zu fühlen gaben.

In dem vorhin erwähnten Brief an seinen Lehrer, den späteren Generalmajor von Sedlakowitz, stellt Rilke sich selbst die Frage, woher es wohl komme, daß der Aufenthalt in der Militärschule ihn nicht zerstört habe, und weist dabei auf die »Gegengewichte« hin, die er sich geschaffen habe. Diese Gegengewichte, erklärt er, »konnten nur aus der reinsten Leistung bestehen«, zu der er denn auch seit seinen russischen Tagen entschlossen gewesen sei.[18] Dies ist natürlich aus der späten Sicht dieses Briefes gesehen. Rilke hat immer den eigentlichen Beginn seines Daseins von den zwei russischen Reisen an gerechnet, die er 1899 und 1900 mit Lou Andreas-Salomé unternahm, und mit der »reinsten Leistung« ist natürlich der Teil seines dichterischen Werkes gemeint, von dem er glaubte, er würde Bestand haben. Von einem solchen Gegengewicht kann zur Zeit der Militärschule noch keine Rede sein, und doch hat Rilke auch damals nach Gegengewichten gegen die Demütigungen gesucht, denen er ausgesetzt war. Eine Geschichte, die der späte Rilke verschiedentlich erzählt hat, macht das sehr deutlich. Danach habe ihm einmal einer der robustesten Kameraden einen Schlag ins Gesicht versetzt. Nach einer kurzen Besinnung habe er darauf mit machtvoller Stimme geantwortet: »Dafür wirst du morgen nicht in die Ferien reisen.« Schallendes Gelächter der herumstehenden Zöglinge antwortete darauf. Aber am nächsten Tag lag der robuste Kamerad im Lazarett; er hatte sich das Bein gebrochen.[19] Urplötzlich hatte Rilke sich Respekt verschafft.

Ich bin mir nicht sicher, ob sich das wirklich so zugetragen hat. Gewiß ist nichts verständlicher als das Verlangen des Gedemütigten nach Vergeltung, nichts natürlicher als der Wunsch des Schwächeren, wie im Besitz verborgener Kräfte, einem Magier gleich, durch ein *Wort*, über seinen Gegner zu triumphieren, und ebenso natürlich ist, daß sich in der Erinnerung zuletzt die Wunschbefriedigung über die Wirklichkeit schiebt und sie verdrängt. In dem viel früher geschriebenen und also den Ereignissen näher stehenden Brief an Vally David-Rhonfeld berichtet Rilke eine ganz ähnliche, möglicherweise dieselbe Episode sehr anders. Zwar handelt es sich auch hier um einen verbalen Triumph, aber er bleibt verbal. Mit ruhiger Stimme, wie Rilke hervorhebt, habe er dem Angreifer erwidert: »Ich leide es, weil Christus so gelitten hat, still und ohne Klage, und während du mich schlugst, betete ich zu meinem Gott, daß er dir vergebe.« Auch hier war Hohngelächter die Antwort.[20]

Vielleicht war Renés Stimme nicht ganz so ruhig, wie er es darstellt, und die Antwort, die er seinem Quäler gab, nicht ganz so druckfertig, wie sie in diesem Brief erscheint, aber dem Sinn nach ist sie völlig glaubhaft. Sie steht durchaus im Einklang mit der kindlichen Frömmigkeit, die Rilke in die Militärschule mitbrachte, und sie liefert eine Rechtfertigung für das von ihm selbst berichtete Faktum, wonach er ihm zugefügte Schläge immer nur hingenommen habe, ohne je einen Schlag zu erwidern.[21]

Die eigentlich interessantere der beiden überlieferten Antworten ist freilich die zuerst erwähnte. Nennen wir sie die »erdichtete«. Erdichtet deshalb, weil dieser Versuch, durch Sprache, durch ein *Wort*, Macht über einen Gegner zu gewinnen, wirklich an eine der ältesten, magischen Wurzeln der Dichtung rührt, an den Wortzauber. Man braucht nicht gleich an die *Merseburger Zaubersprüche* und ähnliche Dinge zu denken, aber der kleine Rilke, der hier mit »machtvoller« Stimme, wie er sagt, und mit einem magischen Imperativ seinen Gegner ins Lazarett versetzt haben will, bediente sich eines Prärogativs, dessen sich die Dichter von jeher bedient haben, und zwar gerade wenn die Szene so nur in seiner Einbildung bestanden hat. Und in der Tat schreibt Rilke im gleichen Brief an seine Freundin, daß sich zu jener Zeit der Trieb zu dichten in ihm entwickelt habe, und daß er ihm schon in seinen kindlichen Anfängen Trost verschafft habe. Wie begreiflich, daß der Erniedrigte, aus dem Kreis der Kameraden Ausgestoßene, auf sich selbst Zurückgeworfene, in der Welt der Phantasie nach Kompensationen sucht und sich ein eigenes Reich erfindet, in dem er unbeschränkt schalten kann, in dem er schafft und zerstört, wie es ihm sein Wille eingibt. Es ist eine Scheinwelt, aber er ist Herr in ihr.

Nach fünf Jahren gelang es Rilke schließlich, seine Eltern zu bestimmen, ihn aus der Militärschule herauszunehmen. Es folgte ein kurzes, ebenfalls erfolgloses Zwischenspiel an einer Handelsschule in Linz, dann kehrte Rilke nach Prag zurück, erhielt Privatunterricht, legte mit Auszeichnung die Maturitätsprüfung ab und begann an der Universität in Prag zu studieren. Was er werden wollte, wußte er: ein deutscher Dichter. Nun sah Rilke damals Dichten noch als eine technische Fertigkeit an; man entwickelte sein Talent, indem man produzierte; die Muster bot die zeitgenössische Lyrik. Es ist instruktiv, neben Rilkes erstes Gedichtbändchen irgendeine der damals weitverbreiteten Anthologien zu legen. Vergleicht man, dann zeigt sich, daß Rilkes erste Versuche nicht einfach lächerlich, sondern zugleich repräsentativ sind, repräsentativ als Nachahmungen einer Lyrik, die selbst schon Nachahmung war, Nachahmung vor allem Heines, der Romantiker und des Volkslieds. Es ist seltsam zu denken, daß schon in den fünfziger Jahren ein Jahrhundertdichter wie Baudelaire hervorgetreten war, daß auf ihn Mallarmé, Verlaine und Rimbaud folgten, und daß, während es große Muster gegeben hätte, Rilke sich an Dichtern wie Hugo Salus oder Gustav Falke inspirierte. Und doch ist dies derselbe Rilke, der später, zusammen mit Hofmannsthal und George, der tief ins Provinzielle geratenen deutschen Lyrik den Wiederanschluß an die große europäische Dichtung verschafft hat. Zunächst aber eignete er sich in atemloser Betriebsamkeit und mit steigender Gewandtheit den längst veralteten lyrischen Stil der Epoche an, offerierte seine Gedichte, wo immer er konnte, versuchte Zeitschriften und literarische Vereine zu gründen, tat sich mit den lokalen Berühmtheiten der Prager Literatur zusammen und war auf dem besten Wege, selbst eine Prager Lokalgröße zu werden. All dies nicht zuletzt auch, um seiner Familie zu zeigen, daß er es auch auf anderen Wegen als den von ihm erwarteten zu Erfolg und Ansehen bringen könne.

Dies änderte sich, als Rilke, gegen den Wunsch seiner Familie, sich entschloß, nach München zu gehen. In München brachte ihn dann nicht die Universität weiter, sondern eine Frau, Lou Andreas-Salomé. Soweit es möglich ist, den Durchbruch in Rilkes Entwicklung dem Einfluß eines einzelnen Menschen zuzuschreiben, ist es wohl Lou Andreas-Salomé gewesen, die ihm entscheidend geholfen hat, die Nichtigkeiten seiner Anfänge zu überwinden. Als Rilke im Frühjahr 1897 Lou kennenlernte, war er kaum mehr als ein ehrgeiziger literarischer Entrepreneur, der nichts vorzuweisen hatte als eine ungeheure Menge trivialer Produkte, bestenfalls ein rein formales Talent: derivativ, sentimental, dünn, ohne Zeichen von Originalität, ohne erkennbare Kraft, ohne Ideen oder Substanz. Lou hingegen war Rilke nicht nur an Jahren voraus; hochintelligent, weltgewandt und welterfahren, mit vielen literarischen und sozialen Beziehungen, entzog sie Rilke dem provinziellen Horizont seiner Anfänge und flößte ihm das Selbstvertrauen ein, das er so nötig brauchte, nicht zuletzt durch die bloße Tatsache, daß sie ihn liebte. Lou war ein paar Jahre lang Rilkes Geliebte, dann ließ sie ihn plötzlich fallen. Obgleich es Rilke gelang, die abgebrochene Beziehung wiederherzustellen und sie, mit Unterbrechungen, bis zu seinem Tode zu erhalten, so hatte sie sich doch grundlegend geändert. Zwar blickte Rilke weiter zu Lou hinauf, vertraute sich ihr an, schrieb ihr und kam zu ihr mit seinen Krisen, seinen Schwierigkeiten, seinen Ängsten, seinen Zweifeln an sich selbst; Lou blieb der einzige Mensch in seinem Leben, zu dem er mit völliger Offenheit sprach. Lou hingegen begriff nie, daß Rilke über sie hinauswuchs; er übertraf sie Schritt für Schritt an Tiefe, Weite, Einsicht, auch an menschlicher Güte. Doch obwohl Lou Rilke nicht mehr liebte, fuhr sie fort zu glauben, daß sie ihn verstünde, und so erklärte sie ihn, ihm selber und auch anderen, mit den Begriffen ihrer psychologischen und psychoanalytischen Theorien. Dies führte zu einer seltsamen Mitschung von glänzenden Einsichten und erstaunlichen Fehlschlüssen. Dennoch ist nicht zu leugnen, daß es in Rilkes Leben keinen Menschen gibt, dem Rilke mehr verdankte als Lou Andreas-Salomé. Mit einer einzigen Ausnahme; die ist er selbst.

Es erscheint wie ein Wunder, daß Rilke imstande war, aus der konventionellen Literatursprache seiner Epoche zuletzt das hochdifferenzierte und individualisierte Idiom seiner reifen Schöpfungen zu formen. Dazu gehören die ersten Erzeugnisse aus den Jahren mit Lou, so talentvoll sie sind, noch nicht. Unter diesen wurde *Die Weise von Liebe und Tod des Cornets Christoph Rilke* Rilkes bei weitem größter Erfolg. Die romantisierende Prosaballade aus der Zeit der Türkenkriege, 1899 geschrieben, fand zuerst wenig Beachtung; erst als der Insel-Verlag sie als Nr. 1 seiner berühmt gewordenen Insel-Bücherei herausbrachte, kam sie wirklich in Gang und brachte es im Lauf der Jahre auf über eine Million verkaufter Exemplare, die vielen Übersetzungen nicht mitgerechnet. Rilke hat später alle frühen Dichtungen, auch den *Cornet*, nicht mehr gelten lassen, nicht, weil es ihnen an Können fehlte, sondern weil er »damals weder redlich bemüht, noch eigentlich *wahr* zu sein vermochte«[22]. Die fehlende Wahrheit, die Rilke sich vorwarf, lag wohl in der Beliebigkeit des Stoffes, der höchstens einen sehr oberflächlichen und äußerlichen Bezug zu seinem wirklichen Wesen aufweist.

Bis zu einem gewissen Grade gilt das auch von dem zweiten großen Erfolg, den Rilke zu seinen Lebzeiten hatte, dem *Stundenbuch*. Das *Stundenbuch* wurde allgemein als ein religiöses Buch mißverstanden und von unzähligen Menschen mit tiefer Ergriffenheit gelesen. In Wirklichkeit ist es ein großes Rollengedicht. Als Rilke die »Gebete« dieses Bandes einem fiktiven russischen Mönch in den Mund legte, hatte er den christlichen Glauben seiner Kindheit bereits verloren. Er *empfand* dies auch als Verlust, doch indem er die Haltung eines gläubigen Mönchs annahm, konnte er den Verlust überspielen. In ihrem Kern aber sind die Gedichte des *Stundenbuchs* nicht Gebete, sondern virtuose sprachliche Etüden. Rilke machte sich dabei Erkenntnisse der deutschen Mystik zu eigen, etwa den Satz des Meisters Eckhart, daß alle Geschöpfe Gott auszusprechen versuchen, immer wieder aufs neue, und es doch nicht können; Gott bleibt ewig ungesprochen. Das gab ihm die Möglichkeit, immer wieder neue Bilder zu erfinden, die das Wesen Gottes umschreiben. So kreist der erfundene Mönch um Gott und versucht ihn mit Worten einzukreisen, und was sich dabei ergab, war ein Buch, in dem Rilke die Beweglichkeit, die Gelenkigkeit und die Ausdrucksmittel seiner dichterischen Sprache aufs äußerste verfeinerte. Er hat später erklärt, er hätte in der Art des *Stundenbuchs* jahrelang weiterschreiben können. Das ist sicher wahr; das Entscheidende ist, daß er es nicht tat.

Die große Wendung in Rilkes Leben ergab sich, als er sich im Jahre 1902 entschloß, nach Paris zu gehen. Den Anlaß dazu bot der Auftrag, ein Buch über den französischen Bildhauer Rodin zu schreiben. Das sah zunächst aus wie eine journalistische Gelegenheitsarbeit; aber in dem Maße, in dem Rilke sich auf Rodin einließ, machte er zwei neue Erfahrungen. Die eine war eine menschliche. Sie lag in der Hingabe, mit der er seine Aufgabe übernahm; im Absehen von sich selber, in der tiefen Bemühung, das Wesen eines anderen zu erfassen und auszudrücken. Lou Andreas-Salomé, die sich bis dahin aus Rilkes Dichtung, auch aus dem *Stundenbuch* wenig gemacht hatte, erkannte sofort, inwiefern dieses essayistische Buch mehr war als die Dokumentation eines großen Talents. Seine eigentliche Bedeutung lag in ihren Augen, wie sie an Rilke schrieb, darin, »daß Du Dich an Deinen Gegensatz, Deine Ergänzung hingabst. Die Suggestibilität, die Dein Können und Nichtkönnen enthält, ist hier wie eine Kraft über sich selbst hinaus, indem sie Dich tief, lange und geduldig dem unterstellt, was Dir schwer und entgegengesetzt war«[23]. Auch sonst enthält der Brief einige merkwürdige Einsichten. »Ich für mein Theil«, schreibt sie, »bin jetzt dessen gewiß was

Du bist.« Und, sehr lapidar: »Du kannst Dich von nun ab auf mich verlassen.« Seltsam spät, wird man sagen, in einem Augenblick nämlich, in dem die Zeit der eigentlichen Nähe schon vorüber war.

Rilke selbst ging es, bewußt, vielleicht mehr um eine neue Art des Sehens. Er *lernte* von Rodin. Was sich aus dieser selbst auferlegten Schulung ergab, war eine härtere, sozusagen gemeißelte Diktion. Rilke strebte weg von dem gleichsam liquiden Stil, den er so spielend beherrschte, der alles ergriff, alles umfaßte, sich allem widerstandslos anpassen konnte.

Die Frucht dieser harten und entsagungsvollen Arbeit sind die *Neuen Gedichte*. Auch die *Neuen Gedichte* haben, bis heute, unter einem Mißverständnis gelitten, nur auf sehr andere Art als das *Stundenbuch*. Man hat sie für kalt gehalten, für beschreibende, gegenständliche, objektive, sogenannte Ding-Gedichte, und hat dabei den inneren, gleichsam unterirdischen Bezug, den sie zu Rilkes innerstem Wesen haben, außer acht gelassen. Doch ließe sich gleich am frühesten dieser Gedichte, dem ›Panther‹ zeigen, daß es nicht einfach, wie Rilke selber glaubte, eine nach der Natur gearbeitete Studie war, die Rilke im Zoo in Paris angefertigt hatte, sondern daß dieses Gedicht aufs tiefste mit seiner Erfahrung des Lebens zusammenhängt.

Diesen Zusammenhang haben auch die anderen Gedichte des Zyklus, selbst wenn er nicht überall leicht einzusehen ist. Es soll hier nur von einem dieser Gedichte die Rede sein, dem Sonett ›Archaischer Torso Apollos‹, weil in ihm der sonst verdeckte persönliche Bezug unmißverständlich ausgesprochen ist. Das Gedicht beschreibt eine nur als Bruchstück erhaltene antike Jünglingsfigur, die Rilke im Louvre in Paris gesehen hatte. Es hätte einen großen Reiz aufzuzeigen, wie Rilke die Einsichten, die er sich an Rodins Kunst gebildet hatte, in Sprache umsetzt; wie er Statik in Bewegung verwandelt; wie er in den über die Flächen laufenden Lichtern das wiederzugeben versucht, was er als Rodins *modelé* versteht. Aber es ist nicht dies in erster Linie, worauf es uns hier ankommt:

Wir kannten nicht sein unerhörtes Haupt,
darin die Augenäpfel reiften. Aber
sein Torso glüht noch wie ein Kandelaber,
in dem sein Schauen, nur zurückgeschraubt,

sich hält und glänzt. Sonst könnte nicht der Bug
der Brust dich blenden, und im leisen Drehen
der Lenden könnte nicht ein Lächeln gehen
zu jener Mitte, die die Zeugung trug.

Sonst stünde dieser Stein entstellt und kurz
unter der Schultern durchsichtigem Sturz
und flimmerte nicht so wie Raubtierfelle;

und bräche nicht aus allen seinen Rändern
aus wie ein Stern: denn da ist keine Stelle,
die dich nicht sieht. Du mußt dein Leben ändern.[24]

Für den, der das Gedicht zum erstenmal hört, kommt die
Forderung des Schlusses: Du mußt dein Leben ändern, sehr
unerwartet, fast wie ein elektrischer Schock. Sie trifft so
unerwartet, weil wir ja alle unzählige Male in Museen gewesen sind und uns Bilder und Statuen besehen haben, ohne daß
uns das je auf den Gedanken gebracht hätte, wir müßten
deshalb unser Leben ändern. Warum also die überraschende
Forderung? Sie beruht auf der Grundparadoxie des Gedichts.
Die Statue, die der Betrachter vor sich hat, ist ein Torso, ein
Bruchstück, und ist doch zugleich ein Ganzes, denn sie ist
von dem Gesetz, das ihr zugrundeliegt, so durchseelt und
durchgeformt, daß noch jede ihre Einzelheit davon durchdrungen ist. Der Betrachter hingegen *hat* zwar alle die
Gliedmaßen, die der Statue fehlen; nie aber könnte man
sagen, daß er oder sein Leben wirklich ein Ganzes seien; sein
Leben besteht aus Fragmenten, aus unverbundenen Einzel-
heiten, aus Stücken, die der Zufall aneinandergereiht hat. Zur
Paradoxie des Gedichts gehört es auch, daß nicht etwa der
Betrachter die Statue sieht, sondern umgekehrt, die Statue
sieht den Betrachter. Dies ist um so erstaunlicher, als die
Statue ja das Haupt, und damit die Augen verloren hat. Aber

die Leuchtkraft, die von den Augen ausging, ist nun gleichsam über den ganzen Körper verteilt, und von ihm strahlt auf den Betrachter die Gesetzlichkeit und die innere Energie aus, die in diesen Körper hineingelegt ist. Und vor der strahlenden Nacktheit dieses göttlichen Körpers steht der bekleidete Betrachter in seiner ganzen Dürftigkeit entblößt: »Da ist keine Stelle, die dich nicht sieht«: der, dem dies gesagt wird, kann nicht anders, als sich durchschaut fühlen. In der Begegnung mit dem Gott aber mag der so Erleuchtete begreifen, daß er bisher zwar Augen hatte, aber nicht sah. Doch die zertrümmerte aber nicht entstellte Figur *sieht* nicht nur, obwohl sie keine Augen hat, sie *zeugt* auch, obwohl ihr die Zeugung fehlt. Es kommt nur auf den an, der offen und empfänglich genug vor ihr steht, der aufzunehmen bereit ist, was von ihr ausgeht, so daß sie wirken kann.

Du mußt dein Leben ändern: dies war nicht etwa eine Forderung, die Rilke an den Leser stellte. Er meinte *sich* damit. An Rodin schrieb er: »Ich bin nicht nur zu Ihnen gekommen, um eine Studie zu schreiben, sondern um Sie zu fragen: wie soll man leben?«[25] Die berühmte Antwort, die Rodin ihm gab: »Travailler! toujours travailler!« beflügelte ihn zunächst. So, arbeitend, kann er von seiner »besten pariser Zeit« sprechen, der der *Neuen Gedichte*. Es war die Zeit, in der, wie er an Lou schreibt, »die ganze Welt mir immer mehr nur noch als Aufgabe entgegenströmte und ich klar und sicher mit purer Leistung antwortete«.[26]

Auf die Länge aber konnte sich Rilke nicht verhehlen, daß Rodins Antwort nur die halbe Antwort war. Sie half ihm zwar, den künstlerischen Rausch durch die künstlerische Arbeit, durch die Disziplin des »Machens« zu ersetzen; aber die noch dringlichere Frage nach dem *Sinn* seines Daseins blieb zunächst unbeantwortet. Es war dies aber die eigentliche, tief beunruhigende, ungelöste Frage, vor der Rilke stand, oder vor die er sich stellte. Und die Antwort, die er sich geben mußte, war die Einsicht, daß er vor dem Nichts stand.

Dies ist zunächst in einem ganz äußerlichen Sinne zu verstehen. Als Rilke eingesehen hatte, daß er nicht imstande war, seine künstlerische Arbeit zu leisten und zugleich einen

Brotberuf auszuüben, der ihn ernährte, wußte er, daß er, allein und namenlos in der fremden Riesenstadt, bei dem Versuch, sich nur auf seine künstlerischen Fähigkeiten zu verlassen, sehr leicht zugrunde gehen konnte. Es gab um die Jahrhundertwende keinen deutschen Lyriker, der von seinen literarischen Einnahmen hätte leben können. Auch Rilke konnte es nicht. Seine dichterische Arbeit jedoch in den Stunden zu leisten, die ein Brotberuf allenfalls noch übrig-ließ, verbot ihm seine anfällige, fragile und leicht erschöpf-bare Natur. Diese verzweifelte Situation Rilkes ist in den *Malte Laurids Brigge* eingegangen. Die Welt der Armen, der Bettler, der Kranken, der Hospitäler und des Todes, die Malte umgibt, ist die Welt, von der Rilke selbst sich bedroht sah. In diesem Sinne konnte er sagen, daß Paris eine ähnliche Erfahrung für ihn war, wie die Militärschule.[27] Nur daß er – kein Kind mehr – imstande war, dieses Paris zu leisten.

Die ungeheure Zähigkeit, mit der Rilke die unlösbar erschei-nende Aufgabe verfolgte, seine Existenz allein auf seine dichterische Produktion zu begründen, war seelisch und geistig, nicht physisch determiniert. Dies erforderte mehr Umsicht, Elastizität, diplomatisches Geschick und Härte gegen sich selbst als ihm gewöhnlich zugesprochen wird. Auch die vielen Komtessen- und Baronessenbriefe, die ihm eine naive Betrachtungsweise immer wieder ankreidet, ent-springen weder Rilkes »Adelssnobismus«, noch sind sie planlos sentimentale Ergüsse, für die dieses arbeitsame, aufs äußerste konzentrierte Dasein wenig Muße hatte; sie sind vielmehr Teil einer durchdachten Strategie, die nur *ein* Ziel kennt: alles im Leben der großen Arbeit unterzuordnen, und die sich zu diesem Zweck ein weitverzweigtes Netz von Stützpunkten und Rückzugslinien ausbaut.[28]

Als der *Malte* nach sechsjähriger Arbeit erschien, kostete er Rilke die meisten Leser, die er sich durch das *Stundenbuch* und den *Cornet* gewonnen hatte. Man war ratlos und man war schockiert. Einer solchen ratlosen Leserin, die sich an ihn mit der Frage gewandt hatte, was denn dieses Buch bedeute, was mit ihm gemeint sei, antwortete Rilke dies: »Was in Malte Laurids Brigge . . . eingelitten steht, das ist ja eigent-lich nur *dies*, mit allen Mitteln und immer wieder von vorn und an allen Beweisen dies: *Dies*, wie ist es möglich zu leben, wenn doch die Elemente dieses Lebens uns völlig unfaßlich sind?«[29]

Rilke spricht einmal von der »langen, komplizierten, oft bis ans Äußerste getriebenen Einsamkeit, in der der *Malte Laurids* geschrieben wurde«[30]. Das läßt sich nicht nur auf Rilkes konkrete Einsamkeit in Paris beziehen, in der er, wie er ein anderes Mal schreibt, über Jahre hinaus etwa acht Menschen sah[31], sondern auf eine tiefere Einsamkeit, die er mit vielen seiner Zeitgenossen teilte. Auch von dieser Einsamkeit ist im *Malte* die Rede. In ihr leben alle die, die in keiner übergreifenden Gemeinsamkeit mehr leben. Darauf kommt die Sprache, als Malte zum erstenmal das antike Theater in Orange sieht. Der Eindruck ist so überwältigend, daß daneben alles, was sich modernes Theater nennt, für ihn völlig verblaßt und vergeht. »Laßt uns doch aufrichtig sein«, erklärt er, »wir haben kein Theater, so wenig wir einen Gott haben: dazu gehört Gemeinsamkeit.«[32] Schon Nietzsche meinte diese Vereinzelung, als er an einen Freund schrieb: »Zuletzt gab es für die, welche irgend einen ›Gott‹ zur Gesellschaft hatten, noch garnicht das, was *ich* als Einsamkeit kenne.«[33]

Dieser letzten Einsamkeit, einer Ungeborgenheit im wörtlichsten und im metaphysischen Sinne setzte Rilke seinen Helden aus und schrieb damit ein Buch, das, wie er selber einmal sagte, »in den Beweis zu münden scheint, daß das Leben unmöglich ist«.[34] 1910, als der *Malte* erschien, hielt man ihn allgemein für ein mißlungenes Buch. Es war ein Roman in Bruchstücken, ohne fortlaufende Handlung, ohne einen klaren Abschluß, ohne einen Erzähler im üblichen Sinne. Heute weiß man, daß dies alles notwendig zu seiner Struktur gehört, man sieht ihn unter anderem im Zusammenhang mit gewissen kubistischen Bildern und betrachtet ihn als den ersten im eigentlichen Sinne modernen europäischen Roman, einen von jenen Romanen, die, wie man gerne sagt, keine Romane mehr sind. Rilke selbst hielt den *Malte* für seine »härteste und liebste Arbeit«[35]. Ein solches Buch schreibt man nur einmal. In gewissem Sinne nimmt der *Malte* in Rilkes Werk eine ähnliche Stellung ein wie der *Werther* in

Goethes. Was Rilke vom *Malte* sagte, daß er aus seinen »Gefahren gemacht« sei[36], hätte genau so Goethe vom *Werther* sagen können, und wenn Rilke von sich und Malte sprach und sich als den »Überlebenden«[37] bezeichnete, so hätte Goethe nicht anders von sich und Werther sprechen können, und ungefähr so, nur mit ein bißchen anderen Worten hat er es ja auch gesagt.

Rilke hat bekanntlich seine Freunde und Leser immer wieder aufgefordert, den *Malte* »gegen den Strich« oder »Gegen den Strom« zu lesen. Es war eine Aufforderung, die ihn im Grunde selbst betraf. Er wußte, er hatte geleistet, was er sich vorgesetzt hatte: dem Dasein, sofern es furchtbar ist, ohne Beschönigung und ungetröstet ins Auge zu sehen. Die Frage, die übrigblieb, war die, ob sich so, unbeschönigt und ungetröstet, leben ließe. Alle Illusionen von Schutz oder Sicherung hatte sich als hinfällig erwiesen; gerade die gesteigerte Bemühung um Schutz steigerte nur das Gefühl des Bedrohtseins. Aus dieser Lage rettete sich Rilke sozusagen durch die Flucht nach vorn: »Der Schutz ist nicht im Beschütztsein, sondern dort, wo wir unsere ganze Schutzlosigkeit mit einbeziehen«[38]. Um diese »Einbeziehung« des Drohenden und Tödlichen geht es nun; es ist dies ein »Daseinsentwurf«, der, wie Rilke selber fand, gleichsam unausgesprochen hinter dem *Malte* steht. Gerade die ungeheure »Alchymie des Leidens«[39], die in diesen Aufzeichnungen enthalten ist, führt zu der Überlegung, »bis zu welcher Höhe die Seligkeit steigen könnte, die mit der Fülle dieser selben Kräfte zu leisten wäre«[40].

Diese Bejahung des Ganzen zu leisten, die Synthese aus dem Unvereinbaren, die Überwindung der Vereinzelung, setzte Rilke sich in den *Duineser Elegien* vor. Er schrieb die ersten 1912; erst zehn Jahre später gelang ihm die Vollendung. So groß diese Gedichte sind, so tragen sie doch Spuren der ungeheuren seelischen Anstrengung, mit der Rilke sich in ihnen durchkämpfte. Was ihm zur selben Zeit fast *mühelos* gelang, ihm »geschenkt wurde«, wie er es auch nannte, waren die *Sonette an Orpheus*. Vielleicht auch deshalb hat er sie zunächst unterschätzt. Auch die Rilke-Forschung hat das weithin getan. Ihr Lieblingskind sind die *Elegien* geblieben, nicht zuletzt auch deshalb, weil sie schwierig sind und immer wieder zu neuen Kommentaren Anlaß geben. Zu Unrecht fast ganz unbeachtet geblieben sind die zahlreichen Gedichte, darunter auch die französischen, die Rilke noch nach den *Elegien* und den *Orpheus-Sonetten* geschrieben hat.

Ich möchte mit einem Gedicht aus dem Jahre 1924 schließen, in dem diese späte Stufe Rilkes sichtbar wird. Auch dieses Gedicht wendet sich, wie der ›Archaische Torso Apollos‹ auffordernd an ein Du; auch in ihm ist von einem Gott die Rede, dem freilich kein Name gegeben wird. Es geht um die Überwindung der Widersprüche des Daseins, um Verbindung, Einbeziehung, Verwebung ins Ganze, und es häufen sich Rilkesche Schlüsselwörter wie Brücke oder Bezug, die solche Verbindung bezeichnen. Daran aktiv mitzuwirken, statt uns passiv vom Leben tragen zu lassen, ist unsere Aufgabe. Aber ich gerate in Gefahr, den »Inhalt« des Gedichts (wie man früher sagte) zu bestimmen und ihn zu paraphrasieren, während doch nur ein einziges Wort des Gedichts wirklich eine Erklärung verlangt. Es ist das Wort »beraten« in dem Satz »Denn im Manne will der Gott beraten sein«. »Beraten« hat hier noch die alte Bedeutung von »versorgen« oder »fördern«. Gemeint ist ein Gott, der die Mitarbeit des Menschen »braucht«, damit er sich durch menschliches Handeln verwirklichen kann.

Zu der Schwerelosigkeit dieses schwebenden Gedichts gehört auch, daß der für Rilke so grundlegende Begriff der *Leistung* in ihm seines Gewichts enthoben wird. Mit der Vorstellung des angestrengten Bemühens verbindet sich jetzt ein zweites, nicht erzwingbares Element, das geschenkt sein muß und dessen Hinzutreten erst das Gelingen gewährleistet:

> Da dich das geflügelte Entzücken
> über manchen frühen Abgrund trug,
> baue jetzt der unerhörten Brücken
> kühn berechenbaren Bug.
>
> Wunder ist nicht nur im unerklärten
> Überstehen der Gefahr;
> erst in einer klaren reingewährten

Leistung wird das Wunder wunderbar.

Mitzuwirken ist nicht Überhebung
an dem unbeschreiblichen Bezug,
immer inniger wird die Verwebung,
nur Getragensein ist nicht genug.

Deine ausgeübten Kräfte spanne,
bis sie reichen, zwischen zwein
Widersprüchen . . . Denn im Manne
will der Gott beraten sein.[41]

Anmerkungen

 1 Gehalten am 4. Dezember 1975 am Goethe Institute in San Francisco.
 2 Die vorstehenden Zitate stammen aus *Leben und Lieder*. Straßburg und
   Leipzig: Kattentidt 1894. Jetzt in: *Sämtliche Werke*. Hrsg. vom Rilke-
   Archiv. In Verbindung mit Ruth Sieber-Rilke besorgt durch Ernst Zinn.
   6 Bde. Wiesbaden und Frankfurt a. M. 1955-1966. Bd. III, S. 35, S. 13 und
   S. 34. Im folgenden abgekürzt SW mit Band- und Seitenzahl.
 3 *Œuvres complètes*. Edition de la Pléiade. Paris 1954, S. 1111.
 4 Brief Rilkes vom 19. Dezember 1916. Rainer Maria Rilke/Katharina
   Kippenberg. *Briefwechsel*. Hrsg. von Bettina von Bomhard. Wiesbaden
   1954, S. 199.
 5 SW II, 63.
 6 An Anton Kippenberg, 25. März 1910. Rainer Maria Rilke, *Briefe an
   seinen Verleger 1906-1926*. Hrsg. von Ruth Sieber-Rilke und Carl Sieber.
   Neue erweiterte Ausgabe. Insel-Verlag 1949. 2 Bde., I, 96.
 7 SW I, 686.
 8 SW VI, 944.
 9 *Ebda.*
10 SW VI, 937.
11 Carl Sieber, *René Rilke. Die Jugend Rainer Maria Rilkes*, Leipzig 1932,
   S. 68.
12 Hierzu Byong-Ock Kim, *Rilkes Militärschulerlebnis und das Problem des
   Verlorenen Sohnes*. Bonn 1973, S. 25.
13 An Marie von Thurn und Taxis, 2. Dezember 1915. Rainer Maria Rilke
   und Marie von Thurn und Taxis, *Briefwechsel*. Hrsg. von Ernst Zinn,
   Zürich und Wiesbaden 1951, I, 461.
14 An Generalmajor von Sedlakowitz, 9. Dezember 1920. *Briefe aus den
   Jahren 1914-1921*. Hrsg. von Ruth Sieber-Rilke und Carl Sieber, Leipzig
   1938, S. 351 ff.
15 Brief vom 4. Dezember 1894. In: Paul Leppin, »Der neunzehnjährige
   Rilke«, *Die Literatur*, 29. Jg., 1926/27, S. 630-634.

16 Else Buddeberg, *Rainer Maria Rilke. Eine innere Biographie*. Stuttgart 1954, S. 7.

17 Kim, *a. a. O.*, S. 41 ff.

18 *A. a. O.*, S. 355 f.

19 Elisabeth von Schmidt-Pauli, *Rainer Maria Rilke. Ein Gedenkbuch*. 2. Aufl., Lorch 1946, S. 36 f. und Monique Saint-Hélier, *A Rilke pour Noël*. Bern 1927, S. 14-17.

20 *A. a. O.*, S. 632.

21 *Ebda.*

22 An Fritz Adolf Hünich, 19. Februar 1919. *Briefe aus den Jahren 1914-1921*, S. 235.

23 Brief vom 8. August 1903. Rainer Maria Rilke/Lou Andreas-Salomé, *Briefwechsel*. Hrsg. von Ernst Pfeiffer, Zürich und Wiesbaden 1952, S. 80.

24 SW, I, 557.

25 Brief vom 11. September 1902. *Briefe auf den Jahren 1902-1906*. Hrsg. von Ruth Sieber-Rilke und Carl Sieber, Leipzig 1930, S. 41.

26 Brief vom 28. Dezember 1911. *Briefwechsel*, S. 248.

27 An Lou Andreas-Salomé, 18. Juli 1903. *Briefwechsel*, S. 53.

28 Vgl. hierzu meinen Aufsatz »Some Thoughts on Rilke's Letters«. *Boston University Journal*, XXIV (1976), No. 2.

29 An Lotte Hepner, 8. November 1915. *Briefe aus den Jahren 1914-1921*, S. 86.

30 An Lou Andreas-Salomé, 10. Januar 1912. *Briefwechsel*, S. 254.

31 An Gertrud Ouckama Knoop, 26. November 1921. *Briefe aus Muzot 1921-1926*. Hrsg. von Ruth Sieber-Rilke und Carl Sieber, Leipzig 1936, S. 47.

32 SW VI, 922.

33 An Franz Overbeck, 2. Juli 1885. *Nietzsche in seinen Briefen und Berichten der Zeitgenossen*. Hrsg. von Alfred Bäumler, Stuttgart 1932, S. 367 f.

34 An ein junges Mädchen, undatiert. *Briefe aus Muzot*, S. 19.

35 Brief vom 28. November 1909. Rainer Maria Rilke, *Briefe an Sidonie Nádherný von Borutin*. Hrsg. von Bernhard Blume, Frankfurt a. M. 1973, S. 109.

36 An Lou Andreas-Salomé, Brief vom 28. Dezember 1911. *Briefwechsel*, S. 246.

37 *Ebda.*

38 An Katharina Kippenberg, 17. Juni 1924. *Briefwechsel*, S. 543.

39 An Sidonie Nádherný von Borutin, 28. November 1909. *A. a. O.*, S. 109.

40 An N. N., 24. Februar 1912. *Briefe aus den Jahren 1907-1914*. Hrsg. von Ruth Sieber-Rilke und Carl Sieber, Leipzig 1933, S. 207 f.

41 SW II, 137.

Rilke und Sidonie Nádherný von Borutin

Anfang November 1907 kam Rilke, von der literarischen Vereinigung Concordia eingeladen, aus Paris nach Prag, um aus eigenen Werken vorzulesen. Er fand die Veranstaltung flau, Prag so bedrückend wie immer, verschattet von den ressentimentbeschwerten Erinnerungen seiner Kindheit. Leuchtend nur hoben sich aus dem Grau zwei große Eindrücke: eine Ausstellung moderner Bilder, darunter vier Cézannes, die er zwei Tage später in einem Brief an Clara Rilke eingehend beschrieb, und ein Besuch auf dem böhmischen Schlosse Janowitz, den er mit derselben Eindringlichkeit schilderte. Schon die Fahrt im Wagen von der Bahnstation zum Schloß durch den »verglasten harten Herbstnachmittag« tat es ihm an.

»Das war Böhmen, das ich kannte«, schreibt er: »hügelig wie leichte Musik und auf einmal wieder eben hinter seinen Apfelbäumen, flach ohne viel Horizont und eingeteilt durch die Äcker und Baumreihen wie ein Volkslied von Refrain zu Refrain. Und plötzlich glitt man aus alledem (als führe man mit einem Kahn durchs Wehr) in ein Parktor, und es war Park, und kam ganz nahe an einen heran mit seinem feuchten Herbst. Bis nach mehreren Wendungen, Brücken, Durchblicken, durch einen alten Wassergraben abgetrennt, das Schloß aufstieg, alt, oben zurückgebogen wie aus Hochmut, mit Fenstern und Wappenschildern ungleichmäßig bedeckt, mit Altanen, Erkern und um Höfe herumgestellt, als sollte sie nie jemand zu sehen bekommen.«

Man weiß, wie Rilke eine Landschaft oder ein Bauwerk in Szene setzen kann. Fast wie eine Ouvertüre kündigt die »leichte Musik« der Landschaft einen Auftritt an. Er läßt nicht auf sich warten:

»Die schöne Baronesse (die wie eine Miniatur aussieht, welche ein Jahr vor der großen Revolution gemacht worden ist, im letzten Augenblick) kam mir mit ihren beiden sehr sympathischen Brüdern auf der Schloßbrücke entgegen; wir gingen durch den Park; als es schon dämmerte, durch das merkwürdige Schloß (mit einem unvergeßlichen Speisesaal), während zwei Diener mit schweren Silberarmleuchtern in die tiefen Gemächer wie in Höfe hineinleuchteten.«

Der Besuch auf Janowitz war nicht Rilkes erste Begegnung mit der jungen Baronesse Sidonie Nádherný von Borutin. Rund anderthalb Jahre zuvor, im Hause Rodins in Meudon-Val-Fleury hatte sich die Bekanntschaft angeknüpft. Die Mutter der Baronesse, die Baronin Amalia Nádherný, die sich mit ihrer Tochter vorübergehend in Paris aufhielt, hatte sich an Rodin mit dem Wunsche gewandt, ihn aufsuchen zu dürfen, und Rilke war es, der als Rodins Sekretär die Korrespondenz mit ihr führte, Rodins Einladung übermittelte und der die Damen durch die Sammlungen der Villa geleitete. Nun bot die Reise nach Prag einen willkommenen Anlaß, die Bekanntschaft zu erneuern. Es war ein kurzer Besuch von zwei Stunden; die verwitwete Baronin »blieb (es war Allerseelentag) zurückgezogen«, man trank Tee und aß Ananasscheiben, und es war, wie Rilke an seine Frau schreibt, »ein bißchen wie eine Kindergesellschaft«.

An die Baronesse selbst schrieb Rilke, genau ein Jahr später, am Jahrestag seines Besuches, wie unvergeßlich sich ihm die Begegnung auf der Schloßbrücke eingeprägt hatte:

»Dies werd ich, wie auch mein Leben geht, immer hervorrufen können aus mir: wie der Park sich um mich, den Fahrenden, schloß, und immer, sooft ich will, werd ich innerlich das Roth Ihres Mantels sehen, das mit der Bewegung des Entgegenkommens so seltsam endgültig verbunden war.«

Schon der Abstand eines Jahres hat die Eindrücke stilisiert und umgeformt. Was im ersten Bericht noch ganz einfach »Wir gingen durch den Park« geheißen hatte, wird jetzt eingeordnet in die Grundthematik von Rilkes Biographie: den Kontrast zwischen der eigenen Unbehaustheit und dem Schutz, der Sicherheit und dem Frieden, den der Dichter sich sein Leben lang von bergenden und umschließenden Zufluchten erhoffte und nach denen er immer auf der Suche war. Und wenn sich Rilke einen »Fahrenden« nennt, so zeigt gerade die Verbrauchtheit des Klischees, das noch ganz der pseudopoetischen Dichtersprache des neunzehnten Jahrhunderts angehört, wie weit diese Thematik in Rilkes Anfänge zurückreicht. Unwillkürlich erinnert man sich an ein anderes Schloß, Veleslavin, – auch dies nicht weit von Prag –, und an eine andere Baronesse, Laská von Oestéren, der der junge, noch ganz unfertige Rilke mit gereimten Huldigungen nahte, sich als »Schloßpoet« in Empfehlung bringend. Die Versuchung ist groß, dies alles, wie es oft geschieht, mit dem Hinweis auf Rilkes wohlbekannten Snobismus, seine Schwäche für aristokratische Wohnstätten und Manieren, abzutun. Doch ist da der Gedanke an eine andere »Reise nach Prag«, der einen zögern läßt. Auch wenn es keineswegs sicher ist, daß Rilke Mörikes Mozartnovelle gekannt hat, so ist doch so viel sicher, daß genau das, worum es in Rilkes Leben immer wieder geht, in Mörikes Erzählung aufs wunderbarste Erscheinung geworden ist. Die gegenseitige Affinität einer kultivierten, adligen Gesellschaft, ausgezeichnet durch Kennerschaft, Bildung, Genußfähigkeit, gastliche Sitten, und eines differenzierten, in seiner wahren Bedeutung noch weithin verkannten Künstlertums bringt einen gesteigerten Augenblick geselliger Gemeinschaft hervor, der den Künstler aus seiner Isoliertheit erlöst und die von Leere bedrohten Formen der Gesellschaft mit erhöhtem Sinn erfüllt. Was in »Mozart auf der Reise nach Prag« zur künstlerischen Vollendung getrieben ist, Rilke hat es in immer erneuten Versuchen, Fehlschlägen, Annäherungen und Hoffnungen durchgelebt. Seine Beziehung zu Janowitz ist einer dieser Versuche. Selbst der Schatten, den im Hintergrund von Mörikes Novelle die sich nähernde Revolution auf die Heiterkeit des Ancien régime wirft, hat seine Analogie in Rilkes Bericht von seinem Besuch auf Janowitz. Wahrhaftig »im letzten Augenblick«, kurz »vor der großen Revolution« ist diese »Miniatur« gemacht worden. Nicht weniger als drei Revolutionen gingen dann im Zeitraum von dreißig Jahren über Janowitz hinweg. Die erste fraß im Zuge der tschechischen Bodenreform nach dem Zusammenbruch der österreichischen Monarchie das Grundeigentum an, das zum Schloß gehörte, die zweite, in der SS das Schloß besetzte, trieb die Schloßherrin in ein kleines Verwalterhäuschen am Rande des Parks, die dritte schließlich, die kommunistische Machtübernahme vom Jahre 1948, enteignete Janowitz und führte es in Staatsbesitz über.

Mit einem Koffer in der Hand ging Sidonie Nádherný ins Exil.

Aber, um noch einen Augenblick bei den Anfängen zu verweilen, bei der Begegnung auf der Schloßbrücke und der Stilisierung, in der Rilke sie ein Jahr später seiner Gastgeberin – oder sich selbst – ins Gedächtnis zurückrief: merkwürdig ist, wie sehr, fast ganz die Gestalt der Baronesse selbst dabei ausgespart ist. Nichts als das Rot ihres Mantels wird sichtbar. Noch viele Jahre später, im Jahre 1920, als Rilke von Sidonie die Nachricht ihrer Heirat mit dem Grafen Thun erhalten hat, kehrt sein Blick noch einmal wie gebannt zu jenem Moment zurück »(wie erleb ichs noch!)«, schreibt er an die Freundin – »da Sie mir zuerst, jenes erste sommerliche Mal, im rothen Cape auf der Schloßbrücke von Janowitz entgegenkamen!«

Man mag sich fragen, ob das leuchtende Rot eines wehenden Mantels am Ende wirklich alles war, was von einer menschlichen Begegnung übrigblieb. Die Frage liegt um so näher bei einem Dichter, der von sich wußte, und es sagte, wie sehr er geneigt war, an den Menschen vorbei zu den *Dingen* zu gehen. Man darf nicht vergessen, daß die Epoche, in der Rilke nach Janowitz kam, die Epoche der *Neuen Gedichte* und das heißt eben des »Dinge Machens« war. Wie sehr sie es war, läßt sich an nicht wenigen der an Sidonie Nádherný gerichteten Briefe beobachten und nicht zuletzt gerade an solchen, in denen Rilke sehr angelegentlich um seine Briefpartnerin bemüht erscheint. So gibt es Briefe, in denen er ihr Städte, die sie kennt oder aufzusuchen im Begriff ist, zu »zeigen« versucht, Brügge etwa oder Venedig. Sieht man dann genauer zu, so erkennt man freilich, wie sehr es dabei um sprachliche Experimente geht und wie Blickwinkel erprobt werden, die ein paar Monate später, in »Quai du Rosaire« oder »Spätherbst in Venedig« endgültig festgelegt werden. Dies heißt jedoch nicht, daß alles, was Rilke begegnete, Menschen und Ereignisse, nichts war als Stoff, den er zu Bildern erstarren ließ. Er selbst jedenfalls legte – und schwerlich nur aus Courtoisie – den größten Wert darauf, jenen farbigen Einzelzug, der ihn so auffällig gereizt hatte und der sich so leicht als ästhetisches Phänomen, als Keim oder Element eines artistischen Gebildes isolieren ließe, gerade nicht zu isolieren.

»Seltsam endgültig« verbindet sich in seinen eigenen Augen das Rot des Mantels mit einer Bewegung, der »Bewegung des Entgegenkommens«, die, weit mehr als konkrete Handlung, eine symbolische Geste ist.

Gesten des Entgegenkommens konnte Rilke nur schwer widerstehen, und diese Verführbarkeit oder, worum es im Grunde ging, die leichte Ablenkbarkeit von dem, was er als seine eigentliche Aufgabe ansah, machte dann immer wieder die Rückzüge und Fluchten seines Lebens und ihre gewundenen Rechtfertigungen nötig. Unverkennbar verfolgen Rilkes frühe Briefe an Sidonie Nádherný eine Linie der schrittweisen Annäherung, wobei sie geraume Zeit einen Schwebezustand zwischen Freundschaft und Umwerbung einhalten, der – vielleicht nur von dem Grad des Entgegenkommens abhängend – jederzeit in das eine oder andere umschlagen kann. Mit beiläufigen Auskünften anfangend, geht die Stufenleiter der Thematik weiter über lyrische Stimmungen, die von Tages- und Jahreszeiten, von weihnachtlichen Empfindungen, von gewissen Stadtlandschaften oder Museumsbesuchen angeregt sein können, bis zuletzt vom Dichter die Rede ist und vom großen Thema der Liebe. Doch redet Rilke nicht etwa von sich und von Sidonie Nádherný: der *Dichter* erscheint in der Gestalt Jens Peter Jacobsens und die *Liebe* in der Gestalt einer großen Liebenden, Bettina Brentanos. So ist in gewissem Sinn nur sehr allgemein von der Größe dichterischen Daseins und der Herrlichkeit der Liebe die Rede. Und doch läßt sich die Frage nicht ganz unterdrücken, was einen Mann wohl bewegen mag, einem jungen, unbeschäftigten Mädchen seitenlang von der großen, der »richtigen« Liebe zu erzählen, von der Liebe, die vom Liebenden nichts verlangt. Aber kaum hat man so gefragt, als man feststellen muß, daß Rilke über Bettina einen Tag vorher sehr ähnlich, wenn auch nicht ganz so vibrierend, an Clara Rilke geschrieben hat, und hier lagen ihm ja wohl alle Nebenabsichten fern. Unbestreitbar ist er in diesem Augenblick, wo er gerade den *Briefwechsel mit einem Kinde* liest, dichterisch ganz von seinem Gegenstand erfüllt, und daß er den Komplex in den *Malte* aufgenommen hat, zeigt ja auch, daß es ihn, ähnlich wie bei Brügge oder Venedig, drängte, dies zu »machen«. Denkbar ist freilich, daß man das eine tut und das andere nicht unbedingt läßt, das heißt, daß man Sätze bildet, deren Sinn es ist, vom Gegenstand abgelöste Form zu werden, und daß diese selben Sätze zugleich die Aufgabe haben, eine sich bildende menschliche Beziehung auf die in ihr enthaltenen latenten Möglichkeiten der Realisierung hin abzutasten. Oder sollte ein Briefschreiber, der, offensichtlich hingerissen, die »herrliche Jugend« seiner Partnerin rühmt und dann das »herrlich« in »herzlich« abändert, sollte er sich wirklich nicht bewußt sein, an wen und worüber er schreibt?

Höhepunkt der Beziehung zwischen Rilke und Sidonie Nádherný waren die drei Wochen, die Rilke im August und September 1910 auf Janowitz verbrachte. Rilke las viel aus seinen Werken, Sidonie spielte Bach und Chopin, man las zusammen Jacobsen, Hölderlin, Kleist, Stifter, machte Spaziergänge im Park, Fahrten in die Landschaft. Es war bei diesem Zusammensein in Janowitz, daß Sidonie sich die Frage vorlegte, ob sie Rilke liebe. Es ist ein Gedanke, der sie, wie sie ihrem Tagebuch anvertraut, plötzlich überfällt; sie weist ihn zurück, so sehr gut sie auch, wie sie schreibt, Rilke sei. Zwei Monate später machte Rilke die große Reise nach Tunis und Ägypten, auf der er, nicht nur Sidonie gegenüber, unmitteilsam war; auch die unmittelbar vorher und nachher geschriebenen Briefe an Sidonie sind hastig abgefaßt. Von Juli 1911 ab haben Rilkes Briefe plötzlich eine Anrede: »liebe« oder »liebste Freundin« heißt es jetzt, und dabei bleibt es eine Weile; später wird »liebe« oder »liebste Sidie« daraus. Eine Einladung Sidonies zu einer gemeinsamen Reise nach Griechenland, im Jahre 1912, lehnte Rilke ab; kurz darauf, als Rilke Sidonie vorschlug, ihn in Spanien zu treffen, kam auch diese Begegnung nicht zustande. Doch sind sich Rilke und Sidonie noch mehrmals begegnet, im ganzen wohl rund ein dutzendmal in ihrem Leben; außer in Janowitz in Wien und München, Dresden, Rom und Paris, in Genf und Nyon. Fast alle diese Begegnungen haben, soweit man nach den Zeugnissen urteilen kann, mit einer leisen Enttäuschung geendet. Es waren Begegnungen, bei denen sich Rilke und Sidonie oft mehr streiften als wirklich berührten, Sidonie nicht selten in einem geselligen Wirbel, der Rilke fremd blieb, doch auch

Rilke oft von seinen eigenen Bindungen und vor allem von seiner Arbeit in Anspruch genommen. Selbst die Briefe drohten, wie Rilke es einmal ausdrückt, zuzeiten »dünn und fast allgemein« zu werden. Fragt man sich, weshalb die Freundschaft trotzdem über die Jahre erhalten blieb, so könnte eine sehr nüchterne Antwort darauf lauten: weil Rilke Sidonie brauchte. Dies wäre freilich so ungenügend und so einseitig, wie wenn man diese Freundschaft lediglich als eine nicht zur Entfaltung gekommene Liebesbeziehung ansehen wollte. Darüber *daß* Sidonie Nádherný Rilke in vieler Hinsicht genützt und geholfen hat, ist kein Zweifel. Sie hat einflußreiche Gönner ins Spiel gebracht, als es galt, Rilke während des Krieges im Militärdienst zunächst Erleichterung zu verschaffen und ihn dann völlig zu befreien. Sie hat Rilke des öfteren in wirtschaftlichen Bedrängnissen beigestanden, hat ihm, zusammen mit ihrer Freundin, der Gräfin Mary Dobřzensky, nach dem Ende des Krieges die Übersiedlung in die Schweiz ermöglicht und sie hat, vor allem, ihm Janowitz sein Leben lang als Zuflucht offengehalten. Selbst wenn man, in solcher Optik, Rilkes Briefe an Sidonie Nádherný lediglich als ein Musterbeispiel seiner Lebensstrategie ansehen wollte, das heißt, als einen der immer erneuten Versuche, seine gefährdete Existenz zu sichern und den schmalen Raum zu gewinnen, den er für seine dichterische Arbeit benötigte, so wären sie noch immer ein bedeutsames Dokument. Von Klopstock über Hölderlin und Kleist bis zu Rilke und George haben Dichter immer wieder versucht, ihr Leben *als Dichter* zu leben; wieweit und weshalb dies gelungen oder mißlungen ist, ist eine Frage, die auch ihre schwerwiegende soziologische Seite hat. Rilke ist von seinen Biographen allzu oft als »naiv und hilflos«, als »ungeschickt für die materielle Sicherheit seiner Existenz« betrachtet worden: Rudolf Kassner, der ihn aus der Nähe kannte, hat da zweifellos viel schärfer gesehen; ihm erschien Rilke als »ein sehr praktischer und gewandter Mensch«. Aber auch wenn Rilke, nicht ohne Geschick, Janowitz als eine der möglichen Rückzugslinien in sein Leben einbaute, so bedeutete es für ihn zugleich etwas völlig anderes: die Versinnlichung, um nicht zu sagen, die Metapher einer idealen Lebensform. Zu dieser Lebensform gehörten für ihn Sicherheit, Tradition, Stil, Distanz und die Möglichkeit, sich zu isolieren. Vor allem dies; Park und Mauer umschlossen und bezeichneten für Rilke ein Stück »geschützten Alleinseins«. Dies zu finden gelang ihm schließlich in Muzot. Zwar war auch Muzot geliehener Besitz, aber es hatte den anderen Schlössern, die Rilke offenstanden, das eine voraus, daß ihm hier eine Gastfreundschaft geboten wurde, die insofern vollkommen war, als in ihr selbst der Gastgeber sich ausschaltete.

In Janowitz ist Rilke nach 1910 nur noch einmal gewesen, fünf Tage im August des folgenden Jahres, als er in Lautschin, dem böhmischen Besitz der Fürstin Taxis, zu Besuch war. Sidonie war damals auf Reisen. Nach 1911 ist Rilke überhaupt nicht mehr nach Böhmen gekommen. Zwar wurde der Plan eines längeren gemeinsamen Aufenthaltes immer wieder zwischen ihm und Sidonie erwogen; daß er sich nicht verwirklichte, lag zum Teil wohl an den Umständen, zum Teil vielleicht auch daran, daß Rilke damit rechnen mußte, in Janowitz auf einen Gegner zu treffen, der dort seit 1913 häufig zu Gast war: Karl Kraus. Wenn hier von Gegnerschaft die Rede ist, so heißt das nicht, daß Rilke und Karl Kraus verfeindet waren; es heißt nur, daß ihre Naturen und die Ziele, die sie sich gesetzt hatten, so von Grund aus verschieden waren, daß sie schwerlich Wert darauf legen konnten, nebeneinander oder gar miteinander unter einem Dache zu wohnen. Natürlich verstand Rilke, daß Kraus ein bedeutender Kritiker war, so gut wie Kraus verstand, daß Rilke ein bedeutender Dichter war. Rilkes Wort über ihn, das Lou Albert-Lasard überliefert hat: »Er produziert ein sehr reines Gift«, ist schwerlich erfunden. Man braucht es nicht unbedingt so gutartig zu interpretieren wie Lou Albert-Lasard, die dazu bemerkte, Rilke habe damit wohl von Karl Kraus sagen wollen, daß die Motive seiner Bitterkeit rein seien. Ganz sicher drückt der Ausspruch in seiner Mischung aus Bewunderung und Abneigung sehr genau Rilkes Haltung aus. Von Karl Kraus ist ein ähnlich geschärftes Epigramm nicht überliefert. Er hat sich zwar in der *Fackel* ein paarmal nicht unwitzig an Rilke gerieben, doch ohne den Hohn, mit dem er die Wiener Literaten zu übergießen pflegte. Lou Albert-

Lasard berichtet, sie habe mit Karl Kraus im Jahre 1926 in Paris eine lebhafte Diskussion über Rilke gehabt, in der er Rilke angegriffen habe. Leider hat sie keine Einzelheiten mitgeteilt. Ob Karl Kraus in seinen Briefen an Sidonie Nádherný Rilke erwähnt hat, ist, mit einer Ausnahme, unbekannt. Er hat rund tausend Briefe an Sidonie geschrieben; Sidonie hat sie, wie aus ihrem Tagebuch hervorgeht, noch im Jahre 1922 abgeschrieben. Sie galten lange als verschollen; neuerdings ist jedoch zum mindesten ein großer Teil von ihnen wieder aufgetaucht; ihre Veröffentlichung steht bevor.* Auch waren schon bisher wenigstens Auszüge aus zwei Briefen an Sidonie bekannt, in denen sich Karl Kraus über Rilke geäußert hat. Sidonie hat die Exzerpte Briefen beigelegt, die sie 1936 nach dem Tode von Karl Kraus an einen ungenannten Adressaten (vermutlich Ludwig von Fikker) gerichtet und die Werner Kraft in seinem Buch über Karl Kraus mitgeteilt hat. Die Briefe von Karl Kraus stammen vom 14. und 15. Dezember 1915 und stellen eine Antwort auf die Bitte Sidonies dar, er möge sich darum bemühen, für Rilke, der damals zum Militärdienst eingezogen war, eine Transferierung ins Kriegsarchiv zu erwirken. Karl Kraus hat bekanntlich die Schriftsteller, die sich in den Dienst der Kriegspropaganda stellten, verachtet; er versprach zwar, so wenig er von seinem Einfluß hielt, sich für Rilke zu bemühen – »der Helferin zuliebe« –, machte aber zugleich kein Hehl aus seiner Überzeugung, daß ihm, verglichen mit der literarischen Betätigung für den Krieg, der Dienst an der Front als die kleinere Hölle erscheine.

Rilke seinerseits hat sich in seinen Briefen an Sidonie eingehend über Karl Kraus geäußert. Zunächst sehr positiv. Daß der Brief vom 9. Dezember 1913 Rilkes eigentliche oder vollständige Meinung über Karl Kraus ausdrückte, muß man allerdings bezweifeln. Nicht allein deshalb, weil er gar nicht aus eigenem Antrieb geschrieben ist, sondern, auf einen (nicht erhaltenen) Brief Sidonies eingehend, ihr offenbar sehr günstiges Urteil über Karl Kraus aufnimmt oder variiert.

---

* Die Briefe sind inzwischen erschienen: *Briefe an Sidonie Nádherný von Borutin*. Herausgegeben von Bernhard Blume. Insel Verlag. Frankfurt 1973.

Sidonie hat ihn zwar, wie man annehmen muß, ohne Arg gelesen und Rilke sehr lebhaft zugestimmt. Augenscheinlich zu lebhaft, denn in dem grundlegenden Brief vom 21. Februar 1914 gibt sich Rilke nun die größte Mühe, seine so positiv geäußerte Meinung wenn nicht zu widerrufen, so doch ganz entscheidend abzuschwächen. Denn nun geht es für Rilke darum, Karl Kraus Sidonie auszureden. Bei diesem Versuch befand sich Rilke in einem zwiefachen Irrtum. Offenbar nahm er an, daß Karl Kraus auf dem Wege war, in Sidonies Leben eine Rolle zu spielen, die derjenigen ähnlich sein würde, die Rilke selber spielte. Sein eigentlicher, größerer Irrtum jedoch war der Versuch, zu verhindern, was schon geschehen war: daß sich aus der literarischen, freundschaftlich beratenden und sich in Gesprächen bewegenden Beziehung ein Sidonie tiefer angehendes Verhältnis ergeben könnte. Man kann schwerlich annehmen, daß Rilke diesen Brief geschrieben hätte, wenn ihm das wahre Verhältnis klar gewesen wäre. Als Warnung vor einer *möglichen* Bindung war der Brief, ganz gleich wie man über Rilkes Motive denken mag, möglich, als versuchter Eingriff in eine *bestehende* Bindung mußte er beinahe tödlich sein. Wir wissen nicht, was Sidonie geantwortet hat, da sich keiner von ihren Briefen, der vor dem April 1914 geschrieben ist, erhalten hat. Sicher ist, daß sie Rilke sofort geantwortet hat, denn schon vier Tage später kann sich Rilke für die »herzliche treue Aufnahme« seiner »besorgten« Worte bedanken. Und von da ab ist zwischen Sidonie Nádherný und Rilke von Karl Kraus nicht mehr die Rede, es sei denn, man wolle Sidonies gelegentliche Mitteilungen, daß Karl Kraus in Janowitz oder mit ihr in St. Moritz sei, und Rilkes ebenso gelegentliche aber stets aufmerksame Grüße an Karl Kraus ernsthaft in Betracht ziehen.

Vielleicht aber hat sich Rilke doch noch einmal zu seinem Brief geäußert. Mehr als fünf Jahre später, im Juni 1919, kam er mit Sidonie im Hause der Gräfin Dobržensky in Nyon zusammen. Es war ein mißglücktes Wiedersehen, und in einem Brief vom 5. August aus Soglio bemühte sich Rilke, der Frage nachzugehen, warum dieses Wiedersehen »ungenutzt« blieb, warum »ein Fremdes« zwischen ihnen überwogen hatte. Der Grund, den er schließlich fand, lautet seltsam: »Im Letzten vielleicht«, schreibt er, »war mir dies auferlegt worden, um etwas auszugleichen, was einmal vor Jahren, nie besprochen, zwischen uns geschehen war und woran ich mich immer unbeschreiblich schuldig wußte.« Durch eine schmerzlich empfundene allzu große Fremdheit oder Ferne etwas »ausgleichen« kann wohl nur jemand, der einem andern auf irgendeine Weise zu nahe getreten ist. Und da in dem ganzen Verhältnis Rilkes zu Sidonie nichts darauf hinweist, daß er sonst irgendwann versucht hätte, in Sidonies Leben entscheidend einzugreifen, so wird man es immerhin für möglich halten können, auch wenn dies Konjektur bleiben muß, daß Rilkes Schuldgefühle sich auf seinen Brief über Karl Kraus bezogen. Gerade die Tatsache, daß er die Neigung Sidonies für Karl Kraus, von dem Augenblick an als er ihren Ernst erkennen mußte, völlig respektierte, spricht für diese Schuldgefühle.

Sidonies Verbindung mit Karl Kraus, eine Verbindung, der Karl Kraus den Namen Liebe, Sidonie selbst sehr bald den Namen Freundschaft gab, erwies sich als dauerhaft. Sie überdauerte auch eine rasch wieder aufgelöste Verlobung und das kurze Zwischenspiel ihrer Ehe mit dem Grafen Thun, von dem sie sich schon nach ein paar Monaten wieder trennte. Der Tod von Karl Kraus im Jahre 1936 ließ sie in völliger Einsamkeit zurück.

1950 ist Sidonie in einem Krankenhaus in der Nähe von London gestorben. Dies ist so gut wie alles, was von ihrem späteren Leben bekannt ist, doch ist im Grunde sehr viel mehr von ihrem Leben überhaupt nicht bekannt. Sidonie selbst war der Meinung, daß ihr die Gabe, sich auszudrücken und sich darzustellen, versagt war. Und doch kann man nicht zweifeln, daß eine Frau, die zwei so ungewöhnliche und vor allem so entgegengesetzte Menschen wie Rilke und Karl Kraus anzuziehen vermochte, selbst kein gewöhnlicher Mensch gewesen sein kann, auch wenn man fühlt, daß weder die erhaltenen Briefe noch die Tagebücher ihr Wesen völlig widerspiegeln. Einzelzüge prägen sich ein; man glaubt, einen freien, unabhängigen, aufrichtigen und unbedingt wahrhaftigen Menschen zu gewahren, dem zugleich etwas seltsam

Verschlossenes anhaftet. Einen späten, im Jahre 1945 an einen Neffen gerichteten Brief, der sich erhalten hat, kann man nur mit Erschütterung lesen. Er ist als Trostbrief geschrieben und macht doch zugleich die zunehmende Verdüsterung und Verdunkelung des eigenen Lebens schmerzhaft fühlbar. Versucht man, die Kurve dieses Lebens zu überblicken, so zeigt sich ein fast tragisches Mißverhältnis zwischen Anlage und Schicksal. Es ist ein reich angelegtes Leben, weltzugewandt, verheißungsvoll aufgeschlossen dem Schönen und Großen gegenüber, das plötzlich, allzu früh, wie Sidonie selber fühlte, vorüber war und in einer Einsamkeit erstarrte, die um so härter war, als der Tod immer wieder in ihr Dasein eingriff und ihr gerade die liebsten Menschen wegnahm, allen voran den Lieblingsbruder, Johannes.

Rilke muß, als er später eine Verbindung wieder aufnahm, die schon fast abgerissen war, etwas von der Unerfülltheit dieses Lebens empfunden haben. Wie sonst wäre die offenbare Sorge zu verstehen, die gerade seine zwei letzten an Sidonie gerichteten Briefe erfüllt. »Nehmen Sie, bitte«, schreibt er ihr am 3. Dezember 1925 zu ihrem vierzigsten Geburtstag, »aus diesen … Blättern die ganz endgültige Gewißheit, daß nichts zwischen uns ausgelöscht sein kann oder widerrufen, daß alles besteht, wirkt und uns (nichtwahr?), wie seit so lange, verbunden hält.« Rilke schrieb dies ein Jahr vor seinem Tode, als schon die Schatten der noch unerkannten tödlichen Krankheit auf ihm lagen, und der Ton dieser Zeilen ist vielleicht auch deshalb so beschwörend, weil sie nicht zuletzt ein Versuch waren, das eigene, schon entgleitende Leben festzuhalten.

Die Stadt als seelische Landschaft

Es gibt große Geister in der deutschen Literatur, die so verwurzelt in ihrer Umgebung sind, daß wir sie nicht daraus fortzudenken vermögen. Wenn wir Goethe mit Weimar verbinden, Kant mit Königsberg, Keller mit Zürich und Stifter mit dem Böhmerwald, so fühlen wir deutlich, daß wir hier nicht von Aufenthalten reden, die der Zufall angewiesen hat, sondern von einer wahlverwandten Beziehung zwischen Mensch und Umwelt, von einer Seßhaftigkeit, die Ausdruck für ein Zuhausesein im Dasein überhaupt ist. Eine solche Heimat hat Rilke in seinem Leben weder besessen noch erworben; wie die anderen großen »Unbehausten«, wie Hölderlin, Kleist und Nietzsche, ist auch er sein Leben lang auf der Suche gewesen.

Die Eingangsverse zu den *Frühen Gedichten* verkünden es noch fast wie ein Lebensprogramm, dies »Wohnen im Gewoge, und keine Heimat haben in der Zeit«; aber später wird die immer wiederkehrende Frage »wohin, wohin« drängender und schmerzlicher, bis zuletzt »Heimatlosigkeit« nicht mehr als ersehnte und gewollte Freiheit erscheint, sondern als ein auferlegtes Schicksal, das geleistet werden muß.

Jene immer wieder unternommene Existenz in den großen Hotels, in denen Rilke, wie man es ihm angekreidet hat, über seine Verhältnisse gelebt hat[1], ist nur *ein* solcher Versuch, diese Aufgabe zu lösen; es ist das äußerst konsequente Bemühen, tatsächlich ohne Heimat auszukommen, sich der Wirkung aller *äußeren* Einflüsse zu entziehen, und sich völlig dem Gebot der *inneren* Stimme zu überlassen.

> Denn ich wohne, du weißt es, im Innern
> wo es nicht Greifbares gibt,

lauten Verse, die Rilke im Jahr 1917 an Alma Johanna König gerichtet hat.[2]

Aber trotz dieses Entschlusses, ganz im Innern zu wohnen, stellt sich die wechselseitige Beziehung zwischen Innen und Außen immer wieder her, notwendigerweise, und überdies von beiden Seiten. Denn einmal glaubt Rilke, daß bei diesem Versuch der »Gewinnung eines inneren Aufenthaltes« der rechte äußere dem inneren Zustand aufhelfen könne. Der so fühlt, ist der vom Eindruck bestimmte und abhängige, der »impressionable«[3] Rilke. Zugleich und nicht weniger stark aber ist ein ganz bewußter Ausdruckswille am Werk. Rilkes extremes Gefühl für Reinheit des Stils verlangt, Innen und Außen zur Deckung zu bringen, nicht nur im Gedicht, sondern auch im Dasein. Sinnliches ist somit nichts als Kleid und Hülle für Seelisches; Wohnraum und Haus, Turm, Garten und Park, Stadt und Landschaft sind nichts als, in immer weiteren konzentrischen Kreisen, Ausdruck von Innenraum. »So geschahs unvermeidlich« sagt Rilke selbst, »daß ich mir Wahlheimaten erwarb, nach dem Maße der Entsprechung, d. h. mir unwillkürlich eine Anstammung *dort* fingierte, wo das Sichtbare in seiner Bildhaftigkeit den Ausdrucksbedürfnissen meines Instinkts irgendwie genauer entgegenkam.«[4]

Diesen Ausdrucksbedürfnissen entsprach Prag, die Stadt, in der Rilke aufwuchs, offenbar nicht. Undenkbar ist es, sich in Rilkes Mund eine Formel vorzustellen, wie Thomas Mann sie seiner Heimat gegenüber gebraucht hat: »Lübeck als geistige Lebensform« – mit diesem Wort war Zeugnis abgelegt von der prägenden Kraft eines bürgerlich-urbanen Lebensstils, dem der Dichter der *Buddenbrooks* sich sein ganzes Leben verpflichtet gefühlt hat. Noch der späte Thomas Mann kann sich mitten in einer Rede vor amerikanischen Hörern unterbrechen, um das »wunderlich-ehrwürdige« Bild der Stadt heraufzubeschwören, in der er geboren wurde und wohin er, wie er findet, doch schließlich gehöre.[5] Er spricht von der »Landschaft« Lübecks[6], und diese nicht eben gewöhnliche Bezeichnung eines *Stadt*bilds als *Land*schaft meint wiederum das Lübeckische als Lebensform. Viel mehr ist hier unter »Landschaft« begriffen, als was sich dem Auge darbietet, mehr als Straßen und Häuser, als die Architektur. Zur Landschaft Lübecks jedenfalls gehört das Atmosphärische, im sinnlichen wie im geistigen Verstande, der Hintergrund des Meeres und die Macht der Geschichte, die Holsteinische Schweiz und die hanseatische Tradition, und nicht zuletzt der im Sprachlich-Heimatlichen, im Dialekt, Gestalt gewordene Geist der Bewohner. Landschaft, so erlebt und geschildert, ist, um ein bekanntes Wort Amiels zu gebrauchen, die Beschreibung eines Seelenzustandes. Aber gerade weil sie das ist, ist es so ganz unmöglich, in Rilkes Fall nun von *Prag* als geistiger Lebensform zu sprechen. Im Gegenteil, von Prag losgekommen zu sein, hat Rilke selbst als den ersten entscheidenden Erfolg seines Lebens betrachtet.[7] Wegwerfend spricht er noch in seinen letzten Jahren von den engen Prager Verhältnissen[8]; als stumpf[9], muffig[10], schwül und schlecht gelüftet[11] lebt Prags Atmosphäre in seiner Erinnerung fort; prägnanter aber noch als alle seine sonstigen Äußerungen faßt ein Wort, das er anläßlich eines kurzen Besuches im Jahre 1907 findet, den Eindruck zusammen, den Prag in ihm hinterlassen hat: es ist das Wort »gespenstisch«. Gespenstisch, das heißt vergangen, aber nicht abgetan; gespenstisch ist, was lastet und beschwert, was für tot erklärt ist und wiederkommt, eine unbewältigte Vergangenheit. Denn bei aller Ablehnung wird Rilke bei diesem Besuche eines klar: daß er mit dieser Stadt nicht fertig wird. Aber der hier mit Prag nicht fertig wird, ist in Wahrheit einer, der mit seiner Kindheit nicht fertig wird. »Sie müßte entweder mit meiner Kindheit vergangen sein«, sagt er von dieser Stadt, »oder meine Kindheit müßte von ihr abgeflossen sein später, sie zurücklassend, wirklich neben aller Wirklichkeit, zu sehen und auszusagen, sachlich wie ein Cézannesches Ding.«[12] Wenn dies »Abfließen« der Kindheit nur möglich wäre, wenn es möglich wäre, die Kindheit zu trennen von dem Ort, wo sie gelebt wurde, dann allerdings hätte Rilke ohne »Rückgefühle« Prag »aussagen« können, so wie er andere Städte ausgesagt hat. Von Prag aber loszukommen, was ihm zu einer so großen Aufgabe wurde, das hieß an sich durchaus nicht, vom Hradschin, von St. Veit, von Loretto, vom Wolschan loskommen, – alles »Dinge«, die ihn wahrscheinlich entzückt hätten, wäre er ihnen an anderer Stelle begegnet, – von Prag loskommen, hieß für Rilke, von seiner Kindheit loskommen.

Daß diese Kindheit unglücklich war, oder zum mindesten von Rilke als durchaus unglücklich *empfunden* wurde, ist unbestreitbar, sosehr sich auch der Biograph von Rilkes Frühzeit bemüht hat, der »Legende« von Rilkes schwerer Jugend entgegenzutreten.[13] Diese Legende ist freilich von Rilke geschaffen: er selbst hat das Wort von der »lichtarmen Geschichte« seiner »verfehlten Kindheit« geprägt.[14] Unüberhörbar ist der immer wiederkehrende Ton der Erbitterung, mit der er sich vor allem von seiner Mutter distanziert hat, der ja nach der Trennung der Eltern die Erziehung des Sohnes überantwortet war. »Wenn ich«, schreibt er im Jahre 1904 an Lou Andreas-Salomé, »diese unwirkliche, verlorene, mit nichts zusammenhängende Frau, die nicht altern kann, sehen muß, dann fühle ich, wie ich schon als Kind von ihr fortgestrebt habe, und fürchte tief in mir, daß ich nach Jahren Laufens und Gehens immer noch nicht fern genug von ihr bin . . .; dann graut mir vor ihrer zerstreuten Frömmigkeit, vor ihrem eigensinnigen Glauben, vor allem diesem Verzerrten und Entstellten, daran sie sich gehängt hat, selber leer wie ein Kleid, gespenstisch und schrecklich.«[15]

Auch hier, der Mutter gegenüber, stellt sich das Wort »gespenstisch« ein, das Rilke für Prag gebraucht hat; Schauplatz, Erlebnisse und Gestalten der Kindheit bilden eben ein beklemmendes Ganzes, das nicht mehr zu trennen ist und aus dem nur eins rettet: Flucht, Entfernung, die gar nicht fern genug sein kann. Diese Abneigung Rilkes geht so weit, daß er später Österreich und das, was er »das Österreichische« nennt, in sie einbezogen hat. »Es ist kaum zu sagen«, schreibt er an Lou, »wie sehr mir alles Österreichische zuwider ist.«[16] Doch was er, ohne Not verallgemeinernd, die »Heimatlosigkeit des Österreichers« genannt hat[17], spricht wohl nur sein eigenes Schicksal aus, so wie er es in Muzot, auf sein Leben zurückblickend, gesehen hat: ». . . ich mußte mich . . . ganz aus den Bedingungen der Familie und der Heimat auslösen; zu denen gehörend, die erst später, in Wahlheimaten, Stärke und Tragkraft ihres Blutes erproben konnten.«[18] Da wo Rilke von Heimweh spricht, nennt er nicht Prag, sondern Rußland.[19] Im *Malte Laurids Brigge* aber, der ja voll eigener Kindheitserinnerungen und -ängste ist, hat er sich eine nordische Heimat erfunden, schwerlich nur unter dem Einfluß geliebter literarischer Vorbilder, sondern wohl auch in dem Bestreben, von dem ungeliebten Prag loszukommen. Sein beharrlichster Versuch jedoch, sich statt eines Geburtsorts eine Heimat zu schaffen, ist das fiktive Ahnenschloß in Kärnten, das altadlige Geschlecht, ein erträumtes Daheim von Besitz, Zucht, Stil und Kultur, nie besessen, fingiert.

Verglichen mit diesem Wunschtraum von Stamm und Herkunft ist das Bild der wirklichen Heimat, das Rilke in seinen ersten Gedichten zu geben versucht hat, noch nicht einmal fiktiv, sondern einfach nicht vorhanden, das Wort in dem Sinne verstanden, in dem es der spätere Rilke gebraucht hat. Der hier den Göttern von Flur und Haus ein Larenopfer darbringt, kommt in Wahrheit mit leeren Händen; die Namen der Kirchen und Paläste, die auftauchen, bleiben für den, der Prag nicht kennt, nur Namen; vieles wird genannt, nichts beschworen, und Rilkes eigener Ton ist noch völlig zugedeckt von den mannigfachen Melodien fremder Vorbilder. Zu diesen Vorbildern ist auch Storm gerechnet worden[20], aber man braucht nur Storms beseelte Zeilen von der »grauen Stadt am Meer« neben Rilkes Prager Gedichte zu halten, um zu sehen, wie ein Dichter, und das ist Rilke damals noch nicht, von seiner Heimat spricht. Rilke geht es freilich auch gar nicht um Prag, – auch von der späteren Abneigung ist hier noch nichts zu spüren –, es geht ihm einzig darum, Verse zu schreiben. Kein Wunder, daß in diesen Versen Prag nicht zur »Landschaft« wird, sondern zur Kulisse, vor der Narziß sich in Szene setzt. Noch auf Jahre hinaus ist Rilke von dieser unechten, spielenden, theatralischen Haltung nicht losgekommen. Es ist tief bezeichnend, daß er noch auf der italienischen Reise vom Jahre 1898 gewisse Abendstimmungen als »dekorativ« empfindet. Er erblickt gotische Türmchen, von Renaissance-Architektur fast erdrückt, und nach einem Vergleich aus der Welt des Theaters greifend, findet er sie »verängstigt, wie Schauspieler, welche inmitten ihrer Rolle stecken bleiben«[21], und wenn er sagen will, daß es über den Bergen von Fiesole dunkel wird, dann heißt das in seiner damaligen Sprache: »die Berge von Fiesole tragen schon die Farben der Nacht.«[22] Das Dunkel liegt den Gegenständen auf wie ein Kostüm. Von der Kunst des »Dinge Machens«, der Fähigkeit, einen gesehenen, erlebten Gegenstand rein und in sich ruhend zu gestalten, die Rilke später aufs vollkommenste beherrschen wird, ist noch nichts zu sehen. Die Objekte sind fast immer bloßer Vorwand; nicht was sie sind, ist wichtig, sondern was sich darüber sagen läßt. Ein Gedicht wie »Der Hradschin« mag Rilkes damalige Manier verdeutlichen:

> Schau so gerne die verwetterte
> Stirn der alten Hofburg an;
> schon der Blick des Kindes kletterte
> dort hinan.
>
> Und es grüßen selbst die eiligen
> Moldauwellen den Hradschin,
> von der Brücke sehn die Heiligen
> ernst auf ihn.
>
> Und die Türme schaun, die neueren,
> alle zu des Veitsturms Knauf
> wie die Kinderschar zum teueren
> Vater auf.

Was beim Lesen zunächst auffällt, ist das Überwiegen des Technischen. Wenn das Gedicht nicht schon einen Titel hätte, so wäre man versucht, es »Studie in Enjambements« zu nennen, ganz ähnlich wie »Heilige« im selben Band[23] sich als Exerzitium in Binnenreimen ansehen ließe. Wie dreimal das Beiwort ins Versende gestellt, von seinem Hauptwort getrennt und durch den Reim akzentuiert wird, ist zum mindesten ungewöhnlich; dies und die übermäßig verkürzte vierte Zeile in jeder Strophe geben dem Gedicht eine rhythmische Unruhe, die man feststellt, ohne sich zunächst über ihren Sinn klar zu werden. Die Unruhe wird noch dadurch gesteigert, daß der Blickpunkt, von dem aus das Zentrum des Gedichts sozusagen visiert wird, immer wieder wechselt. Fünfmal läuft eine Bewegung auf den Hradschin zu, kommt zum Stehen und wird von einer anderen Stelle aus wieder aufgenommen. Hierin, in dem Versuch nämlich, rhythmisch zum Ausdruck zu bringen, wie ein lebhafter Anlauf immer wieder zum Stehen kommt, liegt zweifellos auch der Sinn der verkürzten Schlußzeilen. Seltsam ist nur, daß dieser Mittelpunkt, auf den alles hinlenkt, eigentlich nicht vorhanden ist. Statt seiner steht nur ein Name da: der Hradschin.

Von diesem Hradschin erfahren wir genaugenommen nichts, sondern hören nur, wie der Dichter auf ihn reagiert: daß er ihn »gern« schaut. Ganz ähnlich beginnt Rilke eine Betrachtung von St. Veit: »Gern steh' ich vor dem alten Dom«; so besichtigt er andere Sehenswürdigkeiten:

> Das Adelshaus mit seiner breiten Rampe:
> wie schön will mir sein grauer Glast erscheinen.[24]

oder gibt sein Urteil über Baustile ab:

> Die moderne Bauschablone
> will mir garnicht passen.[25]

Nun ist es ja ein durchaus berechtigtes ästhetisches Verfahren, das Wesen einer Sache durch die Wirkung darzustellen, die sie hervorruft, wie ja auch Storms »Stadt« in dem Ausdruck solcher Wirkung gipfelt: »hängt doch mein ganzes Herz an dir, du graue Stadt am Meer.« Diese Aussage ist bei Storm freilich durch eine Reihe konkreter, sinnlich packender Einzelzüge vorbereitet und gefüllt. Solche sinnlichen Einzelzüge gibt es bei Rilke kaum; statt dessen haben wir das Urteil über seinen Eindruck, in durchaus gemäßigter Gefühlslage: er schaut die Hofburg gern. Den Fortschritt seines Gedichtes erreicht nun Rilke dadurch, daß er seine Technik, nicht das Objekt zu beschreiben, sondern statt dessen zu sagen, wie der Betrachter sich zu ihm verhält, auf die unbelebten Gegenstände überträgt: die Wellen »grüßen« den Hradschin, die Statuen »sehen ernst« auf ihn, und die Türme »schauen« zu ihm auf. Daß diesen Beziehungen und ihrem Ausdruck keine Gefühlskraft innewohnt, ist offensichtlich, und so wird nun, um eine Steigerung zu erzielen, dieses Aufschauen am Schluß durch einen Vergleich unterstrichen: »wie die Kinderschar zum teueren Vater.« In dem witzig-rührenden Familienbildchen kulminiert das Gedicht, ja im Grunde – nicht zuletzt durch die pointierte Stelle, die ihm zugewiesen ist – wird das Gleichnis eindrucksvoller und deutlicher als die Sache selbst, für die es steht. Immer wieder, und auf verschiedene Art, wird in diesem Gedicht dem eigentlichen Gegenstand ausgewichen, schon am Anfang, wo von der »Stirn« der alten Hofburg die Rede ist. Das Gleichnis schiebt sich über den Gegenstand oder es wird ihm wie eine Maske aufgesetzt. Das Bild von der »Stirn« eines Gegenstands oder eines Begriffs hat es dem jungen Rilke offenbar angetan, denn es kehrt immer wieder:

> Dort seh ich Türme, kuppig bald wie Eicheln,
> und jene wieder spitz wie schlanke Birnen;
> dort liegt die Stadt; an ihre tausend Stirnen
> schmiegt sich der Abend schon mit leisem
> Schmeicheln.[26]

Ähnlich spricht er in den *Zwei Prager Geschichten* von der »breiten Stirne der alten Königsburg«[27], und so heben später in Florenz die Paläste »fast feindlich dem Fremden ihre stummen Stirnen entgegen«.[28] Mit den gleichen Mitteln des vermenschlichenden Gleichnisses »belebt« der frühe Rilke Stadt, Landschaft und Atmosphäre. Da streckt die Dämmerung dem Betrachter »die Arme entgegen« oder »geht mit leisem Schritt vorbei«, die Büsche »beten Litaneien«, Lichter »schauen fromm in den Abend« oder »haschen sich« auf den Dächerkanten, der Abend »hüpft« hangab, die Wände »erzählen«, der Herbst »knebelt« den Tag, der Sturmwind ist ein »hastiger Knab« oder hat »kalte Hände«, und der Himmel »liebelt« in die Höfe.[29]
Dieser Stil wird in den Stadtbeschreibungen der *Zwei Prager Geschichten* und in den italienischen Schilderungen der *Tagebücher aus der Frühzeit* ins Breite ausgebaut. »Das Stammhaus des Fürsten von Schwarzenberg«, heißt es im *König Bohusch*, »und ein anderes, etwas langweiliges Gebäude schauen wie in steter Verbeugung begriffen herüber, und zur Rechten des Schlosses wacht in etwas protziger Pose der neugestrichene Palast des Erzbischofs über die kleinen

Wohnhäuser der Prälaten und Domherrn, die sich nahe an ihren mächtigen Patron heranschmeicheln.«[30] In derselben Manier werden die »hellen, heiteren Paläste« Venedigs beschrieben: »so vertrauensvoll und beredt, und wie schöne Frauen verharren sie immerfort am Spiegel des Kanals und sorgen, ob man ihnen das Altern nicht anmerkt«[31], oder Paläste in Florenz, die immerhin nicht ganz so gesellig sind: »wenige und sparsame Fenster mit einem Schmuck, dessen Glanz höchstens dem Lächeln eines verschüchterten Kindes anähnelt, unterbrechen das schwere Schweigsamsein [der mächtigen Quadern] und fürchten sich, etwas von dem Sinn zu verraten, der diese Mauern beseelt. Hoch über den Rand streckt sich ein strenges und schlichtes Kranzgesims forschend vor. Hast du aber einmal das Vertrauen dieser Paläste errungen, so erzählen sie dir gern und gütig die Sage ihres Daseins in der herrlichen rhythmischen Sprache ihrer Höfe.«[32] Am bedauernswertesten erscheint freilich ein »armes, einstöckiges altes Gebäude [in Prag], das tagaus tagein dasteht mit den Händen vor den Augen.«[33] Ähnlich klingt ein Bericht aus Verona: »da war manch verwitterter Palast, der mich so stier ansah, als wollte er mir ein altes Geheimnis anvertrauen . . . hat doch hie und da ein alter dunkler Turm mir ein bedeutendes Wort zugeworfen, hie und da vernahm ich das Geflüster gebrochener Bildsäulen . . . erzählten mir die Steine eine furchtbar blutige Geschichte.« Diese letztere Schilderung stammt freilich von Heine.[34] Und auch das folgende ist von Heine: »Vor mir in Trient . . . stand der uralte Dom, nicht groß, nicht düster, sondern wie ein heiterer Greis, recht bejahrt zutraulich und einladend.«[35] Oder: »Ich . . . betrachtete . . . den langen Petriturm mit der schlanken Taille.«[36] Oder: »Schnee lag auf den Dächern, und es schien, als hätten sogar die Häuser gealtert und weiße Haare bekommen . . . Der Himmel war schneidend blau und dunkelte hastig.«[37]
Die Gleichheit des Stils ist frappant; bei Rilke und Heine dieselbe intime Plauderhaftigkeit, dieselbe auf den Effekt bedachte farbige Angeregtheit, dieselbe Vermenschlichung des Unbelebten, mit der die geschilderte Landschaft gleichsam erst in Szene gesetzt wird. Wie Heine steht Rilke, als

Conférencier seiner Empfindungen, dem Gegenstand, den er darstellt, im Wege, weder fähig, sich ganz an ihn zu verlieren noch ihn in sich hineinzunehmen und zu verwandeln.

Nicht die Vielfalt an Metaphern nimmt dem frühen Stil Rilkes die Prägnanz, sondern ihre gesuchte Künstlichkeit, der Mangel an wirklicher Beziehung zum Gegenstand. Da und dort freilich werden auch jetzt schon Bilder sichtbar, die der Sache dienen, statt von ihr wegzuführen. Mitten in einem sonst nicht bemerkenswerten Gedicht »Land und Volk«, dessen Schluß überdies völlig ins Triviale abgleitet, stehen zwei Zeilen

> Wie erstarrtes Licht liegt Weizen
> zwischen Bergen, waldbehaart,

die ein Stück böhmischer Landschaft vollendet einfangen. Hier stellt sich das Gleichnis nicht, wie sonst so oft, zwischen Leser und Gegenstand, sondern kommt ihm zu Hilfe, steigert und verdichtet. Eine einzige bildhafte Einzelheit, das Kind beim Kartoffeljäten, in der »Volksweise«, einem Gedicht, das sonst ganz von der weichen Musikalität seines Tons lebt, haftet stärker als die forcierte Metaphorik vieler anderer Gedichte. Am merkwürdigsten im ganzen *Larenopfer* ist aber wohl die »Mittelböhmische Landschaft«:

> Fern dämmert wogender Wälder
> beschatteter Saum.
> Dann unterbricht
> nur hie und da ein Baum
> die falbe Fläche hoher Ährenfelder.
> Im hellsten Licht
> Keimt die Kartoffel; dann
> ein wenig weiter Gerste, bis der Tann
> das Bild begrenzt.
> Hoch überm Jungwald glänzt
> so goldig-rot ein Kirchturmkreuz herüber,
> aus Fichten ragt der Hegerhütte Bau; –
> und drüber
> wölbt sich ein Himmel, blank und blau.

Hier redet der Dichter nicht dazwischen, hier fehlen auch die Gleichnisse völlig: es ist das gegenständlichste Gedicht des jungen Rilke. Hier und in andern Fällen, wo Rilkes Sprache Kraft gewinnt, wo sein Ton musikhaft ausschwingt, ist es freilich, und dies mag bedeutsam sein, nicht mehr die Stadt, von der er spricht, sondern die Landschaft.

2

Die innere Wendung von der Stadt hinweg, die sich im *Larenopfer* erst leise andeutet, wird in den nächsten Jahren deutlicher. Zwar spielt sich Rilkes Leben vorwiegend in Städten ab, erst in München, dann in Berlin; von 1902 bis zum Kriege, wenn auch von vielen Reisen unterbrochen, in Paris; doch was Rilke später im Rückblick von seinem Leben in München gesagt hat, daß er dort nur sehr wenig in seinem Element gewesen sei[38], das gilt im Grunde von den großen Städten allen: in seinem Element ist Rilke in ihnen nirgends. Selbst Paris, die Stadt, in der er am längsten gelebt hat und wohin er immer wieder zurückgekehrt ist, war vor allem eine große Aufgabe. So ist es nur natürlich, daß das Leben in der großen Stadt immer wieder von ländlichen Aufenthalten unterbrochen wird. Der wichtigste dieser Aufenthalte, wenigstens bis zur Übersiedlung nach Muzot, sind die zwei russischen Reisen. Und man muß hier wohl von einem »ländlichen« Aufenthalt reden, denn als »Land« und »Landschaft« hat Rilke Rußland erlebt. Es sind nicht die russischen Städte, die ihn erfüllen: mit ähnlichen Worten, wie er sie später für Paris findet, schreibt er aus St. Petersburg von »den fast feindlichen Eindrücken dieser schweren Stadt«[39]; nur Moskau ist so ganz von Rußlands Wesen durchdrungen, daß es für ihn Bestand hat. Noch vierzehn Jahre nach der ersten russischen Reise schreibt er die tief bezeichnenden Worte: »wenn mein Herz nicht ganz Landschaft wäre, wenn es eine Stadt in ihm gäbe, so gliche sie Moskau, daran habe ich nie gezweifelt.«[40] Noch 1920 sagt er von Rußland: »es hat mich zu dem gemacht, was ich bin, von dort ging ich innerlich aus, alle Heimat meines Instinkts, all mein innerer Ursprung ist

dort!«[41] Am russischen Erlebnis werden nun die großen
Städte gemessen und verworfen. Sie werden verworfen, weil
ihnen das fehlt, was Rilke in Rußland gefunden hat, was sich
ihm in Moskau in der Osternacht 1899 offenbart hat: echter
Glaube und menschliche Bruderschaft. In den Anrufungen
und Litaneien des *Stundenbuchs* wird diese Verwerfung auf
den stärksten Ausdruck gebracht. Gleich jenen Städten des
alten Testaments, auf die Gott Feuer und Schwefel regnen
ließ, ist ihre Stunde gekommen:

> Denn, Herr, die großen Städte sind
> Verlorene und Aufgelöste;
> wie Flucht vor Flammen ist die größte, –
> und ist kein Trost, daß er sie tröste,
> und ihre kleine Zeit verrinnt.

Sie werden verworfen, weil nichts, was in ihnen geschieht,
von echtem Gefühl eingegeben ist:

> Die großen Städte sind nicht wahr; sie täuschen
> den Tag, die Nacht, die Tiere und das Kind;
> ihr Schweigen lügt, sie lügen mit Geräuschen
> und mit den Dingen, welche willig sind.
> Nichts von dem weiten wirklichen Geschehen,
> das sich um dich, du Werdender, bewegt,
> geschieht in ihnen.

Die Menschen aber, die in diesen Städten leben, zerstören
sich im Dienst von Scheinwerten, hingegeben an die leeren
technischen Triumphe der Schnelligkeit, in unfruchtbare
Äußerlichkeit, dem Geld verfallen und vorwärtsgepeitscht
von Drogen und Rauschmitteln:

> Die Städte aber wollen nur das Ihre
> und reißen alles mit in ihren Lauf.
> Wie hohles Holz zerbrechen sie die Tiere
> und brauchen viele Völker brennend auf.

> Und ihre Menschen dienen in Kulturen

und fallen tief aus Gleichgewicht und Maß,
und nennen Fortschritt ihre Schneckenspuren
und fahren rascher, wo sie langsam fuhren
und fühlen sich und funkeln wie die Huren
und lärmen lauter mit Metall und Glas.

Es ist, als ob ein Trug sie täglich äffte,
sie können gar nicht mehr sie selber sein;
das Geld wächst an, hat alle ihre Kräfte
und ist wie Ostwind groß, und sie sind klein
und ausgeholt und warten, daß der Wein
und alles Gift der Tier- und Menschensäfte
sie reize zu vergänglichem Geschäfte.

Angesichts dieser Verdammungsurteile, die im Bildnis der
»Leid-Stadt« in der Zehnten Duineser Elegie noch einmal
einen späten und gesteigerten Ausdruck finden, mag man sich
fragen, ob nicht auch hier, ähnlich wie bei Rilkes Feindselig-
keit gegen Prag, eine Übertragung stattgefunden hat. So wie
für Rilke die Geschichte seiner im ganzen unglücklichen und
geängstigten Kindheit sich nie mehr von dem Ort trennen
ließ, wo sie gelebt worden war, so mag in den ablehnenden
Worten, die Rilke für die großen Städte hat, sich etwas
spiegeln von der Unsicherheit, den Enttäuschungen, der
Gefährdung und dem Zweifel, von denen seine Existenz
damals bedroht war. Darüber, daß Darstellungen von Städten als Sinnbilder innerer Vorgänge dienen können, war sich
Rilke durchaus im klaren; von Georges Rodenbach etwa,
dem Verfasser von *Bruges-la-Morte*, sagt er einmal, daß sein
Brügge ein Gleichnis sei, von einem Dichter für seine Seele
erfunden[42]; zu oft auch gebraucht er das Wort »Angst«, wenn
er von den großen Städten spricht, als daß man übersehen
könnte, daß hier eins von Rilkes eigenen Grunderlebnissen
berührt ist.
»In die Angst der übergroßen Städte bis ans Kinn gestellt«[43]
fühlt sich nur einer der dem Ertrinken nahe ist.[44] »Sie kennen
meine Furcht vor den sehr großen Städten«, schreibt Rilke
1904 aus Schweden, als von einem Plan Holitschers nach
London zu gehen die Rede ist, indem er gleichzeitig betont,

daß er seinerseits sich nicht zu einer solchen Reise entschließen könnte. Wieder ist es Rußland, das er den großen Städten des Westens entgegenstellt. Dorthin rufe ihn alles, erklärt er, und dort erhofft er sich noch immer eine Heimat.[45] Die Nennung Rußlands legt freilich den Gedanken nahe, daß es sich bei diesen ablehnenden Urteilen doch nicht nur und nicht in erster Linie um Symbolisierungen eigener Erfahrungen handelt. Es ist nicht einfach so, daß Rilke, unfähig, sein eigenes Leben zu bewältigen, in einem sublimen Racheakt sozusagen, die Stätten seines Leides und seiner Verzweiflung symbolhaft dem Untergang preisgegeben hätte. Man kann sich vielmehr dem Eindruck nicht entziehen, daß Rilke sich sehr bewußt gewesen ist, von welchen inneren Gefahren nicht nur seine eigene Existenz, sondern das Leben Europas überhaupt bedroht war, daß sich nahende allgemeine Zusammenbrüche und Untergänge in seinem Gefühl schon ankündigten, zu einer Zeit, als sie den Augen der meisten noch verborgen waren, der Fahne gleich, die die Winde ahnt, die kommen, »während die Dinge unten sich noch nicht rühren«.[46] Es ist auch nicht zu verwundern, daß ihm solche Gefährdungen am stärksten gerade in den Brennpunkten der Zivilisation zu Bewußtsein kamen und um so nachdrücklicher, wenn er den großen Menschenansammlungen mit jenem Maßstab entgegentrat, den er sich von Rußland und seinen »ernsten, auf die Wichtigkeit des Lebens bedachten und von lauter Ewigkeit umgebenen Menschen« gebildet hatte.[47] Es sind keine beiläufig gewählten Attribute, die er den russischen Menschen zulegt, und sie stehen in Beziehung zu Rilkes eigenem Lebensernst, zu seiner Überzeugung von der Wichtigkeit der Aufgabe, die das Leben in seiner ganzen unerbittlichen »Hiesigkeit« und Irdischheit dem Menschen stellt, und die ihn zugleich an ein Ewiges anschließt. Ein solches Ernstnehmen der eigenen Existenz ist freilich nicht die Sache der modernen Städtebewohner. »Wie viel Vertuschung in den Städten«, ruft er aus, »wie viel schlechteste Zerstreuungen, welche Heuchelei im unentstellten Hinleben, unterstützt durch gewinnsüchtige Literatur und erbärmliche Theater.«[48] Daß für solche Menschenanhäufungen kein Sinn besteht, kein Ziel, kein einheitlicher Wille, keine Richtung als die in den Abgrund, ist seine Überzeugung. Dies drängt sich ihm in Paris, bei seinem ersten Aufenthalt auf: »Paris«, schreibt er, »hat für mein geängstigtes Gefühl etwas Unsäglich-Banges. Es hat sich ganz verloren, es rast wie ein bahnverwirrter Stern auf irgendeinen schrecklichen Zusammenstoß zu. So müssen die Städte gewesen sein, von denen die Bibel erzählt, daß der Zorn Gottes hinter ihnen emporstieg, um sie zu überschütten und zu erschüttern.«[49]

Und doch verwirft Rilke die Städte nicht schlechtweg. Was sich jetzt verloren hat, muß ja einmal bestanden haben, was jetzt so »bahnverwirrt« ist, muß einmal ein Gesetz gehabt haben, was sich jetzt auflöst, muß einmal ein Ganzes gewesen sein. Mit tiefem Recht stehen deshalb in Rilkes Werk neben den verworfenen Städten die »Preisungen« jener anderen Städte, die das Ganze, das sie einmal waren, noch erkennen lassen. Solche Ganzheiten sind die großen Städte der Gegenwart nicht mehr: man sieht ihnen an, daß in ihnen Not und Zufall atomisierte Massen zu einem formlosen Gebilde zusammengeworfen haben; daneben aber gibt es solche, aus denen das schöpferische Leben, das sie einst durchblutet hat, zwar entwichen ist, deren übriggebliebene Form jedoch das Gesetz, nach dem sie einst gebildet waren, immer noch verkörpert. Es sind Hülsen und Gehäuse von Städten, Gebilde wie Muscheln, in denen das Meer noch rauscht, wie Licht, das immer noch von längst erloschenen Sternen kommt. Städte solcher Art sind Venedig, Brügge, Toledo: Städte, in denen der Schatten einer großen Vergangenheit hineinragt in einen gestaltlosen Alltag. Rilke macht einen sehr genauen und sehr bedeutsamen Unterschied zwischen dem gegenwärtigen Venedig beispielsweise, dem Venedig der Ferienreisenden, das unverbindlich genossen wird, und dem eigentlichen Venedig, das aus Sage und Geschichte, aus Kunst und Landschaft, Meer und Himmel zu einem unerhörten, fabelhaften Ganzen zusammengewachsen ist.[50]

So beschwört auch »Quai du Rosaire« das Bild einer vergangenen Stadt herauf, Brügges:

> Die Gassen haben einen sachten Gang
> (wie manchmal Menschen gehen im Genesen

nachdenkend: was ist früher hier gewesen?),
und die an Plätze kommen, warten lang

auf eine andre, die mit einem Schritt
über das abendklare Wasser tritt,
darin, je mehr sich rings die Dinge mildern,
die eingehängte Welt von Spiegelbildern
so wirklich wird, wie diese Dinge nie.

Verging nicht diese Stadt? Nun siehst du, wie
(Nach einem unbegreiflichen Gesetz)
sie wach und deutlich wird im Umgestellten,
als wäre dort das Leben nicht so selten;
dort hängen jetzt die Gärten groß und gelten,
dort dreht sich plötzlich hinter schnell erhellten
Fenstern der Tanz in den Estaminets.

Und oben blieb? – die Stille nur, ich glaube,
und kostet langsam und von nichts gedrängt
Beere um Beere aus der süßen Traube
des Glockenspiels, das in den Himmeln hängt.

Nicht die reale, sondern die »eingehängte Welt von Spiegelbildern« ist die Welt, auf die es Rilke ankommt. Offensichtlich handelt es sich, wo Rilke von Spiegelung spricht, nicht
nur um passives Abbilden. Schon Goethe kennt ja Spiegel, die
eine eigene magische Kraft auszuüben fähig sind[51], und so ist
auch die Spiegelung der Stadt in »Quai du Rosaire« eine
magische Spiegelung, das heißt ein Gleichnis der Kunst, die
längst vergangenes Leben zurückstrahlt. Das Bild der Stadt,
so aufgefangen, wird wahrer als die Natur, nämlich wesentli-
cher, gesammelter, dichter. Ja, es ist geradezu die Bestimmung eines Kunstwerks, ein schwindendes Ding gleichzeitig
festzuhalten und zu verwandeln, ihm nicht nur Dauer zu
verleihen, sondern es gleichsam in einen höheren Aggregat-
zustand überzuführen, wie die Traube in Wein verwandelt
wird.
Aus diesem Grunde wendet sich Rilke, wo er eine Stadt
betritt, mit Vorliebe der Kathedrale zu. Es ist wie wenn die

Kathedralen das Leben der Zeit in sich aufgesogen hätten; sie sind so groß geworden, weil so viel vom Vergänglichen in sie einging. Das wimmelnde Leben, das sie umbrandet, schwindet, es gerinnt gleichsam in ihnen, es versteinert, aber es dauert. Viele Tage kann Rilke so in Paris in der Nationalbibliothek über den Reproduktionen von Kathedralen aus dem 12. und 13. Jahrhundert zubringen: »Sie sind die Zukunft«, schreibt er an Clara Rilke, »wie sie die Vergangenheit sind; alles andere läuft, rinnt, rennt und fällt . . . sie ragen und warten.«[52] In Straßburg, in Reims, in Rouen, in den kleinsten Orten Frankreichs oder Belgiens ist es immer wieder die Kathedrale, die ihn zu einer Reise verlockt, oder die beim Rückblick auf eine Stadt in seinem Geiste haftet[53], denn

> in jenen kleinen Städten kannst du sehn,
> wie sehr entwachsen ihrem Umgangskreis
> die Kathedralen waren. Ihr Erstehn
> ging über alles fort, so wie den Blick
> des eignen Lebens viel zu große Nähe
> fortwährend übersteigt und als geschähe
> nichts anderes: als wäre das Geschick,
> was sich in ihnen aufhält ohne Maßen,
> versteinert und zum Dauernden bestimmt,
> nicht das, was unten in den dunkeln Straßen
> vom Zufall irgendwelche Namen nimmt
> und darin geht, wie Kinder Grün und Rot
> und was der Krämer hat als Schürze tragen.[54]

Aufragend aus dem Gewirr der Gassen ist die Kathedrale freilich nicht nur versteinertes Kunstding, sondern zugleich Symbol eines sozialen Gefüges und einer geistigen Ordnung. Daß sie das nicht mehr ist, daß wir kein »gemeinsames Haus« mehr haben, das hat uns, so glaubt Rilke, zu Heimatlosen gemacht.[55] An den Überbleibseln der kleinen mittelalterlichen Städte aber, sinnvoll um einen Mittelpunkt gruppiert, erlebt er das Bild einer menschlichen Gemeinschaft, die sich organisch gliedert, die die einzelnen verbindet und zusammenfaßt in einen lebendigen Zusammenhang, und die sich in Gott einer höheren Ordnung unterwirft.

3

Auf der Stufe der artistischen Meisterschaft, die Rilke in den *Neuen Gedichten* erreicht hatte, lag die Versuchung nahe, es bei dieser Meisterschaft bewenden zu lassen. Städte und Landschaften zu spiegeln, Blumen und Tiere zu formen, gestaltetes Leben, Bilder und Skulpturen, in eine andere künstlerische Sphäre zu übertragen, gelebtes Leben ins Wort zu bannen: dies zu tun und es immer wieder zu tun, gleichsam eine einmal gefundene Formel immer aufs neue anzuwenden, dies stand in der Tat als eine Möglichkeit vor ihm.[56] Sich so zu entscheiden, wäre die Entscheidung eines großen Magiers gewesen. Es hätte den Entschluß bedeutet, das Dasein durch den Wortzauber zu bewältigen, es in Kunst zu verwandeln, es als Künstler zu bestehen. Nun ist ja kein Zweifel, daß Rilke sein ganzes Leben hindurch genau dies getan hat, und alles, was er sich selbst und was andere ihm so oft als menschliches Versagen angerechnet haben, war nichts anderes als ein Akt sublimer Notwehr, der Versuch, die Leistung dieser Aufgabe unter allen Umständen sicherzustellen. Doch muß man hier sehr sorgfältig unterscheiden: es ist ein anderes, ob jemand seine individuelle Aufgabe in einem bestimmten Tun erblickt, also beispielsweise im »Dinge machen«, oder ob dies Tun zugleich die Antwort auf die Frage ist, die das Leben an den Menschen überhaupt stellt. So war sich Goethe zwar stolz und dankbar seiner gottgegebenen Befähigung bewußt, zu *sagen*, was er litt, aber in dieser Fähigkeit an sich – im Künstler-Sein – lag noch keineswegs die Lösung. Rilkes mehr als zehnjähriges fast völliges Verstummen nach dem *Malte* ist nicht die Folge eines technischen Versagens, es bedeutet nicht einfach ein Aussetzen der künstlerischen Inspiration, sondern beruht auf dem Entschluß, das Leben nicht als Künstler, sondern als Mensch zu bestehen. Wie im Grunde jedes Menschen war auch Rilkes Kernproblem ein religiöses.[57] Der Gott des *Stundenbuches* war ein fiktiver Gott gewesen[58], gleichsam die größte Metapher in Rilkes Werk, das ganze *Stundenbuch* eine Dichtung des »wie« und »als ob«, Beispiel einer grandiosen Rollenlyrik, großartig-virtuose Schöpfung einer fast genialen religiösen Pose. Einem ekstatischen Beter waren Worte des Glaubens in den Mund gelegt von einem, der um die Seligkeit der Gottesnähe wußte, ohne sie erfahren zu können. Der im Bild beschworene, vom Wort benannte, der im Flug der Phantasie umkreiste Gott blieb unzugänglich. Die *Neuen Gedichte* ziehen daraus die Folgerung: sie sehen von Gott ab. Doch im Hintergrund, nicht gelöst, nur beiseitegeschoben, steht die alte Frage, lauert die alte Gottesangst, verdeckt von einer neuen Formel. Sie heißt: Arbeit. Den Mut zu ihr holt Rilke sich von Rodin. Was Rodin ihm damals geben soll, ist durchaus nicht in erster Linie vertiefte Einsicht in das Wesen der Kunst, sondern Antwort auf die Frage: wie soll man leben? Rodins lapidare Antwort: Arbeitend! klingt in Rilkes Mund sogleich wie eine neue Beschwörung. Arbeiten: das bedeutet für ihn – seltsam und aufschlußreich zugleich – ein Leben, in dem es keinen Tod gibt.[59] Wie der sich stets entziehende Gott, so ist der stets sich nähernde Tod nur eine andere Erscheinungsform der ungelösten Daseinsnot: einzige, drohende, schreckhafte Gewißheit in einer Welt, in der sonst alles ungewiß geworden ist. »Schlaf ist mir lieb, doch über alles preise ich, Stein zu sein«, übersetzt sich Rilke aus Michelangelo.[60] Denn der Stein kennt den Tod nicht; Tier, Baum, Blume, Bild und Stern kennen ihn nicht; »das günstigste wäre, kein Bewußtsein zu haben.«[61] Es sind die »Dinge«, beneidet und bewundert, die Rilke nun »wie Inseln« aus dem riesigen »Kontinent des Ungewissen« ablöst und isoliert.[62] »Travailler, rien que travailler, il faut travailler toujours«, sagt er dabei immer vor sich hin[63], aber er sagt es wie einer, der in die Arbeit flieht, der die Arbeit braucht wie ein Betäubungsmittel. Es ist das »Dinge machen aus Angst«.

Die große innere Leistung des *Malte* aber liegt darin, daß der Kontinent des Ungewissen nun aller Angst und allen Gefahren zum Trotze doch betreten wird. Nachdem Rilke zunächst dem Leben ausgewichen war, erst in den hemmungslosen Rausch des Worts, dann in die hingegebene Arbeit am Wort, *stellt* er sich ihm im *Malte* ... Dies Leben aber ist »ins Bodenlose gehängt«, das heißt, es ist ein Leben ohne festen Daseinsgrund, ohne Gott. Von seiner Bejahung ist im *Malte* noch keine Rede; worauf es zunächst allein ankommt, ist: es auszuhalten. Durch Rilkes ganzes Werk gehen diese Worte: das Dasein aushalten, es bestehen, es leisten. Und zwar liegt die Leistung, die hier verlangt wird, schon im reinen Sein: sich dem Blick der Meduse gegenüber zu behaupten, ist mehr als genug. »Was im Malte Laurids Brigge ... ausgesprochen eingelitten steht«, schreibt Rilke im Jahre 1915, »das ist ja eigentlich nur *dies*, mit allen Mitteln und immer wieder von vorn und an allen Beweisen dies: *Dies*, wie ist es möglich zu leben, wenn doch die Elemente dieses Lebens uns völlig unfaßlich sind?«[64]

Der Schauplatz, auf dem Rilke diesen Entscheidungskampf seiner Existenz durchgekämpft hat, war Paris. Hier hat er den größten Teil der Jahre verbracht, in denen er am *Malte* geplant und gearbeitet hat. Die schwankende, fragwürdige, immer wieder angezweifelte und immer wieder aufgenommene Beziehung zu Paris entspricht dabei genau der Haltung, mit der Rilke damals dem Leben überhaupt gegenübersteht. Es ist die Haltung des Fragenden, dem die Antwort verweigert wird. Und die »Indifferenz«, mit der ihm die großen Städte abweisend gegenübertreten[65], ist nichts als ein Widerschein der ungeheuren Gleichgültigkeit des Lebens überhaupt, und der Ferne, der Stummheit, des »äußersten Abstandes« Gottes[66], den Malte erkennen muß. Eine »Landschaft des Menschlichen«[67] tut sich auf, die undurchdringlich bleibt. In den zahllosen Äußerungen Rilkes, die von seiner Pariser Existenz berichten, sind es deshalb vor allem drei Worte, die immer wiederkehren: die Worte »einsam«, »wirklich« und »schwer«. Einsamkeit hat Rilke sein ganzes Leben hindurch gesucht und erlitten. Er hat sie gesucht, weil ohne völlige Einsamkeit geistiges Schaffen für ihn unmöglich war. Darin liegt noch nichts Ungewöhnliches; viele schöpferische Geister haben ähnlich gefühlt, selbst Goethe hat erklärt, daß er ohne absolute Einsamkeit nichts hervorbringen könne und daß nicht etwa nur das Gespräch, sondern sogar schon die häusliche Gegenwart geliebter und geschätzter Personen seine poetischen Quellen gänzlich ableite. Dieselbe »Rivalität zwischen Umgang und Arbeit« stellt sich auch für Rilke »unerbittlich« heraus[68]; und so wird ihm die Einsamkeit der »generösen Asyle« immer wieder durch Bewohner und Besucher beeinträchtigt; jenes absolute Alleinsein, das kein noch so entlegener Landsitz, sondern einzig die moderne Millionenstadt bieten kann, hat Rilke wohl nur in Paris kennengelernt. Es ist die »lange, komplizierte, oft bis ans Äußerste getriebene Einsamkeit, in der der Malte Laurids geschrieben wurde«.[69] Immer wieder spricht Rilke in Pariser Briefen davon, daß er wochenlang mit keinem Menschen gesprochen habe; über Jahre hinüber verteilt habe er in Paris etwa acht Menschen gesehen, schreibt er später aus Muzot.[70] Aber obwohl Rilke sein einsames Leben in Paris mitunter »froh und fähig« genannt hat[71], ist es unmöglich, zu übersehen, daß Einsamkeit im Ganzen seines Lebens einen viel schwereren und tragischeren Akzent hat, als sich verstehen ließe, wenn sie nichts als eine erwünschte Vorbedingung ruhigen Schaffens gewesen wäre. Denn nicht nur Schutz findet er in den Zufluchten, in die er sich zurückzieht, sondern bisweilen eine Abgeschlossenheit, die sie Gefängnissen ähnlicher macht als Asylen. Wie eine schwere Rüstung liegt ihm dann die Einsamkeit auf, und es zeigt sich zuletzt, daß sie eine Grundbedingung nicht nur seines Schaffens, sondern seines Daseins überhaupt ist, ein »Ausgeschlossensein«, das ihm das Leben immer wieder zu fühlen gibt, sooft er sich ihm nähern will.[72] Nicht ohne Bitterkeit und Härte gegen sich selbst spricht er dann von der »Trübe und Dichte« seiner »Unterwasserwelt«, von dem »Bereich luftleerer Lieblosigkeit«[73], in den er sich eingeschlossen weiß. Was Rilke schonungslos gegen sich selbst als seine eigene und besondere Unzulänglichkeit erlebt hat[74], ist freilich, mindestens seit der Romantik, eine allgemeine Erfahrung, die in zahllosen Zeugnissen vorliegt, Ergebnis einer fortschreitenden geistigen und seelischen Atomisierung und Zersplitterung, die den Einzelnen mehr und mehr in die innere Isolierung getrieben hat.[75] Es ist selbstverständlich, daß die Beziehungslosigkeit, die Vereinzelung der Menschen gerade da am sichtbarsten zum Ausdruck kommt, wo Massen von einzelnen nebeneinander leben; das heißt, in den großen Städten; man mag diese Anhäufungen beklagen, wie Rilke sie beklagt, und doch sind sie die Wirklichkeit, der ins Auge zu sehen Rilke selbst sich entschlossen hat. Und so ist es die »Wirklichkeit bis in den kleinsten Teil hinein«[76], die er an Paris immer wieder bewundert, bestaunt, fürchtet und zu bestehen versucht: »Welche Wirklichkeit in dieser Stadt, immer wieder staune ichs an, wie steht der Schmerz da, das Elend, das Grauen ...«[77] Mit dem Schmerz, dem Elend, dem Grauen sind nun allerdings die Grundkräfte sehr genau bezeichnet, die für Rilke das Wesen der Wirklichkeit ausmachen und denen er in Paris immer wieder begegnet; es ist das Paris, das in den *Malte* eingegangen ist: die Hospitäler, die Kranken, die Sterbenden, Arme, Alte, Bettler, Straßenhändler und Musikanten, verwohnte Zimmer, verfallende Häuser, faulige Gerüche, entnervender Lärm, das Abgelebte, Verdorbene und Verbrauchte überall, kurz, »die Existenz des Entsetzlichen in jedem Bestandteil der Luft«.[78] Aber in demselben Paris war auch Rodin[79], die Betäubung durch Arbeit, die Bewältigung des Furchtbaren durch Gestaltung, und immer wieder der rätselhafte Zwang, sich all den zerstörenden Eindrücken hinzugeben. Denn Paris ist eine Stadt, die zwingt und festhält, mehr als jede andere Stadt. In Rom etwa erscheint ihm alles viel »geringer, weniger eindringlich, nicht so vollgesogen mit Unerbittlichkeit wie in Paris«; Rom, fühlt er, hält ihn weniger fest, man »kann sich von Argem abwenden« zu anderen Dingen hin, während in Paris das Häßliche und Schwere einen mit gleicher Kraft angreift wie das Schöne, ohne daß man sich davon abwenden kann, »wie es«, setzt er bezeichnend hinzu, »keine Abkehr vom Leben gibt, das das einzige ist, wohin wir sehen«.[80] Diese Unfähigkeit, sich abzuwenden, ist freilich oft nichts anderes als die Lähmung, die das Opfer im Angesicht des tödlich überlegenen Gegners befällt. Was Kleist einmal an den Minister zum Altenstein schrieb: »Ich sitze wie an einem Abgrund, ...das Gemüt immer starr über die Tiefe geneigt ...«[81], das hätte auch Rilke nicht selten von sich sagen können, oder vielmehr, das hat er in fast wörtlicher Entsprechung gesagt.[82] In solcher Stimmung erscheint Paris ihm immer wieder, wie es ihm am Anfang erschienen ist: »unendlich fremd und feindlich«[83], so fremd und feindlich, wie er in seinem ganzen Leben nur noch *eine* Erfahrung kennt: die Militärschule.[84] Man weiß, mit welch unerhörter Erbitterung Rilke noch rund dreißig Jahre nach der Militärschule von der »gewaltigen Heimsuchung«,

dem »unübersehlichen Leidwesen«, dem »Abgrunde unverschuldeter Not« gesprochen hat, dem er in jenen Jahren
preisgegeben war, eine Erbitterung, die er in dem Gefühl
einer »einzigen fürchterlichen Verdammnis« zusammenfaßt.[85] *Ein* großer Unterschied besteht jedoch: das »unendlich Quälende«[86], das Paris für ihn bedeutet, ist eine Erfahrung, die er mit Willen auf sich genommen hat, während er
hinter den St. Pöltner »Gefängnismauern« nur völlig sinnlos
gelitten hat. Daß er Paris »durchmachen« muß, wie man eine
Schule durchmacht[87], oder eine Art Prüfung[88], das heißt,
etwas, das man »bestehen« muß, erfährt Rilke immer wieder,
auch daß es »schwer« ist[89], aber diese Schwere, an der »man es
immer wieder erkennt«[90], ist im Grunde nichts anderes als die
Schwere der Wirklichkeit überhaupt. Und wenn Paris somit
eine »sehr große, eine fast aufbrauchende Arbeit« ist, wenn
der »Anspruch«, den es macht, »unermeßlich und ununterbrochen« ist, so weiß Rilke doch zugleich, daß er dieser Stadt
das Beste verdankt, was er kann, daß es eine Stadt ist, die ihn
fortwährend »verwandelt, steigert und entwickelt«.[91]
Damit soll nicht gesagt sein, daß Rilke seinen Pariser Aufenthalt von Anfang an im Sinne dieser Erkenntnis geplant hätte;
im Gegenteil, was ihm zunächst vorschwebt, ist ein kontem-
platives Idyll, dem der Charakter der »Prüfung« noch völlig
fehlt: tagsüber Museumsbesuche, Betrachtung von Kunst-
werken, und am Abend das »Lesen einiger Bücher, Schreiben
von Notizen, Nachdenken, Ruhe, Einsamkeit«.[92] Dies
schreibt er im August 1902, in den ersten Tagen nach seiner
Ankunft. Die große Stadt selbst, deren gedämpftes Brausen
durch die Fenster der Ateliers und Museumssäle zu ihm
dringt, bleibt ihm, wie er immer wieder versichert, »fremd,
sehr fremd«, und schon im März des nächsten Jahres kann er
sie »gar nicht mehr ertragen«[93] und flüchtet sich nach Viareg-
gio, wo er, sich an »Meer, Ebene und Berg, an die Tiere und
einfachen Dinge«[94] hingebend, zugleich wie im Rückblick auf
Paris den dritten Teil des *Stundenbuchs* mit seinen Absagen
an die großen Städte schreibt.[95] Im Mai ist er wieder in Paris,
aber schon zwei Monate später empfindet er es als so
»drückend«, daß er abreist, diesmal nach Worpswede, wo
ihm die Ruhe und Weite »unendliches Wohltun nach Paris«

bereiten.[96] Damit ist der Rhythmus von Anziehung und Abstoßung angedeutet, in dem sich Rilkes Beziehung zu Paris abspielt. Es ist ein immer wieder unterbrochener Aufenthalt, ein ambivalentes, doch sich zunächst verfestigendes Verhältnis. Es kann geschehen, daß Rilke gerade fern von Paris seiner Zugehörigkeit zu dieser Stadt nur um so gewisser ist, – zahlreiche Äußerungen aus Capri vom Winter 1906/07 bezeugen dies[97] – umgekehrt aber zeigt es sich auch, daß jede Rückkehr immer wieder neues Akklimatisieren nötig macht[98], daß Paris immer von neuem errungen sein will, immer neue Bemühung erfordert, und trotz dieses Werbens ihn mitunter »abzuschütteln versucht wie ein Pferd seinen Reiter«.[99] In solchen Stunden nennt er es »rücksichtslos« und »unerträglich«, weiß er wieder, es ist das »furchtbare« Paris, das Paris, das »Malte Laurids aufgezehrt hat«[100], muß er sich Mut zusprechen, auszuhalten.[101]

Der Ausbruch des Weltkriegs hat dieser Epoche in Rilkes Leben ein Ende gesetzt. Nach 1914 ist Rilke nur noch zweimal in Paris gewesen: das erste Mal Ende Oktober 1920, und dann acht Monate im Jahre 1925. Von der ersten Reise hat Rilke in fast überschwenglichen Tönen berichtet. Ein Aufenthalt in Venedig war vorausgegangen. Mehr als die Schweiz, in die er im Juni 1919, Deutschland endgültig verlassend, übergesiedelt war, bedeuteten diese zwei Reisen für ihn den Wiederanschluß an den europäischen Geist. Rilke hatte unter der Tatsache des Krieges aufs schwerste gelitten, er konnte ihr zuletzt nur noch in einer Art Erstarrung begegnen; nach Venedig und Paris zu gehen, gleichviel wie lange, war nun wie ein symbolischer Akt, der das Wiederanknüpfen an seine eigene Vergangenheit und sein Leben in der großen europäischen Tradition zum Ausdruck brachte. »Es war«, schreibt er von diesen Pariser Tagen an die Fürstin Thurn und Taxis, »in einem alle Erwartung weit übertreffenden Maße – *mein* Paris, das ehemalige, ich möchte sagen: ewige.«[102] Und in einem Brief an Regina Ullmann aus derselben Zeit heißt es nicht minder bezeichnend: »Mein Leben war zu sehr an gewisse großartige Welt-Orte verpflichtet, als daß ich ihrer noch länger, mindestens im Bewußtsein, entbehren konnte. Besonders für Paris galt dies im äußersten Maße.

Nun, dort durfte ich wirklich anheilen an alle die bösen, grausamen Bruchstellen, – und mit dieser Rekonvaleszenz entstand endlich auch die Zuversicht in mir, die tiefe Unterbrochenheit meines Daseins und meiner Arbeit doch noch zu überbrücken, um *wieder aus dem Ganzen* zu wirken und zu atmen.«[103] Der letzte Aufenthalt Rilkes in Paris aber trägt einen völlig anderen Charakter: er ist eine Flucht, ein gewaltsames Abwenden von der tödlichen Krankheit, die schon von ihm Besitz ergriffen hat. Diese Flucht zielt nicht einmal in erster Linie nach Paris, sondern ins Gesellige, ins Gespräch, in die Ablenkung, ins Vergessen.

4

Versucht man, Rilkes Verhältnis zu Paris im Ganzen zu überblicken, so wird man finden, daß er, allen zeitweiligen Abneigungen zum Trotz, daran festgehalten hat, Paris den entscheidendsten Einfluß auf seine Existenz zuzusprechen. Und doch muß man sich fragen, ob der Bruch des Jahres 1914 wirklich nur von außen herbeigeführt worden war. Unüberhörbar werden um diese Zeit die Zeichen eines wachsenden inneren Widerstandes, der sich in der Schärfe des Ausdrucks durchaus von Äußerungen einer gelegentlichen Verstimmung unterscheidet.[104] Schon Ende 1912 legt Rilke sich ernstlich die Frage vor, ob Paris, das so an ihm gezehrt habe, noch weiter nötig, ja, ob es ihm überhaupt zuträglich sei. Bezeichnend setzt er hinzu, man müsse nicht ein Pflaster, weil es einmal gutgetan habe, das ganze Leben aufgelegt lassen.[105] Und mit einem anderen Gleichnis, doch im selben Gefühl des Überdrusses, kommt er sich vor »wie eine photographische Platte, die zu lange belichtet und immer dem selben heftigen Einfluß ausgesetzt«.[106] Er ist auf jeden Fall »der großen Stadt sehr müde.«[107] Er versucht sich über seine Abneigung klar zu werden und findet, Paris werde formloser, es amerikanisiere sich.[108] Schneidender noch, ungeduldiger gesteht er: »Jedes Ausgehen verstimmt mich und feindet mich an, ich habe diese Stadt, weiß Gott, aufgelebt«[109], und: »Ich habe von Paris über und über genug, es ist ein Ort der Verdammnis.«[110]

Wonach Rilke sich aus dieser Verdammnis sehnt: nach »einer Ländlichkeit . . ., in der sich abseits wohnen und unter großen Himmeln wandern läßt«[111], das hat er erst viel später gefunden, in Muzot. Aber schon die spanische Reise vom Winter 1912/13 macht deutlich, daß sich in Rilkes Stellung zur Welt eine entscheidende Wendung vollzieht. Wieder sind es nicht die großen Städte, die ihn beschäftigen; – Madrid mißfällt ihm »fast so wie Triest«[112] – was er in Spanien sucht, sind Städte wie Toledo, Cordoba, Ronda. »Ich habe mich nicht geirrt«, schreibt er, nachdem er Toledo gesehen, »wenn ich von dieser Stadt für mich das Entscheidendste, ja etwas erwartete, was mich über alle Maßen anging: so war es auch, ich kam aus einem gewissen, absolut zustimmenden Staunen Tag und Nacht nicht heraus«.[113] Noch in seinem letzten Lebensjahr bezeichnet er »Spanien, von Toledo aus«, als das bedeutendste Ereignis seines Lebens »nach Rußland und dem unerschöpflichen Paris«.[114]

Es ist ergreifend zu sehen, wie Rilke mit dem Ausdruck ringt und schließlich fast verzweifelt, das Außerordentliche und Unvergleichliche dieses Erlebnisses je sagen zu können; sicher ist nur, daß die Bedeutung der Reise weit über die ursprüngliche Absicht hinauswächst. Genau wie die erste Reise nach Paris, deren Anlaß Rilkes Bewunderung für Rodin gewesen war, wird auch die spanische Reise zunächst als Kunstreise unternommen. Schon 1908 hatte Rilke an Rodin von dem überwältigenden Eindruck berichtet, den Grecos »Toledo« auf ihn machte, als er es zum ersten Mal auf der Ausstellung im »Salon« sah. Von da ab kam die Sehnsucht nach dem Spanien Grecos nicht mehr zur Ruhe. Aber was sich schon Rodin gegenüber ereignet hatte: daß sich hinter dem Kunsterlebnis eine neue Deutung des Daseins verbarg, das ereignete sich auch hier. Als Rilke nach Paris ging, »meinte« er Rodin, als er nach Toledo ging, »meinte« er Greco; beide Male aber geschah es, daß die Stadt selbst sich an die Stelle des Künstlers setzte, der den Zugang zu ihr vermittelt hatte. Gleich einer der ersten Briefe aus Toledo spricht es aus, daß Greco zwar bisher alles dies bedeutet habe, für den Hierseienden aber gehe er zunächst im Vorhandenen unter.[115] Noch entscheidender ist, daß zuletzt auch Toledo

»im Vorhandenen untergeht«. Die Beschreibungen nämlich, die Rilke von den Städten seiner spanischen Reise gibt, haben einen Zug gemeinsam: die Stadt wird in ihre Umgebung, nicht in die Landschaft nur, sondern in den Raum einbezogen, fast möchte man sagen: aufgelöst. »Diese unvergleichliche Stadt«, heißt es so von Toledo, »hat Mühe, die aride, unverminderte, ununterworfene Landschaft, den puren Berg, den Berg der Erscheinung, in ihren Mauern zu halten, – ungeheuer tritt die Erde aus ihr aus und wird unmittelbar vor den Toren: Welt, Schöpfung, Gebirg und Schlucht, Genesis.«[116] Er spricht von den Wolken über Toledo –: »das alles über der Öde der davon verdüsterten Landschaft, aber in der Tiefe des Abgrunds ein ganz heiteres Stück Fluß (heiter wie Daniel in der Löwengrube), der große Gang der Brücke und dann, ganz ins Geschehen einbezogen, die Stadt, in allen Tönen von Grau und Ocker vor des Ostens offenem und doch ganz unzugänglichem Blau.«[117] Ähnlich erlebt er die »unvergleichliche Erscheinung« Rondas, »dieser auf zwei steile Felsmassen, die die enge tiefe Flußschlucht trennt, hinaufgehäuften Stadt«, und so läßt er sie in die umgebende Landschaft übergehen: »um das Ganze herum ein geräumiges Tal, beschäftigt mit seinen Feldflächen, Steineichen und Ölbäumen, und drüber entsteigt ihm wieder, wie ausgeruht, das reine Gebirg, Berg hinter Berg.«[118] Die Stadt selbst, einbezogen in diese Verhältnisse, erscheint ihm »steigend und fallend, da und dort offen in den Abgrund«.

Ein neues Weltgefühl bricht hier durch. Die Zeit des »Dinge machens« geht zu Ende, – »Ich sehe viele Dinge, die aufbrechen«, heißt es jetzt –[119]; keine in sich vollkommenen, abgeschlossenen, begrenzten Gebilde werden beschrieben; das Wort »offen« bekommt nun eine tragende, tief aufschlußreiche Bedeutung, von der später die »Achte Elegie« kündet.[120] »Offen« sind diese Städte nach allen Richtungen hin; einmal in die Tiefe; beide, Toledo sowohl wie Ronda, sind am Abgrund erbaut, ausgesetzt, sich am Felsen über tiefen, flußdurchzogenen Schluchten haltend; offen sodann ins Weite – von der »offenen Menge der Landschaft«[121], vom »geöffneten Flußtal«[122] ist in diesen Briefen die Rede –, und offen schließlich gegen den Himmel und die Sterne, zugewendet des »Ostens offenem Blau«, »sternisch ... hinaus in den Raum« sei »die Art dieses ungemeinen Anwesens gemeint«, schreibt Rilke von Toledo an die Fürstin Thurn und Taxis[123], »ein irdisches Sternbild« nennt er es Kippenberg gegenüber[124], überall hin wird es einbezogen in den Zusammenhang und die Gesetzlichkeit der Schöpfung. Und *so* wünscht er diese spanischen Städte im Geiste festzuhalten:

> Daß mir doch, wenn ich wieder der Städte Gedräng
> und verwickelten Lärmknäul und die
> Wirrsal des Fahrzeugs um mich habe, einzeln,
> daß mir doch über das dichte Getrieb
> Himmel erinnerte und der erdige Bergrand,
> den von drüben heimwärts die Herde betrat.[125]

Es ist kein Zufall, daß unter den Bildern, die Rilke aus dem Sichtbaren herausgreift, nun die Brücken so wichtig werden und die Fenster, jene »offenen Fenster« in den »reinen Raum« hinaus[126], die zu Symbolen des Verbindenden werden, des Übergangs vom menschlichen Bezirk in das Reich des Anonymen, und die er später in einem Zyklus besungen hat.

Daß Rilke nun Städte als ein Stück Landschaft erlebt, ist jedoch nicht das einzig Bemerkenswerte seiner neuen Entwicklung; wichtiger fast ist der *Charakter* der Landschaften, die er beschreibt. Nicht einfach in Landschaft werden die Städte einbezogen, sondern in *bewegte* Landschaft; Landschaft ist »Geschehen«, wie er selbst es nennt, Vorgang, Handlung, Ereignis. So hat er Toledo schon vorauserlebt: jener Brief an Rodin, der von Grecos Toledo berichtet, zeigt eine Häusermasse in Bewegung, hastig nach oben steigend, zeigt Licht, das die Erde umgräbt, pflügt und zerreißt, zeigt eine aufgestörte Stadt, die in einer letzten Anstrengung sich aufrichtet, das Beklemmende der Atmosphäre zu durchdringen.[127] Drei Jahre später ist noch einmal von Greco die Rede, und wieder wird Toledo beschrieben: »hinaufgedrängt auf seine unruhigen Hügel, bleich von dem Schein der hinter ihm stürzenden Himmel.«[128] Man könnte sagen, dies sei eben Grecos Toledo, das hier in Worten wiederholt wird, aber es ist schon dasselbe Gesetz des Schauens, mit dem Rilke ein Jahr später dem »wirklichen« Toledo sich nähert. Diese Tendenz, Stadt in Landschaft zu verwandeln, die in Spanien zum entscheidenden Durchbruch kommt, kündigt sich überdies da und dort schon viel früher an. 1906 sieht er, vom Schiff aus, die Stadt Neapel und findet »wunderbar viel Natur in dieser Architektur«; und, fährt er fort, »wenn man sich am Morgen auf dem Schiff von Neapel entfernt: da nimmt es immer mehr die Art eines ungeheuren Steinbruches an, der rötlich und hell ist an den frischen Flächen zwischen altem, steilem, lange nicht mehr gebrochenem Grau. Die tiefer liegenden Teile vergehen schließlich ganz in rötlichem Dunst, aber das Kastell bleibt, steht, schimmert und macht immer noch diesen Eindruck von Gestein weithin.«[129] Angesichts dieses Übergangs von Stadt in Gestein, auch der »bewegten« Konturen des Vesuv, die im selben Brief erwähnt werden, ließe sich immer noch daran denken, daß ja hier beschrieben wird, was sich vom fahrenden Schiff aus dem Blick bietet und was in solcher Perspektive sich ganz natürlich entfernt, vereinfacht und verschiebt. Doch spricht im gleichen Briefe Rilke vom Mont Valérien (Meudon gegenüber), der oft gegen Abend oder am frühen Morgen denselben bewegten Eindruck mache, und, fügt er hinzu, wiederum Statisches in Bewegung setzend, »da konnten sogar die Häuser von Meudon so zurück- und vortreten an den Hängen gegenüber«. Wenn man überdies ein Jahr später wieder von Häusern mit »steinbruchhaften« Flächen liest, wird man zögern, in diesem Bild von der Stadt als Steinbruch nichts als einen gelegentlichen Einfall zu sehen. Diesmal ist Paris gemeint, oder vielleicht nicht mehr nur Paris, wenn man sich einer Avenue gegenüberfindet, die »in kaum merklichem Gefälle auf einen zu[fließt], rasch und reich und wie ein Strom, der vorzeiten mit seiner eigenen Gewaltsamkeit das Rot gebrochen hat in die Felsenwände des Arc de Triomphe dort unten am Étoile«. Und hier stellt sich nun auch ganz bewußt das Wort »Landschaft« ein, denn »das alles liegt da mit der Generosität einer geborenen Landschaft und wirft Raum aus«.[130] Das Motiv von den »fließenden« Straßen wird überdies für Rilke so wichtig, daß es in den nächsten Jahren immer wieder auf-

taucht.[131] Im gleichen Geiste, Menschenwelt ins Landschaftsbild verzaubernd, nennt er im Gespräch mit Maurice Betz die
Stadt »dicht wie ein Gestrüpp«, spricht er von der »unwider-
stehlichen Flut der großen Stadt«, verwandelt er alte Leute in
»Strandgut«, das »hinweggeschwemmt« wird.[132] Es ist nur
folgerichtig, daß Rilke schließlich nach dem Bilde einer Stadt
gegriffen hat, die nicht etwa metaphorisch, sondern tatsächlich sich in Landschaft verwandelt, Stadt, die zu Stein und
Erde wird. In Erläuterungen zum *Malte*, die Rilke für Witold
von Hulewicz geschrieben hat, werden die Fürsten von Baux
erwähnt und die seltsame Ruinenstadt Les Baux im südlichen
Frankreich, wo sie ihr Schloß hatten. Ihre Existenz, heißt es
von diesen mittelalterlichen Fürsten, »ist gleichsam versteinert in der harten, silbergrauen Landschaft, in die das uner-
hörte Schloß hineinverwittert; diese Landschaft, nahe Arles,
ist ein unvergeßliches Schauspiel der Natur, ein Hügel, Ruine
und Ortschaft, verlassen, ganz wieder Fels geworden mit
allen Häusern und Haustrümmern. Weit herum Weide-
plätze: daher ist hier der Hirte aufgerufen, hier, beim Theater
von Orange, und auf der Akropolis, der mit seinen Herden,
milde und zeitlos, wie ein Gewölk, über die noch erregten
Stätten eines großen Verfalls zieht.«[133]
Diese Bemerkungen sind in Muzot geschrieben, jenem Turm
in der Landschaft des Wallis, wo Rilke den überwiegenden
Teil seiner letzten Lebensjahre, von 1921 ab, verbracht hat.
Der Schweiz hatte Rilke sich zunächst nicht ohne inneren
Widerstand genähert. Er hat ihr gegenüber die Schwierigkeiten empfunden, die er allen Reiselandschaften, allen von
Touristen überlaufenen Gegenden und Orten gegenüber
gefühlt hat. Dies hat ihm sein Verhältnis zu manchen Städten
und Landschaften Italiens, vor allem zu Rom, zur Riviera, zu
Capri erschwert, und was die Schweiz anbelangt, so ist er,
wie er nicht ohne einen gewissen Snobismus hervorhebt, in
seinen frühen Jahren am liebsten hinter geschlossenen Vor-
hängen durch sie durchgefahren.[134] Als eine Durchgangssta-
tion erscheint sie ihm auch nach dem Kriege noch, als ein
»Wartezimmer ...«, an dessen vier Wänden ein paar Schweizer Ansichten aufgehängt sind«[135], und aus dem man, wo
immer sich die Gelegenheit bietet, nach wesentlicheren Zie-

len ausbricht, nach Venedig etwa oder Paris. Einige alte Schlösser und Familiensitze, ein paar Städte mit Vergangenheit, Bern vor allem, lehren ihn dann, in der Schweiz »nicht nur die übliche Verschwörung von Hotels zu sehen«.[136] Die wohlgefügten Patrizierhäuser bedeuten für ihn im Sozialen dasselbe, was im Religiösen die Kathedralen gewesen waren, Gleichnisse großer Ordnungen, Sinnbilder starker, aber vergangener Wirklichkeiten. Es sind im Grunde Erinnerungen, die, bei aller Bewunderung, keinen Boden zur Anwurzlung mehr hergeben.

Es ist lehrreich zu sehen, wie sich auch in Rilkes Verhältnis zur Schweiz die großen Entscheidungen widerspiegeln, die sein Leben bestimmt haben. Der junge Rilke war völlig ichbezogen gewesen; nicht auf die Gegenstände kam es an, sondern sozusagen auf ihren Genußwert, auf den Effekt, den sie im Ich hervorrufen. Im Verhältnis zu Prag und zu den italienischen Städten und Landschaften der ersten Reisen hatte sich das ausgedrückt. Dann war der Umschlag erfolgt: nun wird das Ich ganz auf die Gegenstände bezogen, es ist die Zeit der »Dinge«, des Gegenüberstehens mit all seiner Not, die Zeit der *Neuen Gedichte* und des *Malte*, der Abstand dem Leben gegenüber, – Paris. Und

> Dieses heißt Schicksal: gegenüber sein
> und nichts als das und immer gegenüber ...

> – Zuschauer, immer, überall,
> dem allen zugewandt und nie hinaus![137]

Der späte Rilke aber ist weder *ich*bezogen noch *Ding*bezogen, sondern *ein*bezogen. Noch einmal auf der Suche nach dem gemäßen, symbolischen Aufenthalt, wo das »Sichtbare in seiner Bildhaftigkeit« seinem inneren Erlebnis entgegenkommt, entdeckt er nun die Landschaft des Wallis, »dieses vielleicht größesten Tals in Europa«.[138] Auf seltsame Art fühlt er sich hier ergriffen und an die beiden Landschaften erinnert, die in den letzten Jahren vor dem Krieg »stärker und bestimmender« zu ihm gesprochen haben als »alles übrige: Spanien und die Provence«[139], wobei auch die Provence ihm auf dem Wege über Spanien nahegekommen ist.

Wiederum, wie in Spanien, ist es eine ungemein *bewegte* Landschaft, ein Geschehen, in das er sich eingefügt weiß, nur daß dies alles um einen Grad abstrakter, beziehungsschwerer ausgedrückt wird, als es der Landschaft um Toledo gegenüber der Fall gewesen war. Es scheint ihm nun fast unmöglich, dieses »wunderbare Rhônetal« zu beschreiben, »in dessen Umgrenzung ein Spiel schön bestellter und bewachsener Hügel die reichsten Verwandlungen des Ausblicks vollzieht, es bilden sich Länder vor einem, als schüfen sie sich erst – und was an Dingen (: Häusern und Bäumen) innerhalb dieser Perspektiven vorkommt, hat die Distanzen und Spannungen, die wir aus dem Aufgang der Sternbilder kennen: als ginge aus diesem großartigen Entfaltet- und Aufeinanderbezogensein der Einzelheiten Raum hervor, – eine Erscheinung, die nicht so überzeugend könnte erfahren werden, wäre die Luft nicht von einer unbeschreiblichen Teilnehmung an allem Gegenstand, umschauerte sie ihn nicht so und machte sie nicht jeden Zwischenraum, bis in die Hintergründe hinein, zu ihrem Glück, zum Schauplatz so und so vieler gefühlter (dächte man!) Übergänge ...«[140]

Deutlicher als je zeigt sich, daß nicht nur Stadt in Landschaft aufgelöst worden ist; auch die konkrete Landschaft selbst wird nun aufgelöst: in ein Beziehungssystem von Spannungen und Strömungen, von Richtungen und Kräften. Was überdies bei Rilke den Städten geschieht, ist nichts anderes als was dem Menschen selbst geschieht, und eben darin beruht die symbolische Ausdruckskraft solcher Gestaltung. Sowenig wie die Stadt, ist der Mensch noch ein Mittelpunkt; auch er wird zur Landschaft, und auch diese menschliche, diese innere Landschaft ist keine ruhende, feste, umrissene und begrenzte, sondern eine sich wandelnde, schwindende, bewegte. Auch diese Entwicklung kündigt sich schon früher an. Höchst bezeichnend etwa ist die Art, in der Rilke Rodins Werk wiedergegeben hat: in immer neuen Wendungen versucht er, Rodins Schöpfungen in Naturgebilde zu verwandeln, ja, ihn selbst zum »Element« zu machen. Er bewegt sich unter Rodins Statuen wie in einem »Wald, der wächst«[141]; er kann vom »Gebirg« eines Hauptes sprechen, vom »Wellen-schlag« der Konturen, findet »Scharten« im Gesicht einer Plastik, »wie vom Schnabel eines Vogels hineingehackt«[142], Skulpturen, »als hätte eine unerbittliche Hand [sie] in das Schicksal hineingehalten, wie in die Wirbel eines waschen-den, nagenden Wassers«.[143] So entsteht das Bild einer Kunst-welt, die nicht vom Geist ersonnen, sondern von Klima und Atmosphäre, von Regen und Frost, Sturm und Sonne geformt scheint. Menschliche Gestalt, aus Stein gemeißelt, zur Dauer bestimmt, wird, von einem Magier mit dem Zauberstab des Wortes berührt, in die Elemente aufgelöst. Die Landschaft, in die sie eingeht, ist zunächst noch eine den Sinnen greifbare Landschaft; sie wird abstrakter im gleichen Maße wie bei Rilke alles, auch der Mensch, sich vom Sichtbaren ins Unsichtbare bewegt. Romano Guardini hat aufs eindrucksvollste ausgeführt, daß das Ich beim späten Rilke »jede in sich stehende individuelle Wirklichkeit verliert und zur Ausbruchsstelle der Strahlungsbewegung des Krea-turganzen, zur Richtungsqualität des freigewordenen endli-chen Lebensaktes, zur Pforte in die Freiheit des Daseins wird«.[144]

So ausgesetzt dem Übermaß von Einfluß,
beteiligt so an diesem Raum voll Vorgang –
daß er gelehnt an einen Baum der Landschaft
sein Schicksal hätte, ohne mehr zu handeln[145],

verliert der Mensch seine Eigenschaft als Person und wird zu einem Durchgangspunkt von Kräften, hineingestellt in den »Weltraum, in den wir uns lösen«.[146] Dies ist die Welt der *Duineser Elegien*.
Etwas von den Einsichten und Ahnungen, die im Weltbild der neueren Physik wirksam sind, strebt dunkel auch in Rilkes Werk nach Ausdruck: die Verwandlung von Substanz in Kraft, von Sein in Bewegung, von Zeit in Raum, die Herstellung von Bezügen und Relationen, die Entdeckung neuer Dimensionen, – all dies findet bei ihm eine geheimnis-volle Entsprechung im Wort. Die in Rilkes späten Dichtun-

gen sich häufenden Ausdrücke des Stürzens und Reißens, des Fliegens und Geworfenseins, Formeln und Bilder wie Spannung und Schwingung, Strömung und Strahlung, und immer wieder: Raum, Weltraum, künden von dem Wirbel kosmischer Kräfte, in den der Mensch hineingerissen wird.[147] In diesem Wirbel verschwindet er. Was hier vor sich geht, ist im Grunde über allen Begriff, ist »unsäglich«, »unbeschreiblich«, »überlebensgroß«, ist nicht die Welt des Menschen mehr, sondern des Engels. Man weiß, daß Rilkes Engel nichts mit dem Mythos früherer Zeiten zu tun hat, keine christlich tröstende Gestalt ist, sondern die geheimnisvolle, magische Chiffre furchtbarer Kräfte. Vor der Weißglut des »Engelischen« vergeht der Mensch, und so ist auch die Landschaft des späten Rilke eine Landschaft ohne den Menschen. Dies hat Rilke gewußt; er hat es als sein Los erkannt, »gleichsam am Menschlichen vorbei, ans Äußerste zu kommen, an den Rand der Erde«.[148] Aus einer Welt, wo es den Menschen noch nicht gibt – der »Welt der Dinge, wo Menschen nicht vorkommen«[149] –, gelangt er in eine andere, wo es ihn nicht mehr gibt. So schreibt er es an Karl von der Heydt, daß er das Menschliche ausgelassen habe: »denn da ich mich von Dingen und Tieren gründlich herkommend, danach sehnte, im Menschlichen ausgebildet zu sein, da wurde mir, siehe, das Übernächste, das Engelische beigebracht, und darum hab ich die Leute übersprungen.«[150] »Diese, nicht mehr von Menschen aus, sondern im Engel geschaute Welt, ist vielleicht meine wirkliche Aufgabe.«[151]

Diese Aufgabe wird Rilke in den Jahren unmittelbar nach der spanischen Reise bewußt; verwirklicht aber wird sie schließlich in der Walliser Landschaft, durch die Schöpfungen der *Duineser Elegien* und der *Sonette an Orpheus*. Was er früher geahnt hat, ist nun endgültig entschieden: daß sein Herz ganz Landschaft ist, daß es keine Stadt in ihm gibt.[152] Wo aber noch vom Menschen die Rede ist, ist nicht mehr menschlich von ihm die Rede, sondern landschaftlich; selbst da noch, wo der Mensch nach innen blickt, in sich hinein, erblickt er Landschaft: »seines Inneren Wildnis«, »Fluten der Herkunft«, »Schluchten«, wo das Furchtbare liegt, und als Bild der Vorfahren: »Väter, die wie Trümmer Gebirgs uns im Grunde

beruhn«, »das trockene Flußbett einstiger Mütter-«, eine
»ganze lautlose Landschaft«.[153] So kann es zuletzt geschehen,
daß sich für Rilke in einem Brunnen, einer Frucht, das Wesen
der Welt deutlicher ausspricht als im Menschen.

Es liegt nahe, die konsequente Verwandlung von Stadt in
Landschaft, die im Werk Rilkes vor sich geht, als einen
verschärften Ausdruck jener »Kulturmüdigkeit« zu begreifen, die seit Rousseau im europäischen Bewußtsein immer
weiter um sich gegriffen hat. Der Gegensatz von »Stadt und
Land«, der im 19. Jahrhundert eine so große, aber noch
verhältnismäßig harmlose Rolle spielt, kommt in der Folge
nicht mehr zur Ruhe. Kultur ist immer Stadtkultur; Ablehnung der Stadt ist Ablehnung der Kulturinhalte einer Epoche.
Der fleißige, fröhliche, biedere und fromme Landmann, den
das 18. Jahrhundert dem sittenlosen Leben der großen Stadt
entgegenstellte, genügt als Gegenbild freilich längst nicht
mehr. Die Visionen Georg Heyms, in denen ganze Städte in
einem Feuermeer versanken, waren nicht nur Ahnungen
kommender Kriegskatastrophen, sondern Zeichen einer Verzweiflung, die mehr vom Untergang bedroht sah, als was aus
Stein und Holz sich neu errichten ließe. Es ist dieselbe
Verzweiflung, die in den Gedichten von Robinson Jeffers,
wenn die Städte dem Moloch erliegen, das Bild der Berge
heraufruft und die Menschenwelt den Raubvögeln überläßt.
Was einst »Rückkehr zur Natur« hieß und den Weg ins Idyll
bedeutete, hat tragischere Akzente angenommen: nun ist es
Lebendiges, das wieder zur Erde wird.

Auch Rilke, die Gestalt des Hirten beschwörend, der seine
Herde an den Hängen der Akropolis entlangtreibt, ließe sich
unschwer hier einreihen. Nur vergäße man dann, daß sein
letztes Wort nicht »Vernichtung« heißt, sondern »Wandlung«. Die Bereitschaft, das Äußerste an Entsetzen auszuhalten, das »Entbehrenkönnen aller Tröstung«[154] gleicht einem
Durchgang durch die Hölle, der den Schrecken hinter sich
läßt. Es ist kein Zweifel, daß Rilkes ungemeine Feinnervig-
keit ihn unter der Krisenhaftigkeit seiner Zeit stärker leiden
ließ als andere Menschen; ebensowenig aber kann man daran
zweifeln, daß dieselbe Eigenschaft es ihm möglich machte,
schon mitten in Verfall und Untergang ein Kommendes zu

ahnen. In solcher Zuversicht ließ sich der Tod ins Leben einbeziehen, durfte die Klage »nur im Raum der Rühmung ... gehn«.¹⁵⁵ Der »phallische« Gott, für den der späte Rilke gelegentlich plädiert, ist nur ein anderer Ausdruck dafür, daß ihm die gesetzhafte Lebendigkeit der Natur zum Symbol einer Ganzheit wird, die es sonst nirgends mehr für ihn gibt. In einem Augenblick ungeheurer Wendungen und Wandlungen weiß auch Rilke das Neue noch nicht zu benennen; nur bereit zu sein, nur sich ihm vertrauend offen zu halten, ist die Aufgabe:

> Auch wer das nicht begreift, was ihn beruft
> der sei bereit.

Dann kann es geschehen, daß ihn wenigstens ein Strahl ferner Wirklichkeit erreicht, dann

> wird ihm in das grade
> ungangbare Geheiß aus voller Gnade
> ein schmaler Pfad hineingestuft.¹⁵⁶

Man fühlt sich an Conrad Ferdinand Meyers »Felswand« erinnert, an jenes Gedicht, in dem der Blick abprallt vor dem jähen Sturz der unzugänglichen Wand, und wo dann doch aus Andeutungen eines Pfades da und dort die Ahnung eines Weges erwächst. Auch Rilke hat schließlich im »Bodenlosen« und »Ungangbaren« seiner Landschaft einen Weg gefunden und die paradoxe Erfahrung gemacht, die im christlichen Bereich mit dem Wort »Gnade« bezeichnet wird. Es ist jenes Wunder des »Umschlags« gemeint, in dem die Gefahr zum Rettenden wird und das Schutzlossein sich als Sicherheit erweist.

Anmerkungen

1 »Even allowing for the hospitality showered upon Rilke, ... his life, involving as it did so much travelling and so many hotel bills, was an expensive, not to say an extravagant one, all the more so as the best hotels were now only just good enough for Rilke; a fact which caused some wry smiles from those benefactors who met him staying in first-class

establishments, when they were putting up at second-rate hostelries.« E. M. Butler, *Rainer Maria Rilke* (New York and Cambridge 1941) S. 220.

2 *Briefe* 1914-1921 (Leipzig 1937), S. 124.

3 An Fürstin Marie von Thurn und Taxis-Hohenlohe, 1915, *ebda.*, S. 72.

4 An Rolf von Ungern-Sternberg, 26. Juni 1921, *ebda.*, S. 399.

5 *Deutschland und die Deutschen* (Stockholm 1947), S. 8 ff.

6 *Die Forderung des Tages* (Berlin 1930), S. 40.

7 An Carl Mönckeberg, am Dreikönigstag 1902, *Briefe und Tagebücher* 1899-1902 (Leipzig 1933), S. 138.

8 An Frau N. Wunderly-Volkart, 11. Februar 1923, zitiert in J. R. von Salis, *Rainer Maria Rilkes Schweizer Jahre* (2. Aufl., Frauenfeld und Leipzig 1938), S. 125. – Im selben Brief heißt es weiter: »Das ist alles so traurig wie nur im alten Oesterreich und im engen Prag etwas sein konnte. De la province engourdie.«

9 An Clara Rilke, 6. November 1907, *Briefe* 1907-1914 (Leipzig 1933), S. 17.

10 Katharina Kippenberg, *Rainer Maria Rilke* (Dritte Ausgabe, Leipzig 1942), S. 86.

11 An Ruth Sieber-Rilke, 1. März 1924; Carl Sieber, *René Rilke* (Leipzig 1932), S. 40.

12 An Clara Rilke, 1. Nov. 1907; *Briefe* 1907-1914, S. 9 f.

13 Carl Sieber, *a. a. O.*, S. 7: »Der Grund, aus dem ich dieses kleine Buch schrieb, ist, der Legendenbildung um Rilkes Jugend entgegenzutreten. Es wird ihm ein Martyrium seiner ganzen Kindheit angedichtet, das geeignet ist, seine Gestalt für uns nicht zu erhöhen, sondern herabzusetzen.«

14 Brief an Valerie David-Rhônfeld, 4. Dezember 1894, mitgeteilt von Paul Leppin, *Die Literatur*, August 1927, S. 631 f. Die in diesem Brief enthaltenen Aussagen lassen sich nicht einfach abweisen, selbst wenn man in Betracht zieht, daß sie von dem Neunzehnjährigen in der Erregung des Augenblicks und ohne Abstand geschrieben sind.

15 Brief vom 15. April 1904. Carl Sieber, *a. a. O.*, S. 49 f. – Angesichts der schonungslosen Härte dieser Äußerungen der vertrauten Freundin gegenüber besagen liebevolle Weihnachtsbriefe an die Mutter selbst nicht viel.

16 Brief vom 10. Januar 1912; *Briefe* 1907-1914, S. 162. Vgl. a. Brief an Clara Rilke, 25. Oktober 1905, *Briefe* 1902-1906, S. 267: »... »très autrichien ce que ne veut exprimer trop de louanges ...«

17 An Leopold von Schlözer, 21. Januar 1920, *Briefe* 1914-1921, S. 293.

18 An Xaver von Moos, 30. Dezember 1921, *Briefe aus Muzot*, S. 78 f. – Man hat zwar auch, allen entgegenstehenden Zeugnissen zum Trotz Rilkes »Heimattreue« hervorgehoben, so Paul Leppin, »Der junge Rilke und Prag« in: *Rainer Maria Rilke, Stimmen der Freunde*, hrsg. von Gert Buchheit, (Freiburg i. Br. 1931), S. 31: »Sein Vaterland, im besten und edelsten Sinne des Wortes blieb ihm immer Erlebnis, an dem er in Treue festhielt. Die Prager Jahre waren ein Licht, das in der Ferne blühte und das

er liebte.« Oder: »Lange begleitet die Musik der Heimat den Träumenden, wendet das Haupt ihm zurück zu der Stadt der Mutter..., das Herz zurück zum Tiefgeliebten der Kindheit«, Felix Braun, »Trauer um Rilke«, *ebda.*, S. 12. Für Josef Nadler vollends wird Rilke gänzlich zum repräsentativen Dichter des böhmischen »Raumes«. In seiner Auffassung ist die »Pyramide« von Rilkes Werk »bis in die Spitze aus Prager Stein gebrochen«, sind die *Ersten Gedichte*, die Rilke selber später preisgegeben hat, nicht nur »von Prag bis an den Rand gefüllt«, »kristallhell und durchsichtig, tagharte Wirklichkeit«, sondern auch ästhetisch in ihrer Art schon so vollkommen, daß sie von den späteren Versen, wenn überhaupt, nur an äußerer Form überboten werden konnten. Rilkes Entdeckungen und Erfahrungen Rußlands, Italiens, Skandinaviens, Frankreichs aber werden in dieser Sicht gleichsam zu Provinzen, die geistig in Besitz genommen und dem Prager Stammreich eingegliedert werden. S. *Literaturgeschichte der deutschen Stämme und Landschaften*, Bd. 4, 1928, S. 891 ff.

19 An Arthur Holitscher, 17. Okt. 1902, *Briefe 1902-1906*, S. 53. S. a. Katharina Kippenberg, *a.a.O.*, S. 68 f.: »Er wurde nicht müde von Rußland zu erzählen und daß er nie eine solche Fühlung mit Menschen gehabt wie dort, ja daß er dieses Land als seine wahre Heimat betrachte.«

20 Vgl. Erwin Damian, »Rilkes Gestaltung der Landschaft«, *Zeitschrift für Aesthetik und allgemeine Kunstwissenschaft*, 1938. S. 153.

21 *Tagebücher aus der Frühzeit*, S. 132.

22 *Ebda.*, S. 20.

23 *Erste Gedichte*, (Leipzig 1933), S. 49.

24 *Ebda.*, S. 13.

25 *Ebda.*, S. 19.

26 *Ebda.*, S. 18.

27 *Erzählungen und Skizzen aus der Frühzeit*, (Leipzig 1928), S. 160.

28 *Tagebücher aus der Frühzeit*, S. 25.

29 Sämtliche Stellen aus dem *Larenopfer*.

30 *Erzählungen und Skizzen aus der Frühzeit*, S. 160.

31 *Tagebücher aus der Frühzeit*, S. 25.

32 *Ebda.*, S. 26.

33 *Erzählungen und Skizzen aus der Frühzeit*, S. 161.

34 »Reise von München nach Genua«, *Sämtliche Werke*. Hrsg. von Ernst Elster, Bd. 3 (Leipzig und Wien, o. J.), S. 257.

35 *Ebda.*, S. 243.

36 »Aus den Memoiren des Herrn von Schnabelewopski«, *a.a.O.*, Bd. 4, S. 104.

37 *Ebda.*, S. 104 f.

38 An Dorothea von Ledebur, 12. Januar 1920, *Briefe 1914-1921*, S. 286.

39 An Lou Andreas-Salomé, 1900, *Briefe und Tagebücher aus der Frühzeit*, S. 43.

40 An Frau Eva Cassirer, 29. Jan. 1914, *Briefe 1907-1914*, S. 335.

41 An Leopold von Schlözer, 21. Jan. 1920, *Briefe 1914-1921*, S. 292.

42 »Furnes«, *Ges. Werke* IV, S. 240.

43 *Das Stundenbuch*, S. 83. – Vgl. a.: »... streust du mich wieder aus in Stadt und Angst«, *ebda.*, S. 90.

44 Über die Angst als Rilkesches Grunderlebnis vgl. Fritz Dehn, *Rainer Maria Rilke und sein Werk* (Leipzig 1934), S. 68-81, Hermann von Jahn, *Rilkes Aufzeichnungen des Malte Laurids Brigge* (Leipzig 1938) und Bernhard Blume, »Das Motiv des Fallens bei Rilke«, *Modern Language Notes*, (1945), S. 295-302.

45 *Briefe 1902-1906*, S. 213.

46 »Vorgefühl«, *Buch der Bilder* (Leipzig 1935), S. 58.

47 An Pol de Mont, 10. Jan. 1902, *Briefe und Tagbücher aus der Frühzeit*, S. 147.

48 An Fräulein A. Baumgarten, 22. August 1915, *Briefe 1914-1921*, S. 74.

49 An Otto Modersohn, 31. Dezember 1902, *Briefe 1902-1906*, S. 57.

50 Um Überschneidungen zu verhindern, mußten die in der Erstveröffentlichung hier folgenden Betrachtungen zu Venedig ausgelassen werden, weil sie in der ebenfalls in diesem Band abgedruckten Interpretation von »Spätherbst in Venedig« z. T. wörtlich und mit den gleichen Zitaten wiederkehren. Der Hrsg.

51 Vgl. den Brief an Chr. L. F. Schultz, 8. Juli 1823.

52 Brief vom 26. September 1902, *Briefe 1902-1906*, S. 43 f.

53 Z. B. von Straßburg: »... hab ich immer wieder das ungeheure Münster umkreist, hab mich vor ihm in den engsten und ältesten Gäßchen versteckt, aber auch da, überall am Ende eines jeden, wuchs es wieder auf und war da, vor einem, über einem: über allem ...« (An Gräfin Manon zu Solms-Laubach, 5. Sept. 1909, *Briefe 1907-1914*, S. 75 f.), oder: »... wie schön wäre es, Brügge zusammen zu sehen und Gent, wie oft hab ich mirs gewünscht. Wenn ich augenblicklich doch noch nicht ganz aufgehört habe, an Saint-Pol zu denken, so kommts, ... weil die Kathedrale und alles das mit ihr Zusammenhängende ... auf mich wirkt. Aber ich mußte nur anfangen ernstlich und aufmerksam an Belgien zu denken ..., um dieselbe Lust dazu zu haben; denn auch dort kämen wir ja zu Kathedralen ...« (An Clara Rilke, 20. Juli 1906, *Briefe 1906-1907*, S. 53) oder: »Wirst du mirs glauben, daß der Blick einer Vorüberkommenden in einer stillen Gasse Rouens mich so bewog, daß ich fast nichts sehen konnte hernach, mich für nichts sammeln? Allmählich war dann doch die herrliche Kathedrale da, die Legenden ihrer dichtgefüllten Fenster, wo irdisches Ereignis durchscheinend wird und man das Blut seiner Farben sieht.« (An Lou Andreas-Salomé, 21. Oktober 1913, *Briefe 1907-1914*, S. 301). Wo er aber aus irgendeinem Grunde der Kathedrale seine Anerkennung versagt, da genügt dies oft, um zugleich die von ihr beherrschte Stadt zu verwerfen. So erscheint ihm der Mailänder Dom als ein »Spielzeug der Jahrhunderte, fast ganz Zucker« (An Lou Andreas-Salomé, 3. Juli 1904, *Briefe 1902-1906*, S. 185), und daß er mit dem ihm »merkwürdig unangenehmen« Sevilla (*Briefe an seinen Verleger*, S. 154) nicht zusammenkommt, erklärt er sich aus dem Eindruck der Kathedrale, die ihm »von Grund aus zuwider, ja feindlich« erscheint; »nirgends wirds ernst,

es ist etwas Vages, Ausweichendes in diesem ehrgeizig hinaufgebauten Dom, ein Geist des Übertrumpfens, der auch Gott noch übertrumpfen ... möchte.« (An Fürstin Marie von Thurn und Taxis-Hohenlohe, 17. Dezember 1912, *Briefe 1907-1914*, S. 261).

54 »Die Kathedrale«, *Neue Gedichte*, G. W. Bd. III., S. 33f.

55 Vgl. den Rodin-Vortrag, G. W. Bd. IV., S. 417.

56 Dieter Bassermann nimmt dies schon für die Zeit des *Stundenbuchs* an, sich dabei auf ein Wort Rilkes beziehend, »daß er in der Art dieser Verse damals ununterbrochen so hätte weiterschreiben können«. *Der späte Rilke* (München 1947), S. 321.

57 Dies ist in bewußtem Gegensatz zu der Grundauffassung von Werner Günther in vielem beachtenswertem Rilke-Buch gesagt, für das es »ganz außer Frage steht, daß das Kunstschöpferische bei Rilke die zentrale Stellung einnimmt. Rilke will«, nach Günther, »Dichter, nur Dichter sein. Seine religiöse Einstellung, seine Lebens›weisheit‹ hängen mit der besonderen Beschaffenheit seines Dichtertums zusammen, sind Nebenerscheinungen, gleichsam Randprobleme seiner Künstlerschaft; keinesfalls kommt ihnen in seinem Schaffen irgendein Selbstzweck zu.« *Weltinnenraum* (Bern 1943), S. 41. – Dies hieße freilich den Dichter als Artisten verstehen und der ästhetischen Sphäre eine beherrschende Stellung zuerteilen, die ihr selbst im Dasein des Künstlers nicht zukommt. Im Sinne einer solchen Auffassung ließe sich geltend machen, daß die Vorliebe der Romantiker für die blaue Farbe einen Drang in die Ferne zur Folge gehabt oder das häufige Motiv des Wasserfalls in der Malerei des Barock zu einem Vorherrschen des Erlebnisses der Vergänglichkeit geführt habe, während es uns eher umgekehrt erscheinen will. Seit Diltheys grundlegenden Arbeiten sollte es überdies der Diskussion nicht mehr bedürfen, daß Dichtung Lebensdeutung ist, daß auch der Dichter, ganz gleich wie groß das Ausmaß seiner Werkbesessenheit ist, und wie ganz sein Bewußtsein mit der Lösung formaler Aufgaben erfüllt sein mag, eben gerade nicht bloß *Dichter* ist. Dies trifft durchaus auch auf Rilke zu. Man sehe sich daraufhin einen Brief wie den vom 19. Oktober 1907 an (An Clara Rilke, *Briefe 1906-1907*, S. 393 ff.). Es ist dies ein Brief aus der Zeit der *Neuen Gedichte*, aus der Zeit also, in der Rilke nach der Meinung vieler Betrachter am meisten vom puren »Können« bestimmt war, und von künstlerischen Gegenständen handelt der Brief in der Tat, in erster Linie von der Bedeutung, die ein Gedicht wie Baudelaires »Charogne« für Cézannes Kunst gehabt hat. Sieht man dann freilich genauer zu, dann zeigt sich, daß für Rilke Cézannes »sachlicher« Stil auf einer *ethischen* Haltung beruht, daß Cézannes menschliche Entwicklung zu dieser Haltung hin ohne Baudelaires Gedicht nicht zu denken ist, und daß Rilke nun, unter dem Eindruck solchen vertieften *Lebens*verständnisses zum ersten Mal glaubt, den schon 1904 begonnenen *Malte* beenden zu können, an dessen Vollendung ihn bis dahin keineswegs *artistische* Unzulänglichkeit gehindert hatte.

58 ein »gedichteter Gott« wie Dehn ihn nennt. *Rainer Maria Rilke und sein Werk* (Leipzig 1934), S. 119.

59 »Ce n'est pas seulement pour faire une étude, que je suis venu chez vous, – c'était pour vous demander: comment faut-il vivre? Et vous m'avez répondu: en travaillant. Et je le comprends bien. Je sens que travailler c'est vivre sans mourir.« Brief vom 11. September 1902, *Briefe 1902-1906*, S. 41.

60 *Ges. Werke*, Bd. VI, S. 214.

61 *Briefe an seinen Verleger*, 7. Januar 1913, S. 155.

62 »Auguste Rodin«, *Ges. Werke*, Bd. IV, S. 387.

63 »... soll um mich ... nichts als Arbeit sein, und es soll nicht mehr aufhören, so zu sein. Dann soll das nicht mehr Leben heißen sondern: Arbeiten.« An Clara Rilke, 18. September 1902, *Briefe 1902-1906*, S. 43.

64 An L. H., 8. November 1915, *Briefe 1914-1921*, S. 86.

65 »Les capitales sont indifférentes«, An Clara Rilke, 11. September 1902, *Briefe 1902-1906*, S. 38.

66 *Die Aufzeichnungen des Malte Laurids Brigge*, S. 297.

67 An Gräfin Manon zu Solms-Laubach, 20. Juni 1907, *Briefe 1906-1907*, S. 275.

68 An Frau Gertrud Ouckama Knoop, 26. November 1921, *Briefe aus Muzot*, S. 46f. Vgl. a. den Brief vom 9. Februar 1907 über den »reizendsten Kreis« in Capri, der es ihm unmöglich mache zu arbeiten.

69 An Lou Andreas-Salomé, 10. Januar 1912, *Briefe 1907-1914*, S. 158.

70 An Frau Gertrud Ouckama Knoop, 26. November 1921, *Briefe aus Muzot*, S. 47.

71 »... nirgends war ich so froh und fähig und einsam wie dort.« An Ellen Key, 9. Februar 1907, *Briefe 1906-1907*, S. 183.

72 An Lou Andreas-Salomé, 13. Mai 1904, *Briefe 1902-1906*, S. 161.

73 An dieselbe, 8. Juni 1914, *Briefe 1907-1914*, S. 357. Ähnlich: »... die letzten zwei Monate wohnte ich wie auf dem Meeresgrund ...« 20. August 1908, *Briefe an das Ehepaar S. Fischer*, S. 41.

74 Vgl. »Wendung«, *Späte Gedichte*, (Leipzig 1934), S. 24ff.

75 Hierzu u. a. Walter Rehm, »Der Dichter und die neue Einsamkeit«, *Zeitschrift für Deutschkunde* 1931.

76 An Clara Rilke, 3. Juni 1907, *Briefe 1906-1907*, S. 261.

77 An Fürstin Marie von Thurn und Taxis-Hohenlohe, 21. März 1913, *Briefe 1907-1914*, S. 278.

78 *Die Aufzeichnungen des Malte Laurids Brigge*, S. 90.

79 »Aber wir meinen ja nicht sie, diese Stadt ... sondern nur ihn, Rodin.« An Clara Rilke, 31. August 1902, *Briefe 1902-1906*, S. 25.

80 An Arthur Holitscher, 19. Dezember 1903, *ebda.*, S. 134f.

81 Brief vom 30. Juni 1806.

82 »... mon cœur penché sur des abîmes ...«. An Csse. P. de V., 15. Juni 1914, *Briefe 1907-1914*, S. 364.

83 An Arthur Holitscher, 17. Oktober 1902, *Briefe 1902-1906*, S. 52.

84 An Lou Andreas-Salomé, *ebda.*, S. 97.

85 An General-Major von Sedlakowitz, ehemaligen Lehrer an der Militär-Realschule zu St. Pölten, 9. Dezember 1920, *Briefe 1914-1921*, S. 351.

86 An Arthur Holitscher, 19. Dezember 1903, *Briefe 1902-1906*, S. 134.

87 An Julie Baronin von Nordeck zur Rabenau, 20. Juni 1907, *Briefe* 1906-1907, S. 273.

88 *Briefe an seinen Verleger*, 9. Juni 1910, S. 89.

89 An Lou Andreas-Salomé, 21. Oktober 1913, *Briefe* 1907-1914, S. 300.

90 An Clara Rilke, 18. November 1910, *Briefe* 1907-1914, S. 114.

91 An Tora Holmström, 29. März 1907, *Briefe* 1906-1907, S. 236.

92 An Clara Rilke, 31. August 1902, *Briefe* 1902-1906, S. 21 f.

93 An Ellen Key, 9. März 1903, *ebda.*, S. 63.

94 An Auguste Rodin, 27. März 1903, *ebda.*, S. 78.

95 Vgl. Katharina Kippenberg, *a.a.O.*, S. 137.

96 An Ellen Key, 13. Juli 1903, *Briefe* 1902-1906, S. 97.

97 »Paris, das mir ... so ehrlich nötig geworden ist ...« An Gudrun Baronin Uexküll, 3. Dezember 1906, *Briefe* 1906-1907, S. 122. »Paris ... wohin ich noch eine Weile ernstlich gehöre ...« An Lou Andreas-Salomé, 13. Dezember 1906, *ebda.*, S. 124. »Paris, das im Sommer verlassen zu haben ich noch immer nicht verschmerzen kann ...« An Paula Modersohn-Becker, 5. Februar 1907, *ebda.*, S. 182.

98 »... hierher übergesiedelt ... wo das Akklimatisieren nun doch nicht so leicht ist, wie ich annahm.« An Clara Rilke, 7. Juni 1907, *ebda.*, S. 263. »... ich weiß nicht, warum ich diesmal so schwerfällig bin im Eingewöhnen und Einwohnen.« An dieselbe, 19. Juni 1907, *ebda.*, S. 271. »... lange und schwerfällige Akklimatisationen ...« An Julie Baronin von Nordeck zur Rabenau, 20. Juni 1907, *ebda.*, S. 272.

99 An Clara Rilke, 2. Oktober 1902, *Briefe* 1902-1906, S. 342.

100 An dieselbe, 19. Juni 1907, *Briefe* 1906-1907, S. 271.

101 »... will ich mutig an dem schweren Paris festhalten.« 20. August 1908, *Briefe an das Ehepaar S. Fischer*, S. 41.

102 19. November 1920, *Briefe* 1914-1921, S. 324.

103 15. Dezember 1920, *ebda.*, S. 359 f.

104 Auch Lou Andreas-Salomé stellt fest, daß Rilke »sich schon vor 1914 im Überdruß von Paris abgewandt hatte.« *Rainer Maria Rilke* (Leipzig 1928), S. 91.

105 An Lou Andreas-Salomé, 19. Dezember 1912, *Briefe* 1904-1914, S. 266.

106 An dieselbe, 21. Oktober 1913, *ebda.*, S. 300.

107 An Hans Carossa, 3. November 1913, *ebda.*, S. 306.

108 »Je n'aime plus Paris, en partie parce qu'il se déforme, s'américanise, en partie parce que j'en ai moins besoin ...« An Csse. P. de V., 30. Dezember 1913, *ebda.*, S. 323.

109 An Helene von Nostitz, 23. Januar 1914, *ebda.*, S. 329.

110 An Fürstin Marie von Thurn und Taxis, 27. Dezember 1913, *ebda.*, S. 317.

111 An Helene von Nostitz, 23. Januar 1914, *ebda.*, S. 330.

112 An Fürstin Marie von Thurn und Taxis-Hohenlohe, am Allerseelentag 1912, *ebda.*, S. 248.

113 An Leo von König, 20. Dezember 1912, *ebda.*, S. 268. Ähnlich, noch stärker an Lou Andreas-Salomé: »... dem wirklich unendlich Erwarteten und doch alle Erwartung unendlich Übertreffenden atemlos ausgesetzt«,

19. Dezember 1912, *ebda.*, S. 264.

114 An eine junge Freundin, 17. März 1926, *Briefe aus Muzot*, S. 369.

115 An Fürstin Marie von Thurn und Taxis-Hohenlohe, 13. November 1912, *Briefe 1907-1914*, S. 251.

116 *Ebda.*, S. 249.

117 *Ebda.*, S. 251.

118 An Fürstin Marie von Thurn und Taxis-Hohenlohe, 17. Dezember 1912, *ebda.*, S. 256f. – Von den die »spannendste Ferne bildenden Gebirgen« ist in einem gleichzeitigen Brief an Kippenberg die Rede. *Briefe an seinen Verleger*, 18. Dezember 1912, S. 154.

119 *Briefe 1907-1914*, S. 258.

120 Vgl. a. die tiefdringende Interpretation Romano Guardinis, *Zu Rainer Maria Rilkes Deutung des Daseins* (Bern 1946), S. 55ff.

121 An Fürstin Marie von Thurn und Taxis-Hohenlohe, am Allerseelentage, 1912, *Briefe 1907-1914*, S. 246.

122 *Briefe an seinen Verleger*, 18. Dezember 1912, S. 154.

123 *Briefe 1908-1914*, S. 246.

124 *Briefe an seinen Verleger*, 2. Oktober 1912, S. 144.

125 »Spanische Trilogie«, *Späte Gedichte*, S. 155.

126 An Lou Andreas-Salomé. 19. Dezember 1912, *Briefe 1907-1914*, S. 265.

127 »L'orage s'est déchiré et tombe brusquement derrière une ville qui, sur la pente d'une colline, monte en hâte vers sa cathédrale et plus haut vers son château-fort, carré et massif. Une lumière en loques laboure la terre, la remue, la déchire et fait ressortir çà et là les prés, verts-pâles, derrière les arbres, comme des insomnies. Un fleuve étroit sort sans mouvement de l'amas de collines et menace terriblement de son bleu-noir et nocturne les flammes vertes des buissons. La ville épouvantée et en sursaut se dresse dans un dernier effort comme pour percer l'angoisse de l'atmosphère.« Brief vom 16. Oktober 1908, *ebda.*, S. 62.

128 An Fürstin Marie von Thurn und Taxis-Hohenlohe, 27. September 1911, *ebda.*, S. 140.

129 An Clara Rilke, 30. November 1906, *Briefe 1906-1907*, S. 106.

130 An Clara Rilke, 17. Oktober 1907, *Briefe 1906-1907*, S. 387f.

131 Etwa: »Die Avenue des Champs-Élysées floß langsam und unsicher auf den Platz Place de la Concorde zu ...« An Clara Rilke, 19. November 1909, *Briefe 1907-1914*, S. 87; oder: »... am Abfluß der großen, strahlenden Avenue, die auf die schimmernde Stadt zuströmt.« *Briefe an seinen Verleger*, 27. April 1911, S. 105.

132 Maurice Betz, *Rilke in Paris* (Zürich 1948), S. 71.

133 10. November 1925, *Briefe aus Muzot*, S. 328.

134 An Gertrud Ouckama Knoop, 12. September 1919, *Briefe 1914-1921*, S. 270.

135 An Gräfin M., 25. Juni 1920, *ebda.*, S. 300.

136 *Briefe an seinen Verleger*, 7. Juli 1919, S. 292.

137 »Die Achte Elegie«, *Ges. Werke*, III, S. 294f.

138 An Nora Purtscher-Wydenbruck, 17. August 1921, *Briefe aus Muzot*, S. 26.

139 An Fürstin Marie von Thurn und Taxis-Hohenlohe, 25. Juli 1921, *ebda.*, S. 7.

140 An Nora Purtscher-Wydenbruck, 17. August 1921, *Briefe aus Muzot*, S. 26 f. – Was hier beschrieben wird, ist nicht nur bewegte, sondern verwandelte, in einen neuen Daseinsbereich übergeführte, zum Symbol von »Innenraum« gewordene Landschaft; höchst bezeichnend daher, daß dieselbe Landschaft auf einen anderen, von anderen Lebensvoraussetzungen herkommenden Betrachter auch eine völlig andere Wirkung gehabt hat. Paul Valéry jedenfalls, der Rilke in Muzot aufsuchte, sah hier nur eine »traurige Berglandschaft«. – S. a. Gert Buchheit, *Rainer Maria Rilke* (Mengen 1947), S. 151.

141 *Ges. Werke* IV, S. 299.

142 *Ebda.*, S. 318.

143 *Ebda.*, S. 317.

144 *A. a. O.*, S. 87.

145 »Die Spanische Trilogie«, *Späte Gedichte*, S. 154.

146 »Die Zweite Elegie«, *Ges. Werke* III, S. 265 f.

147 Zu gewissen Wandlungen im Gebrauch des Adjektivs, die bei Rilke seit Spanien vor sich gegangen sind, vgl. die interessanten Ausführungen von J. Gebser, *Rilke und Spanien*, 2. Aufl. (Zürich 1946), S. 39 ff.

148 An Fürstin Marie von Thurn und Taxis-Hohenlohe, 17. Dezember 1912, *Briefe 1907-1914*, S. 258.

149 An Michael Georg Conrad, 27. Februar 1914, *ebda.*, S. 350.

150 15. März 1913, *ebda.*, S. 275.

151 An Ellen Delp, 27. Oktober 1915, *Briefe 1914-1921*, S. 80. S. a. aus der »Abschrift aus dem Taschenbuch an Lou Andreas-Salomé: . . . »Aber wenn . . . das elementarische Hinstürzen der Luft, des Wassers reines und vielfältiges Benehmen, und was Heroisches im Vorgang der Wolken war, ihn über die Maßen ergriff, ja ihm, der es im Menschlichen nie zu fassen vermochte, recht eigentlich als Schicksal an die Seele trat, so konnte ihm nicht entgehen, daß er nun, seit den letzten Einflüssen, solchen Beziehungen gleichsam endgültig übergeben sei . . .« *Briefe aus Muzot*, S. 312.

152 An Frau Eva Cassirer, 29. Januar 1914, *Briefe 1907-1914*, S. 335.

153 »Die Dritte Elegie«, *Ges. Werke* III, S. 271 ff.

154 An Pfarrer Zimmermann, 3. Februar 1921, zitiert Bassermann *a. a. O.*, S. 131.

155 *Sonette an Orpheus* I, 8.

156 *Späte Gedichte*, S. 41.

Ding und Ich in den *Neuen Gedichten*

Unter Rilkes Werken sind die *Neuen Gedichte* von der Forschung bisher auffallend vernachlässigt worden. Betrachtet man die außerordentliche Popularität, deren sich frühe Dichtungen wie der *Cornet* und das *Stundenbuch* erfreut haben und noch erfreuen, mustert man die zahlreichen kritischen und kommentierenden Studien, in denen die Spätwerke, vor allem die *Duineser Elegien*, durchleuchtet und gedeutet worden sind und jedes Jahr aufs neue gedeutet werden, so wird man feststellen müssen, daß es, im Gegensatz dazu, um Rilkes *Neue Gedichte* verhältnismäßig still geblieben ist. Soweit man sich mit ihnen befaßt hat, klingen die Urteile merkwürdig stereotyp. Über summarische, etwas eilige und fast immer an der Oberfläche bleibende Bemerkungen ist man dabei kaum hinausgekommen. Im ganzen herrscht die Meinung vor, daß diese Dichtungen nicht so sehr als »Ausdruck von Rilkes schöpferischer Individualität« zu gelten haben, sondern mehr als technische Übungen, in denen Rilke sich um möglichst vollkommene Beherrschung der Mittel und des Materials bemüht hat.[1] Es sind »fast handwerkliche Aufgaben«, die Rilke sich in den *Neuen Gedichten* stellt[2], »Studien in der Exaktheit der Beschreibung der Wirklichkeit«[3], Gebilde, die weniger »geworden« als »gemacht« sind und gelegentlich hart die Grenze des Kunstgewerblichen streifen.[4]

So gesehen fehlt es diesen Gedichten an zweierlei: an innerer Notwendigkeit und an Individualität; es sind, wie immer wieder hervorgehoben wird, *unpersönliche* Gedichte. Rilkes Ich, wird uns versichert, trete vollkommen in den Hintergrund; er sehe von sich ab, um sich ganz in das Wesen eines Tieres oder Dinges oder einer Landschaft hineinzuverwandeln.[5] Am bündigsten vielleicht hat Robert Faesi die allgemeine Meinung zusammengefaßt, wenn er erklärt: »Von Rilkes *Ich* ist in den fast 200 *Neuen Gedichten* nicht *einmal* die Rede. Diese Lyrik ist kein Bekenntnis, nicht der Ausdruck des Gefühls, der Freuden, Leiden und Kämpfe der dichterischen Person. Sie ist sachlich, ist Darstellung der

Außenwelt; nicht um ein Subjekt, sondern um Objekte gebaut.«[6] Rilkes Gedichte sind, mit einem Wort, *Dinggedichte*. Man hat diesen neuen Typus des Dinggedichts, das *seiende* Gedicht, dem Typus des *werdenden* Gedichts, wie Goethe ihn geschaffen hat, entgegengestellt. Die Goethesche Lyrik, so wird gesagt, stellt einen Stimmungsablauf dar, gibt einen seelischen Prozeß wieder, ist »Beichte«, »Bruchstück einer großen Konfession«; das Dinggedicht dagegen ist auf episch-objektive Beschreibung eines Seienden angelegt.[7]

Eine solche Auffassung könnte sich darauf berufen, daß Rilke selbst seine Aufgabe so gesehen hat. »Wenn ich dazu gelangen könnte«, hat er erklärt, »... einen Baum so auszudrücken daß ich nur noch ihn sprechen ließe und ich selbst ganz ausgeschaltet wäre, dann hätte ich erreicht, was ich will.«[8] Es scheint also ganz im Sinne Rilkes zu sein, wenn man von den *Neuen Gedichten* gesagt hat, in ihnen lebe nur das *Ding*, der Dichter selbst sei »unfindbar«.[9] Aber trotz Rilkes eigener Erklärung scheint es uns kein völlig aussichtsloses Unternehmen zu sein, den Dichter in den *Neuen Gedichten* zu *finden*. Einmal aus dem ganz allgemeinen Grunde, daß wir überhaupt nicht zu glauben vermögen, ein Dichter könne, selbst wenn er wolle, von irgend etwas anderem reden als von sich. So völlig wesensverschiedene Künstler wie Goethe und Kleist sind sich in diesem einen Punkte völlig gleich. »Jeder Schriftsteller«, sagt Goethe, »schildert sich einigermaßen in seinen Werken, auch wider Willen, selbst.«[10] Und Kleist drückt dieselbe Erkenntnis in einem Brief an Fouqué folgendermaßen aus: »Die Erscheinung, die am meisten, bei der Betrachtung eines Kunstwerks, rührt, ist, dünkt mich, nicht das Werk selbst, sondern die Eigentümlichkeit des Geistes, der es hervorbrachte, und der sich, in unbewußter Freiheit und Lieblichkeit, darin entfaltet.« Auch »wider Willen« spreche der Dichter von sich, bemerkt Goethe, »unbewußt«, sagt Kleist; beide meinen dasselbe. Das heißt: man muß nicht unbedingt »Ich« sagen, um von sich zu reden. Der eine wird sagen: »Ich bin hungrig«, der andere«: »Brot ist herrlich«; beide reden sie vom selben inneren Zustand, der eine direkt, der andere indirekt. Was wir den Träumen gegenüber längst gelernt haben: daß man sie nicht wörtlich nehmen darf, das gilt auch von den Werken der Dichter.

Um deutlich zu machen, was hier gemeint ist, seien kurz zwei Gedichte einander gegenübergestellt, die scheinbar keinerlei Verwandtschaft haben: Goethes »Mahomets Gesang« und Rilkes »Spitze«. Vom Gegenstand her gesehen sind beides »episch-objektive Schilderungen«, Dinggedichte, wenn man so will, im Sinne der vorgenannten Definition. Aber was bei Goethe als breite Beschreibung eines Flusses sich gibt, ist durchaus kein Flußgedicht, sondern eine Autobiographie. Natürlich hat man den symbolischen Charakter dieser Dichtung früh erkannt, nicht zuletzt weil Goethe durch den Titel eine solche Deutung selbst herbeigerufen hat. Denn »Mahomets Gesang«: dies heißt bekanntlich nicht, daß dieser Hymnus dem Propheten in den Mund gelegt ist, sondern daß im Bild des *Fluß*laufs ein großer *Lebens*lauf gespiegelt wird. Und zwar nicht etwa nur das Leben Mahomets, sondern das Leben des Genies überhaupt, und das Leben des Goetheschen Genies im besonderen. Was hier den Flußlauf auszeichnet: rastlos vorwärtsdrängende Bewegung und überschäumende Gewalt, aneignende Kraft und mitreißende Wucht, das Wachstum und Breiterwerden, die segenspendende und nutzbringende Wirkung ins Weite, das alles sind Merkmale, die für den jungen Goethe das Wesen jedes großen Menschen ausmachen. Zu sehr sind es überdies die Eigenschaften von Goethes eigenem Leben, als daß man nicht mit gutem Recht in diesem Gedicht ein dichterisch vorausgefühltes Bild von Goethes Laufbahn erblicken sollte. Zugrunde liegt ihm Goethes Überzeugung, daß man etwas sein muß, um etwas zu machen, oder, wie Thomas Mann dies in seiner pointierten Art einmal ausgedrückt hat: daß ein großer Dichter zunächst *groß* ist und dann erst ein *Dichter*.

Für Rilke liegt der Fall gerade umgekehrt. Man muß etwas machen, um etwas zu sein, läge ihm als Formulierung viel näher; für ihn ist ein großer Dichter zunächst ein Dichter und dann erst groß. Nicht zufällig sind in Rilkes Dasein die Zeiten, in denen er nichts »machte«, Zeiten verzweifelter Leere; nur in der Kunst und durch die Kunst erfüllte sich dies Leben. Für Goethe ist das Werk beinahe nur ein Nebenprodukt des großen Menschen, für Rilke ist der Mensch fast nur ein Abfallprodukt des großen Werkes; entleert, verbraucht wird er zurückgelassen. Von dieser tragischen Erfahrung handelt Rilkes Gedicht »Die Spitze«. Und weil es von ihr handelt, erschöpft es sich auch nicht in der minutiösen Nachbildung eines kunstgewerblichen Gegenstandes, sondern wendet sich vom Ding zum Menschen, der es in langer, entsagungsvoller Arbeit geschaffen und der darüber sein Augenlicht verloren hat. »Ist das unmenschlich«, fragt es, »ist das unmenschlich, daß zu dieser Spitze, zu diesem kleinen dichten Spitzenstück zwei Augen wurden?« Aber was hier als trauriger Einzelfall erscheint, ist in Wahrheit nur Sinnbild und Ausdruck eines allgemeinen Gesetzes. Das Opfer ist der Preis, der für das Schöne bezahlt werden muß. »Ein Leben ward vielleicht verschmäht, wer weiß?« schließt das Gedicht.

> Ein Glück war da und wurde hingegeben,
> Und endlich wurde doch, um jeden Preis,
> Dies Ding daraus, nicht leichter als das Leben
> Und doch vollendet und so schön, als sei's
> Nicht mehr zu früh, zu lächeln und zu schweben.

Dies Dinggedicht jedenfalls erschöpft sich keineswegs in der exakten Beschreibung eines Dinges, sondern nimmt den Gegenstand nur zum Anlaß, eine höchst persönliche Einsicht zu gestalten, einen Grundzug von Rilkes eigenem Wesen und seiner Art, die Welt zu sehen. Unter dieser Grundbedingung, auf der ihm das Zustandekommen von Kunst zu beruhen scheint, hat Rilke tief gelitten und sich immer wieder als persönliches Versagen und menschliche Unzulänglichkeit angerechnet, was er doch immer wieder als ein mit dem Dasein selbst gegebenes Mißverhältnis von Kunst und Leben erkennen muß. Zahlreiche briefliche Äußerungen sagen dasselbe. »Die großen Menschen alle«, schreibt er beispielsweise an Clara Rilke, »haben ihr Leben zuwachsen lassen wie einen alten Weg und alles in ihre Kunst getragen. Ihr Leben ist verkümmert wie ein Organ, das sie nicht mehr brauchen.«[11] Dies ist mit dem Blick auf Rodin gesagt; es ist eine Einsicht, die sich ihm später an Cézanne bestätigt und die in keineswegs geringerem Maße ihn selbst betrifft.

Fast jedem dieser als unpersönlich bezeichneten Gedichte liegt eine persönliche Botschaft, ein subjektives Erlebnis des Dichters, eine Forderung an den Leser zugrunde; fast nie jedoch wird diese Botschaft direkt ausgesprochen. In den seltenen Fällen, wo dies dennoch geschieht, wie im »Archaischen Torso Apollos«, trifft uns die plötzliche Beziehung auf den Leser um so heftiger. Wohl jeder, der das Gedicht zum erstenmal gehört oder gelesen hat, wird von dem unerwarteten Anruf am Ende des Gedichtes: »Du mußt dein Leben ändern«, fast wie von einem Schlag berührt worden sein. Unerwartet ist dieser Anruf, aber nicht unvorbereitet. Denn diese Statue ist kein sachlich beschriebenes Kunstding, in sich beschlossen, fern, kühl, auf sich selbst bezogen; die Pointe, wenn man so will, des Gedichtes liegt vielmehr gerade darin, daß diese Statue sich an den Betrachter wendet, daß sie ihn *sieht*. Sie sieht ihn, paradoxerweise, obwohl ihr das Haupt fehlt, und mit ihm die Augen. Und dennoch, wird uns gesagt: »da ist keine Stelle, die dich nicht sieht.« Das heißt: da ist nichts, was dich nicht angeht, nicht auf dich wirkt. Und ganz ebenso wie diese Statue ohne Augen »sieht«, so ist sie ein Ganzes, obwohl ihr Haupt und Glieder fehlen. Denn in dem künstlerischen Stilgesetz, das diesen Torso durchgeformt hat, wird die Gestalt des Ganzen sichtbar. Ja, neben der Ganzheit dieses Torsos ist der Beschauer, so wird man folgern müssen, trotz aller seiner heilen Gliedmaßen selbst nur ein Bruchstück, ungeordnet, ungestaltet, ungeformt. Und deshalb wird ihm zugerufen: Du mußt dein Leben ändern.

Man darf sich durch die Titel, die Rilke seinen Gedichten gegeben hat, nicht irreführen lassen. Oft sind sie nichts als magische Chiffren, die nicht nur enthüllen, sondern auch verbergen, oft sind sie wie Eingangstore, die den Zugang vermitteln zu etwas, das man nicht erwartet hat. »Der Schwan« handelt vom Sterben und »Der Berg« vom Künstler. Wer diese Gedichte nach den Gegenständen ordnen würde, die sie behandeln, statt nach den inneren Erlebnissen, die sie hervorgebracht haben, der würde sich ihr Verständnis nur erschweren. Die »Insel« etwa ist kein Landschaftsgedicht, »Der Panther«

kein Tiergedicht, und »Der Ölbaumgarten« ist kein biblisches Gedicht; sie sind alle drei etwas anderes, sie sind Gedichte von der Einsamkeit. Das heißt: die »Dinge« der *Neuen Gedichte* sind nicht Gegenstände, sondern Gleichnisse.

Damit soll nicht gesagt sein, daß Rilke, für bestimmte innere Erlebnisse nach Ausdruck suchend, die Gegenstände, die er darstellte, bewußt auf ihre symbolische Eignung hin ergriffen hätte. Für den »Panther« etwa ist genau das Gegenteil bezeugt. Noch sehr spät, im März 1926, schreibt Rilke davon, wie er sich seinerzeit in Paris, unter dem Einfluß Rodins, dazu entschlossen habe, vor der Natur zu arbeiten, wie ein Maler oder Bildhauer, »nachbildend«. Und das erste Ergebnis dieser »strengen guten Schulung« sei »Der Panther« gewesen.[12] Doch bleibt dann immer noch die Frage, *woran* denn nun sich jemand schult, der sich zu schulen entschlossen ist, und warum denn unter den zahllosen Möglichkeiten gerade an diesem. Daß einer in der Absicht, sich zu schulen, eine weltverlassene, verlorene Insel in der Nordsee zeichnet, daß er aus dem Leben Jesu gerade die Nacht auf dem Ölberg herausgreift und sie in die letzte Bitternis eines Verzweifelnden stilisiert, der weder sich, noch Gott, noch irgend jemand mehr findet, daß einer, Tierstudien machend, ein Raubtier zeichnet, aber das Raubtier hinter Gittern, seiner Bestimmung, ein freies schweifendes Wesen zu sein, entfremdet, gefangen, im Innersten gelähmt, das sollte uns allenfalls etwas über das Tier verraten, das gezeichnet wird, und nichts über den, der es gezeichnet hat?

Bei Nietzsche findet sich einmal die Formel: »Der Mensch, an sich selbst leidend ... etwa wie ein Tier, das in den Käfig gesperrt ist«[13], und bei Brentano gibt es ein paar fast kindlich einfache Verse, in denen der symbolische Bezug zwischen gefangenem Tier und Dichter noch *direkt* ausgesprochen wird:

> Flieg hinauf, flieg hinab,
> Vöglein in dem Bauer,
> Stoße dir die Flüglein ab,
> Sei recht auf der Lauer:
> Kleine Gitter halten dich,
> Große Mauern halten mich.[14]

Von diesem direkten Bezug auf sich sieht Rilke ab. Damit ist nicht gesagt, daß kein Bezug vorhanden ist. Wie könnte er fehlen bei einem Mann, der von dem »Ausgeschlossensein« gesprochen hat, das ihm das Leben immer wieder zu fühlen gebe[15], von seinem innen schon ganz zerstörten Herzen, wovon nur noch vier Wände stünden, unbewohnbar[16], von der fest verschlossenen Tür, hinter der sich sein Leben abspiele[17], und der, als Gast auf einem Schloß bei Freunden wohnend, erklärt, daß ihn dies alte feste Schloß fast »wie einen Gefangenen« halte.[18] Es ist nicht anzunehmen, daß der hinter Gittern lebende Panther durch Zufall, als Fingerübung und technische Studie entstanden ist.

Entgegen der herrschenden Auffassung sei gesagt, daß in den *Neuen Gedichten* nicht von Gegenständen die Rede ist ohne die Beziehung auf ein zugehöriges Ich; noch weniger freilich spricht ein Ich ohne Beziehung auf ihm zugeordnete Gegenstände. Ja, erst durch diese Verbindung mit einem Ich wird der beschriebene Gegenstand zu einem »Ding« im Rilkeschen Sinn. Allen seinen Äußerungen vom »Arbeiten nach der Natur« zum Trotz hat Rilke um diesen höchst subjektiven Charakter seiner gegenständlichen Kunst sehr genau gewußt. Der Anfang der »Spanischen Trilogie« aus den *Späten Gedichten* handelt von dieser geheimnisvollen gegenseitigen Anziehungskraft des Bezüglichen, und bringt diese Einsicht auf eine seltsam beschwörende, fast litaneihafte Art zum Ausdruck:

> Aus dieser Wolke, siehe: die den Stern
> So wild verdeckt, der eben war – (und mir),
> Aus diesem Bergland drüben, das jetzt Nacht,
> Nachtwinde hat für eine Zeit – (und mir),
> Aus diesem Fluß im Talgrund, der den Schein
> Zerrissner Himmels-Lichtung fängt – (und mir);
> Aus mir und alledem ein einzig Ding
> Zu machen, Herr: aus mir und dem Gefühl,
> Mit dem die Herde, eingekehrt im Pferch,
> Das große dunkle Nichtmehrsein der Welt
> Ausatmend hinnimmt –, mir und jedem Licht
> Im Finstersein der vielen Häuser, Herr:

Ein Ding zu machen; aus den Fremden, denn
Nicht Einen kenn ich, Herr, und mir und mir
Ein Ding zu machen; aus den Schlafenden,
Den fremden alten Männern im Hospiz,
Die wichtig in den Betten husten, aus
Schlaftrunknen Kindern an so fremder Brust,
Aus vielen Ungenaun und immer mir,
Aus nichts als mir und dem, was ich nicht kenn,
Das Ding zu machen, Herr Herr Herr, das Ding,
Das welthaft-irdisch wie ein Meteor
In seiner Schwere nur die Summe Flugs
Zusammennimmt: nichts wiegend als die Ankunft.

Die hier klar ausgesprochene, sonst vielfach unbewußte
Entsprechung und Wahlverwandtschaft zwischen dem Dichter und seinem Gegenstand, auf der das Rilkesche Dinggge-
dicht beruht, weiter zu erhellen, scheint mir eine wesentliche
noch zu lösende Aufgabe der Rilke-Forschung zu sein.

Anmerkungen
  1 Hans-Wilhelm Hagen, *Rilkes Umarbeitungen* (Leipzig, 1931), S. 87.
  2 Arthur Eloesser, *Die Deutsche Literatur vom Barock bis zur Gegenwart*,
    Bd. II (Berlin, 1931), S. 575.
  3 Fritz Klatt, *Rainer Maria Rilke* (Wien, 1948), S. 171.
  4 Helmut Wocke, *Rilke und Italien* (Gießen, 1940), S. 59.
  5 Wolfgang Schneditz, *Rilke und die bildende Kunst* (Graz, 1947), S. 78.
  6 Robert Faesi, *Rainer Maria Rilke* (Zürich, Leipzig, Wien, 1919), S. 25.
  7 Vgl. Kurt Oppert, »Das Dinggedicht. Eine Kunstform bei Moerike,
    Meyer und Rilke.« *Deutsche Vierteljahrsschrift* (1926), S. 747ff.
  8 Zitiert von Wolfgang Rohner, »Zu einem Gedicht Rainer Maria Rilkes«,
    Trivium IV, 3.
  9 Marga Bauer, *Rainer Maria Rilke und Frankreich* (Bern, 1931), S. 11.
 10 *Sämtliche Werke, Jubiläums-Ausgabe*, 36, 223.
 11 Brief vom 5. September 1902.
 12 Brief vom 17. März 1926.
 13 *Werke*, Klassiker-Ausgabe, Bd. VII (Leipzig, o. J.), S. 453.
 14 Ernst Beutler, »Briefe aus dem Brentanokreis«, *Jahrbuch des Freien
    Deutschen Hochstifts*, 1934-1935, S. 382.
 15 Brief vom 13. Mai 1904.
 16 Brief vom 15. Juni 1914.
 17 Brief vom 13. Februar 1914.
 18 Brief vom 28. Dezember 1911.

»Spätherbst in Venedig«

Der Versuch, sich einem Gedicht wie Rilkes »Spätherbst in Venedig« verstehend zu nähern, sieht sich, wie jeder Versuch einer Interpretation, zwei entgegengesetzten, doch gleichermaßen unerfüllbaren Forderungen gegenüber. Die eine verlangt, ein Gedicht müsse »ganz aus sich selbst« verstanden werden, sie betrachtet es als in sich ruhendes, nach eigenem Gesetz bestehendes Gebilde; die andere aber leugnet geradezu, daß irgendeine Dichtung oder ein Dichter aus sich selbst verstanden werden könne; sie verlangt, ein Gedicht einzureihen in die Gesamtheit, die »ideale Ordnung« der schon vorhandenen Gedichte, von denen es erhellendes Licht empfängt und deren Wesen und Bedeutsamkeit es seinerseits zu modifizieren imstande ist.[1]
Diese zweite Aufgabe ist, konsequent verfolgt, eine unendliche Aufgabe. Ist es schon schwierig, sich einen Leser vorzustellen, in dessen Gedächtnis die Gesamtheit der Weltliteratur lebendig greifbar ist, so erweist sich der verlangte Wechselbezug, die Herstellung von Beziehungen, das Aufspüren von Ähnlichkeiten und Gegensätzen, der Perspektivismus der Spiegelwirkungen als eine Aufgabe, die nicht auszuschöpfen ist. Der Leser aber, der statt dessen das Gedicht aus allen Zusammenhängen zu lösen, der es zu isolieren versucht, scheitert ebenfalls, wenn auch aus einem anderen Grunde. Weiß er für die historisierende Betrachtungsweise nicht genug, so weiß er für die werk-immanente leicht zuviel. Allzuoft wird es sich erweisen, daß die Lebensumstände eines Dichters, die in ein Gedicht eingegangen sind, in unserem Bewußtsein so mit ihm verwachsen sind, daß sie sich nicht mehr abtrennen lassen. Doch liegt die eigentliche Schwierigkeit einer werk-reinen Interpretation noch um einen Grad tiefer. Selbst wenn man alles Biographische beiseite lassen könnte, wenn wir also, Rilkes Venedig-Gedicht gegenüber, vergessen, daß Rilke in Venedig gewesen, daß er immer wieder nach Venedig zurückgekehrt ist, daß er diese Stadt geliebt hat[2], selbst wenn wir vergessen, was wir sonst von Rilke und seinem Werk kennen, was wir von Dichtung

überhaupt kennen – und es ist im Grunde nicht einzusehen, warum wir es vergessen sollten –, eins können wir unter keinen Umständen vergessen: unsere Kenntnis des L e b e n s, und das heißt, u n s e r e s Lebens.

Wir hören einen Titel: »Spätherbst in Venedig«, und sofort fängt unsere Phantasie an zu arbeiten. Im Worte »Herbst« klingen viele Herbsttage mit, die wir erlebt haben. Herbst: das mag die Zeit der reifen Früchte bedeuten oder der fallenden Blätter, das kühle, klare Licht der blauen Ferne oder rieselnden Novemberregen, eine Zeit der Fülle oder der Leere, Nachklang des Sommers oder Vorgefühl des Winters. So vermag schon das erste Wort einer Dichtung eine Unzahl von Anklängen und Assoziationen in uns hervorzurufen; Wünsche, Sehnsüchte und Erinnerungen, Bilder und Vorstellungen, die in uns bereitliegen, die der Dichter verstärkt oder abschwächt, nicht selten aus der Vergessenheit, aus dem Unbewußten heraufholt und für uns formuliert. Es ist die Gabe der Dichtung, uns artikuliert zu machen.

Man wird es wahrscheinlich sonderbar finden, daß die Betrachtung eines Gedichts mit den möglichen Vorstellungen und Assoziationen begonnen wird, die der Leser oder Hörer von sich aus mitbringt. Doch ist ein Gedicht nicht etwas, was wir einfach zur Kenntnis nehmen; es wird nicht eingeritzt in uns wie in eine weiche Wachsplatte; es ist kein Gegenstand[3]; ein Gedicht ist ein Vorgang, ein Ereignis, eine Begegnung, ein Akt. Wie sehr es das ist, zeigt fast noch deutlicher das zweite Hauptwort unseres Titels: Venedig. Venedig: – das mag dem einen gar nichts sagen, mag ein ferner, winziger Punkt auf der Landkarte sein, ein Städtename in einem fremden Land. Dem zweiten ist es vielleicht ein vager, unerfüllbarer Traum, ein flüchtig vorübergezogenes Bild, im Kino gesehen, dem dritten die Erinnerung an ein paar Ferientage in einem heißen Sommer ... Aber ist das Venedig? Oder ist Venedig nicht vielmehr eine Chiffre, die eine große Vergangenheit, eine gewaltige Geschichte, ein Ganzes bezeichnet, das sich durch viele Jahrhunderte erstreckt? Bild eines Stadt- und Staatswesens, das buchstäblich aus dem Nichts erschaffen wurde, von Flüchtlingen, die sich in den Stürmen der Völkerwanderung vor dem Einfall der Feinde auf in der Lagune verborgene

Inseln retteten, als arme Fischer und Salzsieder erst ein kärgliches Leben fristeten, dem Meere ihren Unterhalt abrangen, auf Pfählen im versinkenden Schlamm ihre Häuser aufführten, bis daraus zuletzt eine Seemacht entstand, die das ganze Mittelmeer beherrschte. Ein seltsam zweideutiges Gebilde, bodenlos, auftauchend aus dem dunklen, unergründlichen Element, von kältester Berechnung und phantastischem Ehrgeiz gelenkt, und während verschlagene Politiker, ruhmsüchtige Feldherren, geldgierige Kaufleute ihre Ziele verfolgten, sich in einen Fabeltraum der Kunst verwandelnd, Stadt der Masken, der Oper, des Spiels, der Schaulust, die Stadt, in der Tizian und Tintoretto malten und aus der Casanova hervorging, die Stadt, die Byron anlockte, in der Richard Wagner starb und die am Ende des 19. Jahrhunderts für Hofmannsthal, für Schnitzler, für Thomas Mann, für viele andere zu einem tiefen Sinnbild farbigen, lockenden, verführenden Verfalls wurde.

Solcherart mögen die Assoziationen sein, die das Wort Venedig in uns hervorruft. Rilke selbst kann als Beispiel dafür dienen, wie leicht dieses Spiel der Assoziationen in Gang kommt. Im Jahre 1907, als er mit dem Gedanken umgeht, nach Venedig zu reisen, schreibt er an seine Frau, er könne keine Zeitung, kein Buch im Vorübergehen mit dem Blicke streifen, ohne das Wort *Venedig* zu lesen. Um es genau zu sagen: er schreibt nicht *Venedig*, er benützt die französische Form, *Venise*, denn so hat er das Wort vor Augen, in Paris, wo er sich damals aufhält. Aber *Venise* ist nicht einfach das französische Wort, so wie *Venedig* das deutsche Wort für das italienische *Venezia* ist, sie klingen auch nicht nur verschieden, sondern rufen ganz verschiedene Bilder und Vorstellungen herauf. »Dieser wunderbare, verblichene Name [Venise]«, schreibt Rilke, »durch den ein Sprung zu gehen scheint und der sich nur wie durch ein Wunder noch hält – dem heutigen Dasein jenes Reiches ebenso seltsam entsprechend, wie einst Venezia dem starken Staate entsprach, seiner Aktion, seiner Pracht: den Galeeren, den Gläsern, den Spitzen und den verschwenderischen Bildern von alledem. Während ›Venedig‹ umständlich und pedantisch schien und nur gültig für die kurze unselige Zeit österreichischer Herrschaft, ein Aktenname, von Bürokraten boshaft auf unzählige Konvolute geschrieben, trist und tinten, so liest sich das: Venedig.«[4] Ein Wort des Unmuts, das letztere, dem sich noch manche ähnliche an die Seite stellen ließen, nicht einfach Worte politischer Abneigung gegen Österreich, sondern sicher zugleich Bekundungen eines tiefen Zweifels, den Rilke an seinen Ursprüngen, an Erbe, Abstammung, Kindheit, ja an seinem eigenen Wesen empfunden haben muß.

Rund einen Monat nach diesem Brief ist Rilke in Venedig – ist nicht sein erster Besuch und wird nicht sein letzter bleiben –, und ungefähr ein halbes Jahr später[5] formt sich aus seinen Eindrücken und Erlebnissen, aus seinen Gedanken und aus seinem Wissen eine Reihe von Venedig-Gedichten, zu denen auch das Sonett gehört, das im Mittelpunkt unserer Betrachtung steht:

> Nun treibt die Stadt schon nicht mehr wie ein Köder,
> der alle aufgetauchten Tage fängt,
> die gläsernen Paläste klingen spröder
> an deinen Blick. Und aus den Gärten hängt
>
> der Sommer wie ein Haufen Marionetten
> kopfüber, müde, umgebracht.
> Aber vom Grund aus alten Waldskeletten
> steigt Willen auf: als sollte über Nacht
>
> der General des Meeres die Galeeren
> verdoppeln in dem wachen Arsenal,
> um schon die nächste Morgenluft zu teeren
>
> mit einer Flotte, welche ruderschlagend
> sich drängt und jäh, mit allen Flaggen tagend,
> den großen Wind hat, strahlend und fatal.[6]

Es ist ein glücklicher Zufall, daß es einen bisher unveröffentlichten Brief Rilkes gibt[7], der sich wie ein erster Entwurf zu dem Gedicht liest und der nicht nur erkennen läßt, worum es für Rilke geht, sondern auch einen großen Teil der sprachlichen Elemente schon enthält, aus denen das Gedicht gebildet ist. Rilke hat ihn am 24. November 1907, ein paar Tage nach seiner Ankunft in Venedig, geschrieben. »Es scheint mir seltsam«, heißt es da, »daß man auf den Einfall kam, diese Stadt zu träumerischen Stimmungen auszunützen; sie war vollendet und verlassen, und so ließ sie es mit sich geschehen. Wenn man aber in diesem harten Meerwind durch ihre klingenden Gassen geht, wenn man das Wasser mit scharfen Rändern die Paläste berühren sieht, die ganz aus Willen sind, aus Widerstand, aus Erfolg, und wenn man über der Pracht des Platzes das Arsenal nicht übersieht, das Wälder in Flotten verwandelt hat und die Last der Flotten in die Flügel eines Siegs; wenn man bedenkt, daß aus dem Mangel an Blumen Spitzen entstanden sind und aus dem Fehlen von Bergwerken Dinge aus edelsteingleichem Glas, daß die ganze Welt diesen köstlichen Betrug annahm und ihr Gold hingab dafür – und daß zur Verwirklichung von alledem nicht einmal die Stelle vorhanden war, daß der Kontinent für diesen Staat erst gezimmert werden mußte: dann erschrickt man vor der Fülle von Aktion, die hier zusammengekommen ist, und man fühlt sie immer noch dasein, auffordernd und beunruhigend, immens verpflichtend ...«

Es ist gewiß aufschlußreich, daß das *Aber*, das den Angelpunkt des Gedichts bildet, sich schon in dieser Vorform findet, wo es dazu dient, einem verfälschten Bild Venedigs die Wahrheit, einem stimmungsvollen Traum die Geschichte, einem passiven Venedig ein aktives entgegenzustellen. Nicht zufällig häufen sich Wörter wie Willen, Widerstand, Erfolg, Verwirklichung, Aktion. Es ist freilich nicht Rilkes erster Brief aus Venedig; schon ein paar Tage vorher, am 19. November, noch unter dem ersten Eindruck seiner Ankunft hat er der Baronesse einen Brief geschrieben. Das Schlüsselwort dieses ersten Briefes ist das Wort »kalt«. Seit Stunden, schreibt Rilke, gehe er in der Stadt umher, erstaunter als je, sie so kalt wiederzufinden. »Viel schwerer zu bewundern ist es so«, fährt er fort, »da es sich kalt anfühlt, Venedig.« Damit ist natürlich zunächst die physische Kälte der Jahreszeit gemeint – es ist November –, aber diese jahreszeitliche Kälte hat ihre seelische Komponente. Und wenn Rilke im selben Brief von

Venedig schreibt, daß es »etwas von der Trostlosigkeit eines ungeheizten Zimmers [hatte], in dem man sich zu wärmen hoffte«, so sind wir schon nicht mehr allein im physischen Bereich. Das Wort für die s e e l i s c h e Kälte, für eine Haltung, die nicht leicht zugänglich ist (»viel schwerer zu bewundern ist es so«), die »Widerstand« leistet, die nichts »mit sich geschehen läßt«, ist »spröde«. So, »spröde«, wird Venedig tatsächlich im nächsten Brief genannt, »spröde« stehe es »wie unter einer gläsernen Glocke unter dem kalten Wind«. Aber der hier Venedig als die »rätselhafteste aller Städte« bezeichnet, ist zugleich entschlossen, dieses Rätsel zu lösen, ist überdies jemand, der diese Lösung im Grunde schon mitgebracht hat. Höchstens auf Einzelheiten trifft es zu, wenn Rilke findet, es sei vieles da, was er »zum ersten Male sehe und einsehe«; was sich für ihn als das Wesentliche erweist, hat er schon vorher gesehen und eingesehen; es sind die Eigenschaften, die sich für ihn mit dem Namen *Venezia* verbunden hatten: der »starke Staat«, »seine Aktion, seine Pracht«.

Dies Gegenbild zu einem »träumerischen« Venedig findet sich überdies bei Rilke noch ein zweites Mal, in den *Aufzeichnungen des Malte Laurids Brigge*, gegen Ende seines Buches. Der Abschnitt, der hier von Venedig handelt[8], liest sich wie eine Fortführung der angezogenen Briefstelle, die Rilke teils erweitert und teils verdichtet. Was er erweitert, ist das Bild von der Stadt, die zu »Stimmungen« ausgenützt wird; es wächst sich aus zu einer hohnvollen Beschreibung der Ferienreisenden, denen Malte auf einem Empfang begegnet. Es sind Fremde, die ankommen und abreisen und die genauso abreisen, wie sie angekommen sind, zerstreut, oberflächlich, ahnungslos, »ohne die Existenz Venedigs im geringsten zu bewältigen«. Gegen diese Fremden rebelliert Maltes Gefühl, und gegen sie stellt er das Bild des »wirklichen« Venedig. »Da stand ich nun zwischen ihnen«, erklärt er, »und freute mich, daß ich nicht reiste. In kurzem würde es kalt sein. Das weiche opiatische Venedig ihrer Vorurteile und Bedürfnisse verschwindet mit diesen somnolenten Ausländern, und eines Morgens ist das andere da, das wirkliche, wache, bis zum Zerspringen spröde, durchaus nicht erträumte: das mitten im Nichts auf versenkten Wäldern gewollte, erzwungene und

endlich so durch und durch vorhandene Venedig. Der abge-
härtete, auf das Nötigste beschränkte Körper, durch den das
nachtwache Arsenal das Blut seiner Arbeit trieb, und dieses
Körpers penetranter, sich fortwährend erweiternder Geist,
der stärker war als der Duft aromatischer Länder. Der
suggestive Staat, der das Salz und Glas seiner Armut aus-
tauschte gegen die Schätze der Völker. Das schöne Gegengewicht der Welt, das bis in seine Zierate hinein voll latenter
Energien steht, die sich immer feiner vernervten –: dieses
Venedig.«

Man wird annehmen dürfen, daß auch diese Stelle auf das
Venedig-Erlebnis des Jahres 1907 zurückgeht, obwohl sich,
solange keine kritische Ausgabe des *Malte* vorliegt, nicht mit
Sicherheit feststellen läßt, ob sie vor dem *Spätherbst in
Venedig* entstanden und ob sie demnach als Vorstufe des
Gedichts oder als dessen Prosaauflösung zu betrachten ist.
Auf jeden Fall sind die Berührungspunkte zwischen Brief,
Roman und Gedicht frappant. Dabei handelt es sich nicht
einfach um Wiederholungen. Während der Brief vor allem die
bildhaften Motive vorführt, die Rilke zur Wahl standen, ist
der Abschnitt im *Malte* mit drastischer Schärfe um einen
zentralen Kontrast angeordnet: um den Gegensatz zweier
Venedig-Bilder, die sich als Ferien-Venedig und als wirkliches Venedig oder, um ein Wort aus dem *Malte* zu gebrauchen, als »Genuß« und als »Beispiel des Willens« gegenüberstehen.[9] Natürlich liegt das thematische Schwergewicht auf
dem »Beispiel des Willens«, aber der ironisch aggressiven
Darstellung des »Genusses« gewährt Rilke dennoch mehr
Raum. Es sind Äußerungen einer rabiaten, geradezu physischen Antipathie, die er selbst zeitlebens – und nicht ganz
ohne Snobismus – allem entgegenbrachte, was irgendwie mit
Touristik und offiziellen Sehenswürdigkeiten zu tun hatte.
Dieses Venedig der Fremden und ihrer »verbotenen«
Genüsse ist im Gedicht zwar vorausgesetzt, doch kaum
beschrieben; fast nur das Wort von der Stadt als *Köder* weist
noch darauf hin. Ein abschätziges Wort, wie das Wort von
der »Fremdenfalle«, das in Thomas Manns *Tod in Venedig*
einmal vorkommt[10]; doch erscheint es nur, um sofort zu
verschwinden: *Nun treibt die Stadt schon nicht mehr wie*

ein Köder ... Genau auf diesen Augenblick des Umschlags aber kommt es dem Dichter an. Er wird im nächsten Bild noch schärfer gefaßt: *Die gläsernen Paläste klingen spröder / an deinen Blick.* Was jetzt *spröder* klingt, kann vorher nicht so spröde gewesen sein. Und auch die Qualität des *gläsern* wandelt sich. Gläsern: das kann auf Durchsichtigkeit deuten, doch auch auf Härte. Durchsichtig sind die Paläste während des Sommers gewesen, weil durch ihre vielen Fenster der Blick eindringen kann, und nicht der Blick nur; sie sind durchaus betretbar, zugänglich, gegen Eintrittsgeld natürlich, man kann in ihnen herumgehen, alles besehen, alles, was »sichtbar« ist jedenfalls, so daß man sie zu kennen glaubt. Unnötig zu sagen, daß die Paläste hier für die Stadt überhaupt stehen, die keine Tiefe für den hat, der keine in ihr sucht, die sich dem flachen Geist so flach gibt, wie er selber ist, und die demjenigen mühelos durchschaubar erscheint, der nichts von ihrem eigentlichen Wesen ahnt. Aber auf einmal ändert sich etwas: die Stadt *treibt* nicht mehr; jetzt wird sie sozusagen fest, und sie wird *spröde*. Ein merkwürdiges Wort, dieses »spröde«. Ein »sprödes« Mädchen sagt man etwa von einem Mädchen, das sich nicht leicht erschließt, nicht leicht ergibt. Und genau das ist gemeint. Denn der Köder, die Stadt, die den Fremden so verlockend, so weich, so nachgiebig, so zugänglich erschienen war, lockt nicht mehr; sie wird abweisend, zurückhaltend, undurchsichtig. Das heißt: es steckt mehr hinter ihr, als dem oberflächlichen und zudringlichen Blick sich darbietet. Und auch: ein Widerstand macht sich fühlbar. Was aber Widerstand leisten kann, was sich hier versagen und verweigern kann, das hat *Willen*. Ein erstes Zeichen jenes Willens wird sichtbar, der den zweiten Teil des Gedichts beherrscht.

Wie sagt nun Rilke das? Er sagt: *Die gläsernen Paläste k l i n g e n spröder an deinen Blick.* Wie wenn ein Gegenstand auf Glas trifft und daran abprallt, so macht dies *klingen* den Widerstand sinnlich wahrnehmbar. Und indem hier ein optischer Vorgang durch ein akustisches Phänomen ausgedrückt wird und beide noch in eine weitere Sphäre, die taktile, einbezogen werden – denn »spröde« ist ja ursprünglich Vorstellung aus dem Bereich des Tastsinnes –, indem also

Vorgänge aus den verschiedensten Sinnesbezirken ineinander übergehen, geschieht noch etwas Wichtiges: ein Gefühl des Übergangs, der Verwandlung, auf das es dem Dichter ankommt, wird uns durch diese Synästhesie suggeriert.

Etwas Ähnliches geschieht im nächsten Satz. Zwei Bilder gehen ineinander über. *Aus den Gärten hängt der Sommer* – hier ist offensichtlich zunächst an die Blumen gedacht, die welkend am Ende des Sommers Blüten, Blätter und Stengel hängen lassen. Aber dann fährt Rilke fort: *wie ein Haufen Marionetten*. Auch die Marionetten hängen – nach dem Spiel, über die Brüstung der Puppenbühne, schlaff und leblos wie die verwelkten Blumen über die Mauer eines Gartens. Gleichzeitig aber rührt das Gedicht mit dem Wort *Marionetten* an die für das Bild Venedigs von jeher so tief bezeichnende Welt des Scheins, des Spiels, des Theaters, der Kostümierung, des Maskentreibens, des Unernstes; es ist die Seite, die Venedig dem Besucher darbietet, der ihm von dieser Seite naht. Doch nun heißt es: das Spiel ist zu Ende. Die drei Adjektive, die folgen, machen dies »Ausgespieltsein« sinnlich unerhört greifbar: *kopfüber, müde, umgebracht*. Man glaubt zu sehen, wie ein Puppenspieler das spielen würde, wie die Puppe den Kopf sinken läßt, sich »müüde« noch einmal streckt und dann endgültig zusammenfällt. Man spürt es mit den Nerven, wie auf die zwei langen *ü* die kurze, harte Silbe mit dem rauhen Kehllaut folgt: *umgebracht*; es klingt fast so schrecklich wie das »krack, das Stäbchen bricht« in der Kerkerszene von Goethes *Faust*.

Etwas ist zu Ende. Dreimal, in drei beschwörenden Formeln, ist ein sich Wandelndes angesprochen worden, und indem der Prozeß der Verwandlung zu seinem Ende kommt, erscheint das Beschworene in seiner wahren Gestalt. Und so wie thematisch Genuß und Wille gegeneinanderstehen, so stehen drei kurze, unverbundene Sätze, drei vereinzelte Bilder, drei willkürlich herausgegriffene Impressionen, kurz, etwas Zerstücktes gegen etwas Ganzes. Eingeleitet durch ein kontradiktorisches *Aber* erscheint das große Gegenthema des Gedichts: *vom Grund … steigt Willen auf*. Der Grund, von dem hier die Rede ist, ist freilich nicht nur der Meeresgrund, auf dem die *alten Waldskelette*, die Schiffe nämlich, ruhen, sondern zugleich der tiefe Grund der Vergangenheit, in der dieselben Schiffe einmal das Meer beherrscht haben. Das *aufsteigen* aber wirft auch ein unerwartetes Licht auf das *auftauchen* der zweiten Zeile, dessen tieferer Sinn sich erst jetzt ganz erschließt. Denn was nun aufsteigt, war auch vorher schon aufgetaucht, nur vergeblich. Im oberflächlichen Betrieb der Saison kann sich das wahre Wesen der Vergangenheit nicht durchsetzen: der *Köder, der alle aufgetauchten Tage fängt*, eben jenes Sommer-Venedig des »Genusses«, ist alles, was aus der Tiefe der Zeiten nach oben gekommen ist, kurzerhand ab, degradiert es zur bloßen Sehenswürdigkeit, fälscht es um ins Unverbindliche und Wirkungslose und vernichtet es damit. Dem steht nun das Beispiel des *Willens* gegenüber: ein einziger Satz, der mit der Statuierung des Gegenthemas noch keineswegs zu Ende ist, sondern der, mit tiefem Recht als der gewichtigere weit mehr als die Hälfte des Gedichts umfassend, sich nach dem Doppelpunkt ausdehnt, wächst, sich streckt, steigt und in einer machtvoll zunehmenden Spannung auf das Schlußwort hindrängt. Es ist ein Satz, der einen langen Atem hat. Ein kompliziertes Gebilde greift über drei Strophen hinweg, durch seine Konjunktionen, durch Relativpronomen und Partizipialkonstruktionen so überlegt zusammengehalten, wie ein überlegter und überlegener Wille das komplizierte Staatsgebilde des alten Venedig zusammenhielt. Die Energiegeladenheit des Ganzen wird durch vielerlei Kunstgriffe zum Ausdruck gebracht, durch die kühnen Komprimierungen und Verdichtungen beispielsweise. Die Flotte *teert* die Morgenluft, sagt Rilke, wo ein konventioneller Autor sagen würde, sie erfüllt die Morgenluft mit dem Geruch des Teeres; sie *tagt* mit allen Flaggen, wo ein anderer vielleicht sagen würde, sie erfüllt den Tag, oder sie kommt herauf wie der Tag. Ähnlich die aktiven Verben und vor allem die Partizipien *schlagend, tagend, strahlend*, die anders als Adjektive oder Adverbien die Kraft des Verbums ausströmen. Das *verdoppeln*, das die ungeheure Arbeitsanstrengung ausspricht, bestimmt den Lautbestand, der demselben Gesetz der Verdoppelung untersteht, etwa: ... *der General des Meeres die Galeeren, ... in dem wachen Arsenal, ... mit allen Flaggen tagend*, wobei die schneidenden *ee* in

Galeeren und teeren wie Trompetensignale in einen großen Aufbruch hineinschmettern. Denn um einen Aufbruch handelt es sich. Erst in den beiden Schlußworten *strahlend* und *fatal* kommt die drängende Bewegung, das jähe Tempo zur Ruhe. Doch ist dies beileibe kein Abfallen oder Nachlassen, sondern jene »Ruhe der Erfüllung« tritt hier in Erscheinung, die die Krönung des Ganzen bedeutet. Das Merkwürdigste aber geschieht dem Schlußwort. So groß ist die suggestive Kraft dieses einen energiegefüllten Satzes, daß sie imstande ist, dieses Schlußwort völlig zu verwandeln. Denn das abgebrauchte Wort *fatal*, das im Deutschen seinen ursprünglichen Sinn längst verloren hat und zu einer Bezeichnung für kleine Mißhelligkeiten des Alltags herabgesunken ist, dieses Wort *fatal* erstrahlt hier plötzlich wieder im vergangenen sakralen Glanz, ist wieder ganz gefüllt von der uralten geheimnisvollen Macht des Fatums. Genau dieser Vorgang aber macht den eigentlichen Sinn des Gedichts aus. Denn was hier an einem einzelnen, freilich nicht zufällig an betonter Stelle stehenden Wort geschieht: daß hinter seiner Banalität und Verbrauchtheit seine verlorengegangene Würde wiederhergestellt wird, das geschieht ja auch der Stadt Venedig, die nun auf einmal hinter Kulissenhaftigkeit und Verfall aufs großartigste wieder in Glanz und Macht vorhanden erscheint.

Oder, genaugenommen, nicht »erscheint«, sondern »ist«. Denn dieses Venedig, das Rilke vor uns hinstellt, ist keine Erinnerung, ist nicht etwa vergangen und auch kein dichterisches Abbild des Vergangenen, sondern – und dies ist nun von Rilke durchaus ernsthaft so gemeint – dieses Venedig ist vorhanden. Das Ferien-Venedig der Reisenden aber ist zwar betretbar, besuchbar, sichtbar, es kann genossen werden, aber es »ist« nicht. Das »vorhandene« Venedig aber, das eigentliche Venedig, das Rilke meint, ist unsichtbar. Und die Aufgabe, um die es für ihn geht, ist eine Aufgabe der Verwandlung, ist die Aufgabe, das sichtbare Venedig in ein unsichtbares zu verwandeln. Dies mag befremdlich klingen, aber nur so lange, als sich unser Gefühl vom üblichen Sprachgebrauch bestimmen läßt und wir annehmen, daß etwas, was unsichtbar wird, sich uns entzieht und verschwindet. Für Rilke jedoch ist es gerade das Sichtbare, das sich uns entzieht, das immerwährend vergeht und schwindet. Wo aber wäre denn etwas, was unsichtbar ist und zugleich vorhanden? In uns, antwortet Rilke.[11] Das bedeutet zugleich, daß die Aufgabe, vor die Venedig ihn stellt, nur die besonders deutliche Form eines Auftrags ist, der uns überhaupt gestellt ist. In dem bekannten Brief an Witold von Hulewicz, in dem Rilke sich um eine Deutung der *Duineser Elegien* bemüht hat, spricht er von diesem Auftrag und erklärt, daß die Erscheinungen und Dinge des Irdischen von uns »in einem innigsten Verstande begriffen und verwandelt werden« sollen. Verwandelt aber müssen sie werden, weil es unsere Aufgabe ist, »diese vorläufige, hinfällige Erde uns so tief, so leidend und leidenschaftlich einzuprägen, daß ihr Wesen in uns ›unsichtbar‹ wieder aufersteht«. »Die Erde«, heißt es in demselben Briefe weiter, »hat keine andere Ausflucht, als unsichtbar zu werden: in uns, die wir mit einem Teil unseres Wesens am Unsichtbaren beteiligt sind ... in uns allein kann sich diese intime und dauernde Umwandlung des Sichtbaren in Unsichtbares, vom Sichtbar- und Greifbarsein nicht länger Abhängiges vollziehen, wie unser eigenes Schicksal in uns fortwährend zugleich v o r h a n d e n e r und u n s i c h t b a r wird.«[12]

Es wäre nutzlos, gegen Rilke einwenden zu wollen, daß das »Schwinden«, das wir in Inneres verwandeln, ja auch mit uns, den »Schwindendsten«, vergehen müsse. Denn der »Innenraum«, in den die Dinge hineingenommen werden, ist kein bloß personaler Innenraum, sondern jener »Weltinnenraum«, an dem der einzelne Anteil hat, das kollektiv Bewußte, wie man es in Umkehrung der bekannten Jungschen Formel nennen könnte, oder mit Rilkes eigenen Begriffen: das Bewußtsein des »Engels«.[13] Dem »Engel« die Dinge der Welt zu »zeigen«, damit sie in s e i n e m »Anschaun« »gerettet« stehen[14], ist somit der »Auftrag« des Dichters. Das ist nicht etwa eine späte Erkenntnis: wenn Rilke im Jahre 1903 an Lou Andreas-Salomé schreibt, daß das »Kunstding ... der Zeit enthoben und dem Raum gegeben ... dauernd geworden« sei und damit »fähig zur Ewigkeit«, so ist das zwar noch jedermanns Sprache, aber doch schon Rilkes besondere Einsicht. So sehr, daß Rilke schon jetzt die landläufige Auffassung des Verhältnisses von Wirklichkeit und Kunst umkehren kann: »Das Modell scheint, das Kunstding ist«, erklärt er in demselben Brief.[15] Hingegeben an diesen »demütigsten Dienst«[16], Scheinbares, das heißt der Zeitlichkeit Anheimgegebenes in Seiendes zu verwandeln, will Rilke zur Zeit der *Neuen Gedichte* nichts als die Dinge »machen«, und so »macht« er den Panther und das Karussell, die Flamingos und die Blaue Hortensie, den Archaischen Torso Apollos und die Kretische Artemis, Brügge und Venedig, die Blinden und die Irren. Denn auch die Menschen werden ihm zu »Dingen«, die gemacht und gebildet werden müssen. Er formt seinen Stoff, wie er glaubt, unpersönlich, mit der Kühle, dem Fleiß, der Werktreue, mit denen ein Goldschmied ein kostbares Schmuckstück herstellen würde. Er will die Dinge sagen, nicht sich.

»Wenn ich dazu gelangen könnte«, schreibt er einmal, »diesen Baum so auszudrücken, daß ich nur noch ihn sprechen ließe und ich selbst ganz ausgeschaltet wäre, dann hätte ich erreicht, was ich will«.[17]

Dies ist ihm nicht gelungen. Wenn es ihm gelungen wäre, hätte er damit seine Kunst abgetötet. Er hätte den Nährboden zerstört, aus dem sie gewachsen ist. Denn diese Gedichte sind ja nicht nur in Sprache verwandelte Substanz der Dinge, sondern zugleich Sinnbilder, Gleichnisse der Seele ihres Dichters.[18] Wieviel persönliche, unweigerlich subjektive Entscheidung liegt allein schon in der Wahl eines Gegenstandes. Man nehme den *Panther*. Wie kommt es denn, daß unter den hundert Möglichkeiten, die es gäbe, einen Panther, den Panther zu »machen«, es gerade ein Panther im Käfig sein muß, hinter Gittern, von der »Welt« getrennt, ruhelos um sich selbst kreisend? Wie wäre das möglich, wenn nicht hinter dem – bewußten – Willen zur Beobachtung, den Rilke selbst hervorgehoben hat, ein zweiter Wille stünde, der nach einem Gleichnis seiner Einsamkeit sucht.[19] Und so »macht« Rilke den Schwan und spricht dabei vom Sterben, er macht Brügge und gibt dabei zugleich seine Auffassung vom Wesen der Kunst, und er macht Venedig.

Und warum Venedig? Was zieht ihn an und hält ihn fest an Venedig und läßt ihn im Grunde sein ganzes Leben nicht mehr los? Rilke selbst hat diese Stadt und sein Verhältnis zu ihr immer als etwas Einzigartiges empfunden. Vier Jahre nach dem *Spätherbst in Venedig* sitzt er in der Bibliothek des Schlosses Duino und vergräbt sich in die venezianische Geschichte des 14. Jahrhunderts.[20] Er möchte »es gern dahin bringen, von diesem einzigen Staat wirklich einiges zu wissen«[21]; ein innerer Bezug ist da, der so stark ist, daß er glaubt, diesen Staat von Grund auf verstehen zu können[22], und dieser Bezug hilft ihm zu einem Bild, das für ihn selbst und die Richtung seines Wesens tief bezeichnend ist. Er vergleicht Venedig mit einem Sternbild. »Die Kurve seines Daseins«, sagt er von Venedig, »ist reiner als das Liniennetz anderer Gemeinwesen – ein Zusammenhang, der im Irdischen etwa das bildet, was am Himmel ein Sternbild wäre.« Es sind die alten mythischen Eigenschaften der Sternbilder, die hier heraufbeschworen werden: erhöhtes Dasein, Dauer, Ordnung, Gesetzhaftigkeit, ein Leitendes, das dem Suchenden hilft, seinen Weg zu finden. So , leitbildhaft, sieht ja auch Malte die Stadt, Malte, der es sofort begreift, daß in diesem Venedig »ein Beispiel des Willens« aufgeschlagen war. Und dies sollte sein Dichter nicht gewußt haben? Für wen aber ein Beispiel, wird man fragen. Für den Betrachter? Und nicht am Ende auch für Rilke, oder vielleicht für Rilke ganz besonders?

Denn was war das Besondere an dieser Stadt? Es war, mit einem Rilkeschen Kernwort, die »Leistung«, und zwar die Leistung gegen alle Erwartung, gegen alle Voraussetzung, die Leistung aus dem puren Nichts.[23] Wenn irgend etwas Zeugnis davon ablegen kann, daß die Materie so gut wie nichts und die Energie so gut wie alles bedeutet, dann ist es der fabelhafte Aufstieg dieser Stadt. Denn daß hier an dieser Stelle, ohne Hilfen irgendwelcher Art, ohne Hinterland, ohne Land überhaupt, und das heißt ohne Bodenschätze und ohne Bodenerzeugnisse, daß aus einem Versteck gejagter Flüchtlinge, aus armseligen Fischerhütten eine große Stadt, ein Reich, eine Seemacht, ein Schatzhaus großer Kunst entstehen konnte, das ist in der Tat ein Wunder. Es ist das Wunder des Umschlags, von dem Rilke, wie so oft, auch im Bilde Venedigs angerührt wird. »Genau das, was seine Noth war, wird immer mehr seine Herrlichkeit«[24], erklärt er voll tiefer Bewunderung für die großartige kompensatorische Leistung, die hier den widrigsten Umständen abgezwungen ist. »Wie soll mich dies nicht immer wieder ergreifen«, fährt er nachdenklich fort. Es muß ihn ergreifen, weil es ihn so nahe angeht. Denn steht es mit ihm selbst nicht ebenso? Selten ist eine große dichterische Leistung so ungünstigen Voraussetzungen entsprungen. Nicht nur an die gefährdete und fragile Konstitution des Dichters ist dabei zu denken, nicht nur an die gestörte Atmosphäre des Elternhauses, an die verfehlte Erziehung, die »versäumte« Kindheit – all dies ist noch nicht das Erstaunlichste. Was einem immer wieder beim Lesen der frühen dichterischen Arbeiten Rilkes auffällt, ist die völlige Nichtigkeit dieser Erzeugnisse. Wenn man nicht wüßte, daß diese Reimereien von Rilke stammen, würde man es für ganz undenkbar halten, daß aus solch durch und durch konventionellen Anfängen einer der größten deutschen Lyriker hervorgehen sollte. Dabei ist es nicht einmal der evidente Mangel an Originalität und Ausdruckskraft, was an diesen Arbeiten so bestürzt, sondern fast mehr noch das Fehlen jeder menschlichen Substanz. Dies ist nicht gesagt, um Rilke zu verkleinern; im Gegenteil, nur mit äußerster Bewunderung läßt sich die Entwicklung verfolgen, in der aus einem begabten Literaten ein großer Dichter wurde. Er wurde es durch Zähigkeit, Beharrlichkeit, Fleiß, Geduld, Anspannung, durch die Entschlossenheit, zu lernen und zu arbeiten und durch eine beispiellose Fähigkeit der künstlerischen, sprachlichen Organisation und Konzentration.

Daß Rilke gleichzeitig wußte, was ihm fehlte, daß er die Schwächen seiner Anlage sehr genau kannte, erhärtet derselbe Brief an Sidie Nádherný. Und so, wie die Richtung seines Strebens sich im Bilde einer Stadt verdichtet hat, wird auch das, was er an sich ablehnt, mit dem Namen einer Stadt benannt. Es ist Prag, die Stadt seiner Kindheit, von der die ersten sechs Seiten dieses Briefes handeln. Nicht eigentlich als unglücklich, wie sonst so oft, bezeichnet Rilke seine Jugend hier, sondern, und dies ist im Grunde schlimmer, als nichtig. »Ich wuchs [in Prag] völlig im Nirgends, auf das Nichts zu«, lautet das verdammende Urteil über diese Jahre. Dann aber, indem er fortfährt, daß »ohne Gewalt und namenlose Anstrengung ... von da überhaupt nicht ins Leben zu kommen« war, erscheint auch sofort die harte Gesetzlichkeit, die Verpflichtung zur unablässigen Willensanspannung, der er sein Leben unterstellt hat. Als wie problematisch er das zugleich empfindet, zeigt freilich gleich der nächste Satz. »So hab ich Kraft angewendet«, heißt es da, »wo andere einfach der Natur nachgeben, und immer mehr Kraft, als ich hatte ...« Rilke hat selten die subjektive Wahrheit seiner Existenz deutlicher ausgesprochen. Daß er sich überfordert fühlte, daß er fast immer an dem Punkt war, wo ihm die Aufgabe, die er sich gestellt hatte, über die Kraft zu gehen drohte, ist zweifellos. Seiner »Natur nachzugeben« aber hätte für ihn bedeutet, das Schicksal Maltes zu erleiden. Denn der *Malte* ist das Gestalt gewordene Sinnbild jener anderen Gefahr, von der Rilke sich zeitlebens bedroht sah; er durchleuchtet die »Trübe und Dichte« der »Unterwasserwelt«[25], aus der Rilke die kostbaren Gebilde seiner Gedichte heraufholte und in der er selbst immer wieder zu versinken fürchtete.

Auch hierfür bot sich Venedig als tiefsinniges Gleichnis dar. Nie läßt es sich vergessen, und die Darstellungen dieser Stadt in Kunst und Dichtung übersehen es selten, daß dieses Fabelgebilde, diese Ausgeburt der Schönheit sich aus der dunklen Flut des Meeres erhebt, daß sie dem tiefen, undurchsichtigen, zweideutigen Element entstammt, gleichsam über dem Bodenlosen schwebend, und daß dem Wasser von alters her die Drohung des Gefährlichen, ja selbst des Tödlichen beigegeben ist. Daß aber diese Stadt im unsicheren Grund nicht versank, sondern emporstieg, daß sie, was die Natur ihr versagte, durch Leistung einholte und übertraf, bedeutete für Rilke die vorausgefühlte Bestätigung seiner eigenen Existenz. In dieser Entsprechung zweier »erzwungener« Leistungen erblicken wir den geheimen Gefühlsbezug, die innere Neigung, die den Dichter mit seinem Gegenstand verbindet. So gesehen, wird die Stadt zum Gleichnis, wird die historische Schöpfung zum Vorbild, Abbild, Sinnbild dichterischer Schöpfung, eins sich im anderen spiegelnd.

1 Vgl. T. S. Eliot, *Tradition and the Individual Talent,* Selected Essays, New York 1932.

2 »... wenn ich's überlege, doch wohl die einzigste [Erscheinung], die alle meine Reisen mir gezeigt haben«. Brief an Julie Freifrau von Nordeck zu Rabenau, am Dienstag nach Ostern 1912.

3 Über die Schwierigkeiten, den wahren »Ort« des Gedichts zu finden, der ja keinesfalls im Buch ist, vgl. die grundlegenden Ausführungen von René Wellek und Austin Warren, *Theory of Literature,* New York 1942, S. 139 ff. Jetzt auch auf deutsch erschienen.

4 Brief vom 11. Oktober 1907.

5 Im Frühsommer 1908 in Paris, nach dem Vermerk Ernst Zinns in der von ihm besorgten Ausgabe, *Sämtliche Werke* 1, Wiesbaden 1955, S. 868.

6 SW 1, 609f.

7 An Sidonie Nádherný, Freiin von Borutin.

8 *Gesammelte Werke,* Leipzig 1927, v, 282-284.

9 S. 284.

10 »... diese Stadt, halb Märchen, halb Fremdenfalle ...« *Novellen* 11, Berlin 1925, 11.-15. Aufl., S. 423.

11 Vgl. hierzu Herman Meyer, »Die Verwandlung des Sichtbaren. Die Bedeutung der modernen bildenden Kunst für Rilkes späte Dichtung«, *Deutsche Vierteljahrsschrift* xxxi (1957), S. 465-505.

12 Brief vom 13. November 1925; *Briefe aus Muzot,* Leipzig 1935, S. 336.

13 Das soll nicht etwa heißen, daß »Engel« und totales Bewußtsein zusammenfallen.

14 Vgl. die Siebente Duineser Elegie, SW 1, 712.

15 Brief vom 8. August 1903.

16 Ebd.

17 Zitiert von Wolfgang Rohner, *Zu einem Gedicht R. M. Rilkes,* [Der Panther], Trivium IV (1946), S. 170.

18 Zur »Subjektivität« der *Neuen Gedichte* vgl. meinen Aufsatz »Ding und Ich in Rilkes Neuen Gedichten«, *Modern Language Notes* LXVII (1952), S. 217-224.

19 S. a. Ernst Zinn, *Rilke und die Antike,* Antike und Abendland III (1948), S. 234.

20 Brief an Lou Andreas-Salomé vom 1. März 1912.

21 Brief an Sidonie Nádherný vom 8. März 1912.

22 »... es ist dasjenige Reich, dessen Verlauf ich, glaub ich, ganz einsehen könnte ....« Ebd.

23 Bezeichnenderweise war es das Wort »leisten«, an dem Karl Kraus erkannte, daß ein im Insel-Almanach anonym veröffentlichtes Gedicht [Winterliche Stanzen] von Rilke stammte. Vgl. Rilkes Brief an Katharina Kippenberg vom 19. Dezember 1916.

24 Brief an Sidonie Nádherný vom 8. März 1912.

25 Brief an Lou Andreas-Salomé vom 8. Juni 1914.

Jesus, der Gottesleugner: Rilkes »Der Ölbaum-Garten« und Jean Pauls »Rede des toten Christus«

I

Die Anregung zu den folgenden Überlegungen ergab sich aus einer Unterhaltung unter Freunden, bei der man unter anderem auch auf Rilke zu sprechen kam. Es verblüffte mich, als jemand die, wie mir schien, etwas abschätzige Bemerkung machte, er habe den Eindruck, nicht nur Kants Diener Lampe habe einen Gott gebraucht, sondern auch Rilke. Die Bemerkung bezog sich auf Rilkes Gedicht »Der Ölbaum-Garten«, das einer der Anwesenden sehr bewunderte; niemand verstand so recht die Beziehung auf Kants Diener. Man erinnere sich doch sicher an die berühmte Stelle im Heine, meinte der Freund, wo von der ungeheuren Wirkung von Kants *Kritik der reinen Vernunft* die Rede ist und wo Heine dies Buch als das »Schwert« bezeichnet, mit dem der Gott des Deismus »hingerichtet« worden sei. Dann allerdings, nach dieser Bluttat, habe Kant sich an seinen alten Diener erinnert, der ohne einen Gott nicht leben konnte, und so habe er erbarmungsvoll mit einem zweiten Buch, der *Praktischen Vernunft*, den Leichnam Gottes wieder zum Leben erweckt. Ähnlich werde in Rilkes Gedicht die im ersten Teil ausgesprochene Leugnung Gottes im zweiten Teil des Gedichts wieder aufgehoben. Freilich nicht vom Gottesleugner selbst.

Die Bemerkung hatte mich deshalb verblüfft, weil ich das Gedicht nicht als ein Bekenntnis zu Gott in der Erinnerung hatte; es war mir vielmehr durch die herausfordernde, ja blasphemische Schärfe im Gedächtnis geblieben, mit der ausgesprochen war, daß es keinen Gott gebe. Nicht in der Leugnung Gottes an sich schien mir die Provokation zu liegen, sondern in der Kühnheit, mit der die Erklärung, daß es keinen Gott gibt, Christus, dem Sohne Gottes, selber in den Mund gelegt wird. In diesem großartigen Motiv erblickte ich das Besondere und Einmalige des Gedichts, seinen zeugenden Kern. Ganz so einmalig sei die Idee nicht, bemerkte der Freund; Rilke werde sie wohl von Jean Paul übernommen haben; seiner Meinung nach sei Jean Pauls *Rede des toten Christus vom Weltgebäude herab, daß kein Gott sei*, die »Quelle« von Rilkes Gedicht. Er sprach das Wort »Quelle« ironisch aus. Ob denn Rilke überhaupt Jean Paul gekannt habe, fragte jemand. Niemand wußte darüber Bescheid. Es sei auch gleichgültig, meinte ein anderer, die Zeit der Einfluß-jägerei sei zum Glück vorbei. So gleichgültig könne er es nicht finden, meinte der Freund. Die Erkenntnis, daß es keinen Gott gebe, gerade dem Sohne Gottes in den Mund zu legen, und damit die Verneinung des Mythos mitten im Mythos selber sich vollziehen zu lassen, sei ein so ungeheuerlicher und zugleich auch grandioser Einfall, daß man ihn eigentlich nur einmal haben könne. Denn es sei dies ja kein Faktum, kein »Stoff«, wie die Ermordung Caesars, die jeder nach Belieben bearbeiten könne, sondern schon als Einfall eine große *dichterische* Leistung, und also sei die Präzedenz hier entscheidend. Auch sei die Erfindung, daß gerade *Christus* die Nichtexistenz Gottes entdecke, viel unwahrscheinlicher und auch sehr viel schwieriger zu machen als zu beweisen, daß der Inhalt eines über der Hypotenuse eines Dreiecks errichteten Quadrats gleich der Summe der über den Kathe-ten errichteten Quadrate sei. Letzteres sei deshalb leichter, weil es auf die Länge gar nicht hätte verfehlt werden können; der Lehrsatz war unvermeidbar. Hätte Pythagoras ihn nicht gefunden, so hätte ihn eben ein anderer gefunden. Hingegen hätte die *Rede des toten Christus, daß kein Gott sei*, ganz leicht verfehlt werden können; ja, Jean Paul selbst hätte sie um ein Haar verfehlt, und die Wahrscheinlichkeit, daß eine so tief überzeugende und innerhalb der christlichen Tradition zugleich auch ganz fernliegende, ja absurde Erfindung zwei-mal spontan gemacht worden sei, sei mathematisch so gering, daß er selbst nicht daran zweifle, daß Rilke das tragende Motiv seines Gedichts von Jean Paul übernommen habe.

2

Das Gespräch beschäftigte mich die nächsten Tage weiter,

und es schien mir schließlich der Mühe wert, nachzuforschen, ob es irgendwelche Äußerungen Rilkes gibt, aus denen hervorgeht, daß er die *Rede des toten Christus* oder überhaupt irgend etwas von Jean Paul gekannt hat. Mit der Ausnahme von ein paar Bemerkungen Katharina Kippenbergs, Jean Paul betreffend, auf die Rilke jedoch nicht einging, fand sich nichts.[1] Selbst wenn sie positivere Schlüsse zuließen, käme ihnen freilich keine Beweiskraft zu, da sie ins Jahr 1913 fallen, also erst lange nach dem 1907 niedergeschriebenen »Ölbaum-Garten« entstanden sind.

Bloße Möglichkeiten oder selbst Wahrscheinlichkeiten erwägend, wird man sich Rilke nicht leicht als geduldigen Leser des *Siebenkäs* vorstellen können. Man darf dabei jedoch nicht außer acht lassen, daß die *Rede des toten Christus* auch losgelöst vom Roman, zu dem sie gehört, immer wieder einmal, auch in Anthologien, erschienen ist. Unwahrscheinlich hingegen ist, daß Rilke, falls er irgendwo durch Zufall auf die Rede gestoßen ist, nicht durch ihre Wucht und die ihm in mancher Hinsicht nahestehende Thematik getroffen worden wäre. Es gibt nun aber noch einen zweiten Weg, auf dem Rilke auf Jean Pauls *Rede* aufmerksam geworden sein kann, und dies ist der Weg über die französische Literatur. Bekanntlich hat die *Rede des toten Christus*, und zwar gerade in ihrer vom *Siebenkäs* abgelösten Form, in der französischen Literatur viel nachhaltigere Spuren hinterlassen als in der deutschen. Solange man auf Vermutungen angewiesen ist, mag es dann auch wahrscheinlicher erscheinen, daß Rilke Alfred de Vignys »Le Mont des Oliviers« oder Gérard de Nervals »Le Christ aux Oliviers« gekannt hat, die beide ohne Jean Paul nicht entstanden wären, als daß er den *Siebenkäs* gelesen hat. Aber bloße Vermutungen sind auch dies. Ganz unabhängig von allen Vermutungen aber bleibt der objektive *thematische* Bezug zwischen einer großen Schöpfung Jean Pauls und einem Gedicht Rilkes, und diese Linie, die vom einen zum anderen, keineswegs geradlinig, verläuft, einen Augenblick zu verfolgen, mag manches an den Veränderungen, die zwischen 1800 und 1900 im europäischen Bewußtsein vor sich gegangen sind, erhellen.

3

Es ist bekannt, wie sehr Jean Paul zeitlebens von der Vorstellung seines Todes bedrängt war und wie sehr diese Vorstellung sein ganzes Werk durchzieht.[2] Von der »unvergeßlichen Novemberstunde« des Jahres 1790 an[3], in der ihn zum erstenmal der Gedanke seines vorbestimmten Endes in seiner ganzen Furchtbarkeit überfiel, hat ihn das Trauma dieses Erlebnisses nicht mehr losgelassen. »Es klingelt schon mit der Totenglocke, wenn einer von uns gemacht wird«, heißt es im *Siebenkäs*.[4] Leicht erscheint dann dem also paralysierten Blick *alles* als Zeichen des Todes: die Erde wird »ein langes Totenhaus«[5], das All zur »weiten Leichengruft«[6], und »alle Planeten ziehen nur als Leichenwagen der Völker um die Sonne«.[7] Gerade die Unerträglichkeit dieser Vorstellungen zwingt dann freilich Jean Paul, wie vor ihm schon Klopstock, sich immer wieder in die Verheißung einer persönlichen Unsterblichkeit zu retten. Denn eine Idee, die im Bewußtsein der Epoche fragwürdig geworden ist, wird nicht einfach aufgegeben, sondern häufig gerade mit besonderer Vehemenz verteidigt. Schon Edward Young hatte in seinen »Night-Thoughts« (1742), die Klopstocks Freund Ebert übersetzte und kommentierte, erklärt, daß alle religiösen Fragen der Gegenwart sich auf die *eine* reduzieren ließen: Ist der Mensch unsterblich oder nicht?[8] Es war dies in der Tat um die Mitte des 18. Jahrhunderts eine der in Deutschland am häufigsten diskutierten philosophisch-religiösen Fragen.[9] Für Jean Paul gehören die Ideen von Gott, Tod und Unsterblichkeit zusammen. Zwar hat er einmal erklärt, daß der Glaube an Unsterblichkeit sich mit dem Atheismus vereinigen lasse[10]; tatsächlich ist es jedoch der Glaube an *Gott*, mit dem er die Unsterblichkeit verknüpft. Stürzt der Gottesglaube, so stürzt das übrige nach. »Das ganze geistige Universum wird durch die Hand des Atheismus zersprengt und zerschlagen in zahlenlose quecksilberne Punkte von Ichs, welche blinken, rinnen, irren, zusammen- und auseinanderfließen, ohne Einheit und Bestand.«[11] Es ist das Weltbild des emanzipierten aufklärerischen Intellekts, das damit gemeint ist. Mit der *Rede des toten Christus* gegen den Materialismus und Atheismus der Zeit

Front zu machen, mag also sehr wohl die Absicht Jean Pauls gewesen sein.[12] In einer Anmerkung zur Christus-Rede hat er selbst betont, daß er den Aufsatz sich zur »Erschütterung« geschrieben habe und in der Hoffnung, sich zu heilen, wenn einmal sein Herz »so unglücklich und ausgestorben wäre, daß in ihm alle Gefühle, die das Dasein Gottes bejahen, zerstöret wären«.[13] Viel eher als daß Jean Paul schrieb, um sich zu erschüttern, muß man freilich annehmen, daß er schrieb, weil er erschüttert *war*. Nicht zuletzt gilt dies von der *Rede des toten Christus*, deren erste Idee, die mit Christus noch nichts zu tun hatte, ihm, wie er später sagte, »mit Grausen vor der Seele vorbeifuhr«.[14] Das war zunächst, wie eine am 3. August 1789 aufgezeichnete Notiz erkennen läßt, nicht viel mehr als eine Reminiszenz an eine Gespenstergeschichte, eine Lokalsage von Toten, die sich nachts in der Kirche versammeln, um die Messe zu hören.[15] Eine nachträglich angefügte Überschrift zeigt die Richtung, in der Jean Paul den Ansatz entwickelte: *Schilderung des Atheismus. Er predigt, es ist kein Gott.* Der zuerst so predigt, ist ein Geist; später wird daraus *Des todten Shakespeare Klage unter todten Zuhörern in der Kirche, daß kein Gott sei.*[16]

Vielerlei gewann Jean Paul durch diese Änderung. Indem statt eines namenlosen Gespensts ein »säkularischer Mensch wie Shakespeare«[17] verkündete, daß kein Gott sei, konnte die furchtbare Botschaft nur an Autorität gewinnen. Vielleicht spielte auch der Gedanke mit, daß es ein großer Dichter sein mußte, dessen Traumphantasie eine solche Vision aus sich erzeugen konnte, und wer sonst unter den Dichtern, wenn nicht Shakespeare, wäre imstande gewesen, so den Blick, ohne ihn abzuwenden, auf die »leere schwarze unermeßliche Augenhöhle« zu richten, aus der ihn das »göttliche Auge der Natur«[18] anstarrte. Von Christus ist erst ganz am Ende die Rede, im letzten Satz, den Shakespeare spricht und in dem er die toten Zuhörer auf ein Aschenhäufchen auf dem Altar aufmerksam macht. Es sind die Überreste des »verfaulten Jesus Christus«.[19] Der Einfall, Christus als Aschenhäufchen auf den Altar zu setzen, der seiner Verehrung bestimmt ist, zieht die Konsequenz aus der Erkenntnis, daß hier kein lebendiger, sondern ein toter Gott angebetet worden ist.

Vielleicht war es ein Glück, daß Herder, an den Jean Paul den Aufsatz in der Hoffnung schickte, er würde ihn zum Druck bringen, von ihm überhaupt keine Notiz nahm. So blieb der Aufsatz jahrelang liegen. 1795 aber, als Jean Paul ihn wieder vornahm, fand er dann die große Steigerung, die dem Aufsatz seine eigentliche Signatur gegeben und ihn berühmt gemacht hat: die Leugnung Gottes durch Christus selber. Die zweite entscheidende Änderung lag in der Ausweitung des Schauplatzes ins Kosmische, von einer Versammlung der Toten in der Kirche zu einem jüngsten Tage ohne Auferstehung und zum Untergange des ganzen Universums: »Die zitternden Tempelmauern rückten auseinander – und der Tempel und die Kinder sanken unter – und die ganze Erde und die Sonne sanken nach – und das ganze Weltgebäude sank mit seiner Unermeßlichkeit vor uns vorbei – und oben am Gipfel der unermeßlichen Natur stand Christus und schauete in das mit tausend Sonnen durchbrochne Weltgebäude herab, gleichsam in das in die ewige Nacht gewühlte Bergwerk, in dem die Sonnen wie Grubenlichter und die Milchstraßen wie Silberadern gingen.«[20] In farbigen, ungeheuren Bildern malt eine apokalyptische Phantasie die Vernichtung der Welt. Endstadium eines konsequenten Nihilismus, den Mephisto im *Faust* kalt, kurz und sachlich formuliert: »Und auf Vernichtung läuft's hinaus.«[21]

Verfolgt man die Stadien, die die Idee vom Nichtsein Gottes unter Jean Pauls Händen durchläuft, so gewinnt man den Eindruck, eine schöpferisch-besessene Phantasie sei am Werk, einen sie mit Zerstörung bedrohenden Gedanken bis ins Äußerste, ins Unerträgliche vorzutreiben. Gerade die Unerträglichkeit der Vorstellung aber erzwingt dann den Umschlag: die beklemmende Vision wird zum Traum erklärt; eine aus Traumangst befreite Seele weint vor Freude, daß sie Gott wieder anbeten kann, und eine dem Untergang entrissene ländlich-idyllische Welt erfreut sich friedlich ihres Daseins.

Bekanntlich hat Jean Paul die *Rede des toten Christus* dem im Jahre 1796 erschienenen *Siebenkäs* eingefügt. So wird es gewöhnlich ausgedrückt, und für die späteren Ausgaben, in denen die Rede zwischen dem achten und dem neunten

Kapitel steht, trifft dies ja auch durchaus zu. In der Erstausgabe jedoch ist die Rede nirgends eingeschoben, sondern dem Roman vorangestellt. Was immer Jean Paul bewogen haben mag, sie 1817 in der zweiten, wesentlich erweiterten Auflage von dort zu entfernen, in der ersten Auflage stand sie mit tiefem Recht am Anfang. Von dort aus beherrscht sie den Roman und sein thematisches Gefüge. Es ist nicht möglich, hier das kontrapunktische Gegeneinander von Tod und Auferstehung zu verfolgen, das den Roman strukturell bestimmt. Was Siebenkäs skurrilerweise schon in diesem Leben »erleben« darf, den Tod und auch die Auferstehung, das hängt gedanklich auch in Jean Pauls Leben aufs engste zusammen. Und so findet auch jener »wichtigste Abend« seines Lebens, an dem er den Gedanken des Todes, der ihn nie mehr verließ, in seiner unvergeßlichen Furchtbarkeit empfand, schon am nächsten Tage sein Nachspiel. »Ich richtete mich wieder auf«, schreibt er am 16. November 1790, »daß der Tod das Geschenk einer neuen Welt sei und die unwahrscheinliche Vernichtung ein Schlaf.«[22] »Unwahrscheinlich« nennt er die Vernichtung, denn, so hat Kommerell schon von dem jungen Jean Paul gesagt, »er wird immer ein solcher bleiben, der die Unerträglichkeit eines Gedankens unter die Beweismittel gegen ihn rechnet«.[23] Dieser Zwang, sich (und anderen) eine Fortdauer nach dem Tode, das »Geschenk einer neuen Welt« zu beweisen, hat ihm ganze Werke abgenötigt wie das *Kampaner Tal* oder die *Selina*. Immer wieder wagt sich Jean Paul an den Rand des Abgrunds vor, versucherisch angezogen, doch immer läßt er dem Schauder die Tröstung folgen. Zu dieser Polarität gehört es, daß er seinen größten Schauder, die Vision vom Tode Gottes, als Traum maskiert, und daß es ein Erwachen gibt, das aus dem Traum befreit.

4

Walther Rehm hat in seiner eindringlichen und groß angelegten Darstellung der *Rede des toten Christus* den »wichtigen Wendepunkt« markiert, an dem Jean Paul steht: »Was bei ihm gerade noch im Traum gewagt, aber auch gebannt und überwunden werden kann, wird dann im vorschreitenden 19. Jahrhundert Wirklichkeit.«²⁴ Doch war Jean Paul kaum daran beteiligt, diese Wirklichkeit herbeizuführen. Jedenfalls nicht in Deutschland. Die Dichter und Schriftsteller, die im 19. Jahrhundert den »Tod Gottes« feststellten oder verkündeten, unter ihnen Heine, Büchner, Grabbe, Feuerbach, Marx und vor allem Nietzsche, gingen nicht von Jean Paul aus. Anders war die Wirkung der Christus-Rede in Frankreich. Daran waren ein glücklicher Zufall und ein Mißverständnis schuld. Der glückliche Zufall lag darin, daß Madame de Staël die *Rede des toten Christus* in ihr Deutschlandbuch aufnahm, und daß die *Rede* damit an dem beispiellosen Erfolg des Buches teilhatte und vielen Franzosen bekannt wurde, die sonst vielleicht nie etwas von Jean Paul erfahren hätten. Das Mißverständnis ergab sich aus der gekürzten Fassung, in der die *Rede* erschien. Das entscheidende Element dieser Kürzung war die Streichung des Schlusses. Statt mit dem Aufwachen aus dem Traum, das die ins Chaos verfremdete Welt ins Vertraute zurückführt, endete die Dichtung jetzt mit dem Sturz in den Abgrund: »Le temple et les enfants s'abîmèrent et tout l'édifice du monde s'écroula devant moi dans son immensité.«²⁵ In dieser radikal verkürzten Fassung aber bewirkte die *Rede* für den mit dem Original nicht vertrauten Leser genau das Gegenteil von dem, was Jean Paul mit ihr intendiert hatte. Nicht die heilsame Erschütterung, nicht die Stärkung des angekränkelten Glaubens an das Dasein Gottes, die Jean Paul sich, laut seines Vorberichts, von ihr versprochen hatte, konnte so von ihr ausgehen; sie mußte eher als ein Bekenntnis zum Atheismus erscheinen. Gerade darin aber lag die immense Wirkung, die sie, nicht zuletzt auf die Generation der Romantiker, ausübte.

De l'Allemagne erschien 1814, nachdem Napoleon 1810 die erste Auflage beschlagnahmt hatte, und hat für ein halbes Jahrhundert das Deutschlandbild der Franzosen bestimmt und mit ihm auch das Bild Jean Pauls.²⁶ Wenn eben von einem Zufall die Rede war, dem die *Rede des toten Christus* ihre Wirkung in Frankreich verdankte, so lag der Zufall nicht sosehr darin, daß Madame de Staël die *Rede* in ihr Buch aufnahm, sondern darin, daß sie ihr überhaupt zur Kenntnis kam.

Goethe hat in den *Tag- und Jahresheften* von 1804 das Temperament der Frau von Staël und ihre Methode, sich mit deutschen Zuständen vertraut zu machen, in einer unnachahmlichen Mischung von Bewunderung und Aversion beschrieben. Zu ihrer Arbeitsweise gehörte auch, daß sie weithin auf Berater angewiesen war. Wie dies mitunter vor sich ging, beschreibt ein undatierter Brief der Weimarer Hofdame Luise von Göchhausen an Karl August Böttiger, in dem sie einen Auftrag des Herzogs Karl August weitergibt: »Sie und meine Wenigkeit sollen aus Jan [sic!] Pauls Schriften einige Stellen aussuchen, die man, mit lateinischen lettres, abgeschrieben der Fr. v. Staël vorlegen kann; weil sie etwas von ihm wissen will.«[27] Die erste Kenntnis von Jean Paul verdankte Madame de Staël jedoch dem französischen Emigranten Charles de Villers, einem Jean Paul-Enthusiasten und tätigen Vermittler zwischen deutscher und französischer Literatur, der auch mit Jean Paul persönlich bekannt war. Villers war es auch, der ihr bei einem Zusammentreffen in Metz, im Herbst 1803, die erste Schrift von Jean Paul in die Hand gab: die *Briefe und bevorstehender Lebenslauf*. Frau von Staël las das Buch auf der Reise und berichtete aus Frankfurt von ihrem etwas zwiespältigen Eindruck; sie stieß sich daran, daß auf einige erhabene Zeilen immer wieder Einzelheiten folgten, die der »Ästhetik zuwiderlaufen« (»détails ... les plus contraires à l'esthétique«).[28] Charles de Villers machte Madame de Staël auch mit der *Rede des toten Christus* bekannt. Er erwähnt sie in einem Brief an Jean Paul vom 28. Januar 1809; damals hatte er, wie aus dem Brief hervorgeht, allerdings erst die Hälfte übersetzt.[29] Ungeklärt ist bis heute, ob Villers die Übersetzung fertiggestellt, ob Madame de Staël das deutsche Original gekannt, ob sie die Rede selbst übersetzt oder ob sie die Übersetzung von Villers benützt hat, und schließlich, ob die Kürzung auf die Hälfte mit Absicht oder versehentlich geschehen ist.[30] Sicher ist, daß Villers in einem späteren Brief an Jean Paul, vom 2. Januar 1813, erklärt hat, daß die eingestampfte Erstausgabe von *De l'Allemagne* »mehrere Stücke« von Jean Paul enthalten habe, darunter die *Rede des toten Christus*, die er Madame de Staël mitgeteilt habe.[30a] Dies stimmt zu einer von Louis Wittmer mitgeteilten Aufzeichnung von Villers, *De l'Allemagne* betreffend: »Trois épisodes de Jean Paul, le dernier, du Christ mort, de ma traduction un peu retouchée.«[31]

Man würde gern wissen, was Villers unter »ein wenig retouchiert« versteht. Angenommen, daß der Ausdruck sich auf den von Madame de Staël veröffentlichten Text bezieht, schließt er größere Kürzungen ein? Daß Madame de Staël retouchiert hat, ihren eigenen oder Villers' Text, geht im übrigen auch aus den bei Pange-Balayé angegebenen Varianten hervor. Wichtiger aber als die Frage nach der Verfasserschaft der Übersetzung ist die Frage nach ihrer Zuverlässigkeit und nach ihrer sprachlichen Qualität. Baldensperger hält die Übersetzung für »eine der gelungensten des Bandes, trotz ziemlich großer Freiheiten« («l'une des mieux réussies du volume, en dépit d'assez grandes libertés«)[32], Minder für »ziemlich wortgetreu«[33], während Pichois sie »ungenau« (»infidèle«) findet und, einige Stellen einer eingehenden Prüfung unterziehend, ziemlich streng mit ihr ins Gericht geht. Dies bringt ihn dazu, den Text Madame de Staëls überhaupt nicht als Übersetzung, sondern als Bearbeitung zu bezeichnen.[34]

Schwerwiegende Einwände gegen die Übersetzung seiner *Rede* hat jedoch schon Jean Paul vorgebracht, in einer ausführlichen und an sich im ganzen sehr anerkennenden Rezension von Madame de Staëls Buch, die er 1814 in den *Heidelberger Jahrbüchern* veröffentlichte.[35] Er läßt darin, um zu illustrieren, wogegen sich seine Kritik richtete, auf drei Sätze seines Textes drei der Übersetzung folgen. Sie sind im folgenden einander gegenübergestellt, und die Gegenüberstellung verdeutlicht in der Tat sehr genau, worin die Schwächen der Übersetzung beruhen:

JEAN PAUL:	MADAME DE STAËL:
Ich ging durch die Welten,	J'ai parcouru les mondes,
ich stieg in die Sonnen	je me suis élevé au-dessus les soleils
und flog mit den Milchstraßen	
durch die Wüsten des Himmels:	
aber es ist kein Gott.	et là aussi il n'est point de Dieu:

Ich stieg herab	je suis descendu
soweit das Sein seine Schatten wirft,	jusqu'aux dernières limites de l'uni-
	vers,
und schaute in den Abgrund,	j'ai regardé dans l'abîme,
und rief: Vater, wo bist du?	et je me suis écrié: Père, où est-tu?
aber ich hörte nur den ewigen	mais je n'ai entendu que la pluie
Sturm,	
den niemand regiert,	qui tomboit goutte à goutte dans
	l'abîme,
und der schimmernde Regenbogen	et l'éternelle tempête,
aus Westen	
stand, ohne eine Sonne, die ihn	que nul ordre ne régit,
schuf,	
über dem Abgrunde, und tropfte	m'a seule répondu.
hinunter.	
Und als ich aufblickte	Relevant ensuite mes regards
zur unermeßlichen Welt	vers la voûte des cieux,
nach dem göttlichen *Auge*,	
starrte sie mich mit einer leeren,	je n'y ai trouvé qu'une *orbite vide*,
schwarzen,	
bodenlosen *Augenhöhle* an,	noir et sans fond.
und die Ewigkeit lag auf dem Chaos,	L'éternité reposoit sur le chaos
und zernagte es,	et le rongeoit,
und wiederkäuete sich. –	et se dévoroit lentement elle-même;
Schreiet fort, Mißtöne!	redoublez vos plaintes amères et
	déchirantes;
zerschreiet die Schatten,	que des cris aigus dispersent les
	ombres,
denn Er ist nicht!	car c'en est fait. –[36]

Vergleicht man, so drängt sich einiges, wie das Verschwinden der Milchstraßen oder des göttlichen Auges, beim ersten Blick auf. Anderes ist ins Banale oder Konventionelle über- führt: statt des schimmernden Regenbogens tropft jetzt der Regen in den Abgrund, und die Ewigkeit darf sich nicht mehr wiederkäuen, sondern verzehrt sich selbst. Bloße Kleinigkei- ten können den Ton völlig verschieben. Man muß sich nur vorstellen, Jean Paul hätte in der fünften Zeile statt »aber es ist kein Gott« geschrieben, was die Übersetzung ihm zuschreibt: »und auch dort ist kein Gott«, um sofort zu sehen, wie schon eine winzige Änderung den Ausdruck lapidarer Finalität zur bloßen Mitteilung, daß eine Suche vergeblich war, verflachen kann. Madame de Staël liebt das Erhabene und sie liebt es auch bei Jean Paul; der Tonfall, der ihr zur Verfügung steht, um es wiederzugeben, ist der der klassischen französischen Tragödie. Zu ihr stilisiert sie Jean Paul hinauf, selbst wo der Text keine Handhabe dazu bietet. »Schreiet fort, Mißtöne!« wird beinahe zu einem Alexandriner: »Redoublez vos plaintes amères et déchirantes«; eine Pathetik, die sich in der folgenden Zeile fortsetzt, um dann in der Schlußzeile wieder ins Banale abzufallen. Madame de Staël zögert nicht, in die dichterische Substanz einzugreifen, um Jean Pauls »Bizarrerien«, d.h. seine wuchernden Bilder zu beschneiden; sie kürzt und vereinfacht, im Bestreben, den Text leicht verständlich zu machen, und sie hebt die Diktion, wo sie ihr ins Geschmacklose abzugleiten scheint.

So hat sie ihre Schwierigkeiten mit Jean Paul. »Jede Periode« ihres Textes, vermerkt dieser, »besteht vorne aus einem angenehmen Lobe, und hinten aus einem fatalen *mais*«, und beschreibt dann seinen Lesern die Wirkung auf ihn selbst, »wie mein Gesicht über fünfzehnmal bei den Vordersätzen heiter auseinandertauet, und bei den Nachsätzen plötzlich wieder eingefriert«.[37] Im übrigen hatte Madame de Staël auch von ihrer eigenen religiösen Haltung her dem blasphemisch erscheinenden Text gegenüber Bedenken. Die Vision Jean Pauls, bemerkt sie nicht ohne Vorsicht, ähnele ein wenig dem »Fieberwahn« und müsse als solcher beurteilt werden; unter jedem anderen Aspekt als dem der Imagination sei die Vision »höchst anfechtbar« (»singulièrement attaquable«).[38] Sie hält es für riskant, diese Übersetzung zu veröffentlichen, und indem sie Jean Pauls langen Titel durch das eine Wort *Songe* ersetzt, geht es ihr gewiß weniger darum zu kürzen als von vornherein den imaginären Charakter der Dichtung zu unterstreichen. Sie verfehlt auch nicht, die entscheidenden Passagen aus Jean Pauls Vorwort wiederzugeben, die die religiöse Intention des Ganzen betonen.[39] Jean Paul hat den neuen Titel vermerkt, ohne ihn zu kommentieren, hat sich aber im übrigen gewundert, daß Madame de Staël zwar »nicht den entbehrlichen Anfang«, aber den »unentbehrlichen Schluß« weggelassen habe.[40] Hierüber muß man sich in der Tat wundern, da das Erwachen aus dem Traume, mit dem sich »die Wunde schließt«[41], als Abschluß viel mehr im Sinne Madame de Staëls gewesen wäre als das Versinken der Welt im Nichts. Verständlich wird dies nur, wenn man annimmt, daß sie die zweite Hälfte von Jean Pauls Fassung wirklich nicht gekannt hat. So aber, mit dem abrupten, dissonanten Ende war die *Rede des toten Christus* zu einer Dichtung geworden, wie Jean Paul sie sich keinesfalls hätte träumen lassen. Im übrigen war die gekürzte, vereinfachte, geglättete, verflachte, geschönte Form, oder die Übertragung vom »Barbaresken« ins »Kultivierte«, wie Jean Paul es aus-drückte[42], wahrscheinlich das Idiom des Moments, in dem Jean Paul zunächst rezipierbar war. Es wäre dies ein Phäno-men, das sich vielleicht am ehesten mit der Aufnahme Rimbauds in Deutschland am Anfang dieses Jahrhunderts vergleichen ließe. Denn auch Rimbaud wurde, in der Über-setzung von K. L. Ammer, zunächst in einem geschönten und geglätteten Gewand dargeboten, in einer begabten Über-tragung in die lyrische Konvention der Jahrhundertwende, in der er mühelos assimilierbar war. Oft und mit Recht hat man bemerkt, wie einseitig das Bild war, das man sich im 19. Jahrhundert in Frankreich von Jean Paul machte. Nicht weniger einseitig war freilich das Jean Paul-Bild Deutsch-lands. Es war, in immer neuen Auflagen, auf lange hinaus vom *Vergnügten Schulmeisterlein Maria Wutz* bestimmt. Was man in Jean Paul zu lesen glaubte: in dem einen Land die trotzige Absage an Gott, im anderen das fröhliche Sichbe-scheiden mit der Armut, stand zwar so beide Male nicht bei Jean Paul, doch hatte es eine große Wirkung.

5

Die sich weit verzweigende Nachwirkung der *Rede des toten Christus* kann hier nicht verfolgt werden und braucht es auch nicht, dank Pichois' umfassender Arbeit. Selbst einzelne Bilder wie die »orbite vide, noir et sans fond« haben eine Geschichte.[43] Nur zwei Gedichte seien kurz herausgehoben, weil sie in unmittelbarer Beziehung zu unserem Thema stehen: Gérard de Nervals »Le Christ aux Oliviers« und Alfred de Vignys »Le Mont des Oliviers«. Nerval hat sein Gedicht, das aus einer Folge von fünf Sonetten besteht, 1844 in der Zeitschrift *L'Artiste* veröffentlicht und es später in seinen Zyklus *Les Chimères* aufgenommen. Die acht Gedichte des Zyklus stehen in einem inneren, wenn auch nicht immer leicht zu erschließenden Zusammenhang: »Le Christ aux Oliviers« nimmt darin die vorletzte Stelle ein. Daß Nerval von Jean Pauls *Rede des toten Christus* angeregt war, hat er selbst zum Ausdruck gebracht, indem er sein Gedicht bei der ersten Veröffentlichung, allzu bescheiden, als »Imité de Jean-Paul« bezeichnete. Später setzte er ihm dann statt dessen ein Zitat aus der *Rede des toten Christus* als Epigraph voran:

> Dieu est mort! Le ciel est vide …
> Pleurez! enfants, vous n'avez plus de père!
> JEAN-PAUL[44]

Die Übernahmen aus Jean Paul beschränken sich auf das zweite und dritte Sonett. Dabei zeigt sich, daß Nerval sich nicht mit Madame de Staëls Übersetzung begnügt, sondern auf das Original zurückgegriffen hat. J. W. Smeed hat die einzelnen Wendungen Jean Pauls und ihre Entsprechungen bei Nerval nebeneinandergestellt[45], Bernhard Böschenstein die beiden Texte eingehend und aufschlußreich miteinander verglichen.[46] Zwei Motive Jean Pauls sind es vor allem, die Nerval übernimmt und weiterbildet, die Rechenschaft Christi über seinen Flug durch das Weltall, der beginnt: »Ich ging durch die Welten« (»J'ai parcouru les mondes …«), und die in *De l'Allemagne* nicht enthaltene Klage Christi im Angesicht der leeren Unermeßlichkeit: »Starres, stummes Nichts! Kalte, ewige Notwendigkeit! …« (»Immobile Destin …Froide Nécessité! …«).[47] Der entscheidende Unterschied zu Jean Paul aber ist, daß es sich bei Nerval um keinen Traum handelt. Von keiner Vision ist hier die Rede, in der ein toter Christus vom Weltgebäude herab verkündet, daß kein Gott sei, sondern ein lebender Christus ruft seinen schlafenden Jüngern zu: »Non, Dieu n'existe pas!« Merkwürdig ist, daß er die Nachricht als »Neuigkeit« verkündet: »Mes amis, savez-vous la nouvelle?«[48] und vielleicht noch merkwürdiger, daß er damit Nietzsches berühmten Satz aus der *Fröhlichen Wissenschaft* fast vorausnimmt: »Das größte neuere Ereignis

– daß ›Gott tot ist‹, daß der Glaube an den christlichen Gott
unglaubwürdig geworden ist.«[49] Für Nerval, 45 Jahre jünger
als Jean Paul, war das Ereignis, das Jean Paul sich, als Traum,
vorstellen und als Traum auch wieder aufheben konnte,
bereits eingetreten, und so konnte er es auch nicht in Jean
Pauls Traumsphäre lassen, sondern mußte es in den historischen Augenblick herunterholen, in dem Christus seine
Mission als gescheitert ansehen muß:

> Frères, je vous trompais: Abîme! abîme! abîme!
> Le dieu manque à l'autel où je suis la victime ...

Die Jünger aber, »engourdis, perdus dans le sommeil des
bêtes«, hören nichts. Niemand nimmt an der Agonie dessen
teil, der sich am Gewölbe der Ewigkeit blutig gestoßen hat.
Dieser Christus geht genaugenommen an der Gleichgültigkeit der Welt zugrunde. »Ils dormaient toujours!« schließt
das erste Sonett, in dem Christus seinen schlafenden Jüngern
verkündet, daß kein Gott ist, und »Nul n'entendait gémir
l'éternelle victime«, beginnt das vierte. Die beiden Sonette,
das erste und das vierte, ziehen den »Traum« Jean Pauls, den
sie zwischen sich einschließen, auf die Erde nieder, und sie
tun es, indem sie die Heilsgeschichte ihres sakralen Charak-
ters entkleiden. Christus zwar klammert sich an seinen
Mythos; wo alles ihn verlassen hat, ruft er im Geiste seinen
Feind herbei, Judas, den er in Jerusalem weiß, den einzigen,
dem er Stärke zutraut, die Stärke des Verbrechens zwar, doch
Stärke. Aber Judas geht davon, »mécontent et pensif, se
trouvant mal payé«, bis dann schließlich Pilatus, beiläufig
fast, halb aus Mitleid, halb aus Zufall, und wie um der Sache
ein Ende zu machen, seinen Knechten den Auftrag gibt:
»Allez chercher ce fou!«
Dies ist freilich nicht das letzte Wort. Denn gleich die nächste
Zeile, die erste des fünften Sonetts, in dem sich der Dichter
bemüht, etwas wie eine Summe zu ziehen, gibt dem Narren
ein Beiwort. Es ist das Wort »erhaben« (»sublime«). Nicht so
ganz entfernt von Jean Paul sucht auch Nerval der Übermächtigung durch den Atheismus zu entgehen. Zwar hat er es
nicht so leicht wie Jean Paul: er kann den Schrecken nicht

einfach widerrufen, sondern versucht ihn einzubeziehen in sein Verständnis der Welt. Einen ersten Schlüssel zu dem, was ihm vorschwebt, bieten vielleicht die Ausrufe, mit denen Christus das Nichtsein Gottes ankündigt. »Dieu n'est pas!« heißt es das erste Mal, »Dieu n'est pas«, das zweite Mal, »Dieu n'est plus«, das dritte Mal. Die leichte Modifikation läßt den Schluß zu, daß ein Unterschied besteht zwischen einem Gott, der nie war, und einem, der einmal war, und es mag dies der Möglichkeit Raum geben, daß das, was einmal war, einmal auch wieder sein kann. Sodann: Christus bezeichnet sich im ersten Sonett als Opfer, der Dichter aber nennt ihn im vierten Sonett das *ewige* Opfer, den also, der immer wieder geopfert wird. Es ist von einem Archetypus die Rede. Aber bei dieser abstrakten Gesetzmäßigkeit bleibt es nicht; das fünfte Sonett benennt die Geopferten: Icarus, Phaëton, Atys. Man fragt sich, ob dies eine aufsteigende Rangordnung darstellt, denn sie sind ja nicht alle drei als gleich zu betrachten. Icarus und Phaëton sind Gescheiterte, wenn auch kühn und großartig Gescheiterte, Atys aber ist wiederbelebt. So versucht Nerval die Vision Jean Pauls und die Leidensgeschichte Jesu in seine eigene religionsgeschichtliche Interpretation der Welt überzuführen. Das erste Terzett des fünften Sonetts macht es deutlich: während Caesar sich noch an einen alten Gott wendet mit der Frage, wer der neue Gott sei, gibt sich der neue Gott schon zu erkennen. Es ist der Gott, der dem Atys gleich getötet, aber wieder zum Leben erweckt ist. Hierin liegt nicht nur eine Anknüpfung an alte Auferstehungsriten, sondern auch die historische Erkenntnis, daß auf einen alten Gott jeweils ein neuer folgt. Es ist wahr, das Orakel, das der Caesar anruft, schweigt auf immer. Doch ein einziger könnte das Geheimnis enthüllen. Und dieser einzige ist Gott: »Celui qui donna l'âme aux enfants du limon.« Heißt das nicht, daß der Gott, dem Christus am Anfang die Existenz abgesprochen hat, hier vom Dichter wieder zum Leben erweckt wird? Oder: daß in der Welt ein Göttliches, das sich immer wieder erneuert, stipuliert wird?

6

Alfred de Vigny hat sein langes Gedicht »Le Mont des Oliviers« zwischen 1839 und 1843 geschrieben; es erschien 1844 in der *Revue des Deux Mondes*. Das Thema hat ihn lange beschäftigt; ein Hinweis findet sich schon im Tagebuch von 1823.[50] A. Bouvet hat erklärt, »Le Mont des Oliviers« sei inspiriert durch Jean Pauls *Rede des toten Christus*.[51] Andere haben sich zurückhaltender geäußert; Pierre-Georges Castex meint, Vigny habe sich »zweifellos« an den berühmten *Traum* Jean Pauls »erinnert«.[52] Sicher ist, daß Vigny die *Rede des toten Christus* gekannt hat; er hat sogar daran gedacht, sie zu übersetzen.[53] Er berührt sich mit Jean Paul jedoch eher indirekt. Was zunächst auffällt, ist, daß in Vignys Gedicht nichts an den visionären Charakter von Jean Pauls Dichtung erinnert. Statt dessen greift Vigny auf den biblischen Bericht vom Leiden und der Verlassenheit Christi im Garten Gethsemane zurück, nicht allerdings, um eine berühmte historische oder mythologische Szene in Verse zu setzen, sondern um seine eigene Sache zu führen. Diese eigene Sache ist die Verzweiflung am Sinn der Welt. Die Drohung des Nichts, die Jean Paul bedrängt hat, bedrängt auch Vigny: »La seule fin vraie à laquelle l'esprit arrive, en pénétrant tout au fond de chaque perspective, c'est le néant de tout.«[54] Vigny würde freilich seine eigene Sache nicht führen, wenn er nicht zutiefst überzeugt wäre, daß sie zugleich die Sache der Menschheit ist, oder genauer der Minderheit, die man, wie es im *Faust* heißt, »von je gekreuzigt und verbrannt« (v. 593). Wenn Vigny von seinem Chatterton sagt, er sei nur ein Name für den *Menschen*[55], so gilt das auch für seinen Christus. Auch Christus spricht als Mensch, für den Menschen. Der Kern der langen Anklage, die er gegen Gott erhebt, geht um zwei Fragen: um die Frage der Offenbarung und um die Frage des Bösen. Vigny zweifelt nicht an der Existenz Gottes, jedenfalls nicht in diesem Gedicht; im Tagebuch kann er schreiben: »Dieu. Sais-je ce que vous êtes, et si vous existez?«[56] Woran er zweifelt, oder woran sein Christus zweifelt, ist die *Güte* Gottes. Es ist die Frage der Theodizee nach dem Ursprung des Übels und nach seinem Triumph in der Welt, die seit dem

18. Jahrhundert nicht mehr zur Ruhe kommt[57] und in Vignys Gedicht mit verstärkter Intensität gestellt wird. Gott enthält dem Menschen die Wahrheit vor, auf die er Anspruch hat; wenn Gott spräche, wäre die Menschheit gerettet. Ähnlich wie in Jean Pauls *Rede* refrainartig sich steigernd die Feststellung wiederkehrt, daß Er nicht ist, so wiederholt sich in Vignys Gedicht die Anklage, daß Gott nicht spricht, daß er nicht antwortet. In einem gewissen Sinne geht Vigny nicht so weit wie Jean Paul, in einem anderen geht er weiter. Denn verglichen mit dem Gott, dem Jean Pauls Christus die Existenz abspricht, den es nicht gibt, bezeichnet ein Gott, der sich verbirgt und den Menschen im Dunkeln läßt, ja wohl die mildere Form des Gotteszweifels. Nur daß sich Vigny die Lösung, daß alles nur ein Traum war, und damit die Rückkehr in den Glauben nicht erlaubt. Und dies bedeutet eine Verschärfung; in den beinahe fünfzig Jahren, die zwischen den beiden Dichtungen liegen, hat sich der Schwund der christlichen Wahrheiten beschleunigt.

1862 hat Vigny seinem Gedicht eine Art Abgesang nachgeschickt, den er »Le Silence« betitelt hat. Er lautet:

> S'il est vrai qu'au Jardin sacré des Écritures,
> Le Fils de l'homme ait dit ce qu'on voit rapporté;
> Muet, aveugle et sourd[58] au cri des créatures,
> Si le Ciel nous laissa comme un monde avorté,
> Le juste opposera le dédain à l'absence
> Et ne répondra plus que par un froid silence
> Au silence éternel de la Divinité.[59]

Die gemessene und gesammelte Härte dieser sieben Schlußzeilen ist mit Recht berühmt geworden. Demselben Gott, der zuvor in Klagen und Fragen von einem seiner Agonie überlassenen Christus vergebens angefleht und beschworen worden ist, wird nun das Urteil gesprochen. Nicht mit Worten; durch bloße Abwendung. Er mag sein oder nicht sein; es ist, als ob er nicht wäre. Das »kalte Schweigen« des Opfers, das dem ewigen Schweigen der Gottheit entgegengesetzt wird, bedeutet den Verzicht auf Erlösung. Der Stolz des Verlassenen, die Verachtung des Unglücks, dies sind Haltungen, die Vigny sein Leben lang erstrebt, verkörpert und glorifiziert hat. Von den Schlußzeilen des »Mont des Oliviers« ergeben sich Verbindungen zu Baudelaire, zu der hochmütigen Geste der Abwendung etwa, mit der Don Juan auf der Fahrt über den Styx sich auf seinen Degen stützend, ins Wasser blickend, die ihn bedrängenden Schatten aus der Welt, die einst die seine war, nicht zu sehen geruht.[60] In der revoltierenden Provokation, im blasphemischen Hohn freilich, mit dem Baudelaire seinen Gott im Himmel lachen läßt, wenn er hört, wie elende Henker ihre Nägel in Christi Fleisch hämmern, geht Baudelaire weit über Vigny hinaus. Schneidender nur wie bei Vigny, kürzer noch, wird auch bei Baudelaire am Schluß ein Fazit gezogen:

Saint Pierre a renié Jésus ... il a bien fait![61]

In dem Maße, in dem Christus seine Gottheit verlor und Mensch wurde, und als Mensch, ausgestoßen, verlassen, in letzte Einsamkeit getrieben wurde, konnte es nicht ausbleiben, daß die Dichter, und unter ihnen gerade diejenigen, die sich verkannt und abgelehnt, als Opfer ihrer Zeit und ihrer Gesellschaft fühlten, ihn nicht als Sohn Gottes sahen oder als Erlöser der Menschheit, sondern als ein erhabenes Symbol ihrer eigenen Leiden. Vignys Chatterton spricht davon: [Les poètes] »sont éternellement crucifiés: le sarcasme et la misère sont les clous de leur croix.«[62] Und Christi Leiden mit den Leiden der Dichter in Bezug zu setzen, ist ein Gedanke, der Nerval schon im ersten Satz seines *Christ aux Oliviers* überfällt.[63] Beide, Vigny und Nerval, stehen damit in derselben Tradition. Wenn also die Dichter sich *als Dichter* »ans Kreuz geschlagen« fühlen, so gehört ein solches Phänomen zu den Manifestationen eines Christentums, das auch Vigny als »sterbend«[64] empfand. Schon im *Werther* frappieren, in dem Augenblick, in dem Werther seine Qualen als unerträglich empfindet, die Parallelen, die er oder sein Autor zur Leidensgeschichte Christi ziehen. Und noch Thomas Mann, von Nietzsche sprechend, spricht von dessen »Opfertode am Kreuz des Gedankens«[65] und spart nicht, wenn das Schicksal seines Tonsetzers Adrian Leverkühn seiner tragischen Erfüllung entgegengeht, mit Hinweisen auf die Passion Christi. An diesem Prozeß der Säkularisation hat auch Rilke teil.

7

RAINER MARIA RILKE: DER ÖLBAUM-GARTEN

Er ging hinauf unter dem grauen Laub
ganz grau und aufgelöst im Ölgelände
und legte seine Stirne voller Staub
tief in das Staubigsein der heißen Hände.

5　Nach allem dies. Und dieses war der Schluß.
Jetzt soll ich gehen, während ich erblinde,
und warum willst Du, daß ich sagen muß
Du seist, wenn ich Dich selber nicht mehr finde.

Ich finde Dich nicht mehr. Nicht in mir, nein.
10　Nicht in den andern. Nicht in diesem Stein.
Ich finde Dich nicht mehr. Ich bin allein.

Ich bin allein mit aller Menschen Gram,
den ich durch Dich zu lindern unternahm,
der Du nicht bist. O namenlose Scham ...

15　Später erzählte man: ein Engel kam –.

Warum ein Engel? Ach es kam die Nacht
und blätterte gleichgültig in den Bäumen,
Die Jünger rührten sich in ihren Träumen.
Warum ein Engel? Ach es kam die Nacht.

20　Die Nacht, die kam, war keine ungemeine;
so gehen hunderte vorbei.
Da schlafen Hunde und da liegen Steine.
Ach eine traurige, ach irgendeine,
die wartet, bis es wieder Morgen sei.

25 Denn Engel kommen nicht zu solchen Betern,
und Nächte werden nicht um solche groß.
Die Sich-Verlierenden läßt alles los,
und sie sind preisgegeben von den Vätern
und ausgeschlossen aus der Mütter Schooß.[66]

Es würde sich lohnen, einmal den Prinzipien nachzugehen,
nach denen Rilke die Titel seiner Gedichte bestimmte.
Bekanntlich hat er des öfteren ein Gedicht nicht nach dem
Ereignis oder dem Thema benannt, von dem es handelt,
sondern nach einer scheinbaren Nebensache. Ein Gedicht,
das vom Tod handelt, braucht nicht »Der Tod«, es kann auch
»Der Schwan« heißen. Und ein Gedicht von der Verlassenheit Christi wird nicht »Christus in Gethsemane« genannt,
sondern, nach dem Schauplatz seiner Handlung, »Der
Ölbaum-Garten«. Hierin ist Rilke keineswegs uniform; er ist
durchaus imstande, den Titel auf den Vorgang selbst hindeuten zu lassen, von dem die Rede sein wird: »Saul unter den
Propheten«, »Tröstung des Elia«, »Absaloms Abfall«. Er
kann auch im Titel einen Ort nennen, und das Gedicht
»macht« diesen Ort dann, so wie die *Neuen Gedichte* eben
Dinge machen: »Quai du Rosaire«, »Römische Campagna«,
»Der Apfelgarten«. Ein dem »Ölbaum-Garten« thematisch
verwandtes Gedicht, das zwar ein paar Jahre später entstanden ist, aber aus vielen Gründen in seine Nähe gehört, heißt
nicht »Die Schädelstätte«, auch nicht » Golgatha«, sondern
»Kreuzigung«. Es heißt allerdings nicht: *»Die* Kreuzigung«.
»Die Kreuzigung«: damit wäre die Vorstellung jenes einmaligen, berühmten, immer wieder dargestellten Ereignisses aus
der abendländischen Heilsgeschichte heraufgerufen, bei dem
die Sonne ihren Schein verlor und der Vorhang des Tempels
mitten entzwei riß (Lukas 23.45). »Kreuzigung« hingegen
entspricht solchen Erwartungen nicht: es zeigt, wie Kreuzi-
gungen eben stattfinden, wie Delinquenten abgetan werden:
indifferent, beiläufig, ohne Teilnahme der Welt. Die Brutali-
tät der Vorgänge reißt das Ereignis heraus aus der verklären-
den Sicht einer in Konventionen erstarrten, sterilen Frömmigkeit und überführt es in die schonungslose Unmittelbar-
keit eines heillosen Sterbens ohne Tröstung, eine äußerste

Ausgesetztheit, in der auch dieser Tod, von dem durch erbauliche Betrachtung so leicht abzulenken ist, erlitten wurde.

Es mag sehr wohl sein, daß auch im »Ölbaum-Garten« der Titel, indem er nicht sofort das hundertmal gedeutete und in seinen Deutungen festgeronnene Ereignis der Heilsgeschichte in den Blick rückt, durch Distanzierung einen neuen Zugang zu einem alten Motiv nahelegt. Ein Versuch der Verfremdung also, noch ehe das Wort in Umlauf gekommen war. Es ist überdies ein sehr Rilkescher Titel, ganz im Einklang mit den Bezeichnungen der Dinge, für die Rilke zur Zeit der *Neuen Gedichte* eine Vorliebe hatte: »Der Platz«, »Der Turm«, »Die Insel«, »Die Parke«, »Der Ball«, »Die Laute«, »Der Berg«, und nun eben auch »Der Ölbaum-Garten«. Nur daß den letzteren, so Rilkeschen Titel schon lange zuvor Alfred de Vigny gefunden hatte, bis auf eine geringfügige Abweichung wörtlich entsprechend: »Der Öl-berg« (»Le Mont des Oliviers«). Dabei ist das Verfahren der beiden Dichter völlig das gleiche: nicht das Ereignis, von dem die Rede sein soll, wird angekündigt, sondern die zu erwartende Landschaft. Diese selbst jedoch wird dann nicht geschildert, sondern allenfalls erwähnt, mehr als Schauplatz, auf dem sich eine Szene abspielt. Um die Szene aber geht es. Im übrigen liebt Vigny Rilkesche Titel. So nennt er eines seiner berühmtesten Gedichte nicht etwa »La Mort de Roland«, sondern »Le Cor«, ein anderes nicht »Le Penseur et L'humanité«, sondern »La Bouteille à la Mer«. Zwischen Vigny und Rilke liegen dann Baudelaire und Mallarmé.

Gewiß wird niemand behaupten wollen, daß Rilke Vigny brauchte, um einen Titel wie »Der Ölbaum-Garten« zu finden. So völlig ist es ein Rilkescher Titel. Und da er es so sehr ist, möchte man fast vermuten, Rilke hätte ihn vielleicht nicht verwendet, wenn er Vignys Gedicht wirklich gekannt hätte. Ebenso schlüssig ließe sich freilich, da hier alles Konjektur ist, folgern, daß Rilke gerade durch die Titel-gleichheit darauf hinweisen wollte, daß er das gleiche Gedicht wie Vigny noch einmal gemacht habe, als Rilkesches Gedicht, nicht viel anders wie Nerval darauf hinwies, daß er Jean Paul »nachgeahmt« und also ganz anders gemacht habe. Die

Verwandtschaft zwischen Vigny und Rilke liegt nicht etwa im Sprachlichen, in der Übereinstimmung oder im Anklang gewisser Wendungen; die beiden Gedichte sind jedes in einem völlig anderen dichterischen Idiom geschrieben. Überraschende Parallelen weist hingegen die Struktur auf. Diese Ähnlichkeiten sind nicht einfach vom Stofflichen vorgegeben; sie rühren nicht nur daher, daß beide Dichter derselben Quelle folgen, so wie unzählige Maler immer wieder dieselbe Kreuzigung gemalt haben oder dieselbe Auferstehung. Dies ließe sich allenfalls vom ersten Teil der zwei Gedichte sagen, dem, jedem auf seine Art, die biblische Erzählung zugrunde liegt; nicht aber vom zweiten. Denn die beiden Gedichte sind auf sehr analoge Art zweigeteilt: einem ersten, erzählenden Teil folgt jeweils ein zweiter, reflektierender, in dem der Erzähler zu einem Urteil über die erzählten Vorgänge kommt. Diese reflektierenden Teile sind von verschiedener Länge: in Vignys Fall handelt es sich um sieben, überdies erst später angefügte Zeilen. Diese wenigen Zeilen stehen den 142 des ersten Teiles gegenüber. Trotz der Kürze des zweiten Teils scheint das Gedicht dennoch im Gleichgewicht zu stehen; die Schwere des zweiten Teils balanciert die Länge des ersten.

Bei Rilke steht es anders: die beiden Teile sind von genau gleicher Länge. Dem ersten Teil, einem vierzehnzeiligen Sonett, folgt ein zweiter, ebenfalls vierzehnzeiliger Teil. Zwischen ihnen steht, gewissermaßen für sich, eine einzelne, durch ihre Stellung im ganzen auffällige Zeile, die die beiden Teile voneinander trennt und sie zugleich wie eine Achse oder ein Gelenk verbindet. Man muß es technisch aber noch um einen Grad genauer ausdrücken: tatsächlich handelt es sich um ein sogenanntes Schweifsonett. Die einzeln stehende Zeile ist durch Reim mit dem letzten Terzett des vorausgehenden Sonetts verbunden und der darauffolgende zweite Teil bildet die Fortsetzung der Coda des Sonetts.[67]

Den ersten, erzählenden Teil seines Gedichts hat Vigny, den biblischen Ereignissen folgend, weiter unterteilt. Auf eine Exposition von 34 Zeilen, die den Schauplatz beschreibt, die schlafenden Jünger, Christi Verlassenheit, folgt der eigentliche Hauptteil des Gedichts, 96 Zeilen. Man könnte ihn

»Christi Gebet« benennen. Legt man das Evangelium des Lukas zugrunde, so entspricht dieser Abschnitt dem Satz des Lukas: »und [Jesus] kniete nieder, betete« (Lukas 22.41). Was Jesus betete, wird im Evangelium nicht gesagt, mit Ausnahme eines einzigen Satzes, in dem Christus seine Ergebung in Gottes Willen ausdrückt: »Vater, willst du, so nimm diesen Kelch von mir; doch nicht mein, sondern dein Wille geschehe!« (Lukas 22.42). Vignys Gedicht versucht, diesen Umriß auszufüllen. Sein Jesus bittet nicht für sich, sondern für die Menschheit; er bittet Gott, die Menschen aus dem Dunkel zu befreien, in dem sie leben, und die Rätsel zu lösen, die ihr Dasein verdüstern. Worum Vignys Jesus bittet, ist zwar rhetorisch gegliedert und logisch entwickelt, aber im Grunde nicht sehr verschieden von den *Fragen*, die der mit Vigny gleichaltrige Heine seinen Jüngling an die Meereswogen richten läßt:

> O löst mir das Rätsel des Lebens,
> das qualvoll uralte Rätsel . . .
> sagt mir, was bedeutet der Mensch?
> Woher ist er kommen? Wo geht er hin?
> Wer wohnt dort oben auf goldenen Sternen?[68]

Es ist dieselbe Frage nach Herkunft und Bestimmung des Menschen, mit der Vignys Jesus sein Gebet schließt:

> – Tout sera révélé dès que l'homme saura
> De quels lieux il arrive et dans quels il ira.[69]

In beiden Gedichten bleibt die sehr dringlich gestellte Daseinsfrage ohne Antwort. Sehr verschieden hingegen ist die Reaktion: bei Heine schlägt die Enttäuschung über das Schweigen der Schöpfung über in schneidenden Hohn, bei Vigny in Terror und Angst, die freilich, hier noch ganz dem biblischen Bericht folgend, der Ergebung in Gottes Willen untergeordnet bleiben: »Que votre volonté / Soit faite et non la mienne, et pour l'Éternité.« Und in die biblische Handlung lenkt dann der Schluß des Gedichtes ein:

Dans le bois il entendit des pas
Et puis il vit rôder la torche de Judas.

Damit endet die Fassung von 1844.
Rilke braucht, um dieselbe dreigliedrige Handlung darzustellen, vierzehn Zeilen. Was eben als Vignys Exposition bezeichnet wurde, füllt bei Rilke die vier Zeilen des ersten Quartetts. Aber wie füllt es sie? Unvergleichlich sind Gegenständliches und Seelisches, Landschaft und Vorgang verschmolzen. Als einzige Farbe das Grau des Olivenlaubes, aufgenommen vom Grau des Staubes, der alle Farben auslöscht und zudeckt. Der hier, von Staub bedeckt, am Ende seines Weges angekommen ist und seine »Stirne voller Staub« nicht etwa in die heißen Hände, sondern in »das Staubigsein« der heißen Hände legt, ist wahrhaft aufgelöst, In dieser Landschaft gibt es keine Konturen mehr, dieser Körper kennt keine Gliedmaßen mehr, dieses Gehen hat keinen Willen mehr; es ist nichts mehr da als die Apathie der Erschöpfung. Auch wer von den Versuchen mancher Interpreten, mit bestimmten Lauten bestimmte Ausdruckswerte zu verknüpfen, nicht allzuviel hält, kann sich der suggestiven Monotonie der sich wiederholenden »au«s in den beiden ersten Zeilen schwerlich entziehen, dem »grauen *Lau*b ganz *gra*u und *au*fgelöst«, was dann im »St*au*b« der dritten und dem »St*au*bigsein« der vierten Zeile aufgenommen wird. Diese Wirkung wird durch die Stabreime und Assonanzen verstärkt: »auf*gel*öst im Ölg*el*ände«, »*St*irne voller *St*aub«, der »*h*eißen *H*ände«. Rilke kann, wenn er will, in den Raum von ein paar Zeilen ungeheuer viel hineinpressen; hier scheint es eher, daß er ihn entleert und einebnet. Etwas Gestaltloses entsteigt diesem grauen Staub, breitet sich aus und erfüllt die Zeilen. Rilke arbeitet hier mit ganz ähnlichen Mitteln wie in den Eingangsversen des »Panther«, wo die wiederkehrenden »Stäbe« dieselbe Funktion haben wie im »Ölbaum-Garten« der »Staub«, und in beiden Gedichten geht es ja auch darum, eine überwältigende Willenslähmung fühlbar zu machen. Keineswegs liegt das Entscheidende nur in der Wiederholung von ein paar Vokalen, sondern in den sehr präzisen Vorstellungen, die wir mit ganz bestimmten Worten verbinden.

Grau, das ist die Nicht-Farbe; Staub, die Nicht-Gestalt. Staub ist zermahlene, zerriebene, zerfallene, verbrauchte, eingeäscherte Substanz. Es sind Wörter, die nicht nur Eigenschaften bezeichnen oder Gegenstände, sondern die darüber hinaus metaphorische Möglichkeiten besitzen, derer Rilke sich sehr bewußt war und die er zu gebrauchen verstand. Rilke nennt solche Worte, mit einem Ausdruck des norwegischen Dichters Sigbjörn Obstfelder »Signalworte«: »sie *beschwören herauf*«.[70] So, als »Signalworte« erscheinen die Wörter, mit denen wir es zu tun haben, tatsächlich in Rilkes Aufsatz über Obstfelder, wenn er von den Menschen spricht, die Obstfelder darstellt: »Die Unbekannten, die Scheuen, die Häßlichen, die Rätselhaften, die in den großen Städten sich bilden wie Staub, der in den Ecken entsteht, die Grauingrauen, die kein Stand sind, sondern viele einzelne, ... die sah er.«[71]

Man fühlt sich an den *Malte* erinnert, wenn man diesen Satz liest, und dem *Malte* steht auch offensichtlich der »Ölbaum-Garten« näher als den Synoptikern. Was vom *Malte* gesagt worden ist: daß er auf Destruktion des »Helden« angelegt ist, auf die »Entthronung des Menschen als Subjekt, seine völlige Degradierung, sofern er sich als autonome Persönlichkeit behaupten will«[72], gilt auch für den »Ölbaum-Garten«. Der Staub, der diesen Ölbaumgarten zudeckt, hat auch den letzten Goldglanz der Heilsgeschichte ausgelöscht. Man vergleiche einen Augenblick, wie direkt und wie nahe an der biblischen Tradition Vigny diesen Teil seines Gedichts beginnt: »Jésus disait: ›O Père, encor laisse-moi vivre‹.« Dagegen nun die sonderbar diffusen Worte in Rilkes Gedicht, die, aus dem Staub der Alltagssprache aufgelesen, sich erst mühsam zu bilden scheinen: »Nach allem dies. Und dieses war der Schluß« (5). Der hier spricht, oder genauer, gleich sprechen wird, denn noch sind die Worte weder direkte Rede des »Helden«, noch entschiedener Bericht eines Erzählers; der hier spricht, hat auch keinen Namen. Weder hier noch sonst irgendwo im Gedicht. Ihm seinen biblischen Namen zu geben, würde bedeuten, ihm etwas von der Erhöhung mitzugeben, die ihm zweitausend Jahre christlicher Geschichte verliehen haben. Nicht einen Augenblick freilich kann ein Zweifel daran bestehen, von wem die Rede ist. Sofern jedoch hier Jesus spricht, spricht er als Mensch. An das Ringen mit Gott, das »Gebet« der mythologischen Szene freilich wird nur noch durch den Gegensatz erinnert. Denn immer lebt das »Du bist nicht« oder »Er ist nicht« dieser Szene ja davon, daß hier einmal der Sohn Gottes in großer Anfechtung zu seinem Vater sprach. Aus Jean Pauls Christus spricht das Entsetzen, diesen Vater nicht mehr zu finden, aus den Ausrufen Christi in Nervals Gedicht Revolte, Verzweiflung, Klage; selbst der forensische Glanz, der das Plädoyer von Vignys Christus umspielt, kann Jahrhunderte großer Kanzelreden nicht vergessen lassen. Für das »Der Du nicht bist« von Rilkes Gedicht erscheint das Wort »Gottesleugnung« fast schon zuviel. Hier gibt es weder Revolte noch Anklage, weder Schrecken noch Verzweiflung, auch keine Auseinandersetzungen; aus dem gedämpften Ton dieser Absage spricht höchstens Enttäuschung und eine grenzenlose Müdigkeit.

Aber damit ist das Gedicht ja noch nicht zu Ende. Denn ähnlich wie Vigny, nachdem er seinem Christus das Wort zur großen, nicht-biblischen Anklage gegeben hat, in die biblische Erzählung zurücklenkt, so erinnert auch Rilke ausdrücklich an den Bericht des Evangeliums, mit der Zeile, die so auffällig an sein Sonett anschließt und gleichzeitig den Auftakt zum zweiten Teil des Gedichts bildet: »Später erzählte man: ein Engel kam –« (15). Daß ein Engel kam, erzählt Lukas, als einziger unter den Evangelisten: »Es erschien ihm aber ein Engel vom Himmel und stärkte ihn« (Lukas 22,43). Rilke hat bekanntlich die Tröstungen nicht geliebt, und wenn er Bezug nimmt auf den überlieferten Text eines biblischen Berichts, so nur, um ihm seine Authentizität zu nehmen. Dies ist nicht Zeugnis, sondern Zutat, gibt die Zeile zu verstehen, und man mag sich fragen, ob das »später« nur darauf hinweist, daß die Berichte der Evangelisten ja erst längere Zeit nach den Ereignissen abgefaßt sind, oder ob es darauf anspielt, daß manche Kommentatoren der Meinung sind, die Erscheinung des Engels sei überhaupt erst eine spätere Hinzufügung. Und daß »man« es so erzählt, ist eine weitere Distanzierung. Kein offenkundiger Gewährsmann verbürgt das Geschehene, sondern der Erzähler erzählt, was man später erzählte, und schiebt damit das Berichtete weg ins eigentlich Ungreifbare.

Damit hätte es sein Bewenden haben können, aber sonderbarerweise wird das vage Gerücht sehr entschlossen im Bewußtsein festgehalten, indem es zuerst ausdrücklich in Zweifel gezogen wird – »Warum ein Engel?« – und dann, eingehender als man es einem bloßen Gerücht gegenüber für nötig halten würde, widerlegt wird. Auffallend ist der Ton. Das »Ach« in »Ach es kam die Nacht« ist kein Ach der Klage; auch mit großer Bemühung ließe es sich kaum so lesen; eher hat es einen wegwerfenden Ton und kommt dem »Ach« in einer Redensart wie »Ach was« gefährlich nahe. Was dann folgt ist ein concetto. Wenn von der Nacht gesagt wird, sie »blätterte« gleichgültig in den Bäumen, so liegt dem Vergleich die Beobachtung zugrunde, daß die raschelnde Bewegung der Blätter im Wind ja wohl ein Geräusch erzeugen mag, ähnlich dem, das beim Umblättern der Seiten eines Buches entsteht. Der unruhige Rhythmus der Zeile verstärkt die Impression. Nicht absichtslos wird die Vorstellung eines Buches hervorgerufen. Schwerlich jedoch wird sich der Gedanke an *irgendein* Buch einstellen. Liegt es nicht vielmehr nahe, hier an *das* Buch zu denken, das Buch der Bücher, dem wir den Bericht von den Ereignissen dieser Nacht verdanken? Und wird man beim »gleichgültigen« Blättern wirklich nur an die Nacht denken und nicht zugleich an die vielen, die gleichgültig in dem *Buch* blättern, das ihnen Mythen erzählt, denen sie keinen Glauben mehr schenken?

»Warum ein Engel?« Der Einwand und alles, was ihm an Einwänden folgt, scheint herausgefordert durch den Gedankenstrich der vorausgehenden fünfzehnten Zeile. »Ein Engel kam –«. Wer immer hier spricht, scheint zu zögern; es ist, als ob der Satz in der Schwebe bliebe, als ob unausgesprochene Zweifel in dieser Pause anklingen und zum Einhaken fast einladen. Unabweisbar ist dabei die Frage, welches lyrische oder erzählende Ich hier eigentlich spricht, und obwohl es natürlich sein kann, daß der Erzähler sich selber unterbricht, so scheint es doch kaum möglich, alles, was folgt, einem und demselben Sprecher zuzuweisen. Dazu ist es in der Stimmführung zu verschieden. Und dies heißt zugleich, daß die drei folgenden reflektierenden Strophen aus jeweils sehr verschiedenen Bewußtseinslagen heraus gesprochen sind. Nimmt man einen Augenblick an, Rilkes »Ölbaum-Garten« wäre der Text eines Oratoriums, so könnte man sich wohl vorstellen, daß der Komponist jede der drei Strophen einer anderen Stimme zuwiese. Nur schwer könnte man sich vorstellen, daß die erste Strophe mit ihrem abrupten Einsatz »Warum ein Engel?« und das abschließende Maestoso »Denn Engel kommen nicht zu solchen Betern« demselben Sprecher oder Sänger zuerteilt würde. Wenn hier von »abrupt« die Rede war, so liegt eine gewisse Eile, vielleicht sogar Voreiligkeit, ja schon im Einwurf, in der Unterbrechung als solcher. Sie liegt weiter im – möglicherweise verfrühten – Versuch, abschließend zu sein. Indem das zuerst Gesagte (16) am Schluß noch einmal gesagt wird (19), wird die Aussage gleichsam in sich selbst eingekreist, so als ob jede Widerrede ausgeschlossen sein sollte, während die fünfzehnte Zeile durch den Gedankenstrich offen ist. Ein beweglicher, unruhiger, zum Geistreichen neigender, seiner selbst sicherer Intellekt hat hier offenbar das Wort.

Die zweite Strophe (20-24) nimmt das Gesagte auf, aber in einer andern, mehr resignierenden Tonart. Man könnte sich, was gesagt wird, durch ein »Ja, es ist wahr« eingeleitet denken. Auch das wiederaufgenommene »ach« dieser Strophe (23) hat einen anderen Ton. Nicht nur die Verbindung mit »traurig« bewirkt das; auch das »ach« in »ach irgendeine« ist anders zu lesen als das »ach« der sechzehnten Zeile; mehr mit dem Unterton, ja, leider ist es so. Nicht im »Ungemeinen«, im Außerordentlichen der historischen Tragödie, sondern in der Gewöhnlichkeit, der Alltäglichkeit einer solchen Nacht liegt die Berechtigung, sie »traurig« zu nennen. Auch der Rhythmus ist viel ruhiger geworden.

Dann aber wechselt überraschenderweise der Ton noch einmal. Dem Unglauben an die tröstende Erscheinung des Engels, den die vorausgehenden Strophen kundgegeben haben, wird jetzt erst die eigentliche Begründung gegeben. Sie kommt aus einem viel tieferen Bereich und äußert sich mit ungleich größerer Eindringlichkeit. Ganz verständlich wird sie wohl erst im Licht von Rilkes religiösen Vorstellungen zur Zeit der Abfassung des »Ölbaum-Gartens«. Vor allem ein Gedanke ist hier wichtig, den Rilke sich im Anschluß an einen Aufsatz von Lou Andreas-Salomé gebildet hat. Es handelt sich um den Aufsatz »Jesus der Jude«, der im April 1896 in der *Neuen Deutschen Rundschau* erschienen ist. In seinem ersten Brief an Lou Andreas-Salomé, vom 13. Mai 1897, hat Rilke die ungeheure Bedeutung hervorgehoben, die dieser Aufsatz für sein Denken gehabt hat.[73] Die These, die der Aufsatz vertrat, richtete sich gegen den anthropomorphischen Gottesbegriff der modernen Wissenschaft. Es genüge nicht, fand Lou Andreas-Salomé, zu betonen, wie die Gottheiten durch die Menschen entstanden seien. Das eigentliche religiöse Phänomen liege vielmehr in der *Rückwirkung* einer, gleichviel wie entstandenen, Gottheit auf den an sie glaubenden Menschen. Nicht also »wie ein Volk sich seinen Gott gestaltet oder ihn von andern übernommen hat, sondern nur in welcher Weise und in welchem Grade dieser Gott auf dieses Volk zurückwirkt«, bestimmt sein religiöses Dasein. Das religiöse Genie aber ist es, das den seelischen Widerspruch löst, der darin liegt, daß der Mensch vor dem menschenerschaffenen Gott, seinem eigenen Geschöpf, kniet.[74] Betrachtet man unter einem solchen Aspekt ein Gedicht wie Rilkes »Der Reliquienschrein«, in dem der Goldschmied zuletzt auf den Knien liegt vor dem herrlichen Behälter, den er angefertigt hat als Behausung der wundertätigen Reliquie, dann erkennt man unschwer, wie sehr sich Rilke im Einklang mit dem Denken Lou Andreas-Salomés befand. Doch auch »Der Ölbaum-Garten« läßt es erkennen. Sehr deutlich wird dies schon im »Judenfriedhof« ausgesprochen, einer der *Christus-Visionen* von 1896/1897, die sich als Vorstufe des »Ölbaum-Gartens« ansehen läßt. Hier erscheint der wiedergekommene Jesus auf dem alten Judenfriedhof in Prag, Jesus, »der arme Jude, nicht der Erlöser«[75], und beginnt mit Gott zu rechten. Auch dieser Jesus hat den Himmel nach Gott durchsucht und ihn leer gefunden; auch er zieht die Folgerung, daß es diesen Gott nicht gibt:

So warst du niemals – oder warst nicht mehr,
als ich Unsel'ger auf die Erde kam.
Was kümmerte mich auch der Menschheit Gram,
wenn du, der Gott, die Menschen nicht mehr scharst
um deinen Thron. – Wenn gläubiges Gefleh
nur Irrsinn ist, du nie dich offenbarst,
weil du nicht bist. –[76]

Unverkennbar sind die Anklänge an Jean Pauls oder Nervals
Thematik der Gottesleugnung und doch nicht so spezifisch,
daß man mit Bestimmtheit sagen könnte, wo etwa Rilke
dieser Tradition verpflichtet ist. Worin er von ihr abweicht,
ist die Wendung, mit der Jesus die Nichtexistenz Gottes sich
selbst als Schuld anrechnet:

... und wenn du niemals warst,
so hätte meine Liebe und mein Weh
dich schaffen müssen bei Gethsemane.

Was hier dem Jesus des Gedichts als Selbst-Anklage in den
Mund gelegt ist, wird im »Ölbaum-Garten«, sprachlich
gesteigert, zum abschließenden Urteil, unter dessen Härte die
Ereignisse des Gedichts und Jesus selbst gestellt werden. Der
Engel, der in dieser Nacht nicht kommt, *ist* nicht, weil der,
der ihn braucht, ihn nicht erzeugen kann, sowenig wie er den
Gott erschaffen kann, der ihn erhört. Wenn Jesus in einer
anderen Christus-Vision müde zur verfallenen Kirche von
Nago emporsteigt, und ihm gesagt wird:

Aber heute bis du schon matt. Und dein Kleid
ist bestaubt.
Staubig dein Haupt[77],

so gilt das auch für den Christus des »Ölbaum-Gartens«.
Auch er ist ein »Ermatteter«. Keineswegs aber ist hier nur die
einmalige, in den Evangelien überlieferte Geschichte nacher-
zählt; dieser Jesus steht vielmehr für alle Ermatteten, für alle,
die ihren Glauben verloren haben, den Glauben an ihren
Gott, ihre Sendung, ihre Aufgabe, ihre schöpferische Kraft.

»Die sich-Verlierenden läßt alles los«: damit wird die Gültigkeit eines Gesetzes ausgesprochen, dem alle unterstellt sind. Es könnte sein, daß dies als Richtspruch gemeint ist, mit dem auch Malte gemessen wird und dem sich auch der Dichter in härtester Selbstbefragung immer wieder unterzieht. Das Schicksal aber, das dem »Sich-Verlierenden« in den zwei Schlußzeilen mit der Gewalt eines alt-testamentlichen Fluchs angedroht wird, ist ein Schicksal, das er, sich aus allen Bindungen lösend, als radikal Vereinzelter längst über sich gebracht hat. Sehr deutlich sind die verschiedenen Ebenen gegeneinander abgegrenzt, auf denen sich das Gedicht abspielt: es spricht der geschwächte, devitalisierte Christus des modernen Bibelverständnisses (6-14); es spricht die ungeduldige Skepsis der modernen Bibelkritik (16-19), und es spricht am Ende ein biblisches Pathos, zu dem sich paradoxerweise ein Gedicht steigert, das scheinbar mit aller biblischen Überlieferung gebrochen hat. Gerade in dieser Paradoxie aber liegt die unerwartete Tiefe, die sich an seinem Ende auftut.

Anmerkungen

1 Rainer Maria Rilke – Katharina Kippenberg, *Briefwechsel* (Wiesbaden, 1954), S. 43 und 54. – S. a. S. 95 und Anm. S. 639.
2 Grundlegend hierzu Käte Hamburger, »Das Todesproblem bei Jean Paul«, *DVj* VII (1929), S. 446ff.
3 Jean Paul, *Werke*, hrsg. v. Norbert Miller (München, 1960ff.), I, 303. – Sofern nicht anders angegeben, wird nach dieser Ausgabe zitiert.
4 *Werke* II, 3. Aufl. (München, 1971), S. 513.
5 *Des Luftschiffers Gianozzo Seebuch, Werke* III, 966.
6 *Siebenkäs, Werke* II, 270.
7 *Selina, Werke* VI, 1116.
8 Johann Arnold Ebert, *Youngs Klagen oder Nachtgedanken deutsch* (zweisprachige Ausgabe) (Braunschweig, 1751) II, 174.
9 Siehe Rudolf Unger, *Zur Dichtung und Geistesgeschichte der Goethezeit* (Berlin, 1944).
10 *Werke* II, 267.
11 *Ebd.*, S. 266.
12 Kurt Schreinert in der Einleitung zum *Siebenkäs*. Jean Pauls *Sämtliche Werke*, Hist.-krit. Ausgabe, 1. Abt., Bd. V, S. L.
13 *Werke* II, 266.
14 *Briefe,* Hist.-krit. Ausgabe, 3. Abt., Bd. I, 313.
15 Schreinert, *a. a. O.*, S. Lf.

16 *Sämtliche Werke*, Hist.-krit. Ausgabe, 2. Abt., III, 163.

17 *Des Luftschiffers Gianozzo Seebuch*, Werke III, 927.

18 *Sämtliche Werke*, Hist.-krit. Ausgabe, 2. Abt., III, 401.

19 *Ebd.*, S. 166.

20 *Werke* II, 268.

21 Goethe, *Faust*, v. 11550.

22 *Jean Paul 1763-1963*. Sonderausstellungen des Schillers-Nationalmuseums, Katalog Nr. 11 (Stuttgart, 1963), S. 18.

23 Max Kommerell, *Jean Paul*, 4. Aufl. (Frankfurt 1957), S. 15.

24 *Experimentum medietatis* (München, 1947), S. 30.

25 Madame de Staël, *De l'Allemagne*, nouvelle édition par la comtesse Jean de Pange, avec le concours de Mlle Simone Balayé, vol. III, (Paris, 1959), p. 289.

26 Hierzu Fernand Baldensperger, »Le ›Songe de Jean Paul‹ dans le Romantisme français« in dessen *Alfred de Vigny* (Paris, 1912), p. 159-176; Albert Béguin, *L'âme romantique et le rêve* (Paris, 1963), p. 183-186; Robert Minder, »Jean Paul in Frankreich«, in dessen *Dichter in der Gesellschaft* (Frankfurt, 1966), S. 84-107, und vor allem die umfassende Arbeit von Claude Pichois, *L'image de Jean-Paul Richter dans les lettres françaises* (Paris, 1963).

27 Wolfgang Hecht, »Äußerungen von Zeitgenossen über Jean Paul«, in: *Festgabe für Eduard Berend zum 75. Geburtstag* (Weimar, 1959), S. 182.

28 Pichois, *a. a. O.*, S. 49; auch *De l'Allemagne* III, S. 283, Anm.

29 Der Brief ist bei Pichois, *a. a. O.*, S. 461-463, abgedruckt.

30 Das Für und Wider dieser Fragen erörtert, auf die Ermittlungen von Pichois gestützt, Byron R. Libhart, »Madame de Staël, Charles de Villers, and the Death of God in Jean Paul's *Songe*«, *Comparative Literature Studies* IX (1972), p. 141-151.

30^a Pichois, *a. a. O.*, S. 466.

31 *Étude de littérature comparée: Charles de Villers* (Genève, 1908), p. 393, note 2. Zitiert nach Pichois, p. 58, note 44.

32 *Alfred de Vigny*, p. 162.

33 *Dichter in der Gesellschaft*, S. 86.

34 *A. a. O.*, p. 255.

35 Hier zitiert nach der Ausgabe der *Sämtlichen Werke* (Berlin, 1826-1838), Bd. 44, S. 43-87.

36 *A. a. O.*, S. 56f.

37 *Ebd.*, S. 80.

38 *De l'Allemagne* III, 285.

39 *Ebd.*, p. 286.

40 *A. a. O.*, S. 81.

41 *Ebd.*, S. 81.

42 *Ebd.*, S. 57.

43 Vgl. Albert Béguin, »Le Songe de Jean Paul et Victor Hugo«, *Poésie de la Présence* (Paris, 1957), pp. 151-165.

44 Gérard de Nerval, *Œuvres*, hrsg. v. Albert Béguin und Jean Richer, Bibliothèque de la Pléiade (Paris, 1966) I, 6.

45 J. W. Smeed, *Jean Paul's Dreams* (London, 1966), p. 83.
46 Bernhard Böschenstein, »Der Lyriker Nerval, Hölderlin und Jean Paul«, *Seminar* VI (1970), Nr. 1, 138-153. – Zu Nervals *Le Christ aux Oliviers* vgl. außer Pichois u. a. Gérard de Nerval, *Les Chimères*, exégèses de Jeanine Moulin (Lille et Genève, 1949) und Gérard de Nerval, *Les Chimères*, edited by Norma Rinsler (London, 1973).
47 Nerval, *Œuvres*, p. 7.
48 *Ebd.*, p. 6.
49 *Werke*, hrsg. v. Karl Schlechta, II (München, 1955), S. 205.
50 *Journal d'un poète. Œuvres complètes*, Bibliothèque de la Pléiade, II (Paris, 1948), p. 875.
51 Alfred de Vigny, *Poésies complètes*, texte établi et présenté par A. Bouvet (Paris, 1958), p. 288. So schon Jeanine Moulin, *a. a. O.*, S. 65.
52 *Les Destinées* d'Alfred de Vigny, commentées Pierre-Georges Castex (Paris, 1964), p. 116. Ebenso Paul Viallaneix, edit., Alfred de Vigny, *Œuvres complètes* (Paris, 1965), p. 104.
53 »Poème à faire. – Le rêve de Jean Paul: Jésus-Christ revient du Ciel et dit aux hommes qui l'attendent: ›Mes fils, il n'y a point de Dieu‹. Je veux le dire aux jeunes poètes et traduire la pièce de Jean Paul.« 8 mars 1856. *Le Journal d'un poète, a. a. O.*, p. 1319.
54 *Ebd.*, S. 1126.
55 *Ebd.*, S. 1125.
56 *Ebd.*, S. 902.
57 Hierzu siehe Karl S. Guthke, *Die Mythologie der entgötterten Welt* (Göttingen, 1971).
58 Von der »tauben, blinden, stummen ... Notwendigkeit« spricht Jean Paul im »Anhang ... für Leserinnen zum *Kometen*«. *Werke* VI, 668.
59 *Poésies complètes*, p. 175.
60 Charles Baudelaire, *Don Juan aux Enfers*, *Œuvres*, édition de la Pléiade (Paris, 1954), p. 95.
61 *Le reniement de Saint Pierre*, ibid., p. 191.
62 *Œuvres complètes* I, 872.
63 *Œuvres* I, 6.
64 *Le Journal d'un poète, Œuvres complètes* II, 517.
65 *Gesammelte Werke* IX, 329. Vgl. a. Herbert Schöffler, »Die Leiden des jungen Werther«, *Deutscher Geist im 18. Jahrhundert* (Göttingen, 1956), S. 155 ff., und Hildegarde Drexl Hannum »Self-Sacrifice in *Doktor Faustus*«, *Modern Language Quarterly* 35 (1974), p. 294 f.
66 Rainer Maria Rilke, *Sämtliche Werke*, besorgt durch Ernst Zinn, I (Insel-Verlag 1955), 492 ff.
67 Auf die Struktur des *Ölbaum-Gartens* als Schweifsonett hat Judith Ryan hingewiesen, *Umschlag und Verwandlung* (München, 1972), S. 57. – S. a. Walter Mönch, *Das Sonett* (Heidelberg, 1955), S. 28.
68 Heinrich Heine, *Sämtliche Werke*, hrsg. v. Ernst Elster (Leipzig und Wien, 1890), I, 190.
69 *Poésies complètes*, p. 175.
70 *Sämtliche Werke* V (Frankfurt, 1965), 660.

71 *Ebd.*, S. 663.

72 Ulrich Fülleborn, »Form und Sinn der Aufzeichnungen des ›Malte Laurids Brigge‹«, in: *Materialien zu Rainer Maria Rilke, ›Die Aufzeichnungen des Malte Laurids Brigge‹*, hrsg. v. Hartmut Engelhardt (Frankfurt, 1974), S. 189.

73 Rainer Maria Rilke – Lou Andreas Salomé, *Briefwechsel*, hrsg. v. Ernst Pfeiffer (Zürich und Wiesbaden, 1952), S. 9f.

74 *Neue Deutsche Rundschau* VII (1896), S. 344.

75 *Sämtliche Werke* III, 157.

76 *Ebd.*, S. 158.

77 *Ebd.*, S. 162.

II. Wasser, Insel, Schiffbruch

Lebendiger Quell und Flut des Todes

Ein Beitrag zu einer Literaturgeschichte des Wassers

Rilke hat sich einmal gewünscht, es möchte jemand »eine Monographie des Blaus« schreiben. Auf den ersten Blick mag es befremden, einer Farbe so etwas wie eine Geschichte zuzusprechen, aber Rilke hat, »von dem dichten wachsigen Blau der pompejanischen Wandbilder bis zu Chardin und weiter bis zu Cézanne«, wirklich einen historischen Prozeß gesehen. *Welche Lebensgeschichte!* ruft er aus.[1] Die »Lebensgeschichte« eines Elements der dichterischen Landschaft, und zwar des Wassers, aufzuzeichnen, erscheint als ähnliche Aufgabe. Von den biblischen Brunnen der Tiefe und dem »laut aufrauschenden« Meer Homers bis zu den silbern sich schlängelnden Bächen der Anakreontiker, den tosenden Wasserfällen Heinses, den ziehenden Wirbeln Brentanos und weiter zu den schwarzen Kanälen Rodenbachs oder Trakls: welche Lebensgeschichte auch dies!

Was die nie geschriebene und also imaginäre Geschichte des Blaus auszeichnen würde, wäre die radikale Abwendung des betrachtenden Blickes vom Gegenstand zum Mittel, vom Was zum Wie. Es wäre eine ungemein technische, artistische Weise der Betrachtung; dennoch: Geschichte der malerischen Technik, an einem Einzelfall verfolgt, würde sich als Geschichte der Kunst erweisen. Ähnlich wie Gemälde mit Farben gemalt werden, aus Farbe bestehen, Farbe sind, aber die Farbe nicht zum Gegenstand haben, so werden Dichtungen, nach dem bekannten Wort Mallarmés, mit Worten gemacht, bestehen aus sprachlichen Einzelheiten, verbalen Elementen, aus Bildern, ohne daß diese Elemente ihr Gegenstand wären. Aber wenn die Aufgabe ähnlich ist, so ist sie doch nicht dieselbe. Denn was in der Malerei erst sehr spät möglich und mitunter zum Programm geworden ist: daß das Malen zum Thema des Malens wird, daß Farbe nicht Substanz, sondern Gegenstand des Malens ist (Bildtitel wie »Zweimal Rot mit Weiß«, »Tutto nero«, »Deep Orange on Black«[2] weisen darauf hin), das ist in der Dichtung leichter möglich und früher verwirklicht worden.

Das Wasser ist ein dichterisches Bild. Als solches ist es Teil einer dichterischen Landschaft, und die Landschaft selber ist durch viele Jahrhunderte nicht der Gegenstand einer Dichtung, sondern erscheint in zweierlei Form: als Hintergrund oder Rahmen eines Geschehens und als Gleichnis oder Metapher. Die »Gestade des silberwirbelnden Stromes[3], an dem Nausikaa mit ihren Gefährtinnen erscheint, sind Schauplatz menschlicher Begegnungen; »des unermeßlichen Meeres furchtbare Flut[4] ist der Schauplatz, auf dem Odysseus so »viel' unnennbare Leiden erduldet«[5] und auf dem er zugleich Tatkraft, Kühnheit und Ausdauer bewährt. Zugleich aber erscheint bei Homer, und dem ist keine geringere Beachtung geschenkt worden, Landschaft als Gleichnis. Das Kriegsgeschrei der Troer etwa tönt an gegen die Griechen wie die Meeresflut gegen den Strom, der mündend gegen sie andringt:

> Wie wenn laut an der Mündung des himmel-
>   entsprossenen Stromes
> Braust die gewaltige Flut, die heranwogt, rings
>   dann die äußern
> Felsengestad' auftosen mit weithin spritzendem
>   Salzschaum:
> Solch ein Getön der Troer erscholl nun.[6]

Oder:

> Wie der Sturm unbändiger Winde ...
> ... die Flut aufregt, daß sich ringsum
> Türmen die brandenden Wogen des weitauf-
>   rauschenden Meeres[7],

so stürzen Hektor, Paris und die Troer sich auf das griechische Heer.

Aber ob nun Landschaft als Hintergrund oder Gleichnis fungiert, immer ist sie auf das menschliche Geschehen bezogen, um das es geht. »Ohne Figuren ist eine Landschaft tot«, erklärte noch Goethe in seiner Besprechung von Geßners *Idyllen*.[8] Damals hatte man schon lange um die Berechtigung

und die Grenzen der »malenden Poesie« gekämpft. Aber selbst nachdem das Bildgedicht, nachdem die Landschaft ohne Figuren, in sich selbst beschlossen, ihr Daseinsrecht gewonnen hatte, blieb der Bezug auf den Menschen erhalten. Noch die ›dehumanisierte‹ Kunst des zwanzigsten Jahrhunderts ist eine Gestaltung menschlicher Erfahrung. Auch menschenleere Landschaften sind vom Menschen gesehene, beschriebene, empfundene Landschaften. Ihre Formen und Gestalten sind, belebt und unbelebt, so verschieden, daß man, wie Romano Guardini treffend gesagt hat, »an ihrem Wandel eine Geschichte der Literatur schreiben könnte«.[9] Diese Geschichte ist bisher sowenig geschrieben worden wie die Geschichte des Blaus.[10] Es liegt wohl nicht nur daran, daß es für ein solches umfassendes Unternehmen bisher an genügenden Vorarbeiten fehlt[11], die Aufgabe selbst scheint uns die Kräfte eines Einzelnen zu übersteigen. Dies mag es gerechtfertigt erscheinen lassen, sich auf einen Teilaspekt der Landschaft zu beschränken. So wie Rilke sich nicht eine Geschichte der Farben wünschte, sondern eine des Blaus, in der stillschweigenden Voraussetzung, daß, was für eine Farbe gälte, in abgewandelter Form auch für andere Farben gelten müsse, so steht zu hoffen, daß der historische Prozeß, der sich möglicherweise an einem Bestandteil der Landschaft nachweisen läßt, für die Landschaft überhaupt gilt.
Nicht jedes Phänomen der Landschaft erscheint uns für ein solches Unternehmen gleichermaßen geeignet. Das Wasser hat zunächst den große Vorteil der Ubiquität: Landschaft ohne Wasser – fließendes oder verborgenes – ist fast nicht denkbar. Wo es wirklich fehlt, trocknet die Landschaft aus zu einem einzigen starren Typ: der Wüste. Die Wüste als dichterische Landschaft ist in der Tat das große Gegenbild des Wassers, auch, und vielleicht vor allem, metaphorisch.[12] Nicht geringer ist der Vorteil, den das Wasser als Bild aus seiner Vielgestaltigkeit zieht: Quelle und Bach; Fluß, Strom und Meer; Teich und See; Brunnen und Fontäne; Katarakt und Strudel – eine Fülle von Erscheinungsformen bietet sich dem Gestaltungswillen des Dichters. Doch hat das Wasser neben der Wüste noch ein zweites Gegenbild: die Insel. Es ist das Gegenbild mit den reicheren Möglichkeiten. Meer und

Wüste ist eine gedachte, fast abstrakte Antinomie; Meer und Insel ist ein gesehener, erfahrener Gegensatz: Grenze und Grenzenlosigkeit, Formlosigkeit und Gestalt, Sicherheit und Gefahr, Einschließung und Freiheit, Ruhe und Bewegung, jeweils in ein einziges Bild zusammengesehen. Aber das Wasser geht mit Vorliebe noch andere Verbindungen ein: Meer und Schiff ist ein anderes Bild, das Gegensätzliches vereint und das – wiederum mit großen metaphorischen Möglichkeiten – den Menschen, als Seefahrer, schwimmend, fahrend, scheiternd, ertrinkend, dem Elementaren begegnen läßt. Mit den übrigen Elementen hat das Wasser die bildhafte Polarität gemeinsam. Wie das Feuer wärmt und leuchtet und zugleich gierig zerstört, wie die Luft als Atem und Sturm Leben erhält und Leben vernichtet, wie die Erde den sprossenden Keim in sich birgt und den verwesenden Leichnam, Wachstum und Zerfall, so erscheint auch das Wasser als ein Doppeltes: als Quell des Lebens und als Flut des Todes. Es kann unmöglich ein Zufall sein, daß durch die Jahrhunderte hindurch gerade diejenigen poetischen Bilder sich als die fruchtbarsten und dauerhaftesten erwiesen haben, die solche polaren Gegensätzlichkeiten in sich begreifen. Nur sie sind imstande, den Doppelaspekt des Lebens, den der Verstand weder begreifen noch auflösen kann und auf den die Erfahrung doch immer wieder stößt, im Bild zu bezeichnen und zu spiegeln. *Poesie*, hat Goethe erklärt, »deutet auf die Geheimnisse der Natur und sucht sie durchs Bild zu lösen«.[13] Eines der großen archetypischen Bilder, in denen sie das versucht hat und immer wieder versucht, ist das Bild des Wassers.[14] Schon diese höchst summarische Aufzählung läßt erkennen, daß die Geschichte des Wassers nicht die mikroskopische Untersuchung eines Details sein kann, die man auf den ersten Blick erwartet. Sie ist in Wahrheit eine ›unerschöpfliche‹ Aufgabe. Das heißt nicht, daß sie unbegrenzt wäre. Auch das unerschöpfliche Meer hat seine Konturen, seine Grenzen und Gliederungen. Und so hat auch die Geschichte des Wassers bei aller Fülle der Erscheinungen ihre natürliche Gliederung. Der tiefste Einschnitt liegt wohl am Beginn des achtzehnten Jahrhunderts. Dies hängt mit dem großen ›Traditionsbruch‹ des Jahrhunderts zusammen. Je größer der Abstand wird, der uns von dieser Epoche trennt, desto deutlicher wird, daß die geistige Tradition des Abendlandes, die rund anderthalb Jahrtausende auf der wechselseitigen Durchdringung von Christentum und Antike beruht hatte, im achtzehnten Jahrhundert zwar nicht zu einem plötzlichen Ende kam, aber von da ab auch nicht mehr als selbstverständlicher Besitz vorausgesetzt werden kann.

Im Bereich der dichterischen Bilderwelt, mit der wir es zu tun haben, heißt das, daß der dem Dichter und seinen Hörern oder Lesern ursprünglich gemeinsame Besitz an dichterischen Symbolen, Zeichen und Bildern anfängt, seine Allgemeingültigkeit und fraglos hingenommene ›Bedeutung‹ zu verlieren, und mehr und mehr durch subjektive, private, symbolische Systeme ersetzt wird. Die alten dichterischen Topoi verblassen. Dennoch kann niemand das eigentliche Wesen der neuen dichterischen Formen und Strukturen verstehen, der sich nicht darüber klar ist, was ihnen vorausgegangen ist. Denn die ›Ströme‹ und ›Wasser‹ der Dichtung, die das achtzehnte Jahrhundert durchströmen, sind ja nicht im achtzehnten Jahrhundert entsprungen; sie tragen, von Geschichte schwer, die Fracht von Jahrtausenden mit sich. Auch die versteinerten Topoi weisen noch auf das Leben hin, das sie einst enthielten; gerade die Bilderwelt des Wassers geht auf uralte menschliche Erfahrungen zurück, die, mitunter nur halbbewußt oder unbewußt, ihren Anteil an modernen Schöpfungen haben, und selbst eine radikal das Vergangene ablehnende moderne Dichtung setzt das Vergangene voraus. Von dieser Vergangenheit muß also in jeder Darstellung der Moderne die Rede sein.

Unbezweifelbar ist das Wasser als Landschaft und als Sinnbild eins der ältesten, großen, archetypischen Bilder der Dichtung überhaupt.[15] Mythisch steht es am Anfang der biblischen Schöpfungsgeschichte; es ist, in den Mythologien und Kosmogonien der alten Völker wie in den Einsichten der modernen Naturwissenschaften, die Ursubstanz, aus der das Leben hervorgegangen ist, und es ruft, die Erde befruchtend, Leben hervor, wo immer es hinkommt. Auch diese lebenspendende Kraft ist im Bild einer mythischen Landschaft Gestalt geworden, dem Strom, der den vom Herrn gepflanzten Garten Eden wässert und der sich teilt in die vier Paradiesströme, die nach den vier Himmelsrichtungen von ihm ausgehen. So ist das *lebendige Wasser*, als eins der vier Elemente, »ein überaus schönes Gottesgebilde«[16], als Quelle und Fluß befruchtend, erquickend, reinigend, heilend, als Meer drohend und mächtig zwar, doch von Gott begrenzt und bewacht. Auch die tödliche Macht, die im Element lauert, ist ins mythische Bild verdichtet, im Bericht von der großen Flut, die Gott verhängte, »als es ihn reute, daß er die Menschen gemacht hatte« (*1. Mose* 6,6). Die Erzählung von dem Tag, »da aufbrachen alle Brunnen der großen Tiefe, und taten sich auf die Fenster des Himmels, und kam ein Regen auf Erden vierzig Tage und vierzig Nächte« (*1. Mose* 7,11-12), beschwört eine Urangst und Urerfahrung der Menschheit. Die Sagen vieler Völker wissen von einer solchen großen Katastrophe zu berichten. Aber indem sich mit dem Bild der Vernichtung das der Rettung verbindet, indem die in der Arche Geborgenen die Flut überstehen und auf der verwüsteten Erde ein neues Leben begründen, erscheinen Meer und Schiff nicht einfach als Schauplätze eines einmaligen und besonderen Ereignisses, sondern als große, gegeneinander stehende Bilder menschlicher Existenz in ihrer permanenten ›Ausgesetztheit‹ zwischen Tod und Leben, zwischen Gefahr und Überwindung der Gefahr. Die Sch ö n h e i t des Meeres ist erst sehr spät entdeckt worden; den Menschen, die sich in kleinen Schiffen auf ein unbekanntes und unerforschtes Element hinauswagten, war das Meer vor allem ein ungeheurer Gegner. »Das Land ist sicher, auf das Meer ist kein Verlaß.«[17] Diesen Gegner zu überwinden, war kein geringer Triumph; kein Wunder, daß ein seefahrendes Volk wie die Griechen auch das große Epos des seefahrenden Helden hervorgebracht hat. Durch die Jahrhunderte blieb die *Odyssee* eine Weltdichtung, überlebte Odysseus nicht einfach als Figur eines großen, sagenhaften, vorbildlichen Seehelden, sondern als Archetyp einer menschlichen Lebensform. Wenn also beispielsweise Schelling, von Goethe sprechend, die *Odyssee* als Goethes *Matrix* ansah und sie als »Kommentar für ihn«[18] bezeichnen konnte, so liegt darin die Erkenntnis einer solchen archetypischen Befindlichkeit. Das phantasiegeborene

Seefahrertum einer großen Dichtung auf die in bürgerlichen Formen gelebte Lebensreise eines großen Dichters zu übertragen, Bemeisterung des Meeres als Analogon zur Bemeisterung des Lebens anzusehen, die geistige ›Odyssee‹ zu entdecken, die in einem von Schöpfung zu Schöpfung und von Erfahrung zu Erfahrung beharrlich vordringenden Lebenswerk verborgen ist – all diese Möglichkeiten stehen im Einklang mit der eigenen Lebensempfindung Goethes, der sich in seinem »Gartenhüttgen« wie in einem »Schiff auf dem Meere«[19] fühlen konnte und als junger Mensch sein Lebensprogramm in der Sprache von Seefahrtsmetaphern entwarf: »Ich bin nun ganz eingeschifft auf der Woge der Welt – voll entschlossen: zu entdecken, gewinnen, streiten, scheitern, oder mich mit aller Ladung in die Luft zu sprengen.«[20]

Mit der Vorliebe für solche Metaphern steht Goethe in einer langen Tradition. Die allegorische Gleichsetzung von Schiffsreise und Lebensreise, die Übertragung physischer Eigenschaften und Wirkungen des Wassers auf geistige, seelische und existentielle Situationen ist uralt. Schon die Bibel ist voll von solchen Übertragungen; ihre Exegese ist es noch mehr. Wenn es von »Gottes Brünnlein« heißt, daß es »Wassers die Fülle« hat (*Psalmen* 65,10) und das Land wässert, so ist damit nicht einfach die Fruchtbarkeit der Äcker und Wiesen gemeint. Gott und das Göttliche selbst ist die lebendige Quelle; wenn Israel anderen Göttern folgt, dann verläßt es die »Quelle lebendigen Wassers« und macht sich »ausgehauene Brunnen, die doch löcherig sind und kein Wasser geben« (*Jeremia* 2,13); zu den Göttern Ägyptens betend trinkt es vom »Wasser Sihor«, und sich den Göttern Assyriens zuwendend vom »Wasser Euphrat« (*Jeremia* 2,18). »Wer da dürstet«, spricht dagegen Christus, »der komme zu mir und trinke!« Und: »Wer an mich glaubt, ... von des Leibe werden Ströme des lebendigen Wassers fließen« (*Johannes* 7,37 f.). Womit, wie der Evangelist erläutert, der Geist (logos) gemeint ist, den die empfangen sollen, die an ihn glauben.

Aus dem alten Vergleich des Lebens mit einer Seereise und der biblischen Erzählung von der Seefahrt Christi mit seinen Jüngern und der Stillung des Sturmes bildet sich nun eine neue christliche Form des Gleichnisses, in der der vom Verderben bedrohte Mensch in Christus seinen Retter findet und, ihm als Steuermann oder Piloten sein Lebensschiff anvertrauend, sicher einfährt in den Hafen des ewigen Heils. Diese Allegorik wurde jahrhundertelang weitergegeben, umgestaltet, erweitert; sie erstarrte bald zum Gemeinplatz. Ein paar Sätze aus einem Brief, den die Bürger von Suedra an den hl. Epiphanius schrieben, mögen die Typologie dieses Gleichnisses verdeutlichen. Die Schreiber bitten um Hilfe und Rat in Bedrängnis, drücken dies aber in einer umständlichen allgemeinen Einleitung aus, die sich der alten Schiffs- und Meerestopik bedient:

»Solange sanfter Wind das Schiff in seinem Kurs geradeaus treibt, kümmern sich diejenigen, welche das weite, breite Meer durchkreuzen wollen, nur wenig um die Häfen an den Gestaden, da sie glauben, mit leichter Mühe ihren Nachen über See zu bringen. Sobald aber eine widrige Bö in die Segel fährt, von allen Seiten die Wellenberge in die Höhe peitscht und das Schiff umbrandet, dann sehnen sie sich allerdings nach dem ruhigen Hafen und spähen das ganze in Sicht liegende Festland ab; können sie aber nirgends vor Anker gehen, so bleibt ihnen keine andere Wahl, als an einer zufällig vielleicht gerade nahen Insel zu landen, um sich zu retten, wie es eben geht. Nur indem sie auf diese zuhalten und sich unter den Schutz der vorgelagerten Klippen flüchten, können sie mit knapper Not dem ringsrum drohenden Verderben entrinnen.«[21]

Das ist, etwas ausgeschmückt, der alte Topos. Nun kommt die besondere Anwendung, die die Schreiber als Christen ausweist:

»So geht es auch uns, ... die wir, in der Heilslehre Gottes unterrichtet, das unruhige Meer des Weltgetriebes verlassen und unser Lebensschifflein in den sturmlosen Hafen Christi steuern möchten.«

Es handelt sich dabei nicht etwa um physische Not, sondern um innere Schwierigkeiten, um Glaubenszweifel, in die die Briefschreiber durch abweichende dogmatische Auffassungen geraten sind. So, vom »ruhelosen Wogentanz und schwerer Brandung umtost«, können sie niemanden finden, der geeignet wäre, die aufgeworfenen Fragen zu lösen, und bitten in dieser Lage den erfahrenen Bekämpfer der Häresien um Rat.

Für diese christliche Schiffahrtsmetaphorik gibt es zahllose Beispiele. Ihren vielleicht genialsten Griff tat sie, als es ihr gelang, selbst den großen Seehelden der heidnisch-antiken Überlieferung ins Christliche umzudeuten.[22] Die Möglichkeit dazu bot der zwölfte Gesang der *Odyssee*, in dem die Begegnung des Odysseus mit den Sirenen erzählt wird. In den Sirenen, die mit ihrem süßen Gesang den Schiffer ins Verderben locken, fanden die ersten christlichen Schriftsteller Sinnbilder der großen Versuchungen, denen sie gegenüberstanden. Deren eine war – gerade für die griechisch Gebildeten unter den frühen Christen – die immer drohende Lockung der Häresie. »Gar süß sind die Lieder der Häretiker«, heißt es bei Hieronymus, »und sie täuschen mit lieblichem Klang die Völker. An ihrem Gesang kann keiner vorübersegeln, außer er verstopfe seine Ohren und werde gleichsam taub.«[23] Die andere, die auf die Länge überwog, ist die Verlockung zur Weltlust. Nun gibt es der Versuchung gegenüber zwei Arten der Abwehr. Die eine besteht darin, ihre Lockung gar nicht zur Kenntnis zu nehmen, sie überhaupt nicht zu hören oder sich ihr zu verschließen – dies tun die Gefährten des Odysseus, denen die Ohren mit Wachs verklebt werden. Die andere ist, sie zwar zu vernehmen, aber kraft einer höheren Bindung ihr nicht folgen zu müssen. Indem Odysseus sich freiwillig an den Mast fesseln läßt, öffnet er sich dem dämonischen Zauber und besteht ihn zugleich, in Freiheit gefangen. Der Mast eines Schiffes aber und die quer gegen ihn stehende Segelstange waren in der frühchristlichen Bildersprache schon bald ein Gleichnis des Kreuzes geworden. »Glückhafte Fahrt haben die Menschen, die in ihren Schiffen das Kreuz Christi wie einen Mastbaum umfassen.«[24] Innerhalb eines Denkens, dem allegorische Bezüge überall so nahe liegen, ist es nun fast selbstverständlich, daß der an den Mast gebundene Odysseus auf den ans Kreuz geschlagenen Christus weist. Denn wenn, so erklärt Maximus von Turin, die Bindung an den Mastbaum schon »jenen Ulixes … vor aller Gefahr behütet« hat, so hat nun der

»Mastbaum des Kreuzes das gesamte Menschengeschlecht aus der Gefahr des Todes gerettet«, so daß auch wir die »lockenden Gefahren der Welt mit verklebten Ohren durchsegeln ... Denn der Mastbaum des Kreuzes läßt den Menschen, der an ihn gebunden ist, sicher in die Heimat gelangen«.[25]

Die Einbeziehung des Odysseus in die christliche Mythologie ist nicht etwa die einmalige Erfindung eines geistreichen Kopfes, sie entspricht vielmehr dem grundsätzlichen Bestreben der frühen und der mittelalterlichen Kirche, aus der griechischen Tradition zu übernehmen und für sich umzudeuten, was immer sich in das Gebäude der christlichen Theologie einbauen ließ.[26] Und so wird diese kühne und eindrucksvolle Verschmelzung zweier Mythologien immer wieder aufgenommen. Das »Schiff der Kirche«[27] aber wird zu einem Topos, der von Tertullian bis zur Neuzeit in den mannigfaltigsten Variationen wiederkehrt.[28] Noch im Barock beherrscht jeder Dichter dieses allegorische System wie selbstverständlich:

Die Welt ist wie das Meer; ihr Leben ist gar bitter;
Der Teuffel/machet Sturm; die Sünden/Ungewitter;
Drauff ist die Kirch/ein Schiff; vnd Christus Steuer-Mann;
Sein Segel/ist die Rew; das Creutze/seine Fahn;
Der Wind/ist Gottes Geist; der Ancker/das Vertrauen/
Dadurch man hier kann stehn vnd dort im Port sich schauen.[29]

In diesem Gedicht Logaus ist nicht eine einzige Wendung neu. Unser modernes Bestehen auf Originalität wäre freilich noch dem Dichter des siebzehnten Jahrhunderts unverständlich gewesen. Ihm kam es vielmehr darauf an, sich und den Leser im Einklang mit einer geheiligten Tradition zu wissen, das durch die Jahrhunderte Erprobte zu wiederholen, sich am unbezweifelbar Wahren zu bestätigen. Wie alt diese Technik der allegorischen Reihung in der christlichen Literatur ist, läßt sich beispielsweise aus dem folgenden Text ersehen, einer Erklärung von *Jesaja* 28,1 f., die Hippolyt von Rom am Anfang des dritten Jahrhunderts geschrieben hat:

»Das Meer ist die Welt, in der die Kirche wie ein Schiff auf dem Meere vom Sturme umhergeworfen wird, aber nicht untergeht; denn sie hat bei sich den erfahrenen Steuermann Christus. In der Mitte trägt sie ja ein Siegeszeichen gegen den Tod, da sie das Kreuz des Herrn bei sich hat ... Ihre beiden Steuerruder sind die beiden Testamente, die ausgespannten Seile sind die Liebe Christi, die die Kirche zusammenhält. Das Wasser, das sie mit sich führt, ist das Bad der Wiedergeburt, das die Gläubigen erneut. Als glänzendes Segel ist der Geist vom Himmel da, durch den die an Gott Gläubigen besiegelt werden. Es sind auch eiserne Anker mit (dem Kirchenschiff) verbunden, das sind die heiligen Gebote Christi, die stark sind wie Eisen. Sie hat auch Schiffsleute zur Rechten und Linken, nämlich heilige Schutzengel, durch welche die Kirche geleitet und beschirmt wird ...«[30]

Dies ist ein Beispiel unter unzähligen. Die einzelnen Glieder solcher Ketten erscheinen oft beliebig austauschbar, als Variationen innerhalb desselben Systems; was sich gleich bleibt, ist die Deutung der Welt, deren Durchleuchtung und Einprägung sie zu dienen haben. Gleichzeitig läßt sich nicht übersehen, daß die allegorischen Systeme des Mittelalters im siebzehnten Jahrhundert abgenützt und mechanisch zu manipulieren waren. Es bedurfte der ganzen Glut eines großen Dichters wie Gryphius, um die erstarrten Zeichen noch einmal zu beleben. Logaus Begabung aber lag im Epigrammatischen; selbstverständlich konnte er die konventionellen Formeln der geistlichen Dichtung handhaben wie jedermann, doch war dies eine technische Übung, für die in diesem historischen Augenblick nicht einmal mehr Begabung nötig war.

Es ist sehr lehrreich zu sehen, daß noch einmal zwei Jahrhunderte später selbst ein großer Dichter wie Eichendorff dem dichterischen Wortschatz der kirchlichen Tradition kein Leben mehr einhauchen konnte. Sein »Schiff der Kirche«, 1848 entstanden und auf die politischen Ereignisse von 1848 bezogen, war, obwohl ein Gegenwartsgedicht, schon im Augenblick seiner Entstehung veraltet:

Die alten Türme sah man längst schon wanken,
Was unsre Väter fromm gebaut, errungen,
Thron, Burg, Altar, es hat sie all verschlungen
Ein wilder Strom entfesselter Gedanken;

Der wühlt sich breit und breiter ohne Schranken,
Ein Meer, wo zornigbäumend aufgeschwungen
Die trüben Fluten Fels um Fels bezwungen,
Und alle Rettungsufer rings versanken.

Doch drüberhin gewölbt ein Friedensbogen,
Wohin nicht reichen die empörten Wogen,
Und unter ihm ein Schiff dahingezogen,

Das weiß nichts von der Wasser wüstem Branden,
Das macht der Stürme Wirbeltanz zuschanden –
O Herr, du laß uns alle selig landen![31]

Die Konventionalität des Gedichts rührt nicht etwa von dem
fehlenden ›Erlebnis‹ her. Dem Kriterium der ›Echtheit‹, das
so gern an die Dichtung angelegt wird, würde das Gedicht
durchaus genügen. Unleugbar war es dem Dichter Ernst mit
der Gesinnung, von der sein Gedicht Zeugnis ablegt, unleugbar stellte er sich mit echter und tiefer Sorge den liberalen
Ideen der Achtundvierziger entgegen. Nun ist zwar sicher,
daß Eichendorff zur Kunstform des Sonetts kein ursprüngli-
ches Verhältnis hatte. Gerade wenn man den zauberischen
Klang seiner vollkommenen Gedichte im Ohr hat, das Lied-
hafte, Rauschende, Verschwimmende und Verfließende seiner Melodie, dann fühlt man um so mehr, wie wenig ihm von
Natur eine Kunstform lag, in der so viel auf innere Spannung,
feste Kontur und geistige Pointierung ankommt. Doch
bediente er sich der vorgeprägten Form nicht zufällig, sondern wie jemand, der, wenn ihn die Flügel nicht mehr tragen,
sich auf die Krücke stützt. Das »Schiff der Kirche« ist ein
Altersgedicht – Eichendorff war sechzig, als er es schrieb –;
doch hat auch der alte Eichendorff noch manches geschrieben, was zum mindesten als Nachklang seines eigentlichen
Tons im Ohre haftet. So ist das

> Wolle Gott den Schiffer wahren,
> Der bei Nacht vorüberzieht,

mit dem »In Danzig«, 1842 geschrieben, schließt, ein solches Echo seiner alten Melodie und seiner alten Motive; noch in der Wiederholung hat es, wie das ganze Gedicht, einen unverkennbaren Reiz. Eichendorff hat sich oft wiederholt; im »Schiff der Kirche« aber wiederholte er nicht sich, sondern die Thematik und vor allem das Vokabular einer Tradition, die ihm heilig war, deren Bilder dichterisch jedoch verbraucht waren. Der Strom der neueren Dichtung war seit langem andere Bahnen gezogen und Eichendorff mit ihm; sein »Schiff der Kirche« mutet an wie ein Fahrzeug, das ein alter Baumeister am Rande eines längst versiegten Strombetts gezimmert hat. Nicht anders wie dem »Schiff der Kirche« war es im Lauf der Jahrhunderte anderen großen, zum Topos gewordenen Schiffahrtsmetaphern ergangen, dem »Schiff des Staates« etwa, oder dem »Schiff der Liebe«. Daß jedoch auch zu Eichendorffs Zeiten noch große christliche Dichtung möglich war, bezeugt ein Gedicht wie Brentanos »Frühlingsschrei eines Knechts aus der Tiefe«.

Auch Brentanos Gedicht ist eine allegorische Dichtung: die Verzweiflung eines verlorenen Lebens erscheint im Bild einer vernichtenden Flut. Nur daß hier von keiner Menschheitskatastrophe und von keinem allgemeinen Schicksal die Rede ist; statt der »zum Abgrund gewordenen Welt«[32] ist es der Abgrund der eigenen Not, aus dem der Dichter flieht, und, schonungslos gegen das eigene Ich, ist der mythische Schauplatz umgewandelt zur inneren Landschaft:

> Andern ruf ich: »Schwimme! Schwimme!«
> Mir kann dieser Ruf nicht taugen!
> Denn in mir ja steigt die grimme
> Sündflut, bricht aus meinen Augen.[33]

Die Rettung aber, um die der Dichter ringt, kann nur von Gott kommen: ein Tropfen vom Blute Jesu herniedergeträufelt wäre das Wunder, das die bittere Flut reinigte und heiligte. Es ist dasselbe Wunder der Wiedergeburt, das sich jedes Jahr vollzieht, wenn der Herr die Erde zu neuem Leben erweckt, und das sich doch dem Dichter versagt. Brentano spricht es nicht aus, aber die Sinnbilder seines »Frühlingsschreis« sagen es für ihn: die tödliche Flut, in der er zu ertrinken droht, und das lebendige Wasser, in das sie durch Christi Blut verwandelt wird, sind Bilder des Sakraments der Taufe, in der der ins Wasser getauchte Mensch einen rituellen Tod stirbt und auftauchend neu geboren wird. So erklärt Dionysius Areopagita das Untertauchen des Täuflings im Wasser als »Bild des Todes und des der Sichtbarkeit entrückten Begrabenseins. Die Belehrung über die Symbole«, fährt er fort, »erschließt ferner den geheimnisvollen Sinn, daß der auf hl. Weise Getaufte durch das dreimalige Untertauchen im Wasser den urgöttlichen Tod des lebenspendenden Jesus während der drei Tage und drei Nächte dauernden Grabesruhe nachahmt, soweit Menschen die Nachahmung des Göttlichen möglich ist.«[34]

Untergang und Auferstehung im Wasser, symbolisch vollzogen im Akt der Taufe, ist ein Ritus, der an eine Urerfahrung der Menschheit rührt, an die Erfahrung von der wunderbaren Erneuerungskraft des Lebens. Im Bild des christlichen Sakraments hat sie sich so tief dem Bewußtsein der Menschen eingeprägt, daß, auch wo von dogmatischen Bezügen gar keine Rede sein kann, das bloße Eintauchen im Wasser an sich schon die Assoziation der Taufe hervorrufen kann. So hat man den Sprung in den Tagliamento, durch den sich der Held von Hemingways *A Farewell to Arms* vor den Feldgendarmen rettet, als »Ritus« verstanden. Durch diese »Taufe«, erklärt ein amerikanischer Kritiker, werde Frederick »wiedergeboren«; er gelange damit in eine Welt, in der der Mensch allein ist, nicht länger von der Gesellschaft getragen und in sie verflochten. Indem menschliche Geschichte und menschliche Verpflichtungen hinweggewaschen werden, »ersteht aus den Wassern des Tagliamento der Held Hemingways in seiner reinsten Form«.[35] Sprung oder Sturz ins Wasser, symbolischer Untergang, wunderbare Errettung: in dieser Folge liebt Goethe an bedeutsamen Stellen seines Werkes, in der Novelle von den *Wunderbaren Nachbarskindern* etwa oder am Ende der *Wanderjahre*, seinen Glauben an die Erneuerungskraft des Lebens im Bild zu bezeichnen. Wilhelm, der Arzt, in der Kunst erprobt, Ertrunkene zu beleben, hat die schönste Gelegenheit, diese Kunst an Felix zu bewähren, und indem er den Wiederbelebten als »herrlich Ebenbild Gottes« anruft, so ist damit der Mensch als solcher beschworen, der immer wieder, von innen oder von außen, beschädigt und verletzt, »immer wieder aufs neue hervorgebracht«, seine göttliche Natur erweist.[36]

Diese archetypische Erfahrung von Tod und Wiedergeburt braucht sich natürlich nicht im Bild des Wassers auszudrükken. Wenn der biblische Joseph von seinen Brüdern in die Grube und später in Ägypten ins Gefängnis geworfen wird, so ist das beide Male ein symbolischer Tod, bei dem er ins Grab gelegt wird und zu neuem Leben gelangt, und Thomas Mann hat in seiner Neuerzählung der mythischen Geschichte auf diese symbolischen Bezüge nachdrücklich hingewiesen. Mit tiefem Vorbedacht hat Brentano im »Frühlingsschrei« die neuerweckte Natur neben das mit der tödlichen Flut ringende, unerlöste »Ich« des Dichters gestellt, und ebenso absichtsvoll läßt Goethe am Anfang des *Faust* die Osterchöre, die vom Tod und der Auferstehung Christi singen, und die »vom Eise befreit[en] Strom und Bäche« des Osterspaziergangs als zwei große Manifestationen derselben Urbeschaffenheit des Lebens in Erscheinung treten. Die Phiole aber, die Faust *mit Andacht* herunterholt, um mit der *braunen Flut*, die sie enthält, sein Leben zu beenden, wird mit seltsam ritueller Feierlichkeit apostrophiert. Auch sie bietet denselben Doppelaspekt von Tod und Leben, den die Natur in der zyklischen Folge von Winter und Frühling und der Mythos von der Auferstehung Christi aus dem Grabe offenbaren. Denn die Schale, die jetzt in ihrer *Höhlung*, in ihrer *Höhle* – und die Wahl dieser Worte ist schwerlich ein Zufall – den tödlichen Trank enthält, hat bei anderen Gelegenheiten ganz anders, als Freudenbecher nämlich, gedient. Faust spricht ausführlich davon, wie die Trinkschale bei festlichen Anlässen zum Umtrunk herumgereicht wurde und wie sie die Gäste erheiterte. Die ›Handlung‹ des Dramas würde solche Ausführlichkeit kaum erfordern, wohl aber die Kontrapunktik der Dichtung. Faust führt die Schale mit dem Gift an die

Lippen, feierlich und mit Worten, die den Tod als Durchgang zu einer neuen Daseinsstufe preisen. Ironischerweise leistet der nicht getrunkene Trank dann genau dasselbe, was sich Faust vom getrunkenen erhofft hatte: er öffnet wirklich die Bahn »zu neuen Sphären reiner Tätigkeit«. Hier von einer ›Taufe‹ zu sprechen, liegt auch deshalb nahe, weil in der Kirche von altersher die Osternacht die Nacht der Taufe war.[37] Man müßte dies freilich eine Taufe nennen, bei der Faust sich selber tauft.[38] Zu einer solchen Handlung wäre sein extremer Individualismus, der sich »weder vor Hölle noch Teufel« fürchtet und den das Jenseits wenig kümmert, durchaus imstande. Selbst wenn man jedoch das Wort ›Taufe‹ scheut, so bleibt unbestreitbar, daß es sich um den rituell vollzogenen Akt einer Initiation handelt. Es ist nicht die einzige im *Faust*, dessen Struktur sich unter anderem ja auch als eine Folge von Initiationen begreifen läßt. Um nur noch eine herauszugreifen, sei an die klassische Walpurgisnacht erinnert, die sich, wie uns scheint, sinnvoller zu Osternacht und Osterspaziergang in Beziehung setzen läßt als zur ersten, mephistophelischen Walpurgisnacht. Auch sie bringt noch einmal eine ›Taufe‹, wenn auch eine ›heidnische‹: das Zerschellen des Homunculus am Muschelwagen der Galatea, sein Untergang im Element des Wassers, Eingang zugleich in neues Leben. Es ist dies dieselbe Nacht, in der Faust, durch die Unterwelt hindurchgehend, Helena losbittend, in eine neue große Lebensphase eintritt.

Anmerkungen

1 Brief an Clara Rilke vom 8. Oktober 1907.
2 Katalog der *documenta ii*, Kassel 1959.
3 *Odyssee* vi, 89, zitiert nach der Übersetzung von J. H. Voß.
4 Ebd. v, 174f.
5 Ebd. i, 4.
6 *Ilias* xvii, 263-266.
7 Ebd. xiii, 795-98.
8 *SW*, Jubiläums-Ausgabe, hg. v. E. v. d. Hellen, Stuttgart 1902ff., xxxvi, 77.
9 *Form und Sinn der Landschaft in den Dichtungen Hölderlins*, Tübingen/Stuttgart 1946, 12.
10 Zum Blau in der Dichtung vgl. Edgar Lohner: *Schiller und die moderne*

Dichtung, Göttingen 1964, 49 ff.

11 Rainer Gruenter hat mit Recht von dem »ebenso häufig wie vergeblich
   bearbeiteten Gebiet der dichterischen Landschaftsdarstellung« gesprochen: *Das wunnecliche tal*, in: *Euphorion* 55 (1961), 342.

12 Zu der metaphorischen Antinomie von Meer und Wüste vgl. die ausgezeichneten Ausführungen von Wystan Hugh Auden: *The Enchafed Flood
   or The Romantic Iconography of the Sea*, London o. J., 11-42.

13 *Maximen und Reflexionen*, No. 904, *Goethes Werke*, Hamburger Ausgabe, hg. v. E. Trunz, 1948 ff., XII, 493.

14 Vgl. hierzu die psychologische Typologie des Wassers, die Gaston
   Bachelard entwickelt hat, *L'eau et les rêves*, Paris 1942.

15 Vgl. Mircea Eliade: »Les eaux et le symbolisme aquatique«, in: *Traité
   d'hist. des religions*, Paris ²1953, 168 ff.

16 Johannes von Damaskus, *Darlegung des orthodoxen Glaubens* II, übers. v.
   Dionys Stiefenhofer, München 1923, 66. Ähnlich Cyrillus: »Das Wasser
   ist etwas Großes und von den vier sichtbaren Elementen der Welt das
   schönste«, *Des Heiligen Cyrillus . . . Katechesen*, übers. v. Philipp Häuser,
   München 1922, 51. Vgl. auch das Lob des Wassers im 3. Kapitel von
   Tertullians Buch über die Taufe.

17 *Die Vorsokratiker*, hg. v. Wilhelm Capelle, Stuttgart o. J., 66.

18 Novalis berichtet dies A. W. Schlegel in einem Brief vom 25. Dezember
   1797.

19 Brief an Goethes Mutter, (16.) November 1777.

20 Brief an Lavater, 6. März 1776.

21 *Des Hl. Epiphanius von Salamis . . . Ausgewählte Schriften*, übers. v. Josef
   Hörmann, München 1919, 9 f.

22 Vgl. hierzu das schöne Homer-Kapitel in Hugo Rahners, *Griech. Mythen
   in christlicher Deutung*, Zürich 1945, 414 ff., dem ich für das Folgende
   verpflichtet bin.

23 *Commentarius in Michaeam* I, 1 (PL 25, 1158C), zit. v. Rahner, a. a. O.,
   458.

24 Ambrosius, *Explanatio Psalmorum* 43, 17; Rahner, a. a. O., 470.

25 *Homilia* 49, *De Cruce Domini* 1 (PL 57, 339 f.); Rahner, a. a. O., 482 ff.

26 Eine Zusammenstellung von Belegen bei Rahner, *Odysseus am Mastbaum*, in: Zs. für katholische Theologie 65 (1941), 123-152.

27 Siehe u. a. Ekkart Sauser, *Symbolik des katholischen Kirchengebäudes*, in:
   Josef A. Jungmann, *Symbolik der katholischen Kirche*, Stuttgart 1960, 62.

28 Bei Tertullian schon im Bild der Arche Noahs präfiguriert: ». . . ecclesia est
   arca figurata . . .«: *De baptismo*, hg. v. J. M. Lupton, Cambridge 1908, 24.
   Noch bei Gryphius klingt diese Beziehung nach: »Wie sicher schifft, wer
   schifft in diesem Noae [= Jesus] kahn!«: *Sonette* v, 30, in: Bibl. des Lit.
   Vereins 171, Tübingen 1884, 176.

29 DLE, *Barock* III, 14.

30 Franz Joseph Dölger, *Sol Salutis – Gebet und Gesang im christlichen
   Altertum*, Münster ²1925, 277.

31 Joseph von Eichendorff, *Dichtungen*, hg. v. Franz Schultz, Leipzig o. J., I,
   113 f.

32 Arnauld d'Andilly, *Comparaison du Deluge au sang repandu par Jesus-Christ*. Zum Motiv der Sintflut in den romanischen Literaturen vgl. die inhaltsreiche Studie von Erik Michaelsson, *L'eau, centre de métaphores et de métamorphoses dans la litt. franç. de la première moitié du XVIIᵉ siècle – Le miroir de l'eau et le déluge*, in: Orbis Litterarum 14 (1959), 161.

33 Clemens Brentano, *Werke*, hg. v. Max Preitz, Leipzig/Wien 1914, I, 110. Unverkennbar sind die Anklänge an den 69. Psalm: *Gott, hilf mir, denn das Wasser geht mir bis an die Seele. Ich versinke in tiefem Schlamm, da kein Grund ist; ich bin im tiefen Wasser, und die Flut will mich ersäufen.*

34 *Des hl. Dionysius Areopagita Angebliche Schriften über die beiden Hierarchien*, übers. v. Josef Stiglmayer, München 1911, 115.

35 Robert Penn Warren, einer Bemerkung Malcolm Cowleys folgend, in: *Lit. Opinion in America* II, hg. v. Morton Dauwen Zabel, New York ³1962, 460.

36 *Goethes Werke*, Hamburger Ausgabe, VIII, 460. Walter Benjamin hat in seiner Deutung der *Wahlverwandtschaften* auf die Polarität der zentralen Symbolik hingewiesen, durch die Roman und eingelegte Novelle sich unterscheiden und verbinden: dem »lebendigen Strom«, in dessen »segensreiche Gewalt« die wunderlichen Nachbarskinder hinabtauchen, ist die »todbringende Macht der stehenden Gewässer« im Roman gegenübergestellt. Derselben kontrastierenden Symbolik war sich schon Zacharias Werner bewußt, als er in seinem Sonett auf die *Wahlverwandtschaften* Jordan und Acheron, den Fluß der Taufe und den Fluß des Todes, vereinte. Walter Benjamin, *Schriften* I, Frankfurt 1955, 74 und 106.

37 In diesen Zusammenhang gehört auch, daß unter den bevorzugten kirchlichen Lesungen der Osternacht Texte waren, in denen Heil und Rettung aus dem Wasser kommen: Noahs Rettung aus der Sintflut, Israels Durchgang durch das Rote Meer, die Parabel von Jonas und dem Walfisch. Vgl. Josef A. Jungmann, a. a. O., 13.

38 Ähnlich wie Werther sich das Abendmahl selber reicht: *Goethes Werke*, Hamburger Ausgabe, VI, 121.

Die Insel als Symbol in der deutschen Literatur

Professor Ernst Feise
in Verehrung gewidmet.

Nietzsche hat einmal den Wunsch ausgesprochen, es möge jemand die Geschichte jenes feinen Gefühls erzählen, welches Einsamkeit heißt. Diese Geschichte ist noch immer nicht geschrieben; nur eins ist seither sehr viel deutlicher geworden: daß es eine solche Geschichte *gibt*. Wir lesen sie ab aus den Werken der neueren Dichter, die fast überall wo wir sie aufschlagen Zeugnis ablegen von der Einsamkeit, in die der Mensch in unserer Zeit geraten ist. Den vielleicht tiefsten Grund solcher Vereinsamung hat Friedrich Schlegel in seinem *Gespräch über Poesie* folgendermaßen ausgedrückt: »Ihr müßt oft im Dichten gefühlt haben«, heißt es da, »daß es euch an einem festen Halt für euer Wirken gebrach, an einem mütterlichen Boden, einem Himmel, einer lebendigen Luft. Aus dem Innern herausarbeiten das alles muß der moderne Dichter, und viele haben es herrlich getan, aber bis jetzt nur jeder allein, jedes Werk wie eine neue Schöpfung von vorn aus dem Nichts. – Es fehlt«, fährt Schlegel fort, »unsrer Poesie an einem Mittelpunkt, wie es die Mythologie für die der Alten war, und alles Wesentliche, worin die moderne Dichtkunst der antiken nachsteht, läßt sich in die Worte zusammenfassen: Wir haben keine Mythologie.«

Diese Mythologie, die Schlegel vermißt, und das heißt doch ein allen gemeinsamer, alles verbindender Glaube, fehlt freilich nicht nur den Dichtern sondern jedem einzelnen. Und so steht jeder einzelne allein. Ein jahrhundertelanger Prozeß der Befreiung hat dem Menschen wachsende Unabhängigkeit gebracht, Lösung aus kirchlichen, feudalen, ständischen Bindungen; zugleich aber mit dem *Recht* auf Selbstbestimmung hat auch die *Schwierigkeit* der Selbstbestimmung zugenommen. Wo viel Wege zu gehen möglich ist, wird zuletzt keiner begangen. Und so ist von der extremen Isolierung, in die sich der Mensch am Beginn des 20. Jahrhunderts geführt sah, in der gleichzeitigen Dichtung immer wieder die Rede. Diese Verlassenheit liefert das Thema langer Romane und steht als Erlebnis noch hinter der einzelnen lyrischen Metapher; alles was für sich steht, was Grenzen um sich hat, was scharf umrissen und abgetrennt ist, kann zum Sinnbild solcher Isolierung werden: ein Haus, ein Berg, eine Burg, ein Turm, Gefängnis, Käfig, Spital, ein Garten, ein Teich im Wald, eine Statue im Park, ein leeres Boot ... So formt Rilke seine »Dinge«, »abgelöst vom Kontinent des Ungewissen«, bis sie ganz zur »Insel« werden.[1] Ebenso gleichnishaft, als Insel, empfindet schon der frühe Stifter selbst den menschlichen Körper, in dem einsam das Herz schlägt, und so, verlassen im Weltraum, schwebt ihm die »Insel Erde«.[2] Hält man sich überdies die Ableitung des Wortes »Isoliertheit« von Insula, Insel, vor Augen, dann muß man sich allerdings fragen, ob nicht das Bild der Insel eine besonders nahe Beziehung zum Thema der Einsamkeit hat.

Schon bei einem ersten flüchtigen Blick auf die deutsche Literatur bietet sich, von den Robinsonaden bis zur Inselstadt Venedig, in der Tat eine Fülle von Inseln der Betrachtung dar. Man muß sich freilich davor hüten, nun gleich in jedem Vorkommen von Inseln eine tiefere Bedeutung zu sehen. Daß Hölderlins »Patmos« oder Kleists *Verlobung in San Domingo* auf Inseln spielen, ist für unsere Untersuchung belanglos; um mehr als ein zufälliger Schauplatz, um *symbolisch* zu sein, muß eine Landschaft eine innere Beziehung zum Thema einer Dichtung haben. Diese innere Beziehung gilt es festzustellen, und um sie zu finden, muß man vom Gegenstand ausgehen; keine vorgefaßte Gleichsetzung von Insel und Isolierung ist statthaft.[3] Zunächst ist eine Insel nichts als ein Stück Land, das »für sich« ist; es mag in gewissen Fällen zum Ausdruck menschlichen Fürsichseins werden; wie aber solches Fürsichsein empfunden und bewertet wird, das müssen wir erst sehen. Auch hat nicht jede Literatur die gleiche Affinität zu einem bestimmten Landschaftstypus. Hallers »Alpen« sind naturgemäß nicht von einem Hamburger, sondern von einem Schweizer, und dieselbe Bedeutung, die der Wald in der deutschen Dichtung hat, werden wir nicht von der italienischen Literatur erwarten.

Es ist wohl kein Zufall, daß zwei seefahrende Völker die großen klassischen Inseldichtungen geschaffen haben: die Griechen mit der *Odyssee* und die Engländer mit dem *Robinson Crusoe*. Wie sehr die Engländer durch ihre insulare Existenz geformt worden sind, hat man schon oft bemerkt. »Wir sind Inseln«, erklärt D. H. Lawrence einmal von den Engländern, »jeder von uns ist ein kleines Inselchen – für sich, und zwischen uns allen flutet das ewige Meer. Das ist die eigentliche Natur des Engländers: von Geburt her allein zu sein.«[4] Aber so weiß es schon ein Wort von Novalis: »Jeder Engländer ist eine Insel.«[5] In diesem Sinne ist der *Robinson Crusoe* ein grundenglisches Buch, darüber hinaus freilich ein europäisches. Ohne Wissen noch Wollen des Autors, dem es nur darum gegangen war, ein Abenteuer zu erzählen, hat hier die Naivität eines Genies den großartigen Ausdruck für die Tendenz eines ganzen Zeitalters gefunden, für den Glauben an den Einzelnen und seine Fähigkeit, das Dasein zu meistern. Das wird besonders deutlich, wenn man sich vergegenwärtigt, mit welchem Lebensgefühl noch das 17. Jahrhundert die gleiche Situation ergriffen hatte. Gegen Ende seines Romans läßt bekanntlich auch Grimmelshausen seinen Helden auf einer fernen Insel scheitern; doch die Haltung, in der Simplizissimus seine neue Existenz auf sich nimmt, ist die des Eremiten, nicht die des Kolonisten. Im gleichen Geiste, in dem hier der »Welt« abgesagt wird, ging man früher ins Kloster. Von Weltflucht aber, von Daseinsverneinung ist im *Robinson* nicht die Rede; und darin unterscheidet er sich auch ganz wesentlich von seinen späteren Nachahmungen: kein fernes Ideal wird gesucht, sondern ein Stück Wirklichkeit bewältigt. Ein neues Ethos irdischer Genügsamkeit kommt hier zur Geltung, ein Wille, sich im einmal Gegebenen und Vorhandenen einzurichten; und die Tatsache, daß Robinson sich nur gezwungen und widerwillig auf der Insel befindet, widerspricht dem keineswegs, sondern drückt nur die Paradoxie des menschlichen Daseins überhaupt aus.[6] Gewiß hat sich Robinson die Insel nicht aus freien Stücken zum Aufenthalt gewählt – nicht ohne Grund nennt er sie seine »Verzweiflungs-Insel« – aber gerade dies, daß er nackt und bloß aus dem Wasser ans Land geworfen wird, macht es möglich, in ihm ein Bild der menschlichen Existenz überhaupt und ihres »Geworfenseins« zu erblicken.[7] Denn im Grunde nicht anders wie Robinson tritt der Mensch ins Leben ein, und wenn Robinson, kein Held, kein Abenteurer, kein großer Mensch, die Mühsal dieses Lebens auf sich nimmt, und zwar unter Anfechtungen, Furcht und selbst Verzweiflung, dann liegt im zähen, fleißigen, stufenweisen Fortschritt solcher Daseinsbewältigung wiederum ein Sinnbild menschlichen Vertrauens auf die eigene Kraft und die Fähigkeit, die Welt durch Arbeit in Besitz zu nehmen. Man weiß, daß Rousseau im *Emile*, einem Erziehungsbuch, das von Büchern als Werkzeugen der Erziehung wenig hält, doch eine große Ausnahme gelten läßt: den *Robinson Crusoe*. Und da wo männlich-nüchterner, praktisch-tätiger Bürgergeist, Kants Wahlspruch der Aufklärung befolgend, den Mut hat, sich »des eigenen Verstandes zu bedienen«, da steht auch Defoes Roman in hohem Ansehen. »Sie können keinen Robinson Crusoe schreiben«, lautet Lichtenbergs wegwerfendes Urteil über den »entnervenden Werther und fade Klostergeschichten.«[8]

Die Geschichte der Nachahmungen des Robinson in Deutschland ist – vor allem dank der Forschungen Kippenbergs, Ullrichs und Brüggemanns – bekannt genug; mit den Begriffen Asyl, Exil und Utopie sind überdies treffliche Handhaben gewonnen, um die verschiedenen Möglichkeiten insularer Existenz zu erfassen. Die bedeutendste dieser Robinsonaden, Schnabels *Insel Felsenburg*, weicht nun von ihrem Vorbild auf eine Art ab, die für die deutsche Entwicklung höchst bezeichnend ist. Was dem *Robinson* gegenüber zu Unrecht behauptet worden ist: daß er ein Ausfluß der kulturkritischen Stimmung sei, die vom 17. Jahrhundert an eine nicht abreißende Tradition in Europa hat[9], das trifft auf die *Insel Felsenburg* allerdings in vollem Maße zu.

Die Welt, gegen die sich Schnabels Kritik richtet, ist die Welt der Intrige und Kabale, der Politik, der Gier, des Egoismus und Betruges, und sie wird dargestellt in den eingeschobenen Erzählungen, die von den Lebensschicksalen einzelner Figuren aus der Zeit vor ihrer Ankunft auf der Insel handeln. Diese Erzählungen sind keineswegs nur als spannende Episoden gedacht, sondern sollen die dunkle Folie abgeben, durch die das Idyll der Inselgemeinschaft erst zur vollen Wirkung kommt. Es ist dies eine Gemeinschaft von Handwerkern und Ackerbauern, deren Zusammenleben von christlich-pietistischen Grundsätzen geregelt sich auf brüderlicher Liebe aufbaut. Ehe man diese Lebensform als utopisch bezeichnet, wie es vielfach geschehen ist, sollte man sich doch vor Augen halten, daß fast im gleichen Jahre, in dem die *Insel Felsenburg* erschienen ist, der Graf Zinzendorf die Brüdergemeinde in Herrnhut gründete, und daß zur selben Zeit im amerikanischen Urwald, Inseln gleich rings von der Wildnis eingeschlossen, da und dort Siedlungen emporwuchsen, die nicht so unähnlich der kleinen Gemeinschaft waren, die Albert Julius auf Felsenburg um sich versammelt. Weltflucht und Lebensbejahung vertragen sich, anders als im *Simplizissimus*, auf der Insel Felsenburg aufs beste; hier glaubt man durchaus an den Sinn des Bauens und Pflanzens und die Arbeit für künftige Geschlechter, sofern es nur gelingt, sich vor der Macht der Bösen zu sichern und zu bergen und die reißenden Wölfe vor der frommen Herde fernzuhalten.

Hält man neben Schnabels Roman die rund fünfzig Jahre später entstandene *Insel* des Grafen Friedrich Leopold Stolberg, dann zeigt sich, daß der Geist, aus dem die *Insel Felsenburg* entstanden ist, sich offenbar nicht durchgesetzt hat. Die konstituierenden Elemente der *Insel Felsenburg*, das was erstrebt und was gefürchtet wurde, hatte seinen Zusammenhang mit der Wirklichkeit gehabt; die Inselgesellschaft des Grafen Stolberg jedoch ist ein viel künstlicheres Produkt: aus christlicher Ethik, Rousseauscher Naturschwärmerei und Elementen Platos nicht unbedingt organisch zusammengesetzt. Diese Insel ist ein Gebilde aus zweiter Hand, nicht erschaffen sondern erlesen; nach diesem Reich wird keine Expedition mehr ausgerüstet: ein paar Freunde rudern am Wochenende auf eine kleine Donauinsel und träumen dort, nicht ohne in den »anspülenden Wellen einige Flaschen achtundvierziger Rheinwein zu kühlen«, wie eine Insel beschaffen sein müßte, nach der auszufahren sich lohnte.

Im Lichte dieser unverbindlichen Inselträumerei verliert auch Stolbergs früherer Tyrannenhaß erheblich an Gewicht;

umgekehrt wie in Frankreich wird in Deutschland aus sozialer Empörung allzu leicht literarische Rhetorik. Es ginge zu weit, anzunehmen, daß die literarische Ausfahrt nach fernen Inseln in Deutschland eine Form des Revolutionsersatzes ist, aber auch ein ungleich kräftigerer Geist als Stolberg, Wilhelm Heinse, dessen *Ardinghello* immer wieder von Bekenntnissen zu Demokratie und republikanischer Freiheit durchsetzt ist, biegt am Schluß in den Wunschtraum ab. Die Schiffe Ardinghellos, die »voll jungen tapfern Römern und blühenden Römerinnen«, voll mit »Künstlern, Architekten, Bildhauern und Malern« ausfahren, einen neuen Staat und eine neue Religion zu gründen, könnte man sich eher auf dem Wege zu einem Atelierfest vorstellen.

Im selben Jahre 1787, in dem Heinse seinen Ardinghello nach den »glücklichen Inseln« Paros und Naxos ausschickte, befand sich Goethe auf Sizilien. Wenn je etwas für ihn entscheidend war, so war es, nach seinen eigenen Worten, diese Reise. »Hat man sich nicht ringsum vom Meere umgeben gesehen«, ruft er aus, »so hat man keinen Begriff von Welt und von seinem Verhältnis zur Welt.« Und wie so oft Goethe für sein Dichten eines sinnlichen Anlasses bedarf, so ist es hier der Eindruck dieser »Königin der Inseln«, wie er Sizilien nennt, sind es die »schwärzlichen Wellen am nördlichen Horizonte, ihr Anstreben an die Buchtkrümmungen, selbst der eigene Geruch des dünstenden Meeres«, was ihm »die Insel der seligen Phäaken in die Sinne ... und ins Gedächtnis ruft«. Der Plan zu einem Nausikaa-Drama steht vor ihm. Das »Meer- und Inselhafte« des Themas erscheint ihm als besonderer Reiz; als Grundmotiv nennt er später in einem Brief an Schiller: »Rührung eines weiblichen Gemüts durch die Ankunft eines Fremden.« Rührung, und mehr noch, Gefährdung, ja Zerstörung eines weiblichen Gemüts durch die Ankunft eines Fremden – es ist eine Goethesche Ursituation. So steht nicht nur Odysseus zu Nausikaa, so steht Weislingen zu Marie, Egmont zu Klärchen, Faust zu Gretchen. Über das Individuelle hinaus und durch das Individuelle hindurch scheint freilich Goethe immer auf ein Allgemeines, Gesetzhaftes hinzuzielen. Im Seefahrer Odysseus, im Schweifenden, ewig Bewegten, Wandererhaften drückt sich für ihn etwas vom Typus des Mannes überhaupt aus; im Beschützt-Geschlossenen, im Ruhig-Begrenzten, im »Inselhaften« etwas vom Urtypus der Frau. Die Symbolik von Meerfahrt und Insel kehrt, ein gleiches Verhältnis ausdrückend, im Bildbezug von Wassersturz und Hüttchen wieder, wenn Faust sich Rechenschaft gibt von seiner zerstörenden Leidenschaft für Gretchen in der Szene »Wald und Höhle«.

Ihre reinste Verkörperung hat Goethes Auffassung vom Wesen der Frau in der *Iphigenie* gefunden. Aus dem Titel – Iphigenie *auf* Tauris – hat man schließen wollen, daß Goethe sich den Schauplatz des Dramas als Insel vorgestellt habe. Es ist nicht eben wahrscheinlich, daß Goethe sein Tauris im wörtlichsten, geographischen Verstande für eine Insel gehalten hat; daß ihm jedoch auch hier in einem höheren Sinn das »Meer- und Inselhafte« vor Augen stand, daran ist wohl kein Zweifel möglich. Immer wieder, Orestes, den Tauriern, Thoas gegenüber, die Wilden, Schweifenden, Getriebenen bändigend, immer wieder bewährt die priesterliche Frau sich in der Grenzen setzenden Aufgabe einer wahrhaft humanen Gesittung, und ihr Heiligtum, der Platz, wo die Waffen ruhen und die Leidenschaften schweigen, wird zum gesteigerten Ausdruck eines höheren Seins, gleichsam eine Insel auf der Insel. Inselhaft inmitten der heranrollenden Flut der französischen Revolution behauptet sich auch die kleine Welt von *Hermann und Dorothea*, und Grenzen, Dämme und Deiche gegen die zerstörende Kraft des Meeres baut schließlich der altgewordene Faust.

Inselhafte Züge hat man auch am *Wilhelm Meister* festgestellt. Georg Lukács hat die »Gruppe tätiger Menschen«, die im Mittelpunkt des Romans steht, als »eine Art Insel« inmitten der bürgerlichen Gesellschaft bezeichnet, und als »Insel« erscheint ihm auch die Haltung, um die diese Menschen sich bemühen und die gewöhnlich als Humanismus verstanden wird.[10] Lukács freilich kann, auf Grund seiner streng marxistischen Einstellung, darin nur Utopismus sehen. Uns will vielmehr scheinen, daß Goethe wie so viele große Erzieher geglaubt hat, höheres Menschentum lasse sich innerhalb jeder Gesellschaftsform verwirklichen. Zweifellos beruht die Klassik auf bewußter Beschränkung, auf Auswahl und Verzicht, auf Fernhalten fremder, störender, feindlicher Elemente, auf Selbstbehauptung und Selbstverteidigung dem Unendlich-Fließenden gegenüber, auf dem Ausschluß des Kranken, Tödlichen, Chaotischen: in all diesem und in ihrem Beharren auf dem Festen, Dauernden und Begrenzten erscheint sie uns in der Tat als *inselhaft*, – utopisch ist sie damit keineswegs.

Eins haben übrigens alle Gestaltungen des Inselmotivs vom *Simplizissimus* bis zu Goethe gemeinsam, so verschieden auch das Lebensgefühl, das sich dieses Motivs bedient, jeweils sein mag: immer wieder wird ein Zustand angestrebt, der für wertvoll gehalten wird, immer ist Inseldasein eine höhere, reinere Lebensform, die man besitzt oder nach der man sich sehnt, und die auf jeden Fall einen Glauben voraussetzt. Bezeichnenderweise aber erscheinen nun neben und nach Goethe Inseldarstellungen, die Ausdruck eines völlig anderen Lebensgefühls sind. In Jean Pauls *Titan* zwar haben Inseln wie die Isola bella, Ischia oder die Insel, auf der Roquairol sich erschießt, keine Beziehung zum Lebensgefühl der Dichtung selbst, sondern sind lediglich Theaterkulissen, farbiger Hintergrund, der die Bedeutsamkeit romanhafter Vorgänge unterstreichen und erhöhen soll. Die Insel aber, nach der in einer typisch romantischen Novelle, in Eichendorffs *Meerfahrt* das spanische Schiff »Fortuna« segelt, hat wirklich eine neue Funktion. Sie symbolisiert kein Ideal, sondern eine Gefahr. Nach dieser Insel fahren, heißt der Magie der Ferne erliegen, auf ihr landen, den Kreis betreten, den ein Zauber umschließt. Nicht umsonst wird diese Insel von der Mannschaft »Venusinsel« getauft; wie um das geheimnisvolle Schloß im *Marmorbild* ist hier die Sphäre des Abenteuers und der Verführung, wo die Stimmen im Grunde betörend singen, wo man sich im Dickicht verliert, die heidnischen Göttinnen in den Zauberberg locken, und der Mensch die Zeit vergißt. Insel, das ist der verwirrende Reiz des Verbotenen, die ewige Verführung der Romantik, der der Romantiker Eichendorff immer wieder erliegt und aus der er sich immer wieder errettet, so wie man bei ihm aus einem verwilderten Italien zurückkehrt in ein braves Zolleinnehmerhäuschen, unberührt aus den Schlafzimmern schöner Frauen hinaustritt in die helle Morgensonne, und sich aus der bleichen Säulenpracht versunkener Venustempel wiederfindet am Fuß des christlichen Kreuzes.

Ein Zauber-Eiland ist auch Heines *Bimini*, nach dem Juan Ponce de Leon ausfährt »in bewimpelten Pirogen«, – eine Traum- und Märchenfahrt, die nie ihr Ziel erreicht; und *ent*zaubert fände sich der Schiffer, der Chamissos *Salas y Gomez* erreichte: ein kahler, öder, trostloser Fels im Meer. Hier leben, heißt verbannt sein. In vielerlei Bilder verkleidet sich Lebensenttäuschung: neben Heines bitter ironischem Scherz von der seligen Insel, die man nie erreicht, – die es nicht gibt –, und Chamissos grausamer Schilderung des exotischen Paradieses, das man *erreicht*, steht die Klage um die Inseln, die man besessen und verloren hat, als Heimat und Erfüllung: Hyperions Trauer um Tina und Kalaurea. Aber nicht nur die Frage nach der *Möglichkeit* insularer Existenz wird so erneut gestellt – und verneint –, sondern auch die Frage nach ihrer ethischen Wünschbarkeit. Stifters Hagestolz jedenfalls ist im unbeschränkten Besitz seiner Insel, inmitten eines Gebirgsees in lieblichster Landschaft hat er sich angesiedelt. Diese Insel jedoch ist letzte Zuflucht eines Menschenfeindes, und sein Haus, ummauert, vergittert, drückt noch einmal symbolisch gesteigert sein Bedürfnis nach Abgeschlossenheit, sein extremes Hagestolzentum aus. Aber was Rilke später im Schloß Duino empfindet: daß solche festen ummauerten Häuser nicht nur »generöse Asyle« sind – als was sie zuerst erscheinen – sondern ein bißchen auch »wie Gefängnisse«[11], das zeigt sich auch hier: auch der Hagestolz ist ein Gefangener, gesichert zwar doch zugleich in einer Einsamkeit, die ihn immer tiefer in Verhärtung, Erstarrung, Unfruchtbarkeit und Angst hineintreibt. So daß nun alles darauf ankommt, die Insel wieder ihres Inselcharakters zu entkleiden, und den Inselbewohner mit dem Festland in Verbindung zu bringen, d. h. ihn die Liebe, die teilnehmende Sorge für andere zu lehren.

Das Wort des Novalis: »alles Übel ist isoliert und isolierend, es ist das Prinzip der Trennung«, ist genau so umgekehrt gemeint: daß alle Trennung, alle Isolierung vom Übel ist.

Noch im 18. Jahrhundert hat Vereinzelung den Charakter männlichen Aufsichselberstehens – man kann und will allein sein – Goethes Götz und Prometheus, Schillers Tell sind Prägungen solches stolzen Selbstbewußtseins; nun, am Beginn des 20. Jahrhunderts hat Vereinzelung den Charakter einer schmerzlich empfundenen Not, mangelnder Verbindung mit dem Leben: jetzt *muß* man allein sein. Hofmannsthals Tor, Thomas Manns Tonio Kroeger, Schnitzlers Herr von Sala, Rilkes Malte, Kafkas Landvermesser sind solche Prägungen eines sinkenden Lebensgefühls. Dies Lebensgefühl selbst findet noch einmal ein großartiges Inselsymbol. Auf schwankendem Grund erbaut, trügerisch über dem Bodenlosen schillernd, fabelhaft wie ein Märchen, unwirklich wie ein Traum, abbröckelnd, versinkend und verfallend, dunkel leuchtend in den Farben des Untergangs, – so wird Venedig, von Platen bis Hofmannsthal und Thomas Mann, das immer wieder beschworene Spiegelbild einer Zeit, die vor ihrem Ende schaudert. Dies heißt nicht, daß man in der Betrachtung des Verfalls beharren muß; auch hier noch sind Tröstungen und Aufschwünge möglich. Im *Malte Laurids Brigge* ist beschrieben, wie hinter dem »weichen opiatischen Venedig« der Ferienreisenden noch ein zweites Venedig sichtbar wird, kein Vorwand zum Genuß, sondern ein »Beispiel des Willens«. Dieses vergangene, aber deshalb für Rilke nicht unwirkliche sondern »durch und durch vorhandene« Venedig taucht im »Spätherbst in Venedig« aus der müden Stimmung des Untergangs, nicht geisterhaft, sondern gegenwärtig mit einer fast bestürzenden Energie. In dem bekannten Brief an Witold von Hulewicz vom 13. November 1925 hat Rilke eine seltsame, nicht auf den ersten Blick verständliche Formulierung für die Aufgabe des Dichters gefunden. Dichten bedeutet für ihn: Sichtbares in Unsichtbares verwandeln. Das heißt: Erscheinung soll zu Wesen werden. Die »Erscheinung« Venedig ist ein flüchtiger Sinneseindruck auf den flüchtigen Besucher; das »Wesen« Venedig aber ist die so ungeheuer komplexe Ganzheit, ein Gebilde an dem Jahrhunderte geformt haben, eine Vorstellung, die nur im Bewußtsein des innerlich Schauenden lebt und der noch das umfassendste Bewußtsein nicht ganz Genüge tun kann.

Es ist eine unendliche Aufgabe.

Aus der Erkenntnis solcher Aufgabe gewinnt Rilke die Fähigkeit, ein gefährdetes Dasein zu »leisten«, den Punkt zu erreichen, wo das Schreckliche in das Schöne umschlägt, hingegeben an seine Bestimmung, das Leben *auszusagen*. Dies ist *eine* Möglichkeit, eine problematische Gegenwart zu bestehen, eine Möglichkeit persönlicher, individueller verstehender, dichterischer Bewältigung. Eine andere liegt im Glauben an die ewige Erneuerungskraft des Lebens selbst. Sie ist ausgedrückt in der Inseldichtung eines von Rilke tief verschiedenen Dichters, Gerhart Hauptmanns, der, ungeistiger aber naturnäher, in der *Insel der großen Mutter* tiefsinnig mit der Problematik unseres Daseins spielt. Zwar auch hier ist immer wieder von unserer »überlebten Zivilisation« die Rede; nicht umsonst bürgert sich auf der Insel im »utopischen Archipelagus« der Name »Finstermannland« für Europa und seine Kultur ein; aber in dieses Europa wird doch am Ende zurückgekehrt. Und in einem anderen Werk desselben Dichters, in der *Blauen Blume*, wird nun die Insel – ein sagenhaftes griechisches Leuke – nicht zum Sinnbild von Weltflucht und Einsamkeit, sondern zum Schauplatz einer seltsam gläubigen Vision: dem Einzug des Gottes Dionysos in die Kathedrale des gekreuzigten Christus. Was hier der Dichter im mythischen Gleichnis verkündet, ist die uralte Weisheit der Natur, mit der er sich im Bunde fühlt: nicht unfruchtbare Isolierung ist ihre tiefste Absicht, sondern Mischung und Verbindung, ein ewig neues Streben nach Vereinigung, aus dem ewig Neues hervorgeht.[12]

Ihre Eigenschaft als Asyl aber gewinnt die Insel noch einmal zurück in Ernst Wiecherts Erzählung *Das einfache Leben*. Der Held, ein früherer Kriegsschiffkapitän, der sich auf eine kleine Insel inmitten der Wälder des östlichen Deutschlands zurückgezogen hat, um dort als Fischer zu leben, flieht nicht eigentlich aus der Welt und will auch nicht das Leben überwinden, sondern es nur tiefer durchdringen und erfüllen. Auf dieser Insel wird nicht Einsamkeit gesucht, sondern Friede. »Einsam«, sagt ein alter Matrose, »ist nur der Mann, der seinen Kompaß wegwirft.« Und genau darum geht es in dieser Geschichte: nicht einen Kompaß wegzuwerfen, sondern einen Kompaß zu gewinnen, den auch die ungeheuersten magnetischen Stürme nicht in Unordnung bringen können. Der Mann, dem die Welt aus den Fugen gegangen ist, sucht sich auf engstem Raume wieder einzurichten, Auge in Auge mit den Elementen, mit den ewigen Kräften der Natur, mit Saat und Ernte, Jugend und Alter, Wachstum und Tod, gleich vertraut mit dem geheimnisvollen Zug der Fische und dem stillen Gang der Sterne. Worauf es dabei ankommt, ist, sich nicht zu isolieren sondern immer wieder das »Ganze anzupeilen«. Nicht ohne Grund heißt es von diesem Inselbewohner, er sei noch immer »auf dem Ozean«. Zugleich freilich ist er auf der Insel. Das heißt: inmitten des Fließenden, Gestaltlosen und Abgründigen, als das ihn das Leben umgibt, weiß er oder zum mindesten ahnt er ein Gesetzhaftes, das ihn nicht herauslöst sondern einordnet. Weder im Feuchten versinkend noch auf dem Festen erstarrend hat er teil an beiden Reichen: an Meer und Insel.

Anmerkungen

1 Rainer Maria Rilke, *Gesammelte Werke*, Bd. iv., Leipzig 1927, S. 387.

2 Adalbert Stifter, *Studien*, Bd. i, Leipzig o. J., S. 40.

3 Über die Beziehungen des Inselsymbols zur Mythologie vgl. a. Gerhard Nebel, *Feuer und Wasser*, 2. Aufl. Hamburg 1941, S. 164 ff. und Otto Oberholzer, *Richard Beer-Hofmann*, Bern 1947, S. 221 f., wo die Insel nicht so sehr als Sinnbild der Isolierung sondern der Vereinigung entgegengesetzter Elemente gesehen wird.

4 D. H. Lawrence, »Ein Brief an das Inselschiff«, *Das Inselschiff*, 1927, S. 291.

5 Novalis *Schriften*, Kritische Neuausgabe von Ernst Heilborn, Zweiter Teil, Berlin 1901, S. 199.

6 Von einem »Doppelleben« Robinsons, einer inneren »Gespaltenheit« zwischen dem Ideal der Genügsamkeit und Robinsons Unterbewußtsein, das ganz vom Gedanken des Exils bestimmt ist, spricht Brüggemann, *Utopie und Robinsonade*, Weimar 1914, S. 91 und passim.

7 Der Ausdruck stammt bekanntlich von Heidegger.

8 Georg Christoph Lichtenberg, *Aphorismen nach den Handschriften*, hrsg. von A. Leitzmann, Berlin 1902-1908, Bl. iii., S. 241.

9 So Werner Mahrholz in einer Besprechung von Hermann Ullrichs *Defoes Robinson Crusoe*, *Die Literatur*, Bd. 27, (1924-1925), S. 116 f.

10 Georg Lukács, *Goethe und seine Zeit*, Bern 1947, S. 37. Zu Lukács' Stellung vgl. Emil Staiger, »Marxismus und Goethezeit« ii, *Neue Zürcher Zeitung*, 30. Oktober 1947.

11 Briefe vom 19. Dezember 1912 und 28. Dezember 1911.
12 Über die große Bedeutung des Inselmotivs für Hauptmann s. a. Felix A.
   Voigt, »Die Insel der Seligen. Ein Beitrag zur Deutung der Weltanschau-
   ung Gerhart Hauptmanns«, *Germanisch-Romanische Monatsschrift*, 22,
   S. 270 ff.

Sein und Scheitern:
Zur Geschichte einer Metapher

I

like a Greek galley stranded

Als Gerard Manley Hopkins auf einer Reise in die Schweiz zum erstenmal das Matterhorn erblickte, verglich er es mit einem gestrandeten Schiff. Der Vergleich liegt keineswegs auf der Hand. Denn nicht leicht wird jemand, der wie Hopkins von Zermatt aus den kühn in den Himmel stoßenden Felsen betrachtet, sich an ein gestrandetes Schiff erinnert fühlen. Gerade das Inkommensurable des Vergleichs aber fordert zur Überlegung auf; hätte Hopkins nur eine Ähnlichkeit festgestellt, die ohnedies in die Augen springt, so wäre die ganze Frage ohne Bedeutung. Natürlich geht es nicht darum, ob Hopkins »richtig« gesehen hat. Wenn Kinder ziehenden Wolken zuschauen und in deren wechselnden Formen die seltsamsten Gestalten entdecken, so kümmern wir uns nicht so sehr um die »Richtigkeit« ihrer Beobachtungen als vielmehr darum, was sie uns in diesem Spiel von der Anlage ihres Wesens offenbaren. Denn wir wissen sehr genau, daß die spielende Phantasie zwar erfinderisch, aber durchaus nicht willkürlich ans Werk geht. Die gleiche Gesetzlichkeit liegt ihr zugrunde, die auch das Schaffen der Dichter bestimmt. Wenn also Hopkins das Matterhorn als ein gestrandetes Schiff erschien, so werden wir uns allerdings fragen müssen, welche Kräfte und Zwänge seines Wesens es waren, die unter so vielen Möglichkeiten gerade dieses Bild heraufriefen. Denn daß auch ganz andere Assoziationen möglich waren, dafür ist Hopkins selbst das beste Beispiel. Gleich am nächsten Tag, nun allerdings von einem anderen Blickpunkt, vom Riffel aus, betrachtet er den Berg von neuem und sieht ihn in veränderter und dazu wechselnder Gestalt: bald erscheint er ihm wie ein liegender Seelöwe, bald wie eine Sphinx, bald wie die Brillenschlange auf den Stirnbändern ägyptischer Könige, bald wie ein bloßer Raubtierzahn.[1] Schon die Häufungen zeigen, daß jetzt ein probender Kunstverstand am Werk ist, der nach passenden Bildern sucht, während jene erste spontane Vorstellung eines Schiffes offenbar schon unter der Schwelle des Bewußtseins bereitgelegen und nur auf den Anlaß gewartet hatte, in Erscheinung zu treten. Kenner von Hopkins' Leben wird dies wahrscheinlich gar nicht in Verwunderung setzen. Ist es nicht selbstverständlich, wird man sagen, daß die Anschauung eines Engländers, der seine Jugend in London verbracht hat, voll von Schiffen ist. Zu Hunderten muß er sie immer wieder im Hafen oder auf der Themse gesehen haben. Tatsächlich aber war das Schiff, das Hopkins an jenem Julitag in Zermatt vorschwebte, kein englischer Segler, sondern eine griechische Galeere. So jedenfalls vermerkt er es in seinem Tagebuch. »Not unapparent«, schreibt er, »that the Matterhorn is like a Greek galley stranded, a reared – up rostrum – the sharp quains or *arrêtes* the gunwales, the deck of the forecastle looking upon Zermatt, the figurehead looking the other way reaching up in the air, the cutwater and ram descending and abutting on a long reef – the gable-length of the mountain.«[2] Dieses Schiff also, das Hopkins hier beschreibt, hatte er nicht im Hafen von London gesehen, sondern auf der Reede von Aulis, bei Salamis, oder an der Küste Trojas. Nicht von der erfahrenen Welt, in der er aufgewachsen war, gibt es Zeugnis, sondern vom Stoff seiner Studien und der Richtung seines Geistes, die ihn ja auch zuletzt auf einen Lehrstuhl der klassischen Literatur nach Dublin führte.

Merkwürdiger noch ist das zweite Attribut, das Hopkins seiner Galeere zuerteilt: er nennt sie »gestrandet«. Wiederum wird man die nächstliegende Erwägung bezweifeln müssen. Wenn schon, könnte man an sich argumentieren, Hopkins in den Konturen des Matterhorns ein Schiff erblickte, so war dies – in dieser Bergwelt – ganz offenkundig ein Schiff, das nicht im Wasser schwamm, sondern festsaß. Doch wer so folgert, verkennt das Wesen und vor allem die verwandelnde Kraft der dichterischen Phantasie. Ein Dichter, der es mühelos fertigbringt, Äste eines Baumes als Takelwerk eines Schiffes zu sehen[3], könnte sein Schiff, wenn er wollte, sehr wohl zum Fahren bringen. Genauso leicht wie Hopkins Berg oder Baum zum Schiff umschuf, hätte er Täler mit Wasser füllen, Hügel und Hänge in Wellen verwandeln können. Er hat es übrigens getan: ein paar Tage später wandert er das Tal nach Valtournanches hinab, und da ruft ihm der Anblick eines leicht gewölbten Wiesenhanges tatsächlich das Bild einer wogenden Wasserfläche hervor[4], und eine Gruppe von Bäumen, die sich alle nach einer Seite verzweigen, sieht aus wie »Beete von Wasserpflanzen in einem strömenden Bach«.[5] Wieder ein paar Tage später sitzt er im Zug nach Vevey und betrachtet den Himmel. Dabei fällt ihm eine seltsame Art von Wolken auf, die wie »löcheriges Gewebe« erscheinen, aber mit diesem Vergleich nicht zufrieden, sinnt er der eigentümlichen Wirkung des Morschen, Löcherigen bei diesen Wolken weiter nach und findet zuletzt, daß sie aussehen wie »jene dunkelgrünen, seidenen, schleimigen, durchlöcherten Seepflanzen, die die Piers einsäumen und von glitschigem Holz im Meer herabhängen«.[6] Aber trotz dieser offensichtlichen Vorliebe für das Element des Flüssigen und des Fließenden ist es nicht das Bild eines schwimmenden, vom Wasser getragenen, sondern eines gestrandeten Schiffes, das Hopkins heraufbeschwört. Weiter: zwei der umfangreichsten Gedichte von Hopkins – »The Wreck of the Deutschland« und »The Loss of the Eurydice« – haben Schiffsuntergänge zum Thema. Von diesen Gedichten ist das eine sieben, das andere zehn Jahre nach dieser Tagebuch-Aufzeichnung entstanden; aber gerade dies immer wieder erneute Erscheinen einer bestimmten Vorstellung weist uns darauf hin, daß wir es vermutlich mit einer Idee, einer Spannung, einem Problem oder Erlebnis zu tun haben, das den Dichter beherrschte.[7] Nun sind Schiff als Sinnbild des Menschen und der menschlichen Seele, Meer als Sinnbild irdischer Nöte und Gefahren uralte Gleichnisse, für die es zahllose Beispiele gibt. Dem katholischen Konvertiten und späteren Jesuiten Hopkins, mit dem Schrifttum der Kirche wohlvertraut, mußte überdies eine besondere Abwandlung dieses Topos genau bekannt sein, das Bild nämlich vom sturmgetriebenen, scheiternden Schiffer als Gleichnis des in der Welt verlorenen Christen, und das Bild von der Heimkehr in den Hafen als Gleichnis der Rettung durch Gott oder Christus. Scheitern und Rettung im Bild des Schiffes, auch Hopkins kennt diese Vorstellung:

»Across my foundering deck shone / A beacon, an eternal beam.«[8] Auch ein Gedicht mit dem bezeichnenden Titel »Heaven-Haven« hat an dieser uralten Topik teil:

> And I have asked to be
> Where no storms come,
> Where the green swell is in the havens dumb,
> And out of the swing of the sea.[9]

Dies ist einer Nonne, die den Schleier nimmt, in den Mund gelegt. Einer solchen inneren Verknüpfung von Untergang und geistlicher Rettung kann dann zuletzt der tatsächliche unmetaphorische Schiffbruch als Ziel oder, wie Hopkins das ausdrückt, als »Ernte« erscheinen, als Ernte, bei der der *Sturm* das Korn einfährt: » ... is the shipwrack then a harvest, / Does tempest carry the grain for thee?«[10] Ähnlich hatte freilich schon im 17. Jahrhundert Christian Wernike das Scheitern zum eigentlichen Ziel gemacht, in seiner *Schiffahrt des Lebens*, die mit der paradoxen Betrachtung schließt, daß »wir den Hafen nur erreichen, wenn wir sinken«.[11]

Zweierlei kommt also bei Hopkins zusammen. Einmal eine persönliche Problematik, ein in seinem Leben immer wieder-kehrendes Gefühl des Versagens und Scheiterns, das sich von der Analogie angezogen fühlt, die im Bild des strandenden oder untergehenden Schiffes zum Ausdruck kommt. Diese persönliche Affinität aber wird überdies in Zusammenhang gebracht mit der christlichen Topik von Meersturm und Hafen. Nun scheint es sich bei alledem zunächst um einen Einzelfall zu handeln, um einen Dichter, dessen ausgeprägte Christlichkeit in einer Epoche sich auflösender oder zum mindesten geschwächter Christlichkeit eher eine Ausnahme darstellt. Eine eingehendere Untersuchung der Metaphorik und Motivik des scheiternden Schiffs zeigt jedoch, daß Bild und Thema des Schiffbruchs im 19. und 20. Jahrhundert immer wiederkehren, und zwar durchaus auch bei Autoren, bei denen kaum anzunehmen ist, daß Wahl, Bereich und emotionale Dynamik ihrer Bilder in besonderem Maße von der sprachlichen Tradition des Christentums beeinflußt sein könnten. Es ist natürlich unmöglich, die Geschichte dieses

Motivs hier im einzelnen zu verfolgen; nur ein einziges weiteres Glied aus der langen Kette sei herausgehoben und zum Anlaß einiger grundsätzlicher Überlegungen genommen.[12]

2

Die berühmt gewordene Rede, die Ortega y Gasset im Jahre 1932 gelegentlich der hundertsten Wiederkehr von Goethes Todestag hielt, ist reich an glänzenden und unerwarteten Formulierungen; ihre vielleicht seltsamste Wendung aber ist die Forderung, in der sie gipfelt, die Forderung an die Goethe-Forscher nämlich, »einen Goethe für Schiffbrüchige« zu schreiben.[13] Diese Forderung beruhte auf der Überzeugung Ortegas, daß das Wesen des Lebens überhaupt ein kontinuierliches Scheitern, ein beständiger Schiffbruch sei, und daß der Mensch, der seine Lage erfasse und ihr entsprechend lebe, sich als »Schiffbrüchigen« sehen müsse. Er glaube an keine Ideen, erklärte Ortega in dieser Rede, außer an die Ideen Schiffbrüchiger, und es sei nunmehr Zeit geworden, auch die Klassiker vor Gericht zu laden und zwar vor ein aus Schiffbrüchigen gebildetes Gericht, und ihnen gewisse peremptorische Fragen, das »wirkliche« Leben betreffend, vorzulegen.[14] Es versteht sich, daß Goethe, nach Ortegas Meinung, vor einem solchen idealen Gerichtshof nicht bestehen würde; ja, eben in dieser Anklage faßt Ortega seine bei aller Bewunderung sehr entschiedene Kritik zusammen: daß Goethe im Fortgang seiner Laufbahn die Grundbefindlichkeit des Lebens mehr und mehr aus dem Auge verloren habe, daß er sich auf dem Strom des Lebens habe treiben lassen, und daß er vergessen habe, daß er ein Schiffbrüchiger war.[15]

Nun braucht uns die Frage, ob Ortegas Goethe-Auffassung richtig ist, das heißt, sich mit der des Lesers deckt, hier nicht zu beschäftigen, sowenig wie es für unseren Zusammenhang wesentlich war, ob Gerard Manley Hopkins das Matterhorn

»richtig« gesehen hat. Wichtiger ist die symptomatische Seite der Sache. Was Ortega Goethe entgegenstellt, ist ein Lebensgefühl, dessen Kern das Wissen um die radikale Unsicherheit menschlicher Existenz ist, und für diese grundsätzliche existentielle Unsicherheit stellt sich ihm nun das Bild ein, auf das es uns ankommt: das Bild des Schiffbruchs. Immer wieder erscheint es im Fortgang des Goethe-Aufsatzes, von einem sicheren Instinkt für seine symbolische Brauchbarkeit hervorgetrieben. Denn gerade weil das Schiff eins der großen dichterischen Urbilder für ein Dasein ist, das die Gefahr der Tiefe, der Ferne, der elementaren Bedrohung zu bemeistern sucht, gerade deshalb wird ein Lebensgefühl, das alles Bewußtsein menschlicher Sicherungen zerschlagen will, auch das Bild vom schwimmenden, fahrenden, gesteuerten Schiff beiseite werfen und es statt dessen stranden, scheitern, untergehen lassen.

Daß Ortega, seiner zugespitzten und so streitbar vorgetragenen These zuliebe, ein vereinfachtes Goethebild zeichnet, ist offensichtlich. Gewiß ließe sich im Sinne seiner Position auf ein Goethesches Gedicht wie »Seefahrt« hinweisen: der hier so männlich fest das Steuer in der Hand hält und »scheiternd oder landend« seinen Göttern vertraut, ist wahrhaftig kein Schiffbrüchiger, sondern einer, der um die Möglichkeit des Schiffbruchs wissend sich ihm entgegenstemmt, der seinen eigenen Kurs zu fahren und sein Schiff sicher an Land zu bringen entschlossen ist. Aber andrerseits darf man doch auch bei Goethe eine sehr auffallende Vorliebe für die Metaphorik des Scheiterns nicht übersehen, von Fausts frühem Vorausblick auf Schiffbruch und Scheitern bis zu zahlreichen in den Briefen sich findenden Wendungen, in denen Goethe immer wieder auf die Möglichkeit des Scheiterns hinweist oder feststellt, daß er gestrandet ist. Gerade der *Faust* ließe sich, sozusagen ins Metaphorische übersetzt, als eine Lebensreise betrachten, die von Schiffbruch zu Schiffbruch zuletzt zur Bejahung des Seefahrens führt. Wie so oft bei Goethe läßt sich auch hier seine Haltung nicht so leicht auf eine eindeutige Formel bringen.

Was Ortega an Goethe stört, ist zunächst ein persönliches »Versagen«, der immer fortgesetzte Versuch nämlich, gegen seine Bestimmung zu handeln, daß heißt, eben seine Weigerung, ein »Schiffbrüchiger« zu sein. Darüber hinaus aber geht es hier sicher, obwohl Ortega das nicht ausdrücklich sagt, um Goethes Verwurzelung im 18. Jahrhundert. Und das 18. Jahrhundert, und zwar gerade so wie Ortega es sieht, beruht auf dem Glauben an die Rationalisierbarkeit der Welt. Es beginnt für Ortega schon mit Descartes *Discours de la méthode* vom Jahre 1637 und der darin ausgesprochenen Überzeugung, daß der Mensch, sofern er nur nach der Weise der Mathematiker logisch schließend von einem Vernunftgrund zum nächsten fortschreite, zuletzt selbst das Entfernteste und Verborgenste entdecken könne. Es war also bestimmt kein Jahrhundert Schiffbrüchiger. Ein Blick auf die deutsche Lyrik des 18. Jahrhunderts und ihre Motive bestätigt diese Annahme. Zwar fehlt das Bild des Schiffes in ihr keineswegs, aber statt Meer, Sturm und Untergang erblicken wir von Brockes bis zu Matthisson und Salis-Seewis friedlich auf stillen Gewässern sich schaukelnde Kähne, in denen man sich zur Feier des Augenblicks gesellig vereint.

Doch nicht nur das Vorkommen oder Fehlen eines Motivs in einer bestimmten Zeit hat seine Bedeutsamkeit, ebensosehr kommt es auf das Potential, auf die »Ladung« an, die ihm erteilt wird, und auf das positive oder negative oder möglicherweise mehrdeutige »Vorzeichen« unter dem es steht. Denn natürlich kennt auch die Literatur des 18.Jahrhunderts das Thema des Schiffbruchs, aber sie präsentiert es in einer, wie uns scheint, gerade für dieses Jahrhundert höchst bezeichnenden Abwandlung. Im *Robinson Crusoe*, in der *Insel Felsenburg*, in all den zahllosen Robinsonaden liegt der Schiffbruch chronologisch am Anfang der Erzählung; worauf es den Verfassern ankommt, ist offensichtlich nicht der Schiffbruch selbst, sondern was ihm folgt: die Jahre der Bewährung auf der Insel. In allen diesen Romanen ist der Schiffbruch im wesentlichen eine technische und innere Voraussetzung des zu Erzählenden, eine Voraussetzung, die die Schilderung einer auf sich selbst gestellten Existenz oder einer idealen Gemeinschaft, auf jeden Fall aber von naturhaftem, der Gesellschaft entzogenem »inselhaftem« Dasein erst möglich macht. Es hat seinen guten Sinn, daß Rousseau im

Erziehungssystem seines *Emile*, das alle Bücher ausschloß, doch eine große Ausnahme zuließ, eben den *Robinson Crusoe*. Denn Rousseau fühlte sehr deutlich, daß dieser scheinbare Abenteurerroman ein eminent pädagogisches Buch war, das die großen Wahrheiten des 18. Jahrhunderts in Situation und Handlung symbolhaft sichtbar machte.

Nicht weniger bezeichnend aber ist es, daß in dem Augenblick, in dem dieser Glaube zum ersten Mal schwer erschüttert wird, in der Romantik nämlich, sofort auch das Bild des Schiffbruchs eine andere Akzentuierung erhält. Es rückt jetzt an das Ende. Scheitern ist jetzt nicht mehr die Gelegenheit, die zum Gebrauch aller Kräfte und Fähigkeiten nötigt und sie damit steigert und entwickelt, sondern Scheitern heißt zugrunde gehen. Der Gesang der Sirenen, der in die Tiefe lockt, der Felsen der Lorelei, an dem der Kahn des Schiffers zerschellt, Wirbel, Strudel und Schlund, die ganze tödliche Macht eines feindlichen Elements wird jetzt heraufbeschworen.

3

im Scheitern das Sein erfahren

Vielleicht wird man sich weigern, im Vorkommen solcher Bilder Spiegelungen eines allgemeineren Zustandes zu sehen. Es liegt gewiß nahe, die Bildsymbolik eines Dichters wie Brentano mit ihren wirbelnden Fluten und scheiternden Kähnen als den Ausdruck einer ganz persönlichen, besonderen, vielleicht sogar abwegigen Problematik zu betrachten, und zweifellos ist sie das a u c h . Immer wieder aber müssen wir zugleich die Erfahrung machen, wie ein Kunstwerk, unabhängig vom biographischen Anlaß seines Entstehens, uns seelische Tiefen und geistige Zusammenhänge aufschließt, von denen sein Schöpfer selbst nichts geahnt hat. Denn wovon reden sie eigentlich, die Dichter, »symbolische Träume«, wie Hofmannsthal sie genannt hat?[16] Sind Bilder von Schiffbruch, Scheitern und Stranden magische Chiffren individueller Bedrohtheit oder künden sie von größerem, allgemeinem Verhängnis? Spricht der Dichter, und ganz besonders der große, der einmalige, der höchst persönliche Dichter auch von denen und für die, die ihn nicht zum Sprecher berufen haben? Nicht immer ist diese Frage leicht zu entscheiden und nicht immer wird sie sofort entschieden. Die große, beherrschende Gestaltung des Motivs vom untergehenden Schiff, die im 19. Jahrhundert geschrieben wurde, Melvilles *Moby Dick*, wurde vom fortschrittsgläubigen Optimismus der Zeitgenossen zunächst völlig zugedeckt und erzwang sich erst im 20. Jahrhundert ihre Geltung. Poe, der »Schiffbrüchige«, wie Barbey d'Aurevilly ihn genannt hat[17], war für seine Umgebung offenbar ein seelisch Kranker, der im Trunk verkam, mit einer bizarren Begabung für Angstträume und Visionen des Untergangs. Aber dieser seltsame Abseitige steht für uns heute im Mittelpunkt eines weitgespannten Netzes beziehungsreicher Verflechtungen. Da kommen Einflüsse von der deutschen Romantik her, und da ist die ungeheure Nachwirkung, die Poe in Frankreich erlebt hat. Die wird gewöhnlich auf seine Theorie der Lyrik zurückgeführt, die den Symbolisten Waffen lieferte, aber Baudelaire, der ihn übersetzte, bekannte zugleich, er habe, als er zum ersten Mal ein Buch von Poe aufschlug, »mit Erschrekken und Entzücken« nicht nur Stoffe gefunden, die er sich erträumt hatte, sondern Sätze, die er sich ausgedacht und die Poe schon zwanzig Jahre vorher geschrieben hatte.[18]

Keineswegs soll damit behauptet werden, daß die zahllosen Bilder von hilflos treibenden und untergehenden Schiffen, daß die ganze Lyrik des »naufrage«, die sich nicht nur bei Baudelaire, Verlaine, Mallarmé und Rimbaud, sondern bei vielen anderen findet, samt und sonders auf Erzählungen Poes wie *A Descent into the Maelstrom* oder den *A. Gordon Pym* zurückzuführen sei; worauf es zunächst einzig ankommt, ist die Häufung des Motivs, ganz gleich aus welchen Anlässen sie sich ergibt. Zu dieser Häufung gehört auch die außerordentliche Wirkung, die ein Gedicht wie Rimbauds »Bateau ivre« in Deutschland gehabt hat. Sie ist zuletzt noch in Brechts Ballade vom faulenden *Schiff* zu spüren. Aber nicht nur das scheiternde, auch das »verzauberte« Schiff hat in diesem Zusammenhang seinen Platz, das Schiff, das nicht scheitern *kann*, das keinen Hafen findet, das unter einem Fluch steht, also Coleridges »Ancient Mariner«, das Gespensterschiff bei Hauff, bei Heine und vor allem natürlich in seiner großartigsten Gestaltung, in Richard Wagners *Fliegendem Holländer*. Auch das Schiff, das stillsteht, wie es beispielsweise in C. F. Meyers »Eingelegten Rudern« erscheint, Ausdruck seelischer Lähmung, der Ziel- und Richtungslosigkeit, des »ennui«, ist Teil dieses Komplexes, ebenso das Schiff, das »leer« von vergeblicher Reise zurückkehrt: Baudelaires »Le Voyage« etwa. Eine seltsame und beklemmende Variante des Motivs sind schließlich die Dichtungen vom ertrunkenen Mädchen, die sich im Anschluß an Rimbauds »Ophélie« gebildet haben. Es ist durchaus nicht nötig, daß die Analogie von im Wasser treibender Leiche und Schiff jeweils ausdrücklich festgestellt wird, wie es etwa in Georg Heyms »Die Tote im Wasser« geschieht[19], auch ohne direkten Hinweis ist deutlich, daß, was so regungslos im Wasser treibt, eine Art Fahrzeug ist, aber ein totes, das kein Wille mehr lenkt. Starre, Passivität, Richtung nach abwärts und physischer Verfall vereinigen sich zu einer grausig eindringlichen Endform des Motivs.

Zahllose einzelne Metaphern von Kleist bis zu Kafka und den Jüngsten, bisher nur ungenügend durchforscht, vermehren das gewaltige Material; gerade sie sind oft besonders aufschlußreich. Ein Vergleich von drei Worten, wie er aus Hopkins' seltsamer Ansicht des Matterhorns hervorspringt, kann dabei erhellender sein als manche dickbändige Beschreibung eines tatsächlichen Schiffsuntergangs. Wichtig ist allein die Häufung; aus der Wiederholung der Phänomene schließen wir mit Recht auf ihre Bedeutsamkeit. So verfahren wir schon dem Einzelnen gegenüber. Die Handlungen, die ein Mensch im Laufe seines Lebens immer wieder begeht, halten wir fraglos für besonders bedeutsam; sie vermitteln uns die Erkenntnis seines Wesens. Nicht anders verhalten wir uns dem Dichter gegenüber: aus der Wiederholung von Worten, Bildern, syntaktischen Formen, von Gegenständen, Motiven, Situationen, Figuren, Stimmungen, Konflikten oder Ideen erschließen wir das Strukturgesetz seines Werkes.[20] Oft finden wir dann Elemente, die uns an einem Dichter aufgefallen sind, in anderen wieder und wir beobachten eine Gemein-

samkeit von Motiven, die schwerlich vom Zufall herbeige-
führt sein kann. Das Thema des Kindsmordes im Sturm und
Drang, das Motiv des Bergbaus in der Romantik, der Kon-
flikt von Vater und Sohn im Expressionismus sind.bekannte
Phänomene solcher Art, um deren Deutung man sich mit
Erfolg bemüht hat. Zu ihnen gehört auch das Bild des
Schiffbruchs, das in bestimmten Epochen, im Barock, in der
Romantik, im französischen Symbolismus, im Expressionismus mit besonderer Konzentration erscheint. Die Frage ist:
was treibt diese Bilder hervor, was bedeuten sie? Ernst
Jünger, der nach dem Zeugnis seiner Tagebücher mit geradezu unheimlicher Fasziniertheit die Berichte von Schiffbrü-
chen sammelt und studiert, hat eine Antwort gegeben. »Das
Lehrreiche an diesen Schiffbrüchen« heißt es in *Strahlungen*,
ist, »daß sie Weltuntergänge im kleinen sind.«[21] Man muß
vielleicht nicht gleich an Weltuntergänge denken; der Zusammenbruch von Staaten, der Untergang politischer oder geistiger Systeme mag einen Bezug herstellen, der näher liegt.[22]
Auf das Schiff als »Urbild einer sehr besonderen und strengen
Regierungsform« hat schon Herder hingewiesen[23]; das
»Schiff des Staates« ist überdies ein uralter Topos, der bis in
die Antike zurückgeht.[24]
Eine besondere Affinität zwischen einer bestimmten Erfahrung, einem Erlebnis, und einem dichterischen Bild, soweit
es nicht nur dekorativ eingesetzt ist, muß ja immer bestehen,
und niemand wird überrascht sein, daß eine Zeit, die so
überreich an Katastrophen ist wie die unsere, immer wieder
nach dem Bild des Schiffbruchs greift und sich in ihm
wiederfindet. Doch ist hier nicht nur an Katastrophen zu
denken, die von außen an den Menschen herantreten, die
durch Zufälle, Fehler, äußere Gewalt herbeigeführt werden;
es gibt eine Lehre, die das Wesen des Lebens überhaupt in der
Katastrophe sieht. Diese Lehre ist der Existentialismus. Es ist
hier von keiner Schulmeinung die Rede, sondern von der
geistigen Situation, die da entstand, wo weder die Heilslehren
des Christentums noch die Weltdeutung der Aufklärung
mehr Glauben fanden. Auf das Wort »Existentialismus«
kommt es dabei nicht an. In diesem Sinne würden wir Ortega
y Gasset als Existentialisten bezeichnen, ganz gleich wie er

sich selbst in bestimmten Fällen von existentialistischen Lehrmeinungen abgegrenzt hat. Und daß zwischen der Ausgangsposition des Existentialismus und dem Bild des Schiffbruchs eine tiefe innere Beziehung besteht, glauben wir allerdings. Das Wesen des Menschen, der ohne Gewißheit, ausgesetzt, gefährdet, in Katastrophen lebend, auf den Tod vorausblickend, der »schwimmend« sein Leben »macht«, – läßt es sich besser erfassen als im Bild des »Schiffbrüchigen«, wie Ortegas Goethe-Aufsatz es umreißt? Höchst bezeichnend ist es nun aber weiter, daß Ortegas »metaphorische« Position eine entscheidende Verstärkung erfährt von einem Denker, dessen führende Stellung im Existentialismus unbestritten ist, von Karl Jaspers nämlich. Denn Jaspers' ganze Philosophie läuft auf den Begriff des Scheiterns zu; in seiner Durchleuchtung gipfelt der Schlußband seines Hauptwerkes. Für Jaspers scheitert der Mensch unter allen Umständen und notwendig in der Welt: »Das *Scheitern* ist *das Letzte;* so erweist es die unerbittlich wirklichkeitsnahe Weltorientierung.«[25] Doch ist Scheitern nicht einfach Vernichtung; es zeichnet den Menschen aus, daß er *wissend* scheitern, daß er sich zu seinem Scheitern *verhalten* kann. Das Tier kann nicht scheitern. Für den Menschen aber – und auch darin liegt seine Freiheit – gibt es vielfachen Sinn von Scheitern, gibt es echtes und falsches Scheitern. Denn »aus dem Bewußtsein des Scheiterns folgt nicht notwendig die Passivität des Nichtigen, sondern die Möglichkeit eigentlicher Aktivität: *Was untergeht, muß gewesen sein* ... Ich will Bestand, um das erfüllte Scheitern zu erfahren, in dem mir erst das Sein aufgeht.«[26] Von dieser Jasperschen Position ausgehend, die hier nur ungenügend angedeutet ist, scheinen sich nun im wesentlichen vier Perspektiven zu bieten, unter denen sich das dichterische Bild des Schiffbruchs begreifen und einordnen läßt. Es gibt erstens ein christliches Scheitern, denn auch der Christ muß untergehen, muß diesem Leben absterben, um seine Rettung zu finden. Von der metaphorischen und allegorischen Fruchtbarkeit dieser Situation bietet die Lyrik des Barock eine überreiche Fülle von Beispielen. Es gibt zweitens die Leugnung des Scheiterns, das heißt, die Leugnung seiner Notwendigkeit, das Absehen von ihm, allenfalls seine

Zurückführung auf den Zufall. Das Zurückweichen von Sturm, Meer und Untergang zugunsten einer friedlichen und genügsamen seelischen »Binnenschiffahrt« auf Fluß und See, die in der Dichtung des 18. Jahrhunderts so vielfach zu beobachten ist, illustriert diesen Sachverhalt aufs eindrucksvollste. Es gibt drittens das nihilistische Scheitern, den Willen zum Ende, die Lust an der Vernichtung, den ersehnten Untergang: »O que ma quille éclate! O que j'aille à la mer!«[27] Und es gibt viertens das existentielle Scheitern, Scheitern als »Chiffre der Transzendenz«[28], wie Jaspers sagt, als Chiffre, die nicht schon der passiven Kontemplation wahrnehmbar wird, sondern nur der »Existenz, die als Dasein untergehend sie aus Freiheit hervorbringt«.[29]

Ernst Hemingways *The Old Man and the Sea* läßt sich vielleicht im Lichte dieses existentiellen Scheiterns betrachten. Denn zwar nicht im allerwörtlichsten, aber doch im eigentlichen Sinn scheitert der alte Santiago gewiß. Wohl bringt er sein Boot nach Hause, aber Zweck und Triumph der Fahrt ist ihm entrissen: den riesigen Schwertfisch, den er am Boote festgemacht hat, zerfetzen ihm die Haie; nichts als das blanke Skelett bringt er zurück. Es ist das Wunder von Hemingways Erzählung, daß hinter der Hinfälligkeit des Alters oder vielmehr durch sie, durch Fehlschlag, Niederlage und Vergeblichkeit unzerstörbar die Würde und Größe des Menschen offenbar wird. Was Hemingway hier gelingt, ist genau das, was Gottfried Benn, ein Wort Joseph Conrads sich zu eigen machend, als Aufgabe des Dichters bezeichnet hat: »Dichten heißt, im Scheitern das Sein erfahren.«[30]

Anmerkungen

1 *The Note-books and Papers of Gerard Manley Hopkins*, edited by Humphry House (London and New York, 1937), p. 109.

2 *Ebd.*, p. 108. Eintrag vom 21. Juli 1868.

3 »The hangers of smaller but barky branches, seen black against the leaves from within, look like ship-tackle«. *Ebd.*, p. 124.

4 »...a slope of meadow slightly pulled like an unsteady and swelling surface of water ...«, *ebd.* p. 112. – Ob es sich bei diesem und ähnlichen Vergleichen um selbständige Hervorbringung oder um literarische Reminiszenz handelt, ist nicht leicht zu entscheiden. An sich könnte man an Stellen denken wie Shelleys »the circumfluous plain waving below, / Like a

wide lake of green fertility«, wo es sich ja auch um eine gebirgige Landschaft handelt. (»The Boat on the Serchio«, *Poetical Works*, edit. by Thomas Hutchinson, London, 1921, p. 649). Doch ist es bei einem so alten und häufigen Topos wie dem der »wogenden« Saaten oder Fluren natürlich unmöglich, eine bestimmte, direkte Beeinflussung nachzuweisen. Es ist auch unnötig, denn in unserem Zusammenhang kommt es ja nur auf die seelische, immer wieder nach Ausdruck suchende Affinität zum Element des Wassers überhaupt an, wobei es gleichgültig ist, ob das Bild spontan entstanden oder übernommen ist.

5 Hopkins, *a.a.O.*, S. 112.

6 Gerard Manley Hopkins. *Gedichte. Schriften. Briefe*, hrsg. v. Hermann Rinn, übersetzt von Ursula Clemen und Friedhelm Kemp (München, 1954), S. 286.

7 Ein rigoroser Biographismus hat diese Vorliebe auf ein in einem sehr engen Sinne biographisches Moment zurückgeführt, nämlich auf den Beruf des Vaters. Dieser war im Versicherungswesen für Havarieschäden tätig und hat auch eine Schrift veröffentlicht *»The Port of Refuge, or advice and instructions to the Master-Mariner in situations of doubt, difficulty and danger«* (1873). W. H. Gardner nimmt in seiner Biographie des Dichters an, daß dies berufliche Interesse des Vaters dem Sohn das Thema des Schiffbruchs nahegebracht haben könne. (*Gerard Manley Hopkins*, vol. II (London, 1949, reissued 1958), p. 7.

8 *Poems of Gerard Manley Hopkins*, edit. by Robert Bridges, 2nd edition, (London, 1931), p. 67.

9 *Ebd.*, S. 8.

10 *Ebd.*, S. 21.

11 *Deutsche National-Litteratur*, Bd. 39., S. 543.

12 Heinz Otto Burger hat in einer Untersuchung zur Methode der Interpretation (*Germanisch-Romanische Monatsschrift*, 1951) auf die besondere Bedeutung der dichterischen Sinnbilder hingewiesen, und zwar gerade für eine historisch vorgehende Methode. Die von ihm geforderte »Dichtungsgeschichte in vergleichenden Sinnbildreihen« ist in der Tat eine lockende und bis jetzt noch unbewältigte Aufgabe; in ihr würde das Bild des Schiffbruchs zweifellos eine wesentliche Rolle zu spielen haben.

13 »Pidiendo un Goethe desde dentro«, *Obras Completas* IV (Madrid, 1947), S. 398. Der Text der deutschen Übersetzung, *Gesammelte Werke* III (Stuttgart, 1956), S. 271, hat: »Schreiben Sie einen Goethe für Ertrinkende«. Bei Ortega heißt es jedoch: »Escribanos usted un Goethe para náufragos«. Und in der Tat unterscheidet der Vortrag sehr sorgfältig zwischen »schiffbrüchig sein« und »ertrinken«; »Naufragar no es ahogarse«. (S. 397).

14 Ortega y Gasset, *a.a.O.*, S. 398.

15 *Ebd.*, S. 417.

16 *Prosa* III (Frankfurt, 1952), S. 377.

17 »Poe, ce Robinson de la poésie, perdu, naufragé, dans ce vate désert d'hommes«, Joseph Bollery, »Marginalia inédits de Baudelaire«, *Revue des sciences humaines*, janvier-mars 1954, p. 54.

18 Siehe Ernst Junker, »Baudelaire und Wagner«, *Deutsch-französische Rundschau* v (1932), S. 778.

19 *Gesammelte Gedichte* (Zürich, 1947), S. 42.

20 Diese Methode hat schon Baudelaire in einem Aufsatz über Théodore de Banville angewandt: »... si je trouve dans ses œuvres un mot qui, par sa fréquente répétition, semble dénoncer un penchant naturel et un dessein déterminé, j'aurai le droit de conclure que ce mot peut servir a caractériser, mieux que tout autre, la nature de son talent...« (*Œuvres*, Bibliothèque de la Pléiade, Paris, 1954, p. 1111.). Es versteht sich, daß man sich dabei nicht auf Wörter zu beschränken braucht.

21 2. Aufl. (Tübingen, 1949), S. 339.

22 Ganz in diesem Sinne bezeichnet Jünger Nietzsches *Willen zur Macht* als »Notizen auf der Fahrt durch Meere, in denen der Sog des Malstroms fühlbar wird«, (*Strahlungen*, S. 9) und dasselbe Bild wieder aufnehmend erklärt er in einem Brief vom 9. Januar 1957: »Der Malstrom erschien und erscheint mir noch als eine besonders gelungene Diagnose und Prognose unserer Zeit. Ihre Tendenz ist auf die knappste Formel gebracht.« Zitiert in H. F. Peters, »Ernst Jünger's Concern with Edgar Allan Poe«, *Comparative Literature* x (1958), p. 145.

23 *Sämtliche Werke*, hrsg. v. Bernhard Suphan, iv (Berlin, 1878) S. 354f.

24 Vgl. a. W. H. Auden, *The Enchafèd Flood*, (London, n. d.) p. 19: »Though the metaphor of the ship of state or society appears early, it is only employed when society is in peril.«

25 Karl Jaspers, *Philosophie* iii (3. Aufl., Berlin, Göttingen, Heidelberg, 1956), S. 202.

26 *Ebd.*, S. 225.

27 Arthur Rimbaud, *Œuvres complètes*, Bibliothèque de la Pléiade (Paris, 1946), p. 103.

28 Jaspers, *a. a. O.*, S. 219.

29 *Ebd.*, S. 223.

30 Gottfried Benn und Reinhold Schneider, *Soll die Dichtung das Leben bessern?* (Wiesbaden, 1956), S. 15.

Die Kahnfahrt

Ein Beitrag zur Motivgeschichte des 18. Jahrhunderts

I

In der Geschichte der Dichtung gibt es Schauplätze und Landschaften, die, immer wiederkehrend, sich mitunter zu großen Sinnbildern menschlicher Daseinsformen steigern. Zu ihnen gehören Wald und Fluß, Meer und Wüste, Insel und Schiff. Der Wald, in dem Jorinde und Joringel sich verirren, ist Urbereich alles Gefährlichen und Chaotischen; die Wüste, in der Brentano den Engel anruft, eine innere Landschaft seelischen Vertrocknens und Verdurstens; die Insel, auf der Ariadne ihre unsterbliche Klage anstimmt, der Inbegriff letzter tödlicher Einsamkeit, und das Meer, das der Fliegende Holländer durchfährt, der grenzenlose Raum der Heimatlosigkeit. Unter diesen mythischen Schauplätzen zeichnet sich das Schiff durch besondere Vieldeutigkeit aus. Uralt ist das Bild des Totenschiffs: von den Ägyptern und Kelten bis zu Baudelaire, zu Liliencron, zu Georg Heym, immer wieder stößt Charons Nachen mit seiner stummen Fracht vom Strande. Immer wieder aber segeln auch die Argonauten kühn aufs weite Meer hinaus, kreuzt Odysseus von Insel zu Insel auf der Fahrt nach der Heimat, immer wieder erscheinen die Mythen und Fabeln großer Meerhelden vor unserer Phantasie, Fabeln, in denen die schweifende, wagende, Gefahren trotzende Natur des Mannes Gestalt geworden ist. Doch nicht von dieser langen Reihe großer Schiffs- und Meermotive soll im folgenden die Rede sein, auch nicht von den fast endlosen Metaphernketten, jenen Topoi, die wie das »Schiff des Staates« oder das »Schiff der Kirche« von Jahrhundert zu Jahrhundert weitergegeben worden sind. Es soll vielmehr aus dieser langen Entwicklung nur *ein* Moment hervorgehoben werden: die Abwandlungen des Motivs nämlich, die im 18. Jahrhundert in Deutschland stattgefunden haben.

Noch die Lyrik des 17. Jahrhunderts hatte teilgehabt an den großen Metaphernsystemen der literarischen Überlieferung.

Zu ihren Lieblingsvorstellungen gehört die Gleichsetzung von Welt oder Dasein und Meer, und von Lebensnot und Sturm. Auf diesem Meere wird des Menschen Schiff umhergetrieben, beständig vom Untergang bedroht; nur wenn der Glaube Kompaß ist, Christus der Steuermann, besteht Hoffnung, den Hafen zu erreichen:

> Und wann dann schon tut sausen
> Der Wind auf diesem Meer;
> Wann schon die Wellen brausen
> Rund um mein Schifflein her:
>
> Will ich doch nie verzagen,
> Gott wird mein Helfer sein;
> Den Anker will ich schlagen
> Zu seinem Herzen ein.[1]

Ähnlich diesen Zeilen Friedrich von Spees lassen sich in der Lyrik des Barocks Hunderte und aber Hunderte von Strophen finden, in denen immer wieder der Mensch auf dem Meer des Daseins umgetrieben wird, ein gefährdeter Schiffer, um Hilfe flehend. Diese dichterische Technik feststehender allegorischer Sinnentsprechung wird im 18. Jahrhundert aufgegeben. Das Metaphernsystem des Barocks bricht zusammen, und zwar deshalb, weil das Glaubens- und Wertsystem, auf dem es beruht hatte, abzusterben beginnt. Von nun ab gibt es keine starren, ein für allemal festgelegten Gleichnisreihen mehr; ob ein Gegenstand, ein Schiff etwa, symbolisch ist, muß erst von Fall zu Fall entschieden werden. Die große Wendung vom Jenseits zum Diesseits, die sich anbahnt, spiegelt sich, wie könnte es anders sein, auch in der Dichtung, und die Dichtung hat ihren vollen Anteil an der Bestandsaufnahme der Wirklichkeit, die sich in der Wissenschaft vollzieht. Wobei unter »Wirklichkeit« in diesem Zusammenhang einfach die mit den Sinnen faßbare Welt gemeint ist, an deren Erforschung und Beherrschung der Mensch in wachsendem Maße seine Kraft setzte. Diese Wandlung des Lebensgefühls, die im 18. Jahrhundert vor sich geht, nimmt nun an dem Motiv des Schiffes, wie es die Tradition gekannt hatte, eine

Reihe höchst bezeichnender Veränderungen vor. Die bewußte allegorische Gleichsetzung von Schiffahrt und Lebensreise, von Meer und Dasein tritt zurück; ja, in einem erstaunlichen Maße schwindet das Meer überhaupt aus der deutschen Dichtung des 18. Jahrhunderts. Statt dessen erscheinen Flüsse und Seen, und auf ihnen Kähne und kleine Nachen.

Man mag geneigt sein, dies Phänomen aus lebensgeschichtlichen Verhältnissen zu erklären: es waren eben tatsächlich sehr oft Kahnfahrten, die die Dichter unternahmen und die ihnen dann zum Gegenstand ihrer Dichtung wurden. Und da diese Kahnfahrten naturgemäß auf Flüssen und Seen stattfanden, so würde das ohne weiteres die geringere Rolle, die das Meer in dieser Art von Dichtung spielen mußte, erklären. Dazu ist zweierlei zu sagen: einmal, daß es in der Dichtung nicht darauf ankommt, daß ein Dichter gewisse Erfahrungen selbst gemacht hat, sondern daß sie ihm als bedeutsam und der dichterischen Darstellung würdig erscheinen. Zweitens aber beruht Dichtung ohnedies nicht allein auf der Erfahrung, sondern ebenso oder mehr noch auf dem Wunsch und der Sehnsucht. Die Phantasie, die sich ein Griechenland erschuf, die ein Arkadien bevölkerte, hätte genauso das Weltmeer in Besitz nehmen können, wenn sie gewollt hätte. Goethe wollte es; Klopstock, Herder konnten die Metaphorik des Meeres nicht entbehren; die kleineren aber zogen das feste Land vor. Wie so oft aber sind es auch hier gerade die unselbständigeren und unoriginelleren Geister, die die Tendenzen und Strömungen einer Epoche reiner zum Ausdruck bringen und sich von ihnen prägen lassen.

Höchst bezeichnend für diese allgemeine Tendenz ist die Verlegung des Schauplatzes, die Salomon Geßner (1730-1788) vornahm, als er den Schäferroman des Longus, *Daphnis und Chloe*, in seine eigene Phantasiewelt übertrug. Die bukolische Landschaft des Longus grenzt ans Meer; räuberische Seefahrer brechen in diese friedlichen Gefilde ein, entführen Vieh und Menschen; es gibt gewaltsame Verwicklungen, Verfolgung zur See, untergehende Schiffe, schließlichen Friedensschluß. Von dieser Meerwelt des antiken Romans ist in Geßners *Daphnis* (1754) nichts mehr übrig. Zur landschaftlichen Mitte seines Romans macht Geßner einen Fluß, den Daphnis jedesmal im Boot überqueren muß, wenn er zu seinem Mädchen will. Derselbe Fluß belebt sich jedes Frühjahr mit einer Flotte von Nachen, wenn von beiden Ufern her die Hirten mit ihren Mädchen zum Heiligtum auf einer kleinen Insel fahren und den Nymphen Blumen darbringen. Da von diesem Fluß und von diesen Booten bei Longus keine Rede ist, liegt die Frage nahe, was Geßner zu seiner Erfindung veranlaßte. Es könnte sehr wohl sein, daß er zu diesem Motiv nicht anders gelangt ist wie der Jüngling in seiner Idylle vom *Ersten Schiffer*, dem ein im Wasser treibendes Blatt den ersten Gedanken an den zu schaffenden Kahn suggeriert. Das hieße, daß Fluß und Überfahrt, daß die schwimmenden Kähne im *Daphnis* nicht den Erwägungen des Erzählers, sondern dem Bedürfnis des Malers ihr Dasein verdanken. Offenbar liegt für Geßner der Sinn eines Schiffes nicht in seinem rationalen Zweck, nicht in seiner navigatorischen Aufgabe, sondern im Reiz der Form. Es ist eher ein Ornament als ein Verkehrsmittel. Das gewölbte Blatt, der gewölbte Kahn, sie beide gehören zu der Überfülle von Gegenständen, die alle demselben Formgesetz gehorchen. Die Höhle im Felsen, die gleich zu Anfang der Erzählung erscheint, bleibt Ur- und Vorbild all des Runden, Hohlen, Gewölbten, das als Grotte und Laube, als Kranz und Kreis, als Krug und Frucht, als Schale und Schiff den Roman erfüllt. Kürbisschalen, in die zwei Kinder Kirschen und Erdbeeren legen, werden zu Schiffen, die den Bach hinabschwimmen. Und umgekehrt, Kähne, mit Hirten und Hirtinnen gefüllt, was sind sie im Grunde anderes als Blätter, die sich zart um Blüten schließen. Worauf es immer wieder ankommt, das ist das Bergende, auch Verbergende, das Umschließende, Umhüllende, Schützende und Behütende, das überall nach seiner Form sucht. Von »heimlichen Beschlossenheiten« im Landschaftsbild Geßners spricht Wölfflin einmal[2], die Kunst des Radierers und Malers mit einer glücklichen Wendung charakterisierend. Von den gleichen »Beschlossenheiten« ist auch Geßners Dichtung erfüllt. Nicht daß es bei seinen Mustern, bei Theokrit, bei Longus, bei Vergil, keine Grotten und Lauben, Kränze und Wölbungen gäbe, und wenn man darauf bestehen will, so hat Geßner diese Züge bei den antiken Dichtern gefunden und entlehnt. Aber Elemente, die bei seinen Vorbildern nur gelegentlich und ohne besondere Bedeutsamkeit erscheinen, finden sich nun gehäuft. Zu diesen Elementen gehört auch die Laube. In ihrer Gestalt vollzieht das Haus die Rückkehr zur Natur. Aus grünen, sich wölbenden Zweigen errichtet, wiederholt auch die Laube, wie das Schiff, die Grundform der Grotte. Schiff, Laube, Grotte: jedes ein schützender und geschützter Ort liebender Begegnung, friedlicher Besinnung, geselliger Festlichkeit. Dies kann so weit gehen, daß Schiff und Laube in eins zusammenfallen, und daß aus der Vereinigung beider die wahrhaft ideale Behausung hirtenhafter Lebensfreude ersteht. In Lauben, auf Nachen gesetzt, fahren die Hirten zur Insel, um in der Nymphengrotte das Frühlingsfest zu feiern. Und wiederum so, in Lauben, die auf Nachen gesetzt sind, bringen später Hirten und Hirtinnen den Daphnis zu seiner Hochzeit.

Ob diese pastorale Landschaft, wie Ermatinger annimmt[3], den Eindrücken entstammt, die Geßner von der Umgebung Zürichs, wo er lebte, empfing, mag man füglich bezweifeln. Nicht aus den Elementen, die ihm vor Augen lagen, komponierte Geßner die zierlichen Landschaftsbilder seiner dichterischen Kleinwelt, sondern mit Hilfe der europäischen Tradition der Idylle. Den beispiellosen, wenn auch kurzlebigen Erfolg verschaffte ihm nicht zuletzt das allgemeine moralische Klima, an dem er wie selbstverständlich teilhatte. Die herrschende Begeisterung für Natur, Vernunft, Glückseligkeit und Tugend trug auch ihn und wurde von ihm verbreitet. Unter der Schwelle seines Bewußtseins aber lebte eine sehr persönliche vegetative Sinnlichkeit, ein Behagen am Greif- und Tastbaren, aus dem sein Werk seine eigentlichen dichterischen Kräfte zog, und das viel bezeichnender für ihn ist als die guten Lehren, die er seinen Figuren in den Mund legte. Geßners zahlreiche Nachahmer blieben weit hinter ihm zurück, und zwar deshalb, weil sie sich nur an die artikulierte Hälfte seiner Welt hielten: sie übernahmen Moral, Schauplätze und antikisierendes Kostüm; was ihnen fehlte, war Geßners Prägekraft.

Was aus Geßners Motiven wurde, wenn sie ohne seine besondere Fähigkeit der Formung übernommen wurden, zeigt Ewald von Kleists (1715-1759) Fischeridylle »Irin« (1757?), ein Gedicht, das offensichtlich unter Geßners Einfluß entstanden und auch ihm gewidmet ist. Hier hat das Boot, in dem ein alter Fischer mit seinem Sohn aufs Meer hinausfährt, um im Schilf des Ufers Reusen zu legen, im Grunde nichts mit dem Thema des Gedichts zu tun; es ist auch nicht, wie bei Geßner so oft, gestalthafter Teil eines durchgeformten organischen Ganzen, sondern nichts als Schauplatz, auf dem ein erbauliches Gespräch stattfindet. Was gesprochen wird, könnte freilich genauso beim Schafehüten, beim Pflügen auf dem Acker, beim Essen oder auf einem Spaziergange gesprochen werden. Es geht um das Glück in der Beschränkung, um friedfertige Tugend, um den Verzicht auf Größe, Abenteuer, Leidenschaft, um dieselbe Gesinnung, die Geßner einmal zwei Hirten in den Mund legt, die vom sicheren Vorgebirge aus einem wilden Meersturm und dem Untergang eines großen Schiffes zusehen. »O Götter!«, ruft der eine, als das Meerschiff mit seiner Mannschaft im Abgrund versinkt, »laßt mich immer ruhig in armer Hütte wohnen. Zufrieden mit wenigem nähre mein Anger mich, und mein kleines Feld und meine Herde.« Und: »Strafet mich, Götter«, fällt der andere ein, »wie diese, wenn je Unzufriedenheit in meinem Busen seufzt; wenn ich je mehr wünsche, als was ich habe; Ruhe und mäßige Nahrung.«[4]
Ein Unterschied zwischen Kleist und Geßner besteht allerdings; er liegt darin, daß Geßners Figuren im ganzen die Gesinnung ihres Autors aussprechen, Kleist jedoch einer literarischen Mode folgt. Dies wird noch deutlicher an zwei anderen Seefahrten, die Kleist sich ausgedacht hat. In der einen wird einem Jüngling, der mit zwei Mädchen im Kahn auf dem Meer fährt und in einen Sturm gerät, von Neptun Rettung versprochen, wenn er eine seiner Gefährtinnen ins Meer wirft. Der Jüngling, der die eine liebt, obwohl sie ihn verschmäht, und von der anderen verehrt wird, ohne sie wiederzulieben, steht zunächst vor einem unlösbaren Konflikt:

Zu schmerzhaft, die Geliebte zu ertränken,
Und Eglen zu ertränken, undankbar.[5]

In diesem »Streit der Leidenschaften« trägt zuletzt die »Vernunft« den Sieg davon. Wer kein Mitleid fühle, verdiene auch keins, erklärt der Jüngling kurzerhand, wirft die vergeblich Geliebte ins Meer und rudert mit der Ungeliebten *beglückt* ans Land, um ihr Herz und Hand zu bieten. Natürlich handelt es sich hier nicht um Dichtung, die auf Gefühl oder innerem Erlebnis beruht, sondern um ein formales Spiel, um die bildlich allegorische Einkleidung der Frage, die sich schon mancher junge Mann gestellt hat, nämlich, welches von zwei Mädchen er »ausbooten« solle. Die dargestellte Situation ist also nichts als die auf die Spitze getriebene Verdeutlichung dieses Dilemmas, wobei es allenfalls auf Witz und Prägnanz ankommt, aber nicht auf Empfindung. Aber gerade weil es sich um völlig fiktive Situationen einer literarischen Konvention handelt, kann Kleist dasselbe Thema auch auf ganz entgegengesetzte Art behandeln. Dann geschieht es, daß sich zwei Freunde nach einem Schiffbruch auf einem Brett finden, das nur einen von ihnen tragen kann, und sich im edlen Wettstreit überbieten, wer sich für den andern opfern darf, ein Edelmut, den eine gütige Vorsehung zuletzt belohnt, indem sie alle beide rettet.

Moralische Schachaufgaben dieser Art hatte Kleist in seinem »Irin« selbst schon überholt. Was diesen auszeichnete, das patriarchalisch-pädagogisch gefaßte Bekenntnis zu den Grundwahrheiten des 18. Jahrhunderts, sicherte ihm weithin den Beifall der Zeitgenossen. Sein konsequentester Bewunderer war Franz Xaver Bronner (1758-1850), der aus der Situation des »Irin« eine ganze Gattung zu entwickeln versuchte, das Fischergedicht. Geßner, der ihm das Vorwort zu seinen Gedichten schrieb, rühmte die Naturwahrheit seiner Szenen, er beschrieb, wie Bronner vom Fenster seiner Klosterzelle an der Donau die Fischer in ihren Booten beobachtete, und fand, daß Bronner dichtete, »was er sah und was ihn rührte«.[6] Beim Schreiben freilich hatte Bronner wohl die Gedichte Theokrits, Vergils und Sannazoras neben sich liegen, und so sind es auch nicht die Wasserläufe seiner Heimat, sondern die rieselnden Bäche, sanften Flüsse und spiegelnden Teiche eines zeitlosen Arkadiens, über die er seine Fischerkähne spazierenfuhr. Indem er die Motive und Themen der Idylle aus dem Milieu der Hirten in das der Fischer verlegte, glaubte er seine dichterische Lebensaufgabe gefunden zu haben, nur konnte er sich dabei nie von Geßners Vorbild freimachen. So dichtete er Geßners »Erstem Schiffer« seine »Nina oder die erste Fischerin« nach, ein Werk, das in allem Grundlegenden mit Geßner identisch ist und sich nur in Varianten von ihm unterscheidet. Wird bei Geßner das erste Schiff aus einem Baumstamm gehöhlt, so wird es bei Bronner aus Binsen geflochten; erfunden aber wird es in jedem Falle von einem liebenden Herzen, das zu seinem Mädchen gelangen will. Wie Geßners Hirten und Hirtinnen, so fahren Bronners Fischer und Fischerinnen in geschmückten Kähnen zu festlichen Veranstaltungen. Auch die Laube im Nachen darf nicht fehlen, in der Jüngling und Mädchen kosen; auf dem mit *wölbenden Laubbögen* überdeckten Floß tanzen Fischermädchen, mit Blumen und roten Bändern geschmückt, am Arm ihrer *hüpfenden Jungen*. Schiff und Kahn bedeuten, soweit sie nicht einfach Fahrzeuge der ihrem Erwerb nachgehenden Männer sind, soviel wie Laube, Nest, Bett und Liebesgrotte: Orte erotischen Miteinanders. So singt es das Mädchen dem Jüngling zu, mit dem es im Boot auf dem Teich fährt:

> Mir däucht, du Lieber,
> An deiner Seite
> Dies sanfte Wiegen
> Des leichten Schiffchens
> Auf kleinen Wellen
> So süß beinahe,
> Als treuen Mädchen
> Das sanfte Wiegen
> Im trauten Arme
> Des blühnden Jünglings,
> Bei dem sie, kosend,
> Im Grase ruhen.[7]

Neben den Ähnlichkeiten fallen die Unterschiede von Geßner nicht allzusehr ins Gewicht. So schwindet weithin der
mythologische Apparat, die Nymphen und Liebesgötter, mit
denen Geßner seine Welt spielerisch verziert hatte. Ein
stärkerer sozialer Einschlag macht sich geltend: man spürt,
das Thema gesellschaftlicher Mißstände, der Armut besonders, ist Bronner nicht von der Literatur nahegebracht,
sondern am eigenen Leibe erlebt. Die bei Geßner arkadisch in
sich beruhende Hirtenwelt, für die es Staat, Herrschaft und
Macht nicht gibt, wird bei Bronner doch gelegentlich mit der
Welt des »Hofes« konfrontiert. Wenn er als Dichter scheiterte, obgleich es ihm, wie seine Lebensgeschichte ausweist,
an Darstellungsgabe nicht fehlte, so lag das nicht nur an seiner
unzureichenden Begabung für das Lyrische, sondern auch
daran, daß sich das Ethos der Arbeit, von dem er erfüllt war,
in die spielerische Scheinwelt der Idylle nicht einfügen ließ,
ohne ihr eigentliches Wesen zu zerstören. Dies hatte schon
Fontenelle erkannt, der in seinem *Discours sur la nature de
l'églogue* (1688) den Fischern die Fähigkeit abgesprochen
hatte, in der Idylle zu gefallen, da ihre Lebensart niemandem
ruhig und müßig, und das heißt glücklich und beneidenswert
vorkommen könne. Gerade in diesem Mangel erblickte
Bronner jedoch einen entschiedenen Vorzug. Gegen Fontenelle machte er in seinem *Versuch einer kurzen Geschichte des
Fischergedichtes* geltend, daß Ruhe und Muße ohne Arbeitsamkeit nicht Züge des wahren Glücks, sondern Quellen der
Unzufriedenheit und der langen Weile seien. Und so wird in
seinen Fischergedichten immer wieder das Lob *froher Tätigkeit* angestimmt. Tatsächlich jedoch hatte Fontenelle schärfer
gesehen, tatsächlich hebt jeder Versuch einer Annäherung an
die sozialen Zustände und Konflikte der Wirklichkeit die
eigentlichen Voraussetzungen der Idylle auf. Auf dem Wege,
den Bronner beschritt, ließ sich die Gattung nicht erneuern,
und da sich andrerseits ihre Themen nicht endlos wiederholen
ließen, wurde sie zuletzt beiseite geworfen.
An sich könnte man sich vorstellen, daß die Kahnfahrt als
erotisches Motiv, so wie sie in der Idyllendichtung immer
wieder erscheint, den Verfall der Gattung überlebt hätte.
Liebende Begegnung und liebendes Fürsichsein, Liebes-

paare, vereinzelt, umschlossen, herausgelöst aus der Welt: nicht leicht wäre eine dankbarere Situation für Liebeslied und Liebesgespräch zu finden. Merkwürdigerweise aber hat das Liebespaar im Schiff keinen eigentlichen Typus gebildet; so zahlreich Kahnfahrten im 18. Jahrhundert sind, es sind gewöhnlich nicht Liebespaare, die sich zu ihnen vereinigen, sondern größere Gruppen, Freunde und Familien. Tatsächlich entwickelt sich das Motiv nicht aus literarischer Tradition heraus und nicht innerhalb bestimmter literarischer Gattungen, sondern aus einem neuen Verhältnis zur Wirklichkeit.

2

Dieser Weg war schon vor Geßner beschritten worden, und zwar von dem noch einer früheren Generation angehörigen Barthold Heinrich Brockes (1680-1747). Seine »Anmutige Wasserfahrt in einer schönen Sommernacht«[8] ist die Schilderung einer Kahnfahrt, die Brockes selbst mit seinen Kindern unternommen hat, wobei ein Sohn die Flöte bläst, der Dichter eine Arie singt und die Mädchen mehrstimmig in den Gesang einfallen, »so hell, daß Echo wiederschallt«. Es ist billig, und überdies zur Genüge geschehen, über Brockes' Schwächen, die auf der Hand liegen, zu spötteln und abzuurteilen. Eines jedoch wird man ihm nicht absprechen können: ein scharfes Auge. In einer Epoche, die sich, soweit die Wiedergabe der sinnlichen Außenwelt in Frage kam, weithin mit den allgemeinsten Bezeichnungen begnügte, ist seine Fähigkeit, scharfe Umrisse, Nuancen und Kontraste von Hell und Dunkel zu sehen und zu zeichnen, einzigartig. Wenn also Kleists »Irin« auf das Meer hinaussieht und »in stiller Flut des Himmels Bild« erblickt, oder »auf der Flut im Sonnenschein« vieles Volk des Meeres, d.h. die Fische, tanzen sieht, dann sieht Brockes auf seiner Wasserfahrt eine ganz andere Fülle von genau und eindringlich beobachteten Einzelheiten. Noch Geßner läßt Tritone und Najaden um seine Boote spielen, Brockes Licht und Schatten:

> Oft glänzt, bei einer klaren Schwärze, ein Ort als
> wie ein Meer von Licht;

Bald aber sieht man diesen Schimmer in glatten
  Dunkelheiten nicht,
Bis ihre Nacht, bald hier, bald dort, manch
  heller Cirkel unterbricht,
Und recht wie weiße Funken schimmern.
  Absonderlich ward eine Stelle,
Die erst ein klarer Schatten deckte, von einem
  schattigten Gebüsche,
Durch ein nie ruhiges Gewimmel von einem
  regen Haufen Fische,
In tausend Cirkelchen und Wirbeln, so glänzend
  weiß, so blitzend helle,
Daß sie nicht anders anzusehn, als wenn daselbst
  um meinem Schloß
Ein reger Bach lebend'gen Silbers, voll kleiner
  Blitze, blinkend floß.

In diesem Spiel der Lichtreflexe ist es besonders eine zunächst
unerklärliche Erscheinung, die den Dichter in Verwunderung
setzt und seine Kinder sogar schreckt, eine sonderbare und
fast gespenstische Bewegung, ein emsig auf und ab laufender
Lichtschein an den Weiden am Ufer, der wirkt, wie wenn ein
Sturm die Wipfel der Bäume schüttelte, obwohl die Luft ganz
unbewegt ist. Doch da Brockes nicht einfach ein Maler ist,
dem es auf nichts ankommt als die Wiedergabe sinnlicher
Eindrücke, sondern zugleich ein moralischer Rationalist, der
seine Vernunft anwendet, um scheinbar unerklärlichen Phä-
nomenen auf den Grund zu gehen, so findet sich des Rätsels
Lösung. Es stellt sich heraus, daß die vom Mond bestrahlten
Wellen den bewegten Widerschein im Laub der Bäume
hervorrufen. *Wir lachten, als wirs untersuchten*, erklärt der
Dichter. Doch Brockes ist auch Christ. Und so wird der
unauflösliche Rest, die Rätselhaftigkeit des Ganzen, vertrauensvoll Gott in die Hände gelegt:

O Gott! vor dem die Sonnen Funken, die
  Welten Körnchen Sandes sein,
Von welches wesentlichem Wesen ihr Wesen
  bloß ein Wiederschein,
Vor dessen unumschränkter Größe nichts großes

groß nichts kleines klein,
Dir sei, o Abgrund ew'ger Liebe, Lob, Ehre,
Preis und Dank allein!

In dieser Fahrt des Dichters mit den singenden Kindern auf dem stillen Wasser präsentiert sich die von nun an immer wiederkehrende Form, in der das Motiv des Schiffs im 18. Jahrhundert vor allem in Erscheinung tritt: als Kahnfahrt. Was wir immer wieder finden, ist das Bild der geselligen, durch Freundschaft, Liebe oder Blutsverwandtschaft verbundenen Gruppe, die sich im Boot auf dem Wasser bewegt, im Sinn des Goetheschen Wortes aus *Dichtung und Wahrheit*, daß Wasserfahrten die »geselligsten von allen Lustpartien« seien.[9] Oft ist ein biographischer Kern unverkennbar: von Brockes »Anmutiger Wasserfahrt« bis zu Goethes »Auf dem See« wissen wir oft den lebensgeschichtlichen Anlaß dieser Gedichte sehr genau anzugeben. Eine Annäherung an die lebendige Wirklichkeit findet statt, die schließlich in Goethe und der sich in ihm vollziehenden Durchdringung und Verschmelzung von schöpferischer Phantasie und Erlebnis ihren Gipfel findet. Diese Entwicklung geht nicht streng chronologisch vor sich; wie immer in der Geistesgeschichte gibt es Vorläufer, Nachzügler und Einzelgänger; aber im ganzen zeigt sich doch in der Geschichte unseres Motivs ein organisches Wachstum, dem offenbar ganz bestimmte soziale und geistige Entwicklungen und Veränderungen entsprechen.

Sichtlich in der Nachfolge Brockes' steht Friedrich von Hagedorns »Die Alster«. Hagedorn, 1708 geboren, wie Brockes Hamburger, doch fast eine Generation jünger, teilt mit Brockes den Sinn für die Realität. Doch der für Brockes noch selbstverständliche Aufblick zu Gott fehlt jetzt; für Hagedorn, so jedenfalls wie er in diesem Gedicht sich präsentiert, zerfällt das Leben in zwei – recht ordentlich getrennte – i r d i s c h e Hälften: Arbeit und Vergnügen. Sie werden durch die beiden Flüsse Hamburgs vertreten:

Der Elbe Schiffahrt macht uns reicher;
Die Alster lehrt gesellig sein!

Durch jene füllen sich die Speicher;
Auf dieser schmeckt der fremde Wein.

Die hölzerne Antithetik dieser Verse hat mit Poesie nicht viel
zu tun; doch macht Hagedorn, indem er in der Mitte einer
jeden Strophe den Rhythmus wechselt, immerhin den Versuch, das wiegende Gleiten des Bootes auf dem Wasser zu
suggerieren:

In treibenden Nachen
Schifft Eintracht und Lust,
Und Freiheit und Lachen
Erleichtern die Brust.

Diese gegensätzliche Struktur geht durch alle sechs Strophen
des Gedichts. Obwohl Hagedorn dabei immer wieder ins
Prosaisch-Platte abrutscht, vermag er doch wenigstens sein
Gedicht mit einem echten Ton kräftig-bürgerlichen Behagens
abzuschließen:

Hier lärmt, in Nächten voll Vergnügen,
Der Pauken Schlag, des Waldhorns Schall;
Hier wirkt, bei Wein und süßen Zügen,
Die rege Freiheit überall.
Nichts lebet gebunden
Was Freundschaft hier paart.
O glückliche Stunden!
O liebliche Fahrt![10]

Verfolgt man die wechselnden Gestaltungen des Motivs von
der Kahnfahrt durch das Jahrhundert hindurch, so zeigt sich,
daß das Thema drei wesentliche Forderungen an die Dichter
stellte, die sich mit ihm abgaben: eine seelische, eine beschreibende und eine rhythmische. Es stellte einmal die Aufgabe
oder bot die Möglichkeit, die Stimmung oder das Lebensgefühl einer Gruppe wiederzugeben, die schon äußerlich durch
den Rahmen des Schiffes zu einer Einheit zusammengefaßt,
nach einem einheitlichen Ausdruck ihrer Gesinnung oder
ihres Empfindens verlangte. Zweitens bot sich die Gelegen-

heit zur Schilderung der Landschaft: Himmel, Wasser und Land, Licht und Schatten, Farben, Wind, Tag und Nacht, Sonne, Mond und Sterne waren die Elemente, aus denen es galt, ein Bild zu formen. Drittens aber kam es darauf an, eine Bewegung einzufangen: das Gleiten und Wiegen, Treiben und Vorwärtsdrängen des Schiffes, den Takt der Ruder, den Zug und Stoß des Windes in den Segeln, das sich Heben und Senken der Wellen, ihr Widerstehen und ihr Nachgeben. Diese Aufgaben sind sehr verschiedenartig empfunden und sehr verschiedenartig gelöst worden; sehr oft herrscht deutlich das einseitige Interesse an dem einen oder dem andern dieser Aspekte vor, und selten nur findet sich eine wirkliche Verschmelzung aller drei Aspekte zu einem geformten und lebendigen Ganzen.

Die Bemühung, den gleitenden und wiegenden Rhythmus der Fahrt im Boote einzufangen, ist wohl der Zug, der Jakob Friedrich Schmidts (1730-1796) »Die Wasserfahrt« auszeichnet:

> Gleite sanft dahin, lusterfüllter Nachen,
>   Gleite sanft mit uns dahin!
> Heiter ist der Tag; Sang und Scherz und Lachen
>   Sei des heitern Tags Gewinn.[11]

Jener schwebende Augenblick, der jeweils in der Mitte der ersten und dritten Zeile entsteht, wenn die vierte und die fünfte Hebung zusammentreffen und eine Pause erzwingen, in der die sprachliche Bewegung einen Augenblick stehenbleibt wie ein gleitendes Boot auf dem Kamm einer Welle, hat einen eigentümlichen und keineswegs schwachen Reiz. Sonst freilich ist das Gedicht, wie die weiteren Strophen zeigen, aus den üblichen Bestandteilen der literarischen Konvention zusammengesetzt. Das »sanfte Gleiten« aber, womit das Gedicht einsetzt, gibt die innere Bewegung an, die für die meisten dieser Gedichte bezeichnend ist: Ausdruck des Strebens nach kampflosem, friedlichem, reibungslosem Genuß der Stunde.

Diese Haltung spricht sich noch deutlicher in Johann Georg Jacobis (1740-1814) »Schiffer-Lied auf dem Düssel-Bach«

aus. Der Hang zur Binnenschiffahrt, der Hagedorn, vor die Wahl zwischen Elbe und Alster gestellt, bestimmt hatte, sich für den *angenehmen Alsterfluß* zu entscheiden, beherrscht auch Jacobis Gedicht gänzlich:

> Bei der stillen Mondeshelle
> Treiben wir mit frohem Sinn
> Auf dem Bächlein, ohne Welle
> Hin und her, und her und hin.[12]

Es ist s e e l i s c h e Binnenschiffahrt, die hier getrieben wird. Kein Drang in die Ferne, kein großes Ziel, nichts von Wagnis, Ehrgeiz oder Abenteuer, auch von Gefahr nichts, es wird ausdrücklich gesagt:

> Denn zu Ruhm und eiteln Schätzen
> Lockt uns nicht das ferne Meer;
> Suchen friedliches Ergetzen,
> Schwimmen unbekannt umher.

Statt dessen bewegt man sich auf der Stelle, im »kleinen Kreise«, und findet an sich selbst Genüge. Das »hin und her, und her und hin«, das Schifflein, das geht und wiederkehrt, das Bächlein, das die Fahrenden nicht vorwärts, sondern »auf und nieder« trägt, – hier will und braucht man nicht weiter zu kommen. Dazu gehört auch der diminutive Maßstab, ein Schifflein, das Segel und Mast nicht braucht, weil hier nicht auf die hohe See gefahren wird; kein Meer, kein Strom, kein Fluß, ein »Bächlein«, das keine Strömung hat, das keine Wellen schlägt, all das sind die physischen Korrelate der Tugenden, die in der vorletzten Strophe empfohlen werden: Mäßigung und Bescheidenheit.

Der Behaglichkeit, die sich in fast allen Kahnfahrtgedichten des 18. Jahrhunderts ausspricht, fehlt es gewiß an Größe, doch ist es fast immer wenigstens ein festlicher, gehobener Augenblick, von dem sie künden. Ein geläufiger Ausdruck solcher gesteigerten Stimmung sind die Trinklieder der Zeit; unter den vielen, die Johann Heinrich Voß (1751-1826) gedichtet hat, ist auch eins, »Die Elbfahrt«, das auf dem

Wasser zu singen ist. Es geht zurück auf eine Fahrt auf der Elbe nach Nienstädten bei Altona, die Voß am 6. Mai 1775 mit Freunden unternommen hat. In der vom Januar 1776 datierten Fassung, die zuerst im Hamburger Musenalmanach für 1777 erschienen ist, geht dem eigentlichen Gedicht ein Gespräch zweier Freunde, Karl und Reinhold, d. i. Miller und Voß, voraus. Der von Karl gedichtete Rundgesang, der später gesungen werden soll, wird von den zweien, während sie am Ufer auf die Freunde warten, sozusagen noch einmal geprobt; zugleich erklärt Karl dem Freunde, wie die Boots-fahrt mit Musik, Gesang und Gläserklang vor sich gehen soll:

> Erst wird vorgespielt mit Hörnern und Flöten. Die Mägdlein
> Füllen und kränzen indes den Pokal. Von Hörnern begleitet,
> Singst du dann und hältst den Pokal, die Mädchen den Deckel.
> Unter dem Chore klingen wir alle die Gläser zusammen.
> Dann getrunken, geküßt, und gehorcht nach dem Echo vom Ufer!
> Hierauf singet dein Mädchen von sanften Flöten begleitet;

Und so weiter.
Nun folgt der eigentliche Rundgesang. Ein Jüngling singt:

> Die Ruder weg! das Segel ab!
>   Sanft gleite unser Boot
> Den spiegelhellen Strom hinab,
>   Und schwimm auf Abendrot!
>   Sagt an: blinkt dies Gewässer,
>   Blinkt dieser Rheinwein besser,
>   Den Schönen
>   Uns krönen?

Hierauf fällt der Chor ein:

Ertöne stolz, O Rundgesang,
Zum Kußgeräusch und Gläserklang?
Der Wein, der Wein blinkt besser!

Jünglinge, Mädchen und Chor wechseln dann weiter Strophe um Strophe miteinander ab.[13]

Voß hat das Gedicht später überarbeitet und als »Rundgesang auf dem Wasser« veröffentlicht. In dieser Fassung hat er das an sich Hübscheste und Lebendigste der ganzen Idylle, die Einleitung, weggelassen, ebenso ein kurzes Schlußgespräch. Im übrigen hat er einzelnes, das ihm offenbar als zu derb, kräftig oder geschmacklos erschien, geändert, wie ja auch sonst der spätere Voß sich um einen gehobeneren Stil bemüht hat. Viel gewonnen hat das Gedicht damit nicht. Es bleibt ein konventioneller Text vom Wein und Küssen, der mit einer schwerfälligen und polternden Fröhlichkeit abläuft und dessen Leere offensichtlich der Füllung durch die Musik bedarf.

Voß hat jedoch das Thema der Kahnfahrt noch ein zweites Mal aufgegriffen, in seinem ländlichen Epos *Luise*. Die Heimfahrt im Kahn bildet den Schluß der ersten Idylle. Nach dem Picknick im Walde, wo mit Enthusiasmus gegessen und getrunken worden ist, besteigt der Pfarrer von Grünau mit seiner Frau, seiner Tochter Luise, deren Geburtstag man gefeiert hat, mit Luisens Verlobtem, Hauslehrer auf dem gräflichen Schloß, und dessen Zögling das Schiff, das sie über den See nach Hause bringen soll. Hans, der Knecht, rudert. Aufs glücklichste faßt hier der enge Raum des Bootes eine Gruppe zusammen, die sich in Liebe und Zuneigung angehört. Es ist eine ins Enge gezogene Welt, sich selbst lebend, patriarchalisch noch das Gesinde einbegreifend, und über die nächste Umgebung, über das was mit dem Auge umfaßt werden kann, kaum hinausreichend. Das sind die Felder, Wiesen und Büsche der ländlichen Heimat, die Bauernhütten und Fischerinseln, mehr behütet als beherrscht von einer höheren sozialen und einer höheren sittlichen Macht, die sich in Schloß und Kirche manifestieren:

Fernher glimmten wie Gold die Fenster der Kirch'
    und des Schlosses,
Welche die Sonn' absinkend beleuchtete; rings
    an den Ufern
Hingen Gebüsch und Saaten, von rötlichem
    Scheine beduftet,
Umgekehrt in der Flut, und zitterten über
    zerstreutem
Glanzgewölk und die Herd', und die singende
    Magd bei der Milchkuh.
Langsam ruderte Hans am Gestad' hin; jetzt
    um ein Röhricht,
Und braunkolbiges Ried; Seelilien jetzo
    durchgleitend,
Gelb von Blumen und weiß, breitblätterig;
    jetzo den Vorgrund,
Wo hell Muschel und Kies aufschimmerten.[14]

Ruhe und Frieden in der Natur stimmen zum Frieden, der in den Seelen regiert: »heiter und still« ist allen das Herz wie die »spiegelnde Welle«. Behutsam knüpft der Pfarrer den »herrlichen Abend«, der einen »heiteren Morgen« verspricht, an eine größere Welt, die im Glauben beruht, für sich und die andern einen Lebensabend erhoffend, der »ebenso heiter« den e w i g e n Morgen ankündigt. Geborgenheit im Glauben, Geborgenheit im Kahn, Geborgenheit im abendlichen Haus nach der Heimkehr, alles fügt sich zusammen in Einfalt, Ordnung und Beschaulichkeit.

Die Wasserfahrt, die Voß' Freund und späterer Gegner Friedrich Leopold zu Stolberg (1750-1819) gedichtet hat, ist weit entfernt von dessen breiter und genießerischer Behaglichkeit. Zwar hebt auch sie einen festlichen Augenblick des Lebens heraus; Stolberg hat dies »Lied auf dem Wasser zu singen« 1782 auf der Hochzeitsreise in Hamburg geschrieben und hat es seiner jungen Frau gewidmet:

Mitten im Schimmer der spiegelnden Wellen
    Gleite wie Schwäne der wankende Kahn;
Ach, auf der Freude sanftschimmernden Wellen

Gleitet die Seele dahin wie der Kahn;
  Denn von dem Himmel herab auf die Wellen
  Tanzet das Abendrot rund um den Kahn.

Über den Wipfeln des westlichen Haines
  Winket uns freundlich der rötliche Schein;
Unter den Zweigen des östlichen Haines
  Säuselt der Kalmus im rötlichen Schein;
Freude des Himmels und Ruhe des Haines
  Atmet die Seel' im errötenden Schein.

Ach es entschwindet mit tauigem Flügel
  Mir auf den wiegenden Wellen die Zeit.
Morgen entschwindet mit schimmerndem Flügel
  Wieder wie gestern und heute die Zeit,
Bis ich auf höherem strahlendem Flügel
  Selber entschwinde der wechselnden Zeit.[15]

Die auffallende Form des Zeilenschlusses, die sich dadurch ergibt, daß Stolberg statt des Reimes jeweils dasselbe Wort dreimal wiederholt, ist wohl als Versuch zu betrachten, etwas von der Gleichförmigkeit wiederzugeben, die jeder Bootsfahrt oder Schiffsreise anhaftet. So wie die Wellen mit immer dem gleichen Geräusch an der Schiffswand anschlagen, schlägt im Gedicht immer wieder dasselbe Wort an unser Ohr. Und dies Stilprinzip der planvollen Wiederholung geht weit über die Schlußwörter hinaus und greift auf ganze Satzteile über, besonders in der dritten Strophe. Schon der *Schimmer* der ersten Zeile wird in der dritten Zeile wieder aufgenommen und kehrt in der letzten Strophe noch einmal wieder; das *Gleitet* der zweiten Zeile wiederholt sich in der vierten, und das *rot* in *Abendrot* wird in der zweiten Strophe dreimal variiert. Dazu kommt noch, daß Wörter wie *wanken* (im Sinne von »schwanken«), *tanzen* und *wiegen* sich nur wenig in ihrer Bedeutung unterscheiden, daß *westlich* und *östlich* im Grunde zusammengehören, ebenso wie das *über den Wipfeln* und *unter den Zweigen* der zweiten Strophe. Es ist klar, daß es sich bei diesen Wiederholungen nicht um Wortarmut handelt, die zu keiner Abwechslung imstande ist, sondern um eine ganz bestimmte stilistische Absicht. Die fast eigensinnig wiederholten und wie Blöcke aufgerichteten Endwörter, an denen die innere Bewegung sich immer wieder bricht, schließen das Gedicht sozusagen in sich selber ein, während der Reim ein Gefühl des Fortgangs suggerieren würde. Und doch ist eine – zunächst unterirdische – Gegenbewegung da. Sie kommt zum ersten Mal an die Oberfläche in dem *Ach* der dritten Zeile, das da, wo es steht, scheinbar völlig unmotiviert erscheint. Denn zu der »Freude sanftschimmernden Wellen« kann es nicht gehören, und an dieser »Freude«, die in der zweiten Strophe wiedererscheint, wird ja zunächst auch festgehalten. Aber dann macht der Anfang der dritten Strophe klar, daß das *Ach* des Anfangs nur der erste, noch unartikulierte Ausdruck eines Gefühls ist, das erst in der dritten Strophe seine Sprache findet: »Ach es entschwindet mit tauigem Flügel / Mir auf den wiegenden Wellen die Zeit.« Dieses *Ach* ist stark genug, der ganzen ersten Strophe einen schwebenden zweideutigen Charakter zu verleihen, den man sich nicht recht erklären kann und der durch die zweite Strophe ja auch scheinbar aufgehoben wird, bis dann in der letzten Strophe gleichsam rückwirkend der elegische Grundton dieses sonderbaren Hochzeitskarmen sich durchsetzt, in dem der Bräutigam mitten auf der »Freude sanftschimmernden Wellen« sich schon seinem irdischen Dasein entschwinden sieht. Das hat gar nichts mit Verzweiflung zu tun, und ist auch nicht als Entwertung des Augenblicks gemeint, sondern drückt höchstens die sanfte Wehmut aus, der wir immer begegnen, wo die Losung des *Carpe diem!* dem mahnenden Gedanken an die Vergänglichkeit begegnet.

Die Frage, die sich angesichts dieses Gedichts aufdrängt, ob es wohl seinen Ursprung im Erlebnis einer tatsächlichen Kahnfahrt gehabt hat, oder ob es in bewußter Symbolik die Ehe metaphorisch im Bild der Kahnfahrt begreift, hat Stolberg selbst beantwortet, und zwar drei Jahre vor seiner Hochzeit und der Niederschrift des Gedichts. Am 16. April 1779 schreibt er an seine Lieblingsschwester Puletchen einen im Ton etwas schwankenden Brief, in dem er zwar viel Ursache zu haben glaubt, sich glücklich zu fühlen, aber gleichzeitig von seiner *Seeleneinsamkeit* spricht und dem

Wunsch, ein Weib nach seinem Herzen zu finden. Einstweilen freilich ist er ein Zuschauer und Beobachter vieler Ehen und muß finden, daß die meisten nicht glücklich sind. In seiner Bildersprache drückt er dies zwar etwas anders aus: er liege, sagt er, im Schatten, »am Ufer des Ehestromes«, der ein Strom ist, »in welchem Mancher untergeht. Wenn dann«, fährt er fort, »unter tausend zerbrochenen, rudergelähmten, segeldurchlöcherten, leckgewordenen Nachen auch manche mit schwellendem Segel, im Saiten- und Flötenklang auf dem Abendrot des Flusses, mit Blumen umwunden, Hand in Hand gleiten, so will ich mich der höheren Freude herzlich freuen und mit Geduld erwarten, ob oder ob nicht ein sanftes Mädchen mich unter meinem Schatten findet und sich in einen Kahn führen läßt«.[16] An dieser Metaphorik hält er fest, so sehr, daß er am Schluß des Briefes Puletchen Grüße nicht an ihren Mann, sondern an ihren *Kahnkonsorten* aufträgt. Man sieht, die eigentliche Konzeption der Wasserfahrt hat bereits stattgefunden, Situation und Bilder sind da; nun kam es nur noch auf die nachrückende Wirklichkeit an, die sich drei Jahre Zeit ließ, bis ein Gelegenheitsgedicht entstehen konnte.

Im Wunsche, die »freundliche Gegenwart« festzuhalten, und sei es auch nur bis zum nächsten Morgen, gipfelt auch Friedrich von Matthissons (1761-1831) Gedicht »Die Wasserfahrt«:

Wiegend gleitet der Kahn über der leisen Flut
Sanft errötendes Blau, schwebt in Najadentanz
Winzerhütten vorüber,
Und vergoldeten Erlenreihn!

Freude lächelt des Tags herrlicher Niedergang;
Freude girret im Forst, flötet im Blütenstrauch;
Freude jauchzen die Hügel;
Freude jubelt im Widerhall!

Flügle rascher den Kahn, nervichter Jünglingsarm!
Seht! von Lauben umgrünt, unter der Linde Schirm
Winkt, mit wehendem Kranze,

Schon das ländliche Sorgenfrei!

Herrsch' als Königin da, freundliche Gegenwart!
Dir ertön' unser Lied, ström' unser Opfertrank!
Halt' uns liebend umschlungen,
Bis Aurore den Zauber löst!

In der vorstehenden Fassung erschien das Gedicht 1811 im
Taschenbuch für Damen und in der zweibändigen Tübinger
Ausgabe vom selben Jahre. Eine erste Fassung hatte Matthisson jedoch schon 1777, also mit 16 Jahren, unter dem Titel
»Die Kahnfahrt« niedergeschrieben.[17] Daß Matthisson in
einem Alter, in dem beginnende Dichter, noch unselbständig, sich den Modeströmungen zu überlassen pflegen, das
Thema der Kahnfahrt aufgriff, mag weiterhin erhärten, wie
sehr das Motiv in der Luft lag. Als Herausgeber einer
vielbändigen Anthologie lyrischer Dichtung, in die er nicht
wenige Kahnfahrtgedichte aufgenommen hat, mag er sich
dann vollends bewußt geworden sein, wie sehr er sich gerade
bei der Gestaltung dieses Motivs mit anderen zu messen
hatte. Der Versuch, zu verbessern und zu steigern, lag nahe.
Sein konsequentester Ausdruck ist die Umgestaltung der
zweiten Strophe. Auch hier kommt es auf die Heraushebung
des festlichen Moments an: die *Freude*, an den Anfang gestellt
und viermal wiederholt, bildet den eigentlichen Mittelpunkt
des Gedichts. Freude, die gelispelt und geflüstert wird, kann
nun längst nicht mehr genügen; nun steigert sich Freude, die
girret und flötet und jauchzet und jubelt, zu einem wahren
Freudenkonzert. Offensichtlich war hier die Absicht, zu
verbessern. Andere Veränderungen entspringen jedoch
einem Wechsel der seelischen Stimmung. Auffallend ist die
Verlangsamung der Bewegung. Die frühe Fassung zeichnet
sich aus durch eine gewisse Ungeduld. *Eilend*: das erste Wort
des Gedichts schlägt das Tempo an. Die *schäumende* Welle,
die sich am Nachen bricht, macht die Raschheit der Fahrt
sinnfällig; dazu kommt noch die Aufforderung an den Ruderer, rascher zu fahren, dem Kahne gleichsam Flügel zu
verleihen; schneller wollen die Fahrenden alles hinter sich
zurücklassen. Im triumphierenden *Seht! wir fliegen heran!*,

mit dem das Boot sein Ziel, das grünende Eiland erreicht, ist die Bewegung weiter gesteigert, bis sie zuletzt in dem heftigen *Auf!*, im herrischen und ungeduldigen Imperativ *den Pokal bekränzt!*, in der Hast, mit der man gleichsam zum Gastmahl stürzt, kulminiert. Von dieser Hast ist in der späteren Fassung wenig geblieben. Der Kahn, der einst eilte, wiegt sich nun; die *schäumende* Welle ist zu *leiser* Flut gedämpft. Gefallen sind auch die Ausrufe und Imperative der letzten Strophe; geblieben ist unter diesen Bewegungselementen einzig die Zeile »Flügle rascher den Kahn«; aber sie setzt sich nun nicht mehr fort in dem Wunsch »Daß uns Feld und Gebüsch rascher vorüberflieh!«, sondern im Ausblick auf das Ziel der Reise, das beschirmte und geborgene *Sorgenfrei*. Auf dem Verweilen liegt jetzt stärkerer Nachdruck als auf der raschen Fahrt; man stürzt nicht mehr durchs Leben, sondern man hält sich an ihm fest. Und deshalb endet das Gedicht höchst sinnvoll mit einer Apotheose der Gegenwart. Ein geheimes Wissen ist da, daß dieses Anhalten nicht von Dauer sein kann; das Wort *Zauber* deutet es an; der nächste Morgen wird ihn lösen. Es ist jetzt das Gedicht eines Fünfzigjährigen.

In seine Anthologie nahm Matthisson auch das »Lied zu singen bei einer Wasserfahrt« seines Freundes Salis-Seewis (1762-1834) auf.[18] Es ist dem seinigen an Musikalität überlegen, vielleicht das melodischste der ganzen Motivgruppe. Zugleich eines der spätesten, von Salis selbst in der Anordnung seiner Gedichte zwischen 1794 und 1798 angesetzt:

> Wir ruhen vom Wasser gewiegt,
> Im Kreise vertraulich und enge;
> Durch Eintracht wie Blumengehänge
> Verknüpft und in Reihen gefügt;
> Uns sondert von lästiger Menge
> Die Flut, die den Nachen umschmiegt.
>
> So gleiten, im Raume vereint,
> Wir auf der Vergänglichkeit Wellen,
> Wo Freunde sich innig gesellen
> Zum Freunde, der redlich es meint!

Getrost, weil die dunkelsten Stellen
Ein Glanz aus der Höhe bescheint.

Ach! trüg' uns die fährliche Flut
Des Lebens so friedlich und leise!
O drohte nie Trennung dem Kreise,
Der sorglos um Zukunft hier ruht!
O nähm' uns am Ziele der Reise
Elysiums Busen in Hut!

Verhallen mag unser Gesang,
Wie Flötenhauch schwinden das Leben;
Mit Jubel und Seufzen verschweben
Des Daseins zerfließender Klang!
Der Geist wird verklärt sich erheben,
Wenn Lethe sein Fahrzeug verschlang.

Wie die Blumengehänge, die in der ersten Strophe genannt werden, umschlingen und verknüpfen die Dreiergruppen der Reime das Gedicht. Erst gegen Salis-Seewis' Gedicht gehalten, wird die Starrheit von Stolbergs Wasserfahrt, in der sich dasselbe Wort jeweils dreimal im Zeilenschluß nicht reimt, sondern wiederholt, völlig sichtbar. Man fühlt, wie das *Gleiten* und *Wiegen*, das in anderen Gedichten zur stereotypen Wendung geworden ist, sich hier ganz in sprachliche Bewegung verwandelt hat. Die Weichheit des Gedichts ist außerordentlich; dieser Nachen wird wirklich von der Flut *umschmiegt.* Weichheit ist hier freilich nicht nur das Wesen des Elements, in dem der Nachen ruht, sondern ist die innere Substanz des Gedichts überhaupt. Es ist die Weichheit, die sich hingibt an den Wechselgenuß des Gefühls. Ein schöner Moment soll aus dem Ablauf des Ganzen herausgelöst werden; eine Gruppe Gleichgestimmter schließt sich ab und vereint sich *im Kreise*; man *ruht* hier, – es wird zweimal gesagt –, und so ruhend möchte man sich nicht nur die Menge, sondern auch die Zukunft fernhalten. Dies wird zunächst nicht ausgesprochen, sondern einfach als Bild gezeigt, in der ganz konkreten Situation einer Fahrt auf dem Wasser. Aber die Beschreibung einer Wasserfahrt allein ist durchaus nicht das, worauf es dem Dichter ankommt: schon der Anfang der zweiten Strophe macht es deutlich, daß es um die Fahrt durchs Leben geht. Klar ist freilich zugleich, daß die Flut des L e b e n s diesen sanften Charakter nicht hat. Man mag es sich zaghaft wünschen, daß alles so bliebe; im Grunde weiß man, daß es kein Bleiben gibt, daß nicht Rast, sondern Reise dem Gang des Lebens gemäß ist, und daß, was sich hier zusammengefügt und liebend vereint hat, bald auseinandergerissen sein wird. Mit dem *Ach!* der dritten Strophe gesteht der Dichter es sich ein. Ein merkwürdiger Wandel im Wesen des Elements bezeichnet den inneren Gang des Gedichtes: was erst als wiegendes Wasser in Erscheinung tritt, wandelt sich zur *fährlichen Flut* und wird zuletzt zum Fluß des Todes. Der Ausblick auf das Grab wird frei, der sich auch sonst bei Salis, selbst in seinen heitersten Landschaften, immer wieder öffnet. Der kältende Schatten, der von dorther aufs Dasein fällt, zwingt zum Zusammenrücken; man schließt sich so *eng* zusammen, weil der oder jener bald fortgehen muß. Es ist fast wie ein Gesetz: wo immer in der Dichtung die Feier des schönen Augenblicks angestimmt wird, dauert es nur kurze Zeit, bis seine Vergänglichkeit beklagt wird. Doch weil wir noch im 18. Jahrhundert sind, so fällt ein *Glanz aus der Höhe* noch auf die dunkelsten Aspekte des Daseins; mag auch das Fahrzeug zuletzt von der Flut verschlungen werden, nicht Vernichtung ist das Ende, sondern Verklärung.

Wo Salis sich bemüht, seinen Ton heiterer zu stimmen, wird er sofort unbedeutend. Sein »Fischerlied« klingt wie ein Versuch, den leichten Ton zu treffen, der manche von Goethes geselligen Liedern auszeichnet. Dasselbe gilt für Johann Daniel Falks »Lied des Schiffers im Hafen«, das mit Salis' »Fischerlied« in Stimmung, Metrum, Rhythmus, Tonfall gelegentlich bis zur Wortwahl verwandt ist, und ebenso flach, fröhlich und unbedeutend sind Gedichte wie Overbecks »Fischerlied«, Münchhofens »Schifferlied« und Matthissons »Die neuen Argonauten«. Es ist unmöglich und auch unnötig, die Reihe weiter zu verfolgen. Auch erübrigt es sich beinahe, festzustellen, daß es in all diesen Fischer- und Schifferliedern offensichtlich nicht auf Beobachtung und

Beschreibung wirklichen Fischer- und Schifferlebens ankommt. Wo das der Fall ist, etwa in Falks »Der Morgen auf den Schiffswerften«, entsteht sofort ein völlig anderer Gedichttypus. Vielmehr gilt, was für die Hirten und Landleute der Schäferidylle zutrifft, auch für die Fischer und Schiffer dieser Gedichte: nicht um die Schilderung realer Berufe und Tätigkeiten geht es, sondern um die Darstellung von Gefühlsweisen. Schäfer, Fischer: das sind Prototypen idealer, vom Wunsch erzeugter Gemeinschaften, aus dem Alltag entfernt und in friedlicher Landschaft angesiedelt, fast vegetative Lebewesen, genügsam, fröhlich, bescheiden, mitfühlend, redlich, wahrhaftig und ein bißchen verspielt. Liebe ohne Leidenschaft, Genuß ohne Gefahr, Besitz ohne Gewalt, Sicherheit ohne Kampf, Friede ohne Feindschaft sind die Werte ihrer kleinen Welt. Man kann diese Welt nicht einfach unwirklich nennen. Vielmehr spiegelt sie seelische Haltungen, die als solche durchaus wirklich waren. Was Heinrich Geßner einmal von seinem Vater schrieb: daß in dessen Leben und Tod der größte Teil seiner Idylle *Der Wunsch* in Erfüllung gegangen sei[19], läßt sich weithin auch auf die Lebensgestaltung anderer Dichter der Zeit anwenden. So viele von ihnen waren Gärtner, im wörtlichsten und im übertragenen Sinne. Sie lebten in einer Gartenwelt: klein, umfriedet, beschützt, ein bißchen abseits, voll ländlicher Hege und Pflege. Und wenn sie so nicht leben konnten, so ersehnten und erträumten sie es wenigstens. Gern schlossen sie sich mit Gleichgesinnten zusammen, so wie sie in ihren Idyllen fast nur Gleichgesinnte auftreten ließen, so daß man ihre Figuren kaum voneinander unterscheiden kann. In den grünenden Lauben ihrer Gärten kamen sie dann zusammen, schwärmten und tranken, dichteten und sangen. Oder sie vereinten sich zu Lustfahrten auf dem Wasser, Freunde mit Freunden, und priesen die unschuldigen Freuden des Daseins. Was sie dann dichteten, war gelebt worden; die vielen Berichte von stattgefundenen Kahnfahrten, die wir in den Briefen der Zeit lesen, zeigen uns, wie sehr Leben und Dichtung, in diesem Punkte jedenfalls, zusammenfielen. Dieselben Neigungen, Wünsche und seelischen Bedürfnisse veranlaßten die Freunde, sich zu gemeinsamen Wasserfahrten zusammenzutun, und trieben die Dichter dazu, dies Motiv immer wieder im Gedicht aufzunehmen und zu variieren.

Die Betonung der Freundschaft, die so viele Kahnfahrtgedichte der Epoche auszeichnet, vermag uns überdies auch die Richtung zu zeigen, in der wir uns eine Antwort auf die Frage erhoffen können, warum eigentlich gerade die Kahnfahrt eines der beliebtesten dichterischen Themen des 18. Jahrhunderts geworden ist. Auf die außerordentliche Bedeutung, die das Gefühl der Freundschaft im emotionalen Leben der Zeit hatte, ist schon oft hingewiesen worden. Wolfdietrich Rasch hat in seiner ausgezeichneten Studie[20] überzeugend entwickelt, welch entscheidende Rolle die Freundschaft, als Bindung in der persönlichen und privaten Sphäre, in dem Augenblick übernahm, in dem die großen überpersönlichen Bindungen zu zerfallen anfingen. Der Pietismus löste den Menschen aus den strengen institutionellen kirchlichen Bindungen heraus und vereinzelte ihn, der Rationalismus befreite ihn von den Ansprüchen des absolutistischen Staates. Der Pietismus entwertete überdies den ganzen Bereich des weltlich-politischen Strebens, die Sphäre nämlich, deren Element Macht und Ehrgeiz ist und die dem bürgerlichen Menschen der Zeit ohnedies zumeist verschlossen war. Für alle diese entweder versagten oder sich auflösenden Bindungen bot sich nun ein Ersatz an: die persönliche Bindung in der privaten Sphäre, als Freundschaft. In ihr schlug gleichsam die Gottesliebe in die Freundesliebe um[21], auch dies ein Ausdruck der großen Wendung zum Diesseits, die die Zeit vollzog.

Im Bilde der Kahnfahrt aber ließ sich dieser neue Sachverhalt aufs glücklichste erfassen. Die Kahnfahrt ermöglicht es, sinnfällig eine in Freundschaft verbundene Gruppe zu vereinen und sie eindrücklich aus allen sonstigen Verknüpfungen herauszulösen. Es ist eine kleine, selbstgenügsame, unpolitische, nur im Gefühl und im Genuß des Gefühls vereinte Gruppe, die auf diese Weise zusammengefaßt wird. Was in den zahlreichen Zirkeln, Kreisen und Bünden der Zeit in Erscheinung trat, wurde so im Bild verdichtet und erhöht. Die entscheidenden Umgestaltungen aber, die dabei mit dem alten Sinnbild des Schiffes und der Schiffahrt vorgenommen wurden, spiegeln zugleich auf erstaunliche Art die Wandlungen, die im geistigen und seelischen Klima der Zeit vor sich gegangen waren.

Auffallend ist die Vorliebe für Fluß und See an Stelle des Meeres. Von jeher war das Meer ein großes Symbol des Unbekannten, Unbegrenzten, Unendlichen gewesen; jetzt wendet man sich zum Bekannten, zum Begrenzten, zum Endlichen. Man vermeidet die endlose Fläche, die dem Blick keinen Halt gibt, man bevorzugt das Überschaubare und bewegt sich in einer begrenzten und begrenzbaren Welt, in der das Ufer in Sicht bleibt. Man fährt vom festen Land aus, bleibt in seiner Nähe und kann jederzeit zu ihm zurück. Das Meer war das Reich der Stürme; auf ihm fahren hieß Scheitern, Schiffbruch, Untergang wagen; auf den Flüssen des 18. Jahrhunderts aber wurde das Toben der Elemente zum Hauch des Zephyrs, wurde die wildbewegte Fahrt zum sanften Gleiten. Ein Lebensgefühl machte sich geltend, das das Schicksal nicht herausforderte, sondern den gefährlichen Grundcharakter des Daseins auszuschalten oder wenigstens zu übersehen suchte. Fahrende Schiffe bewegen sich nicht mehr auf unergründlicher und bodenloser Flut; jetzt werden die Wasser flach und durchsichtig, man sieht die Kiesel auf dem Grunde. Den Seefahrer treibt der Drang nach Entdeckung, Raub oder Erwerb; auf den Flüssen und Teichen aber wiegt man sich im ruhigen Genuß der Stunde; statt des großen Abenteuers sucht man das kleine Glück. Zwar kommt die alte Gleichsetzung von Lebensende und Heimkehr in den Hafen noch vor; doch wird sie nicht unmittelbar vor den Leser gestellt, sondern ihm gleichsam in abgeschwächter Form gezeigt, als etwas, das noch in weiter Ferne liegt und das man sich als ruhig und friedlich vorstellt. Die Ersetzung des Meerschiffs durch Kahn und Nachen ist symptomatisch für verkleinerte Maßstäbe überhaupt. Soweit noch Meerfahrten geschildert werden, wird der Augenblick der Rückkehr bevorzugt. Matthissons »Seefahrer«, Falk, Münchhofen greifen ihn heraus. Von hier bis zur resignierten Bescheidung, die ihr Schiff am Ufer festmacht und endgültig darauf verzichtet, auf die hohe See zu fahren, ist nur ein Schritt. Dann verherrlicht man das ländliche, entlegene Tal:

Hier ruht der Ehrsucht Schiff am treuen Strand;
Genügsamkeit band es an Blumenküsten.

Und:

Fern, wie das Meer ein Hirt in Ennas Tal,
Hört' ich die Flut der Zeitgeschichte tosen.[22]

Unverkennbar ist in vielen dieser Kahnfahrten die verlang-
samte Bewegung: all dies Wiegen, Gleiten und Ruhen heißt
doch eigentlich, daß man nicht von der Stelle will. Hier sagt
man wirklich zum Augenblicke: verweile doch, du bist so
schön. Und weil es nicht darauf ankommt, unterwegs zu sein,
sondern nur darauf, einen köstlichen Moment aus dem
fließenden Dasein herauszuheben und zu isolieren, so kann es
nicht Wunder nehmen, daß die Feier der Freundschaft und
der Gefühlsgemeinschaft sehr oft nicht im Boot, sondern auf
dem festen Lande abgehalten wird. Allerdings nicht
irgendwo auf dem Land, sondern an einem Ort, der die
symbolhaften Züge des Schiffes teilt und ihnen weitere
hinzufügt, die ihn, für diese Absicht jedenfalls, fast noch
geeigneter erscheinen lassen. Dieser Ort ist die Insel. Sie ist
das gleichsam stationär gewordene, unsinkbare Schiff. Nun
schwebt man nicht mehr über der Tiefe, sondern hat festen
Boden unter den Füßen. Zwar ist man noch vom gefährlichen
Element umgeben, aber es ist weiter hinausgerückt. Die Idee
der Sicherheit, die ja auch dem Bild des Schiffes zugrunde
liegt oder zugrunde liegen kann, ist verstärkt, gleichzeitig
auch die Idee der Abschließung. Ähnlich wie auf dem Schiff
läßt sich auf der Insel eine Gruppe Gleichgesinnter zusam-
menbringen. Erscheint die Insel noch im 17. Jahrhundert, im
Simplizissimus, als Asyl, wohin man sich n a c h dem gelebten
Leben rettet, dem Kloster vergleichbar oder der Klause des
Eremiten, so wird sie im 18. Jahrhundert zur Utopie. Nun
rettet man sich aus dem Meer der Leidenschaften auf eine
Insel gerade u m zu leben, das heißt, um sein Dasein tugend-
haft und vernünftig zu verbringen. Eine besondere, auf der
Freundschaft und tätigen Liebe Gleichgesinnter beruhende
staatliche Gemeinschaft wird verwirklicht, so wie es auf der

Insel Felsenburg geschieht. Alte Vorstellungen der glücklichen oder seligen Inseln werden wieder lebendig; die Lyrik
des 18. Jahrhunderts ist voll von ihnen; am Schluß des
Ardinghello läßt Heinse seinen Helden ausfahren zu den
glückseeligen Inseln im griechischen Archipelagus, einen
neuen Staat und eine neue Religion zu gründen; immer
wieder ist bei den Dichtern von einem *Cythere*, einem
Paphos, von Freundschafts- und Liebesinseln die Rede.

3

In der betrachteten Folge von Kahnfahrtgedichten des 18.
Jahrhunderts ist bisher von den zwei bedeutendsten Gestaltungen des Themas noch nicht die Rede gewesen: Klopstocks
Ode »Der Zürcher See« (1750) und Goethes »Auf dem See«
(1775). Beide Gedichte überragen bei weitem den Typus, das
eine, indem es ihn sprengt, das andere, indem es ihn erfüllt.
Bei beiden Gedichten sind wir genau über den Anlaß oder die
Gelegenheit unterrichtet, denen sie ihre Entstehung verdanken. Zwei Tage nach der Fahrt über den sommerlichen See,
die Klopstock mit neun jungen Männern und ebensoviel
Mädchen und Frauen unternommen hatte, schrieb er einen
Bericht an seinen Schwager Joh. Chr. Schmidt. Auch ein
anderer Teilnehmer an der Fahrt, Hirzel, hat den Ausflug
ausführlich in einem Brief an Ewald von Kleist beschrieben.
All diese überlieferten Ereignisse und Tatsachen sind nun
nicht etwa das Rohmaterial, aus dem Klopstock sein Gedicht
formt[23], sondern Rohmaterial, das er hinter sich läßt. Dazu
gehört die Kahnfahrt selbst. So wie man auf ihr rasch die
Landschaft hinter sich bringt, sie *vorbeifliehen* sieht, so wird
sie selbst als Motiv rasch abgetan. Höchst bezeichnend für
diese Ungeduld ist das sich wiederholende *schon*:

> Schon lag hinter uns weit Uto, an dessen Fuß
> Zürch in ruhigem Tal freie Bewohner nährt;
> Schon war manches Gebirge
> Voll von Reben vorbeigeflohn.

Jetzt entwölkte sich fern silberner Alpen Höh',
Und der Jünglinge Herz schlug schon empfindender,
Schon verriet es beredter
Sich der schönen Begleiterin.

Dieser eilige Weg von der Natur aus und über die Natur
hinaus, vom nahen Ufer zu den fernen Höhen und über sie
hinweg, von den Eindrücken zu ihrer Sublimierung, von der
Sinnenwelt zu ihrer Überwindung, hin zu Empfindung und
Gedanke, ist nicht nur bezeichnend für diese besondere Ode,
sondern für Klopstock überhaupt. Die erste Strophe schon
macht das Grundgesetz des Ganzen deutlich:

Schön ist, Mutter Natur, deiner Erfindung Pracht,
Auf die Fluren verstreut, schöner ein froh Gesicht,
Das den großen Gedanken
Deiner Schöpfung noch einmal denkt.

Wichtiger als das Geschaffene ist sein Schöpfer; nicht Genuß
des Gegebenen, sondern seine geistige Überwältigung ist die
eigentliche Aufgabe. Von den sich Freuenden geht es zur
Freude, von den Freunden zur Freundschaft.[24] Klopstocks
Ode fehlt die Genügsamkeit der anderen Kahnfahrtgedichte;
er ist nicht imstande und nicht willens, sich im Hüttchen, in
der Kleinwelt einzurichten. Immer wieder hat man ihm die
mangelnde Sinnlichkeit seiner dichterischen Sprache angekreidet, ohne vielleicht genügend zu beachten, daß – Bega-
bungsmangel oder nicht – Klopstock ganz andere Ziele
verfolgte als die farbige, liebevolle oder genaue Wiedergabe
der sinnlichen Welt. Einer sich mehr und mehr durchsetzen-
den allgemeinen Tendenz zuwider ist sein Blick auf das
Jenseits gerichtet. Der kühne Bogen, der Schwung, der
Aufschwung und Aufflug, das Überspringen und Überflie-
gen der Wirklichkeit, einer hohen und verklärten Gewißheit
entgegen, das ist es, worauf es ihm ankommt. Höchst
persönlich ist die Dynamik dieser Gerichtetheit; nicht um
Erkenntnis, bei der man sich beruhigt, geht es, sondern um
eine zielstrebige Bewegung, die sich im Gedicht als innere
Spannung geltend macht. Sie wird sichtbar in viel bemerkten

Einzelheiten, in Klopstocks Vorliebe für den absoluten Komparativ etwa, der immer wieder ein *mehr*, ein *weiter*, ein *höher* suggeriert. Hierher gehört auch die Neigung, ein entscheidendes Wort zunächst zurückzuhalten, etwa das *Komm* der zweiten Strophe oder die *Freude* der dritten, und hierher vor allem der Drang, das Gedicht zu gipfeln, ihm einen Höhepunkt zu geben, aber auch diesen Höhepunkt erst über Stufen und Steigerungen hinweg gleichsam zu erstürmen. In der sechzehnten Strophe von den neunzehn Strophen des Gedichts wird dieser Höhepunkt erreicht. Zurückgelassen, übersprungen und überflogen, wenn auch keineswegs abgetan werden die großen Freudenspender, die das Herz der jungen Menschen entflammen: Frühling, Wein, Ruhmbegier:

> Süß ist, fröhlicher Lenz, deiner Begeisterung Hauch, ...
> Lieblich winket der Wein ...

Und:

> Reizvoll klinget des Ruhms lockender Silberton
> In das schlagende Herz ...

Im jubelnden Bekenntnis zum großen Erlebnis der Freundschaft gipfelt schließlich die Ode:

> Aber süßer ist noch, schöner und reizender,
> In dem Arme des Freundes wissen ein Freund zu sein!

Was begonnen hatte als fast zufälliges Miteinander einer Gruppe, zusammengefaßt durch das Schiff, in dem man sich bewegt, hat sich gewandelt zur Beschwörung einer Geistergemeinde, in den Anruf der fernen über ganz Deutschland zerstreuten Freunde. Nicht der gesellige Anlaß einer Bootsfahrt hält d i e s e Gemeinschaft zusammen, sondern die schwingende Harmonie innerlich gleichgestimmter Seelen. Ihre Vereinigung in gelebter Gegenwart hätte die Kraft, die Welt zu verwandeln. Wären sie, diese Freunde, hier, ruft der Dichter aus,

O so bauten wir hier Hütten der Freundschaft uns!
Ewig wohnten wir hier, ewig! Der Schattenwald
Wandelt' uns sich in Tempe,
Jenes Tal in Elysium.

In einem solchen hinreißenden Bekenntnis zur Freundschaft
gipfelt Goethes »Auf dem See« nicht. Zwar wie Klopstocks
Gedicht ist auch das Goethesche aus dem Erlebnis einer
Bootsfahrt mit Freunden herausgewachsen, 25 Jahre nach
Klopstock auf demselben See unternommen, an einem strah-
lenden Junimorgen des Jahres 1775[25]:

> Und frische Nahrung, neues Blut
> Saug' ich aus freier Welt;
> Wie ist Natur so hold und gut,
> Die mich am Busen hält!
> Die Welle wieget unsern Kahn
> Im Rudertakt hinauf,
> Und Berge, wolkig himmelan,
> Begegnen unserm Lauf.

Die Freundesgruppe wird bei Goethe freilich fast wie selbstverständlich vorausgesetzt; sie läßt sich gerade noch erschließen: aus dem *unser* der fünften und achten Zeile (*unser Kahn,
unser Lauf*). Ausdrücklicher eingebettet und einbezogen ist
der Dichter dieser Fahrt in das Ganze der Natur, und zwar
auf eine ganz unreflektierte, fast animalisch unbekümmerte
Art. Schon das kühne *Und* der ersten Zeile ist ein Wort, das
verbindet, das hier mit allem verbindet, mit dem Ungenannten, Unbekannten, Vorausliegenden. Drastisch sagt es die
erste, später revidierte Fassung des Anfangs: *Ich saug an
meiner Nabelschnur / Nun Nahrung aus der Welt*; doch
stammen aus der gleichen Sphäre die weiteren Bilder, der
mütterliche Busen, der ihn an sich hält, auch das Wort
wiegen; all dies bezeichnet einen Zustand wohliger Daseins-
geborgenheit, der freilich, um ein Lieblingswort des jungen
Goethe zu gebrauchen, noch ganz im Bereich des *Dumpfen*
ist. Daß er nicht im Dumpfen bleibt, gibt dem Gedicht die
innere Bewegung. Denn schon im ersten Teil tauchen die
Worte auf, die wie das *hinauf* der sechsten und das *himmelan*

der siebenten Zeile jene Richtung nach oben und nach vorwärts andeuten, die die Lebensrichtung Goethes werden sollte. Und daß es sich durchaus nicht nur um einen genießerischen Zustand wohligen Behagens handelt, daß es vorwärts geht, das suggeriert der Rudertakt, in dem sich dieser Teil bewegt. Doch dann hält das Gedicht an:

> Aug', mein Aug', was sinkst du nieder?
> Goldne Träume, kommt ihr wieder?
> Weg, du Traum, so gold du bist:
> Hier auch Lieb' und Leben ist.

Wenig wird uns hier der biographische Zusammenhang sagen, – mag immerhin mit den *goldnen Träumen* die Erinnerung an Lilly Schönemann gemeint sein, wir sind geneigt, zu wünschen, wie Walzel es tut, daß Goethe niemals verraten hätte, wie das Lied mit seinem Leben zusammenhängt.[26] Im G e d i c h t jedenfalls wird uns nicht gesagt, was der Gegenstand der goldnen Träume ist; worauf es ankommt, ist, d a ß es Erinnerungen sind. Vergangenes darf aber keine Macht haben, hier, wo es nur um gegenwärtiges Leben geht und um die Zukunft. Und so wird mit einem energischen Ruck – *weg, du Traum* – die Hemmung des Nicht-Gegenwärtigen beiseite geschoben.

Dieselbe Haltung drückt sich übrigens auch im Rhythmus dieser Strophe aus. Zunächst scheint es, daß das Anhalten der Bewegung sich verdeutlicht im Wechsel vom Jambus der ersten zum Trochäus der zweiten Strophe. Mit dem schweren Taktteil, mit dem die zweite Strophe beginnt, scheint eine Verlangsamung einzutreten. Doch scheint es nur so. Denn man erkennt sofort, daß die Trochäen der zweiten Strophe sich nur mit Mühe, und nur zum Teil, als Trochäen behaupten, daß in Wahrheit ein jambischer Rhythmus dem trochäischen Metrum entgegenläuft. Die Zeile *Aug', mein Aug', was sinkst du nieder?* läßt sich beim besten Willen nicht trochäisch lesen: *Aúg' mèin / Aúg' wàs / sìnkst dù / níedèr?*; sie wird vielmehr durch die jedesmalige Pause nach *Aug'* in ein jambisches Maß verwandelt: *Aúg' / mèin Aúg' / wàs sìnkst / dù níedèr?* Ähnlich verhält es sich mit der Zeile *Weg, du*

Traum, die sich ebenfalls eine jambische Akzentuierung gefallen lassen muß: *Wég / dù Traúm / sò góld / dù bíst*. Die Schlußzeile endlich würde durch eine metrische – trochäische – Lesung völlig um Sinn und Wirkung gebracht werden. Die rhythmische Gegenstimmigkeit dieses Teils ist sehr sinnvoll: unter der Oberfläche, unterhalb dessen, was das Bewußtsein im Augenblick erfüllt, setzt sich die eigentliche, die energisch vorwärtsdrängende Richtung des Gedichts durch.
Und nun der dritte Teil:

> Auf der Welle blinken
> Tausend schwebende Sterne,
> Weiche Nebel trinken
> Rings die türmende Ferne;
> Morgenwind umflügelt
> Die beschattete Bucht,
> Und im See bespiegelt
> Sich die reifende Frucht.

Was Goethe im gleichen Jahr 1775 an Gustchen Stolberg geschrieben hatte: daß er seine Gefühle sich zu Fähigkeiten, kämpfend und spielend, entwickeln lassen wolle, das ist im engen Raume dieses Gedichts geleistet. Das frische und doch ein bißchen ungefähre Behagen, das in der ersten Strophe vorwaltet, verwandelt sich in der dritten Strophe in die Klarheit der Leistung. Statt der *genossenen* Natur finden wir jetzt *geformte* Natur; ein Gebilde entsteht, das mit jeder Silbe Zeugnis ablegt vom Willen zur Gliederung, Genauigkeit und geistigen Beherrschung: dicht gedrängt, reich bewegt, ganz gegenständlich ist dies ein Naturbild von der Art, für die später der Name »Dinggedicht« in der deutschen Dichtung aufkommt. Tief bezeichnend, wie so oft bei Goethe, ist, was an den Schluß gestellt und damit ganz besonders betont wird: daß der Blick vom Wasser sich hebt, in die Ferne sich richtet, daß im Bild der Bucht die Vorstellung der A n k u n f t sich andeutet, daß unter den vielen Gegenständen, denen zu begegnen möglich wäre, es gerade das Bild der reifenden Frucht ist, das uns zuletzt gezeigt wird, all das ist kein Zufall: es ist der Ausdruck des großen Zieles, auf das sich der junge

Goethe zubewegt, Ausdruck des glühenden Wunsches, selber Frucht zu bringen:

> Nein, es sind nicht leere Träume:
> Jetzt nur Stangen, diese Bäume
> Geben einst noch Frucht und Schatten.[27]

Goethes *Auf dem See* will gewiß kein programmatisches Gedicht sein; und doch wird man, wo immer in der Dichtung der Mensch sich über der gefährlichen Tiefe des Elements bewegt, nie völlig davon absehen können, daß hier ein Sinnbild des Lebens beschworen und ein mögliches Verhalten im Dasein angedeutet wird; diese Seefahrt jedenfalls begnügt sich weder mit wohligem Wiegen noch mit unbestimmtem Treiben, sondern hat eine Richtung und ein Ziel.

Doch Goethe kann noch deutlicher sein. Die gehämmerten Schlußzeilen einer anderen *Seefahrt*, die ungefähr ein Jahr später entstand und in der sich der Dichter am Steuer seines Schiffes sieht, drücken nun wirklich ein Programm aus:

> Doch er stehet männlich an dem Steuer:
> Mit dem Schiffe spielen Wind und Wellen,
> Wind und Wellen nicht mit seinem Herzen.
> Herrschend blickt er auf die grimme Tiefe
> Und vertrauet, scheiternd oder landend
> Seinen Göttern.

Goethe hat einmal gesagt, Gottvertrauen sei nichts als Selbstvertrauen, objektiviert. Man kann den Satz auch umkehren – jedenfalls soweit Goethe in Frage kommt – und sagen, Selbstvertrauen sei nichts als Gottvertrauen, subjektiviert; aber wie man den Spruch auch wendet, immer drückt er aus, was für Goethe zeitlebens charakteristisch bleiben sollte: einmal den Glauben an sich selbst, an die eigene Aufgabe, die eigene Kraft und den Sinn eigenen Tuns, dann aber auch die Überzeugung, mit dieser Bewegung des eigenen Herzens in ein höheres Ganzes sinnvoll einbezogen zu sein.

Durch dieses Ethos, nicht nur durch ihre viel größere dichterische Kraft unterscheiden sich Goethes Seegedichte von den zahllosen Kahnfahrtgedichten der Epoche. Und wenn im 18. Jahrhundert immer wieder das Bild der geselligen Gruppe, auf ruhigem Wasser in Freude verbunden, erscheint, so deshalb, weil es ein so vollkommenes Bild für eine Haltung darstellt, die das untergründige und unergründliche, das durchaus gefährliche, sagen wir, das *ozeanische* Wesen des Lebens vergessen will. Es ist deshalb kein Zufall, daß gerade bei den größten Geistern des Jahrhunderts, bei Herder, bei Schiller, bei Goethe das Meer in seiner eigentlichen symbolischen Mächtigkeit wieder in Erscheinung tritt. Herder jedenfalls empfand es sehr stark, als er sich im Jahre 1769 aus den engen Verhältnissen seines Lehr- und Predigeramtes in Riga losgerissen hatte und nach Frankreich einschiffte, was es hieß, »auf dem Schiffe« zu sein. Auf dem Schiffe nämlich denkt man anders als auf dem Lande, wo man an einen »toten Punkt angeheftet und in den engen Kreis einer Situation eingeschlossen ist«.[28] »Auf dem Schiffe« sein bedeutet also für Herder nicht einfach, daß er von Livland nach Frankreich unterwegs ist, sondern daß sein Denken in Bewegung geraten ist, daß sein Geist den sicheren Port verlassen und sich auf die hohe See hinausgewagt hat. Gewohntes aufgeben, auf Vertrautes verzichten, – das Schiff, das den Hafen verläßt und aufs Meer hinausfährt, wird fast von selbst zum Sinnbild einer menschlichen Ursituation. Das Reisejournal, das Herder sich anlegt, ist voll von symbolischen Bezügen, die er seinem besonderen Standort verdankt. Auch die politischen Analogien gehören dazu. So gesehen erscheint das Schiff als »Urbild einer sehr besonderen und strengen Regierungsform. Da es ein kleiner Staat ist, der überall Feinde um sich sieht, Himmel, Ungewitter, Wind, See, Strom, Klippe, Nacht, andere Schiffe, Ufer, so gehört ein Gouvernement dazu, das dem Despotismus der ersten feindlichen Zeiten nahekommt.«[29] Ähnliche Erwägungen müssen Schiller beschäftigt haben, als er sich mit den Plänen zu seinem Schiffsdrama abgab; zusammengedrängt auf einen einzigen Schauplatz, unter wenigen Figuren spielend, ließen sich in verkürztem Maßstab, in prägnantester Form die großen, Schiller so naheliegenden Themen des staatlichen und politischen Lebens sichtbar machen: nicht umsonst wiederholen sich in

seinen Entwürfen die Ausdrücke Schiffsregierung, Schiffs-
verschwörung, Schiffsdisziplin.

Ein Gedicht wie »Seefahrt«, gegen die übrigen Kahnfahrtgedichte des Jahrhunderts gehalten, macht es überwältigend
klar, wie grundsätzlich sich Goethes Lebensgefühl von dem
seiner meisten Zeitgenossen unterscheidet. Zwei Dinge sind
es vor allem, die auffallen, wobei wir uns auf das Gebiet des
betrachteten Motivs beschränken. Einmal ist es die unvergleichliche, symbolisch bedeutende Tiefe, die Goethe dem
Wesen des Elements verleiht: all die arkadische Zufriedenheit
der halben und ganzen Idylliker, die spiegelnde Fläche, die
sanfte Strömung, der murmelnde Bach, der schimmernde
Fluß, genügen nun längst nicht mehr. Fülle und Macht, Kraft
und Beweglichkeit, Lockung, Gefahr und Bewährung, das
Belebende und das Tödliche, alles was sich in Goethes Sicht
mit dem Element des Wassers verbindet, drückt im Grunde
nichts anderes aus als eine komplexere, paradoxere, wider-
spruchsvollere, reichere und tiefere Auffassung des Lebens
überhaupt. In einer solchen Auffassung wird den feindlichen
Mächten ihr volles Gewicht gegeben; und so wäre die Schilderung des Meeres unvollständig ohne das Wüten des Sturmes. Goethe kennt freilich nicht nur die *Widrigkeit* des
Geschicks, sondern auch jene tiefere Gefahr, die in der
Schicksals*losigkeit* liegt, der *Todesstille fürchterlich*, die er
1795 in dem beklemmenden »Meeresstille« benannten
Gedicht beschworen hat. Fast könnte man glauben, hier sei
die Regungslosigkeit, die Lähmung, die Starre von C. F.
Meyers »Eingelegten Rudern« schon vorausgenommen;
doch ist die »Stille«, die Goethes Schiffer bedroht, immer
noch Hemmung, die von außen kommt, verhängt, aber nicht
gewollt; erst bei Meyer steigt sie, viel fürchterlicher drohend,
aus dem eigenen Herzen empor. Und wie um jeden Verdacht
zu zerstreuen, daß es sich hier um mehr als einen zeitweiligen
Aspekt, um mehr als einen widerwärtigen M o m e n t des
Lebens handeln könnte, hat Goethe in der Ausgabe seiner
Gedichte auf »Meeresstille« die »Glückliche Fahrt« folgen
lassen, ein Gedicht, in dem der Bann der vorausgehenden
Verse gebrochen wird und das Leben in seiner ganzen
Beweglichkeit wieder in Gang kommt:

Die Nebel zerreißen,
Der Himmel ist helle,
Und Aeolus löset
Das ängstliche Band.

Eine weitere Wandlung des Motivs von der Wasserfahrt aber, die bei Goethe sichtbar wird, ist vielleicht noch bedeutsamer; es ist, auf die kürzeste Formel gebracht, die Wendung vom Wir zum Ich. Nicht zufällig wird das *Wir*, das in all den anderen Wasserfahrten des Jahrhunderts als Ausdruck der in Freundschaft vereinigten Gruppe, der Gleichgestimmten und Gleichgearteten, erscheint, nun durch das *Ich* ersetzt. Zwar sind die Freunde noch da, doch bleiben sie am Ufer zurück: hoffend, wünschend, ratend, fürchtend. Der hier ausfährt, hat seine Existenz gewagt, sieht, steigend oder sinkend, sein Schicksal in der Schwebe, und ist bereit, auf sich zu nehmen, was ihm zugewogen ist: Ankunft oder Untergang. So war schon der junge Klopstock, auch er im Bilde der Seefahrt, aufs Meer hinausgefahren und hatte das mögliche Scheitern seiner dichterischen Pläne ins Auge gefaßt: *Hochmastige, vollbesegelte Dichtwerke – und dennoch gesunkene! – schreckten mich.*[30] Für Goethe aber geht es um mehr als um seinen literarischen Ehrgeiz; was er im Jahre 1787 aus Rom schrieb, hätte er wohl schon ein Jahrzehnt früher schreiben können, zu der Zeit, in der »Seefahrt« entstand: »Ich habe nur E i n e Existenz, diese habe ich diesmal g a n z gespielt und spiele sie noch ... Komm ich um, so komm ich um, ich war ohne dies zu nichts mehr nütze.«[31]
Es ist ein denkwürdiger Augenblick im deutschen Geistesleben, in dem ein Gedicht wie Goethes »Seefahrt« entstehen konnte, dichterisch gesteigerter Ausdruck des Glaubens an den Einzelnen und seine Fähigkeit, sein Schicksal nach eigenem Vermögen und unter eigener Verantwortung in die Hand zu nehmen. Dieselbe Gesinnung, aus der die »Seefahrt« hervorgegangen ist, hatte, im Zeitraum von ein paar Jahren, auch den »Prometheus«, den »Schwager Kronos«, den *Götz* und den *Urfaust* emporgetrieben. Dauer freilich war diesem Augenblicke nicht beschieden. Denn wirft man von hier aus einen Blick auf das 19. Jahrhundert und versucht,

an der Geschichte unseres Motivs die Richtung abzulesen, in der die Strömung weiter ihren Lauf nahm, so macht man eine merkwürdige Entdeckung. Die »Wir«-Gedichte des 18. Jahrhunderts b l e i b e n verschwunden; was wir nun finden, ist der Einzelne. Aber nicht der gläubig und vertrauend auf sich selbst gestellte Einzelne, sondern der verlassene, der einsame Schiffer im Kahn, der nicht weiß, wohin die Reise geht, oder den Lockungen der Sirenen, der Hexe Lorelei verfällt. Zum größten Symbol dieser Rast- und Ziellosigkeit wird die Gestalt des Fliegenden Holländers. Und noch etwas ist merkwürdig: auch die glatte, ruhige Oberfläche ist verschwunden, auf der sich die Kähne des 18. Jahrhunderts wiegten und die sie trug; jetzt ist das Wasser in Bewegung geraten, in eine ziehende, drängende, reißende Bewegung, die nach abwärts geht. Lenaus Bild der drei Indianer im Boot, die singend und *festentschlossen* auf den Katarakt zuschießen, seine Verse von den stürzenden Wellen des Niagara, die dem Fall entgegeneilen »wie von Sehnsucht hingerissen / nach dem großen Untergang«, bekommen in diesem Zusammenhang eine Bedeutsamkeit, die mehr ausdrückt als nur die Todessehnsucht ihres Dichters. Hier und an anderen Stellen wird die unterirdische Strömung der Epoche sichtbar, ja, mehr noch, das Gefälle der europäischen Kultur, von der Nietzsche am Ende des Jahrhunderts sagte, sie bewege sich mit einer Tortur der Spannung, die von Jahrzehnt zu Jahrzehnt wachse, wie auf eine Katastrophe los: »unruhig, gewaltsam, überstürzt, einem Strome ähnlich, der a n s E n d e will.«[32] Diese Entwicklung im einzelnen zu verfolgen, muß einer künftigen Untersuchung vorbehalten bleiben.

Anmerkungen

1 Friedrich Spee, *Trutznachtigall, nebst den Liedern aus dem Güldenen Tugendbuch*, hrsg. von Alfons Weinrich, Freiburg 1908, S. 341.
2 *Zur allgemeinen Charakteristik von Geßners Kunst*, in: *Salomon Geßner 1730-1930, Gedenkbuch zum 200. Geburtstag*, hrsg. vom Lesezirkel Hottingen, Zürich 1930, S. 119.
3 *Deutsche Dichter 1700-1900*, Erster Teil, Frauenfeld 1949, S. 96.
4 *Sämtliche Schriften*, Bd. III, Karlsruhe 1775, S. 90.
5 *Werke*, hrsg. von August Sauer, Berlin o. J., Bd. 1, S. 128.

6 *Vorbericht zur ersten Ausgabe von Bronners Schriften*, F. X. Bronner, *Schriften*, Bd. III, Zürich 1794, S. 7.

7 Ebd. I, 65.

8 *Irdisches Vergnügen in Gott*, Siebenter Teil, Tübingen 1743, S. 211-216.

9 *J. A.*, XXIII, 21.

10 *Sämtliche poetische Werke*, 3. Aufl., Hamburg 1764, Dritter Teil, S. 115 f.

11 Friedrich von Matthisson, *Lyrische Anthologie*, Wien 1804, IV, S. 209.

12 *Gedichte*, Erster Teil, Wien 1816, S. 199.

13 Deutsche National-Litteratur, Bd. 49, S. 91-96.

14 Text nach der auf dem Erstdruck im *Hamburger Musenalmanach für 1784* beruhenden Buchausgabe von 1795, wie August Sauer ihn abgedruckt hat (*Deutsche National-Litteratur*, Bd. 49). Voß hat bekanntlich die *Luise* mehrfach überarbeitet und dabei unmäßig aufgeschwellt. Die Episode der Kahnfahrt, die in der Ausgabe von 1795 40 Verse umfaßt, ist in der *Auswahl der letzten Hand* von 1823 auf den dreifachen Umfang angewachsen. Der Überzeugung, die des Dichters Sohn Heinrich in einem Brief an Charlotte Schiller aussprach, wie sehr gerade die »Wasserfahrt« in dieser Bearbeitung gewonnen habe, wird man sich schwerlich anschließen können. Uns scheint es nicht, daß diese Episode, wie Heinrich Voß meint, an Einheit gewonnen hat, sondern daß sie zerdehnt und, vor allem durch die eingelegten Reden, eher um ihre Einheit gebracht worden ist (vgl. Deutsche National-Litteratur, Bd. 49, S. LXI).

15 *Gesammelte Werke der Brüder Christian und Friedrich Leopold Grafen zu Stolberg*, Bd. I, Hamburg 1820, S. 319 f.

16 Johannes Janssen, *Friedrich Leopold Graf zu Stolberg*, Freiburg 1877, S. 100.

17 *Gedichte*, hrsg. von G. Bölsing, Bibliothek des Lit. Vereins Stuttgart, Bd. 257, S. 17 f.:

Eilend gleitet der Kahn über des Abendsee's
Sanfterrötendes Blau, schwebet, im leichten Tanz,
   Saatgefilden vorüber,
      Und behütetem Haingebüsch!

Freude lächelt der Flut blinkendes Angesicht!
Freude flüstert das Schilf, welches am Ufer wankt!
   Freude lispelt die Welle,
      Wenn sie schäumend den Nachen küßt!

Flügle rascher den Kahn, nervichter Jünglingsarm!
Daß uns Feld und Gebüsch schneller vorüberflieh!
   Jenes grünende Eiland
      Winkt zum fröhlichen Traubenmahl!

Seht! wir fliehen heran! Nachtigallton entbebt
Allen Zweigen umher! Auf! den Pokal bekränzt!
Tiefer funkelt im Westen
      Schon der freundliche Abendstern!

18 *Lyrische Anthologie*, Fünfzehnter Teil, Zürich 1807, S. 63 f.

19 *F. X. Bronners Leben, von ihm selbst beschrieben*, Bd. II, Zürich 1810, S. 405.

20 *Freundschaftskult und Freundschaftsdichtung im deutschen Schrifttum des 18. Jahrhunderts*, Halle 1936.

21 S. Rasch, a. a. O., S. 49 und 53. – Als Säkularisierung des Pietismus betrachtet S. S. Prawer den Freundschaftskult, wie er beispielsweise bei Klopstock in Erscheinung tritt: »Klopstock is secularizing the heritage of German pietism. Emotions hitherto reserved for the soul's intercourse with God are now transferred to man's intercourse with his own mind and with his fellow-man«. *German Lyric Poetry*, London 1952, S. 42, und von einem einzelnen Gedicht Klopstocks sprechend hatte Walzel 1926 erklärt: »Die Ode ›An Ebert‹ überträgt auf das Gebiet der Freundschaft, was bisher bei religiöser Erbauung geübt worden war.« *Klopstock*, Jahrbuch des Freien Deutschen Hochstifts, 1926, S. 54.

22 Salis-Seewis, *An ein Tal, Gedichte*, Zürich 1808, S. 80 ff.

23 Zur Interpretation der Ode vgl. Emil Staiger, *Zu Klopstocks Ode ›Der Zürchersee‹*, in der Festschrift *Martin Heideggers Einfluß auf die Wissenschaften*, Bern 1949, und in Staigers *Die Kunst der Interpretation*, Zürich 1955; S. S. Prawer, *Klopstock: Der Zürcher See*, in *German Lyric Poetry*, London 1952; und Friedrich Beißner, *Klopstocks Ode der Zürchersee*, Münster/Köln 1952.

24 Vgl. S. S. Prawer: »*Der Zürcher See* celebrates not friends but that abstracted ›friendship‹ which we see ... to hold more delight than all the joys of Spring, of Wine and of Fame.« A. a. O., p. 51.

25 Vgl. den bekannten Brief Friedrich Stolbergs an seine Schwester Henriette vom 16. Juni 1775.

26 *Gehalt und Gestalt im Kunstwerk des Dichters*, Berlin 1923, S. 54 f.

27 *J. A.*, I, 67.

28 *Sämtliche Werke*, hrsg. v. Bernhard Suphan, Bd. IV, Berlin 1878, S. 348.

29 Ebd. S. 354 f.

30 Vgl. Karl Kindt, *Klopstock*, Berlin 1941, S. 227.

31 Brief an Charlotte von Stein, vom 20. Januar 1787.

32 *Der Wille zur Macht, Werke*, Bd. IX, 2. Ausgabe, Leipzig 1906, S. 3.

Das Bild des Schiffbruchs in der Romantik

Als Karl Thorbecke, eines der kleineren Talente unter den Romantikern, sich einmal die Frage vorlegte, was für eine Art von Gedicht er schreiben wolle, kam er zu dem Ergebnis, es solle weder ein lustiges noch ein trauriges, sondern ein »sehnend« Lied sein. Natürlich stellte er hierüber keine abstrakten Erwägungen an; er griff einfach nach dem Bilderschatz, der um die Wende vom 18. zum 19. Jahrhundert jedem Lyriker geläufig war, und präsentierte das »lustige« Lied im Bild der Wasserfahrt:

> Lustig Lied ist wie 'ne Wasserfahrt:
> das Schifflein läuft aus,
> Kommt wieder nach Haus'.

Gegen die leichte und begrenzte Bewegtheit stellte er dann das Bild der Bewegungslosigkeit, der inneren Lähmung:

> Sänger traurigen Liedes
> Stehet im segelnden Schiffe still,
> Meinet, meinet nicht fortzugehn.

Und das sehnende Lied schließlich steigt gleichsam aus den Wellen des Meeres auf:

> Sehnend Lied ist mitten auf der See:
> Unten Liebe, oben Himmel,
> Nirgend Land!
> Und aus Wolken und aus Wasser
> Eine ausgestreckte Hand.
> Auf einander Wellen reiten,
> Gegen einander Winde streiten,
> Sausen, Brausen –
> O wie schön, schön,
> Zwischen Himmel und Liebe vergehn![1]

Drei vorgeprägte Metaphern der Zeit stellt Thorbecke somit

nebeneinander: die »Wasserfahrt«, wie die Lyrik des 18. Jahrhunderts sie entwickelt hatte; das Bild vom Schiffer im einsamen Kahne, ein Lieblingsmotiv der Romantik; und die Korrespondenz von Gefühl und Meer, auf die schon der Titel des Gedichtes hinweist: *Liebeselement*. Im Bild des Meeres, der wogenden Flut, drückt sich ein Gefühl aus, das die Liebe als elementare, rauschhafte, unbegrenzte und unbegrenzbare Macht empfindet, in der das Bewußtsein vergeht. Dieselbe Übermächtigung der Person durch ein Elementares, dieselbe metaphorische Gleichsetzung von Gefühl und Meer zeigt Grillparzer schon im Titel seines Dramas *Des Meeres und der Liebe Wellen*; und was in Thorbeckes sehr unbeholfenen Versen am Ende anklingt, gipfelt zuletzt in Wagners *Tristan*, in jenen Schlußversen, in denen gleichsam die Wellen eines ungeheuren Meeres über dem Menschen zusammenschlagen, Verse, in denen Liebe, Rausch und Tod in eins fallen und das Ertrinken und Versinken im Unbekannten als höchste Lust gepriesen wird.

Die Lockung des Todes, das Untertauchen im Unbewußten, die Auflösung im Element, – ähnlich verschränken und durchdringen sich die Themen schon bei Novalis. Gewiß bezeichnend für diesen ist es, daß er dem Motiv der Wasserfahrt nichts mehr abgewinnen konnte. Sein Jugendgedicht »Die Kahnfahrt« ist offensichtlich eine unbedeutende Nachahmung von Matthissons gleichnamigem Gedicht.[2] Aber gerade in ihrer Unselbständigkeit sind die Anfänge eines Dichters sehr oft eine ausgezeichnete Illustration für die literarischen Tendenzen, Stoffe und Themen, die in einer bestimmten Epoche vorherrschen. Der selbständig gewordene Novalis hingegen rudert sein Boot keiner Insel mehr zu, wo »Becherfreude beim Kuß rosiger Mädchenschar« ihn erwartet[3], sondern besteigt den »engen Kahn«, der ihn dem »Himmelsufer« zuführt.[4] Fast unmerklich gehen die Vorstellungen von Sarg, Grab und Kahn ineinander über, Gefäße magischer Transsubstantiation, die nicht von ungefähr an uralte Begräbnisriten erinnern.[5] Schlafend sieht Heinrich von Ofterdingen die Geliebte im Kahn auf blauem Strom, erst ruhig schwimmend, dann im Wirbel sich drehend, zuletzt vom Wasser hinabgezogen. In einer seltsamen Traumlandschaft schwimmt und wandert er ihr nach und erreicht sie zuletzt. »Wo ist der Strom?« fragt er sie unter Tränen. »Siehst du nicht seine blauen Wellen über uns?« antwortet Mathilde.[6] Auf geheimnisvolle Art fallen Untergang und Ankunft zusammen; Liebe, Wollust, Tod sind eins, und das Wasser, in dem alles Feste, Bestimmte, Individualisierte sich mischt und löst, wird zum symbolischen Element, das die dichterische Welt von Novalis durchflutet. Begeistert preist einer der Lehrlinge von Sais den lustvollen Augenblick, in dem

»jenes mächtige Gefühl, wofür die Sprache keine andere Namen als Liebe und Wollust hat, sich [im Menschen] ... ausdehnt, wie ein gewaltiger, alles auflösender Dunst, und er bebend in süßer Angst in den dunkeln lockenden Schoß der Natur versinkt, die arme Persönlichkeit in den überschlagenden Wogen der Lust sich verzehrt und nichts als ein Brennpunkt der unermeßlichen Zeugungskraft, ein verschluckender Wirbel im großen Ozean übrigbleibt«![7]

»Wie wenige haben sich noch in die Geheimnisse des Flüssigen vertieft«, ruft derselbe Jüngling aus; ein tiefer Zusammenhang besteht zwischen uns und dem Ganzen der Natur, an dem wir teilhaben und an das uns immer wieder die Regungen der »Urgewässer in uns« erinnern. Im Schlaf sind wir diesem Ganzen näher als sonst; er ist nichts als »die Flut jenes unsichtbaren Weltmeers«, während das Erwachen das »Eintreten der Ebbe« manifestiert. Von dieser Vertauschung, Vermischung und Verschmelzung von Tod und Leben, wiederum im Bild des Flüssigen, singt der Chor der Toten in jenem seltsamen Lied, das für die Fortsetzung des *Ofterdingen* gedacht war:

Eine göttlich tiefe Trauer
Wohnt in unser aller Herzen,
Löst uns auf in *eine* Flut

Und in dieser Flut ergießen
Wir uns auf geheime Weise
In den Ozean des Lebens
Tief in Gott hinein;

Und aus seinem Herzen fließen
Wir zurück zu unserm Kreise,
Und der Geist des höchsten Strebens
Taucht in unsre Wirbel ein.[8]

Um eben die Zeit, als Novalis starb, erlebte Kleist in Berlin jenen radikalen Zusammenbruch aller seiner Überzeugungen, der unter dem Namen der »Kantkrise« in die Literaturgeschichte eingegangen ist. Bei dem Versuch, sich hierüber seiner Braut mitzuteilen, verfiel Kleist nicht nur auf das berühmt gewordene Bild von den »grünen Gläsern«, sondern griff auch nach dem alten Gleichnis von Leben und Schiffsreise. »Ich habe mich wie ein spielendes Kind auf die Mitte der See gewagt«, schreibt er am 9. April 1801, »es erheben sich heftige Winde, gefährlich schaukelt das Fahrzeug über den Wellen, das Getöse übertönt alle Besinnung«, – bis hierher unterscheidet sich seine Darstellung in nichts von der traditionellen Gleichsetzung von Meerfahrt und Daseinsgefährdung, aber dann folgen zwei Wendungen, die nun doch für Kleists besondere Lage höchst bezeichnend sind. »Ich kenne«, fährt er fort, »nicht einmal die Himmelsgegend, nach der ich steuern soll, und mir flüstert eine Ahnung zu, daß mir mein Untergang bevorsteht –.« Gefährliche Reisen, scheiternde Schiffe hatte es auch vorher gegeben, aber selbst das Schiff, das sein Ziel nicht erreichte, hatte doch immerhin ein Ziel gehabt; was Kleists Gleichnis nun deutlich zu machen versucht, ist die Vorstellung der Lebensreise ohne Kurs und ohne Kompaß, das heißt, die völlige metaphysische Ungewißheit. Eine Welt ohne feste Maßstäbe ist dem Zufall überantwortet; durchaus mit Grund greift Kleist zur gleichen Zeit immer wieder nach dem Bild des Glücksspiels. »Das Leben ist ein schweres Spiel«, schreibt er an Ulrike, und zwar deshalb, weil man »beständig und immer von Neuem eine Karte ziehen soll und doch nicht weiß, was Trumpf ist.« Und um jeden Zweifel an seiner Meinung auszuschalten, läßt er noch eine unmetaphorische Erklärung nachfolgen: »ich meine darum, weil man beständig und immer von Neuem handeln soll und doch nicht weiß, was recht ist.«[9] Aus dieser Überzeugung, »daß hienieden keine Wahrheit zu finden ist«[10], wachsen beide Bilder hervor: der Schiffer ohne Kenntnis der Himmelsrichtung, der Spieler ohne Kenntnis der Spielregeln sind beide in ein Tun ohne Sinn verwickelt. Noch ein halbes Jahr zuvor hätte Kleist sagen können, was in Lenzens *Hofmeister* der junge Fritz von Berg seinem Freunde Pätus mahnend vorhält: »Wir sind auf der See, der Wind treibt, aber die Vernunft muß immer am Steuerruder bleiben, sonst jagen wir auf die erste beste Klippe und scheitern.«[11] Daß »Scheitern« das Ende sein werde, ist nun Kleists Gefühl. Das ist nicht etwa das Allgemeingefühl der Epoche; weithin sind die Positionen der christlichen Tradition, der Aufklärung oder des Humanismus noch intakt; und wie sehr oder wie wenig sie das im einzelnen Falle sind, läßt sich immer wieder am Bild der Schiffahrt ablesen, dessen unzerstörbare Beliebtheit durch die Jahrhunderte nicht zuletzt auf seiner Vielgestaltigkeit beruht, so daß es die verschiedensten Haltungen zu illustrieren vermag.

So beginnt Eichendorff seinen Roman *Ahnung und Gegenwart* mit der Beschreibung eines Schiffes, das die Donau hinabfährt. Das läßt sich zuerst an wie eine Ferienreise lustiger Studenten, aber schon nach ein paar Sätzen wird die Landschaft gleichsam durchscheinend und gibt die Mächte zu erkennen, deren Spannung Eichendorffs Welt durchdringt:

»Wer von Regensburg her auf der Donau hinabgefahren ist, der kennt die herrliche Stelle, welche der Wirbel genannt wird. Hohe Bergschluchten umgeben den wunderbaren Ort. In der Mitte des Stromes steht ein seltsam geformter Fels, von dem ein hohes Kreuz trost- und friedenreich in den Sturz und Streit der empörten Wogen hinabschaut. Kein Mensch ist hier zu sehen, kein Vogel singt, nur der Wald von den Bergen und der furchtbare Kreis, der alles Leben in seinen unergründlichen Schlund hinabzieht, rauschen hier seit Jahrhunderten gleichförmig fort. Der Mund des Wirbels öffnet sich von Zeit zu Zeit dunkelblickend wie das Auge des Todes. Der Mensch fühlt sich auf einmal verlassen in der Gewalt des feindseligen, unbekannten Elementes, und das Kreuz auf dem Felsen tritt hier in seiner heiligsten und größten Bedeutung hervor.«[12] Diese Landschaft ist nicht einfach ein Schauplatz, auf dem sich der Beginn einer Romanhandlung abspielt, sondern symbolischer Auftakt, der schon in geheimer Beziehung zum Ende steht. Vor dem Kreuz, dessen Bedeutung so stark hervorgehoben wird, findet der Held des Romans, Friedrich, zuletzt seinen inneren Frieden, und der »Mund des Wirbels« wird Friedrichs große Gegenspielerin, die Gräfin Romana, in sich einsaugen. Dieser »Wirbel« ist freilich nicht immer und nicht sofort als »Auge des Todes« zu erkennen; er übt vielmehr eine faszinierende Anziehung aus und mag als »magisch wilder Fluß« erscheinen, der *in die schöne Welt hinunterlockt*«. An dieses bunte Wirren gibt sich die schöne Gräfin »mutig« hin:

> Und ich mag mich nicht bewahren!
> Weit von euch treibt mich der Wind,
> Auf dem Strome will ich fahren,
> Von dem Glanze selig blind!
>
> Tausend Stimmen lockend schlagen,
> Hoch Aurora flammend weht,
> Fahre zu! ich mag nicht fragen,
> Wo die Fahrt zu Ende geht![13]

Für die spätere Sammlung seiner Gedichte hat Eichendorff diese Verse aus dem Roman herausgelöst und sie »Frische Fahrt« überschrieben; sie leiten nun die Gruppe der *Wanderlieder* ein und können sehr wohl als frisch-fröhliches Bekenntnis zu unbekümmertem Draufgängertum gelesen werden; im Roman aber sind sie, im Munde der Gräfin Romana, viel eher als Ausdruck einer verzweifelt trotzigen Verlorenheit an die Welt gemeint, und der Verlauf der Ereignisse erlaubt hier ja auch keinen Zweifel daran, wo die Fahrt zu Ende geht.
Von der Lockung der Welt, dem betörenden Zauber, der hinreißt und zuletzt vernichtet, ist bei Eichendorff immer wieder die Rede. Dieser Lockung erliegt einer der »Zwei Gesellen«, die so rüstig und jubelnd in die Welt hinausziehen; ihm

sangen und logen

Die tausend Stimmen im Grund,
Verlockend' Sirenen, und zogen
Ihn in der buhlenden Wogen
Farbig klingenden Schlund.

Und wie er auftaucht' vom Schlunde,
Da war er müde und alt,
Sein Schifflein das lag im Grunde,
So still war's rings in die Runde,
Und über die Wasser weht's kalt.[14]

So unterzugehen ist freilich nicht die einzige Gefahr, von der die jungen Gesellen Eichendorffs bedroht sind. Statt im Strome unterzutauchen, kann man ihn auch auf seine Mühle leiten, und auch das ist eine Form des Versagens; neben dem Menschen, der vom Leben fortgerissen wird, steht der, der am Leben festklebt; neben dem Verzauberten der Stumpfe; neben dem, der nie wiederkommt, der andere, der nie auszieht. Welle und Stein, ziellos schweifendes und selbstgenugsam unbewegtes Herz, verirrter Wanderer und unbeirrter Philister sind die bildlichen, seelischen und figürlichen Extreme in Eichendorffs poetischer Welt. Seine eigentliche Neigung aber gehört denen, die, weder auf dem Trockenen beharrend noch in der Flut ertrinkend, sich auf die Gefahr einlassen, ohne darin umzukommen, Florio also, der in den Bann des *Marmorbildes* gerät und ihm nicht verfällt, Graf Friedrich, aus dem schwülen Schlafzimmer Romans in den jubelnden Morgen tretend, die Mannschaft der »Fortuna«, beim Sonnenaufgang der seltsamen Venusinsel den Rücken kehrend, – immer wieder erklingt im entscheidenden Augenblick – wie Fortunatos Lied – das erlösende Wort, das den Zauber bricht. Dies Wort ist Gottes Wort. Dieselbe Konstellation: Lebensschiff, drohende Flut, rettendes und richtunggebendes Kreuz, die den Anfang von *Ahnung und Gegenwart* beherrscht, kehrt auch in Eichendorffs Gedichten immer wieder, nicht selten im allegorischen Stil christlicher Topik, wie im Sonett »Die heilige Mutter«:

Es ist ein Meer, von Schiffen irr' durchflogen,
Die steuern rastlos nach den falschen Landen,
Die alle suchen und wo alle stranden
Auf schwanker Flut, die jeden noch betrogen.

Aus diesem Meer kann nur die »mildeste der Frauen« retten;
entschlossen sagt der Dichter dem wüsten Welttreiben ab und
wirft sich vor der Mutter Gottes nieder:

Mein Schiff versenk' ich hinter mir auf immer,
Hier bin ich, Mutter, gib mir Deinen Segen!¹⁵

Ein Gedichttitel wie »Der Umkehrende« bezeichnet treffend
eine Eichendorffsche Grundsituation: das Anhalten auf der
»selig blinden« Fahrt, das Auftauchen aus dem »magisch
wilden« Fluß, die Rückkehr aus der »saugenden Gewalt des
Wirbels«. Das Wissen, daß eine solche Umkehr möglich ist,
steht im Hintergrund noch der verfänglichsten Szenen in
Eichendorffs Werk; triumphierend bricht diese Gewißheit
aus in der ersten Zeile desselben Gedichts: »Du sollst mich
doch nicht fangen, / Duftschwüle Zaubernacht!«, und die
Schlußzeile der ersten Strophe bringt die Formel, den Gegen-
zauber gleichsam, der den Zauber löst: »Gelobt sei Jesus
Christ!«¹⁶
Die Elemente, die bei Eichendorff zu einer Einheit zusammengefügt erscheinen, sind bei Brentano auseinandergerissen
in ein Nacheinander. Extremer, verzweifelter, intensiver ist
bei ihm beides: erst die Verlorenheit an die reißende Strömung des Daseins, und dann der rettende Aufschwung zum
Kreuz auf dem Felsen. Jenes »dunkelblickende Auge des
Todes«, der »Wirbel«, der sich bei Eichendorff umschiffen
läßt, ist bei Brentano unausweichliches Ende, wird zum alles
bestimmenden und alles beherrschenden Charakteristikum
zeitlichen Daseins. Dessen Richtung geht zum Tode; wir
erleben es als Vergänglichkeit. »Es ist aber das Wesen der
Zeit, daß sie nie ruht und rastlos verschwindet, wie ein
verschlingender Strudel.« So heißt es in der Parabel *Von dem
traurigen Untergang zeitlicher Liebe*, die das Ende des

Fragments *Aus der Chronika eines fahrenden Schülers* bildet.[17] Gegen diese zeitliche Liebe stellt Brentano die auf Gott gerichtete, ihm geopferte und in ihm aufgehende Liebe, die über den Tod triumphiert und die »selbst auf dem niederreißenden Wirbel der Zeit, wie eine Wasserlilie schwimmend, leben und blühen kann«. In der *Chronika* vernehmen drei Schwestern, die am Meeresufer Perlen suchen, gleichzeitig die Stimmen beider: die himmlische Liebe ruft sie im Glockengeläut zur Kapelle, während die irdische Liebe sie als wunderbarer Gesang in die Ferne lockt. Von den Glockentönen geführt, gelangt die eine von ihnen in die Geborgenheit des Kirchleins hoch über dem Meer, die beiden anderen aber, im Kahn dem betörenden Gesang eines schönen Jünglings folgend, werden zwischen zwei Meerfelsen vom drehenden Strudel in die Tiefe gerissen. Man muß sich fragen, ob das in der Welt Brentanos immer wieder erscheinende Bild vom Schiffer im Kahne, der in den Wogen zugrunde geht, nicht gleichsam die Urmetapher darstellt, in der sich sein Daseinsgefühl zusammenfaßt. Es durchzieht seine Briefe in immer wiederholten Wendungen und erscheint lyrisch gesteigert in einer ganzen Reihe von Gedichten wie der großen Ballade »Auf dem Rhein« oder in »Der Schiffer im Kahne« und »Der Schiffer und die Sirene«. Gleich die Anfangszeilen der Ballade schildern eine Situation, die nicht nur für Brentano bezeichnend ist: »Ein Fischer saß im Kahne, / Ihm war das Herz so schwer.«[18] Dies Bild vom einsamen, schwermütigen Fischer im Kahn hat genauso einen Typus gebildet wie die gesellige Wasserfahrt für so viele Dichter des 18. Jahrhunderts. Nicht die Wendung von der Gruppe zum Einzelnen, so wichtig sie ist, ist allein bedeutsam; ebenso wichtig ist der Akzent, der ihr gegeben wird. Fern ist die Zuversicht, mit der der Goethesche Seefahrer, auch er ein Einzelner, »scheiternd oder landend« den Göttern vertraut und sein Dasein gewagt hatte; der romantische Schiffer aber ist nicht auf sich selbst gestellt, sondern vereinzelt, ein Einsamer, der sich in Schwermut verzehrt. Weiteres scheint uns bemerkenswert. Auch das Wesen des W a s s e r s verändert sich. Verglichen mit den spiegelnden Seen, den klaren, durchsichtigen Bächen des 18. Jahrhunderts wird das Wasser nun schwer und dunkel. Der

Strom in Goethes »Mahomets Gesang« wuchs ins Große und Breite, trug, führte und schuf Leben; vom Strom in Brentanos Ballade wissen wir nur eins: daß er abwärts fließt. Diesem Zug nach abwärts wird kein Widerstand geleistet, weder dem unaufhaltsamen Fließen hier noch der Gewalt des Strudels oder den stürmischen Meereswogen in anderen Gedichten. Was Brentano von seinem Fischer sagt: »Der Knabe liegt im Kahne, / Läßt alles Rudern sein«, das sagt er nicht viel anders von sich selbst im Prolog zur »Gründung Prags«: »Und steuerlos an tückischen Gestaden / Sah ich mein Schiff auf schlechter Sandbank stranden.«[19] Daß Brentano sich gern als »schmerzzerrissener, leidenschwerer Gescheiterter« zeige, berichtet Varnhagen von Ense[20]; und wie sehr Brentano selbst sich in der Tat als Gescheiterten empfand, geht allein aus dem Einfall hervor, der ihn für einen geplanten Roman den Titel *Der schiffbrüchige Galeerensklave vom todten Meer* finden ließ. Dieser Titel sollte beileibe keinen Abenteurer-, sondern einen Liebesroman ankündigen, dessen autobiographische Hintergründe unverkennbar sind.[21] »Auf Irrfahrten nach dem goldenen Vliesse seekrank, schiffbrüchig, und in Sclaverei geraten«: so beurteilt der alte Brentano sich selbst und seine Jugend.[22] Es ist dies eine späte ins Metaphorische gewendete Fassung der Worte »in mannigfacher Leidenschaft gefangen und vernichtet«[23] aus dem berühmten Brief vom 21. Januar 1810 an Philipp Otto Runge, den Brentano rund dreißig Jahre später für Runges *Hinterlassene Schriften* beträchtlich änderte und redigierte.[24] Drei Leidenserfahrungen seines Lebens umschreibt Brentano mit dem symbolischen Romantitel. Das tote Meer dient ihm als Chiffre des Lebens, das seine Reinheit, Bewegtheit, seine innere Lebendigkeit verloren hat; es ist Leben in der Erstarrung, ein Zustand, für den er sonst auch oft das Bild der Wüste oder der Versteinerung gebraucht. Gleichzeitig aber ist damit auch an den Bereich der Sünde und des Todes gerührt, an die »Sündflut«, die »Angstflut«, die »Leidensflut«, an die »bittre Woge des Todes«[25], von der Brentano immer wieder spricht. Und als »Galeerensklave« empfindet er sich deshalb, weil er sein Lebensschiff nicht auf freier Fahrt und nach eigenem Willen lenkt, sondern ein Getriebener ist, der zuletzt in der seelischen Öde seines eigenen abgestorbenen Herzens erstarrt. Auf dieser Meereswüste scheitert er.

In solchen Zusammenhängen gesehen, gewinnt auch die Ballade »Auf dem Rhein« ihre tiefere Bedeutung. Sie ist nicht einfach eine virtuose Gespensterdichtung, sondern Ausdruck von Brentanos Wesen und Schicksal, Beschwörung jener Daseinsnot, die der Dichter an anderer Stelle einmal die »Krankheit« seiner »armen Seele« genannt hat.[26] Es mag abwegig erscheinen, Brentanos »Auf dem Rhein« neben Goethes »Auf dem See« zu stellen, das schwermütige Nachtgedicht neben die Verklärung eines strahlenden Frühlingsmorgens; auf den ersten Blick scheinen die beiden Gedichte wirklich unvergleichbar zu sein. Tatsächlich gibt es aber einen Punkt, in dem sie sich berühren: jener Moment ist gemeint, in dem der rasche Rudertakt des Goetheschen Gedichtes anhält mit der nachdenklichen Frage: »Aug', mein Aug', was sinkst du nieder?« Dieser Augenblick, in dem das so weltoffene, weltzugewandte Auge des Dichters sich schließt und sein Blick sich nach innen wendet, in dem Traumgestalt und Traumgefühl von seiner Seele Besitz zu ergreifen suchen, – »Goldne Träume, kommt ihr wieder?« – dieser Augenblick wird als Gefährdung empfunden. Nicht als ob es sich um angsterfüllte Vorstellungen handelte; im Gegenteil, es sind lustbetonte Bilder, Lockungen, eben g o l d e n e Träume; doch mit einem energischen Ruck werden sie weggeschoben: »Weg, du Traum, so Gold du bist!« Gerade dies aber, was in Goethes Gedicht als lockende und gefährdende Möglichkeit auftaucht, doch nicht Gestalt werden darf, bildet den eigentlichen Inhalt von Brentanos Ballade: die Überwältigung durch einen Traum. Wovon die »goldnen Träume« in »Auf dem See« handeln, sagt das Gedicht freilich nicht, doch wissen wir es von Goethe, daß das Bild der abwesenden Geliebten gemeint war, Lili Schönemanns. In Brentanos Gedicht aber ist von keiner abwesenden Geliebten die Rede, sondern von einer toten, und kein vager Traum deutet unbestimmt auf sie hin, sondern leibhaft, oder vielmehr geisterhaft, als Gespenst nämlich, undeutlich vielleicht, aber doch sichtbar, betritt sie den Kahn des Fischers. Ein Traum *Brentanos* also, werden wir sagen dürfen. Denn wenig wäre diese Ballade, wenn sie nichts wäre als eins der vielen dem Volkslied nachgeschaffenen Gedichte, wie sie so zahlreich in den *Godwi* eingestreut sind, und wenn sie nichts täte, als volkstümlich abergläubische Vorstellungen, an die weder wir glauben noch der Dichter, literarisch wirkungsvoll zu verarbeiten. Doch läßt uns der eigentümlich bannende Ton, die schwermütige Stimmung, die suggestive *Strömung* des Gedichts vermuten, daß die einfachen Vorgänge und die primitiven Vorstellungen der Gespenstergeschichte nichts sind als der Anlaß, an dem sich seelische Erlebnisse und Zustände des Dichters manifestieren. Eine solche Beziehung auf die eigene Person hat Brentano überdies selbst nahegelegt, in den Versen, mit denen das Gedicht, freilich erst in einer späteren Fassung, schließt:

Der Fischer sang dies Liedchen,
Als ob ich's selber wär'.[27]

Er ist es selber. Damit soll nicht gesagt sein, daß das Gedicht im wörtlichsten Sinne als autobiographisch zu verstehen sei, in einem Sinne also, der uns nachzuforschen zwänge, w e r denn dem Dichter gestorben war. *Metapher* eines seelischen Erlebnisses aber ist es gewiß, und mit dem metaphorischen Wesen der Dichtung verträgt es sich durchaus, daß eine tote Geliebte eintreten kann für eine verlorene. Tatsächlich h a t t e Brentano um diese Zeit eine Geliebte verloren: Sophie Mereau, die im Sommer 1800 ihre Beziehungen zu ihm abgebrochen hatte. Wie völlig besessen vom Schmerz um diesen Verlust Brentano war, zeigen seine Briefe. Kurz darauf, im Spätsommer desselben Jahres, entriß ihm dann der Tod die heißgeliebte Schwester Sophie. Und nun schreibt er den völlig verstörten, ihn selber erschreckenden Brief an Savigny, der erkennen läßt, wie sehr der Schmerz um die verlorene Geliebte und der um die gestorbene Schwester zusammenfallen oder vielmehr, wie eins das andere überdeckt: »Ich bin erschrocken«, heißt es da, »daß nur ein Schmerz in mir möglich ist, der um die Mereau, ich glaubte um Sophien zu weinen und weinte um die Mereau, diese Wunde schließt sich nie.«[28]

Wenn so im Leben schon Trennungs- und Todesschmerz vertauschbar sind und eins fürs andere eintreten kann, so ist es gewiß nicht undenkbar, daß der Fischer des Gedichts, dem sein Lieb gestorben ist, nichts ist als eine Maske des Dichters, der seine Geliebte verloren hat.[29] Aber nicht Klage um die Verlorene ist das Gedicht, sondern Ausdruck der inneren Unfähigkeit, sich von der Verlorenen zu befreien, den »süßen Traum voll Gift«[30] zu verscheuchen. Und weil er das nicht kann, muß die Geliebte als *Gespenst* erscheinen. Denn in einem tieferen Sinn sind Gespenster nicht etwas, das es nicht gibt, sondern etwas fürchterlich Wirkliches, mythische Bilder für die Übermächtigung durch eine unbewältigte Vergangenheit, die »wiederkommt« und unsere Seele so besetzt, daß sie jeder anderen Regung unfähig wird, und die unseren Willen so lähmt, daß er zu keiner Tat imstande ist. Der Fischer im schwachen Kahn, die gespensterhafte Erscheinung der Geliebten bei sich, den Fluß hinabtreibend, – was ist dies anderes als die poetische Vision einer inneren Lähmung, die das rettende »Weg, du Traum« weder sprechen kann noch will. Der Wachtraum, das Wunschgebilde wird allmächtig, zum einzig Wirklichen, alles übrige aber blaß, schattenhaft, *unwirklich* oder ohnmächtig. Immer wieder muß Brentano das erlebt haben, die Entrückung ins Reich der Phantasie. Doch gehört es zum Wesen von Traum und Verzauberung, daß sie nicht dauern. In der Ballade »Auf dem Rhein« bleibt nichts, weder die Geliebte noch die Landschaft. Die Erscheinung der Geliebten löst sich auf; die Landschaft gleitet vorüber:

> Da fliegen große Städte
> An ihrem Kahn vorbei,

Traum und Verzauberung können den Fluß des Lebens, der immer abwärts fließt, nicht aufhalten; auch das ungelebte Leben wird vom Strom der Zeit davongetragen, so wie der Knabe im ruderlosen Kahn zuletzt weit in die See hineintreibt.

Das *gelebte* Leben freilich fällt nicht minder der »reißenden Zeit«[31] zum Opfer. Doch außer ihm gibt es zunächst für

Brentano nichts. Nicht etwa nur Trennung, Abschied, Entfernung bedeuten Vernichtigung gelebten Lebens; selbst ein Wort erfüllter Liebe, wenn es nur aus der Ferne, in einem Brief etwa, ihm zukommt, wird ihm sofort zu einer Metapher des Todes, zu einem »schön gehaunen Sarkophag versäumten Lebens«.[32] »Nur eins –«, schreibt er an Savigny, »ich kann nichts in der Ferne brauchen, mein Geist ist der sinnlichste«.[33] Für diesen sinnlichen Geist, der alles, Welt, Leben und Menschen, mit seinen Sinnen ergreifen und erfassen muß, gibt es deshalb nur Gegenwart, räumlich und zeitlich. Inbegriff sinnlich gelebter Gegenwart aber ist die Liebe. »Ich kann nichts auf Erden als Lieben«, faßt er selbst sein Wesen zusammen.[34] Liebe ist ihm höchste Gewißheit des Lebendigseins; sie ist Fülle, Intensität; sich an einem anderen zu halten, der immer erneute Versuch, dem Fluß der Vergänglichkeit zu entgehen.

> Ja, Alles geht vorbei,
> Nur dieses Wunderband,
> Aus meines Wesens tiefstem Grunde,
> Zu ihrem Geist gespannt,
> Das hat Bestand![35]

Dies erwartet er sich von seiner Liebe zu Luise Hensel. »Ich bin auf weiten Meeren herumgesegelt, sei meine Heimat.« So schreibt er es an Gritha Hundhausen.[36] Doch nicht Dauer gewährt ihm die Liebe, sondern nur »Minutenwahrheit«[37], nicht friedvolle Geborgenheit, sondern ewige Unruhe, und sein Lebensschiff entdeckt keine »gesegnete Insel«, sondern immer trifft es auf Stürme, Klippen und Strudel. Auch für diese Wahrheit findet er ein mythisches Symbol: die Sirene. Sie wird deshalb zu einem so vollkommenen Sinnbild für Brentanos Erfahrung des Lebens, weil sie die beiden Aspekte verkörpert, unter denen er immer wieder die Liebe erlebt: als unwiderstehliche Lockung und bittere Enttäuschung, als Paradiesessehnsucht und Höllenqual. Wohl nirgends ist dieses wissende Ineinander von Illusion und Verzweiflung, von willentlichem Selbstbetrug und Durchschauen der Verzauberung so unauflöslich in eins verwoben wie in dem Gedicht

»Der Schiffer im Kahne«³⁸, das anfängt: »Am Rheine schweb'
ich her und hin.« Die Bitte, die Brentano in einem andern
Gedicht einmal ausspricht: »Daß ich trinkend nicht ertrinke /
Gib mir Innigkeit statt Lust«³⁹, könnte diesem Gedicht zum
Motto dienen. »Lust«: das ist hier die leicht ins Orpheushafte
gesteigerte dichterische Existenz des jungen Brentano, sein
Leben, wie er es auf der Rheinreise vom Jahre 1802 empfun-
den haben muß:

> Die Berge drängen sich heran
> Und lauschen meinem Sang,
> Sirenen schwimmen um den Kahn,
> Mir folget Echoklang.

Doch »nicht Lust, nicht Spiel« soll ihn hier fangen; der
Schiffer dieses Bootes hat ein Ziel, eine Liebe, die nicht Spiel
ist, sondern Erfüllung. Von dieser Liebe hofft er Erlösung –
»o Kind der Lieb, erlöse mich« –, dies »Liebesziel« steht vor
ihm, süß, zart, unschuldig, ein »Glockenblümlein«, ein
»blauer Liebeskelch«. Aber derselbe Schiffer, der die Sirenen
eben in die Flut zurückgewiesen hat, umsingt dann den
blauen Liebeskelch auf seltsam zweideutige Art: »Vergifte
mich, umdüfte mich«, singt er hingerissen, und damit sind
wir eben doch im Reich der gerade verleugneten Sirene. Von
ihren »gift'gen« Liedern ist in den *Romanzen vom Rosen-
kranz* die Rede⁴⁰, und der Zwang, der ihn, Brentano, sein
»Glockenblümlein« um Gift flehen läßt, gehört in dieselbe
Sphäre. Und ganz ebenso unerwartet und ebenso halb
bewußtlos hingesungen, wird, was eben noch »Ziel« geheißen hatte, auf einmal »während Lieben, Liebeswahn«
genannt, auch diese Worte heraufgetrieben vom geheimen
Wissen um den wahnhaften Charakter aller Liebeserwartung.
Dasselbe Wissen, nun freilich unabweisbar geworden, veran-
laßt den Dichter später, dem Gedicht eine ironische Schlußstrophe anzuhängen. Nicht mehr sieht er sich zu Füßen seines
»blauen Liebeskelches«; jetzt wird das alles endgültig als
Traum, Wahn, bloße Sehnsucht entlarvt; es ist nichts als ein
Lied, das ein Schiffer auf dem Rhein einem Mädchen singt; in
das geträumte Idyll weht plötzlich der kalte Wind der

Wirklichkeit, der den Kahn ins Binger Loch, in die Strom-
enge treibt, wo er, wie wir annehmen müssen, zugrunde
geht.

Dies Scheitern an der Liebe stellt Brentano immer wieder in
der verhängnisvollen Begegnung mit der Sirene dar. So
beschwört er in dem Gedicht »Den ersten Tropfen dieser
Leidenschaft«:

> ... der Sirene nackte Schulter blank,
> An der gescheitert ich den Sinn verloren[41],

und so singt er es in *Der Schiffer und die Sirene*:

> Ich schiffte einsam auf den Wogen,
> Da hat dein Lied vom Felsen her
> Mich in die Brandung hingezogen.
> Sirenenkind, ich mußt' an deinen Klippen stranden,
> Mich lockten Flammen, die auf deinen Lippen
>   brannten![42]

Die Wahrheit freilich ist, daß dieser Schiffer nicht nur
scheitern *muß*, sondern auch scheitern *will*. »Du Tiefver-
wandte«, singt er die Sirene an. Was Brentano von außen
entgegenkommt, und was er in der mythischen Sagenfigur
der Sirene verkörpert findet, lebt zugleich innen in seiner
eigenen Brust: der dämonische Zwang und Zauber des
Geschlechtlichen. »Denn wisse, ich bin ein Zauberer«,
schreibt er an Gritha Hundhausen.[43] Aber auch umgekehrt,
was er tief innen in *seiner* Brust findet: die Angst vor der
Macht des Dämonischen, das Leiden am Trieb, das fürchter-
liche Gebanntsein in den eigenen Zauberkreis, die quälende
Unerlöstheit der Kreatur, all das wirft er aus sich heraus in die
Seele der Zauberin hinein. Aus diesem verzehrenden Zwie-
spalt von Lust und Grauen schafft er seine große Romanze
von der Lore Lay, der verzauberten Zauberin, die den
Bischof um den Tod bittet. Brentanos Nachfolger haben den
Vorwurf wieder vereinfacht, auch wirksamer gestaltet, vor
allem Heine, der ihm die bleibende Form gegeben hat, nicht
ganz ohne den ironischen Unterton, mit dem ein überlegenes

Können ein Modethema wie das vom scheiternden Schiffer ergreift:

> Ich glaube, die Wellen verschlingen
> Am Ende Schiffer und Kahn,
> Und das hat mit ihrem Singen
> Die Lorelei getan.

Heine hat freilich zugleich auch einem anderen, nah verwandten Thema, dem vom Gespensterschiff, eine entscheidend neue Wendung gegeben, indem nämlich nun die Erlösung vom Fluch, die der Tradition nach religiös zu sein hat, durch die Liebe einer Frau bewerkstelligt wird. In Wagners Oper vom *Fliegenden Holländer* gelingt die große Formung dieses neuen Gedankens. Für Brentano aber hat erlösende Kraft nur eine religiöse Macht. Ganz gleich was er sich zu Zeiten erträumt oder ersehnt hat, immer wieder bricht bei ihm die Überzeugung durch, daß man an der Liebe auf die Länge scheitert. Und zwar auch an der glücklichen, harmonischen, erfüllten Liebe. Am 22. Oktober 1803 hat Brentano an Sophie Mereau einen seiner merkwürdigsten Briefe geschrieben. Dies war die Zeit kurz vor der Eheschließung, vielleicht der für Brentano glücklichste Augenblick in dieser Liebesbeziehung, ein Augenblick, den er genießen konnte im Triumphgefühl, Sophies Widerstand schließlich überwunden zu haben, und der noch nicht überschattet war von der für Brentano wohl unlösbaren Aufgabe, sich in den Formen einer bürgerlichen Ehe bewähren zu müssen. Das Merkwürdige an diesem rhapsodischen Ausbruch beglückten Gefühls ist nun dies, daß auch er von Bildern des Schiffbruchs durchsetzt ist. Es sind nicht etwa Metaphern, die andeuten sollen, daß Brentano ein Mißlingen seiner Ehe befürchtet, und noch weniger haben sie irgend etwas mit dem sonst so häufigen Sirenenmotiv zu tun, es sind vielmehr Bilder, deren Sexualsymbolik unverkennbar ist:
»Wenn zwei Liebende vertrauliche Nähe vereinigt, o dann mögen Worte, Küsse, Gebärden sprechen ohne Zahl, der Tiefsinn aller dieser ewgen Zeichen löst sich in der Begegnung süßer Antwort, und sie gleichen wunderbaren Geistern, die in erdichteten Elementen zur Lust sich in der süßen Bangig-

keit phantastischen Schiffbruchs gefallen, untergehen in dem Elemente der Liebe, wie ist's süß, und doch ist's süßer noch, in künstlichem Kampfe mit verhaßtem Lieben schweben, die süßen Reden, Küsse und den ganzen Reichtum lebendig schöner Seelen werfen sie wie Schätze, die durch ihr Gewicht gesündigt, über Bord und verlassen, Verwirrung heuchelnd, Steuer und Segel, ihr Götter, habt Erbarmen, rettet uns, so rufen sie, doch wohl nicht zu des Landes, zu des Himmels Göttern, euch wunderbaren Herren der Untiefen gilt ihr Gebet, zerbrecht des Schiffes engen Raum, zerreißt die Segel, nieder, nieder, alles ist Schranke, und wie sie eitel sind, sie wollen überwältigt sein, und freier Wille kröne doch die Tat, ach, selbst der Leib ist schwer, zieht zu dem Untergang das Schiff, und von dem Kiele nieder springt das kühne Paar, mutwillig Lächeln äffet Todesangst nach, und selbst das Element, das ihnen untief schien, wird solchen kühnen Spöttern seichter Grund, die Tiefe hebt sich, nieder dringt die Flut, auf weichem Rasen, zwischen Blumen halb entseelt, ruht Liebchen und Geliebter sanft zum Strand gehoben, in Liebesaugen sieht sich Liebe gern, o neues Leben, schöner Untergang, o Lust, zu solchem Verderben ewig wiederkehren!«[44]

Man darf dies Zeugnis einer überschäumenden Laune, das so wirr, bunt, schillernd, übermütig und verspielt ist wie nur irgend etwas von Brentano, gewiß nicht schwerer nehmen als es gemeint ist, aber für drei Dinge scheint es uns doch bezeichnend zu sein: einmal für die eigentliche sprachliche Substanz Brentanos, wobei sich immer wieder zeigt, wie sehr seelische Gefühle dazu neigen, sich sprachlich mit dem Element des Wassers zu verbinden. Das trifft übrigens, auch wenn es bei ihm besondes ausgeprägt ist, nicht nur auf Brentano zu; die ganze Undinen- und Melusinen-Romantik gehört in diesen Bereich. Zweitens aber läßt die Briefstelle erkennen, wie sehr Brentano an seinem Ich gelitten haben muß, wie begierig er war, von ihm loszukommen, und mit welcher Lust er das Zerbrechen aller Schranken, die das Ich einengen, sich vorstellt. Aber da es sich bei dieser Aufhebung der Person eben doch um einen – wenngleich symbolischen – Untergang handelt, läßt sich zugleich ein leises Gefühl des

Frevelhaften nicht übersehen. Was sich hier abspielt, ist nicht etwa naive Freude am Geschlechtlichen, sondern hat mit einem Sturz in den Abgrund verzweifelte Ähnlichkeit. Und zugleich ist das alles auch eine literarische Aufgabe, offensichtlich ein Spiel mit Worten, artistisches Drehen und Wenden einer Metapher.

Rund zwanzig Jahre später, am 10. Februar 1824 schreibt Brentano einen Brief an den Bischof Sailer, worin er den Tod der Nonne Katharina Emmerich beschreibt, an deren Bett, mit der Aufzeichnung ihrer Visionen beschäftigt, er Jahre seines Lebens verbracht hatte. Auch dieser Brief bewegt sich in der Symbolik des Schiffbruchs. »Ich Gescheiterter«, schreibt Brentano, »war gerettet an die einsame Höhle der wundervollsten, begnadigsten, ärmsten Seele; sie ist ausgeflogen und singt nicht mehr, und bannt den Sturm nicht mehr. Ich fasse ihr Kreuz und flehe, daß die Welle mich nicht verschlinge«.[45] Die beiden Pole von Brentanos Leben, Abgrund und Zuflucht, Verdammnis und Gnade, sind hier noch einmal im Bild zusammengefaßt.

Anmerkungen

1 *Gedichte der deutschen Romantik*, hrsg. von Michael Brink, Heidelberg 1946, S. 174f.

2 Auf die Abhängigkeit von Matthisson hat schon Alfred Wolf hingewiesen, Zur Entwicklungsgeschichte der Lyrik von Novalis (Uppsala Universitets Årsskrift 1928 Bd. I, 3, S. 110ff.). Wolfs hoher Bewertung von Novalis' Gedicht vermag ich mich allerdings nicht anzuschließen.

3 *Schriften*, hrsg. von Paul Kluckhohn und Richard Samuel, Leipzig 1929, 1, S. 321.

4 Die sechste »Hymne an die Nacht«, ebd., S. 65.

5 Vgl. Jacques Schnier, *The Symbol of the Ship in Art, Myth and Dream* (Psychoanalytical Review, Bd. 38, Jg. 1951), und Gaston Bachelard, L'eau et les rêves, Paris 1942, S. 97ff.

6 Novalis, a.a.O., S. 182.

7 Ebd., S. 36.

8 Ebd., S. 255.

9 Brief vom 5. Februar 1801.

10 Brief vom 22. März 1801.

11 Vierter Aufzug, sechster Auftritt.

12 *Sämtliche Werke*, hrsg. v. Wilhelm Kosch und August Sauer, Regensburg 1908ff., Bd. 3, S. 4.

13 Ebd., S. 135f.

14 *Sämtliche Werke*, Bd. 1, S. 71.

15 Ebd., S. 397. – Ähnlich in der allegorischen Technik wie in der religiösen Betontheit »Das Schiff der Kirche«, »Auf offener See«, »Wacht auf«, »Glückliche Fahrt«, »Der Pilot« und die Schlußstrophen von »In der Nacht 1« und »Der Schiffer«.

16 Ebd., S. 364.

17 *Werke*, hrsg. von Max Preitz, Leipzig und Wien 1914, Bd. 1, S. 315.

18 *Gesammelte Schriften*, hrsg. v. Christian Brentano, Frankfurt a. M. 1852, Bd. 11, S. 99 (zitiert als GS).

19 *Sämtliche Werke*, hrsg. von Carl Schüddekopf, München und Leipzig 1910, Bd. x, S. 5 (zitiert als SW).

20 Brief an Rahel vom 24. Oktober 1811. Dazu Walther Rehm, Clemens Brentanos Romanfragment »Der schiffbrüchige Galeerensklave vom todten Meer«, Berlin 1949, S. 15.

21 Walther Rehm hat sie in seiner Ausgabe des Fragments überzeugend dargelegt.

22 GS viii, S. 143.

23 *Briefe*, hrsg. von Friedrich Seebaß, Nürnberg 1951, Bd. 11, S. 11 f.

24 Vgl. Wilhelm Schellberg, »Clemens Brentano und Philipp Otto Runge« (*Literaturwissenschaftliches Jahrbuch der Görresgesellschaft*, Bd. viii, Jg. 1936), S. 188 f.

25 SW x, S. 37.

26 *Clemens Brentanos Frühlingskranz*, 3. Aufl., Leipzig 1921, S. 419.

27 GS 11, S. 102.

28 *Das unsterbliche Leben. Unbekannte Briefe von Clemens Brentano*, hrsg. v. Wilhelm Schellberg und Friedrich Fuchs, Jena 1939, S. 152.

29 Zeitlich ist das durchaus möglich, denn der zweite Teil des *Godwi*, der die Ballade enthält, ging erst im Spätsommer 1801 zum Druck. Eine Beziehung auf Sophie Mereau nimmt auch Hans Jaeger an, *Clemens Brentanos Frühlyrik*, Frankfurt 1926, S. 38.

30 So bezeichnet Brentano in einem Brief an Julie Reichenbach vom November 1800 den Gedanken, sich mit Sophie Mereau zu verbinden. *Das unsterbliche Leben*, S. 161.

31 Diese für das Verständnis Brentanos grundlegende Formulierung stammt bekanntlich von Emil Staiger, *Die Zeit als Einbildungskraft des Dichters*, Zürich 1939, S. 21 ff.

32 *Briefwechsel zwischen Clemens Brentano und Sophie Mereau*, hrsg. v. Heinz Amelung, Potsdam 1939; Brief vom 22. Oktober 1803, S. 281.

33 Brief vom Juli 1800, *Das unsterbliche Leben*, S. 147.

34 Lujo Brentano, *Clemens Brentanos Liebesleben*, Frankfurt 1921, S. 55.

35 GS 11, S. 199.

36 Lujo Brentano, a. a. O., S. 77.

37 GS 11, S. 113.

38 *Clemens Brentanos Frühlingskranz*, 3. Aufl., Leipzig 1921, S. 214 ff.; in GS 11 S. 121 f. in Einzelheiten verändert, Schlußstrophe angefügt.

39 »Süßer Trost in heißen Stunden«, GS 11, S. 253.

40 GS iii, S. 95.

41 *GS* II, S. 244.
42 *GS* II, S. 257.
43 Lujo Brentano, a. a. O., S. 51.
44 *Briefwechsel zwischen Clemens Brentano und Sophie Mereau*, S. 280f.
45 *Die Geschwister Brentano in Dokumenten ihres Lebens*, hrsg. v. Herbert Levin-Derwein, Berlin 1927, S. 63.

Das ertrunkene Mädchen:

Rimbauds »Ophélie« und die deutsche Literatur

Literarische Motive, die erst in einer bestimmten Epoche möglich werden, tauchen mitunter in einer Vorform, sozusagen versuchsweise, schon viel früher auf. Der blasphemische Gedanke etwa, den Nietzsche am Ende des 19. Jahrhunderts wie einen Jubelruf in die Welt hinausschleudert: Gott ist tot! wird noch von Schiller einem Verbrecher in den Mund gelegt oder erscheint bei Jean Paul in der Form des Angsttraums, als *Rede des toten Christus vom Weltgebäude herab, daß kein Gott sei*. Auch ein Thema wie das vom Tod im Wasser, das T. S. Eliots Dichtungen durchzieht und das in Ausgestaltungen von klinischer Kraßheit sich am Anfang unseres Jahrhunderts in der deutschen Dichtung häuft, blitzt wie eine schreckhafte Vorahnung gelegentlich schon in älteren Dichtungen auf. So findet in dem Romanfragment *Ledwina* der Annette von Droste-Hülshoff die Heldin, während sie am Ufer eines Flusses spazierengeht und sich im Wasser bespiegelt, ihr Bild in den strömenden Wellen auf eigentümliche und beängstigende Art verzerrt; sie muß sehen, wie ihre lebendige Gestalt zerfällt, »wie die Locken von ihrem Haupte fielen und forttrieben, ihr Gewand zerriß und die weißen Finger sich ablösten und verschwammen. Da wurde ihr«, heißt es weiter, »als ob sie wie tot sei und die Verwesung ihre Glieder treffe und jedes Element das Seinige mit sich fortreiße.« In der Nacht, als Ledwina aus einem schweren Traum erwacht, hat sie eine ähnliche Vision. Tief unter ihrem Fenster strömt der Fluß, und während das Mondlicht auf dem Vorhang steht, scheint dieser zu wallen wie das Gewässer, und selbst der weißen Decke ihres Bettes teilt sich diese Bewegung mit, so daß Ledwina sich »wie unter Wasser« vorkommt. »Sie betrachtete dies eine Weile«, fährt die Droste in ihrer Erzählung fort, »und es wurde ihr je länger je grauenhafter; die Idee einer Undine ward zu der einer im Fluß versunkenen Leiche, die das Wasser langsam ruhig zerfrißt, während die trostlosen Eltern vergebens ihre Netze in das unzugängliche Reich des Elementes senken.«

Immer wieder brechen so, halb drohend, halb lockend, Bilder der Auflösung und des Untergangs in dem scheinbar so gefestigten und vom Willen gehärteten Werk der Droste auf: »Gebe ich mich hin, so treibt's mich um wie der Strudel ein Boot«, schreibt sie im Jahre 1835 an Schlüter. Entscheidend ist freilich, daß sie sich den Stimmen aus der Tiefe nicht hingibt; auch Ledwina, in ihrer Phantasie schon den Fluß hinuntertreibend und verwesend, entreißt sich jedesmal mit einem entschlossenen Ruck ihren Vorstellungen. Erst viel später, erst im 20. Jahrhundert, wird ein Thema wie der Tod im Wasser zu einem wirklich repräsentativen Motiv. Es ist dies nicht etwa eine neue Beobachtung; schon vor zwanzig Jahren hat Martin Sommerfeld in seiner Sammlung *Deutsche Lyrik 1880–1930* (Berlin, 1931), eine Anzahl von Gedichten zusammengestellt, die sich um dieses Motiv gruppieren. Auch ist natürlich das Motiv an sich nicht neu; daß ein Mädchen den Tod im Wasser sucht oder erleiden muß, das hat es immer in der Literatur gegeben. Was hingegen neu ist, ist die sozusagen lyrische Wendung, die das Motiv im 20. Jahrhundert nimmt. Bis dahin ist der Tod im Wasser der Höhepunkt oder die abschließende Katastrophe eines epischen oder dramatischen Verlaufs. Wenn die Flut über Hebbels Klara, über Storms Lore Beauregard, über Keyserlings Annemarie von Bassenow zusammenschlägt, sind wir dem Leidensweg eines Menschen bis ans Ende gefolgt; es bleibt nun nichts mehr zu berichten übrig. Die eigentümliche Veränderung des seelischen Klimas, die im 20. Jahrhundert eintritt, läßt sich vielleicht nicht zuletzt an der beispiellosen Popularität erkennen, deren sich eine Figur wie die *Inconnue de la Seine* erfreut hat. Die angebliche Totenmaske eines unbekannten Mädchens, das vor rund fünfzig Jahren aus der Seine gezogen worden sein soll, hat die Gemüter der Menschen so im Bann gehalten, daß die billigen Gipsabgüsse zu einem der beliebtesten Objekte der Pariser Andenkenindustrie werden konnten. Selbst ein Dichter wie Rilke konnte sich dem Zauber der Legende nicht entziehen: in einem Satz des *Malte* taucht das Gesicht der Unbekannten einen kurzen Augenblick auf, als das »Gesicht der jungen Ertränkten, das man in der Morgue abnahm, weil es schön war, weil es

lächelte, weil es so täuschend lächelte, als wüßte es«. So wie
Rilke ihn formuliert, hat der Satz denselben zweideutigen
Reiz, den die Figur des Mädchens selbst ausstrahlt. Rilke
wußte, was er tat, als er der Unbekannten das Geheimnis ließ,
in dem sie sich verbarg; nicht zuletzt beruhte doch wohl die
seltsame Wirkung dieser Totenmaske darin, daß sie nicht, wie
es Bilder sonst tun, die Erinnerung an vergangenes Leben
heraufbeschwor, sondern daß hier ein namenloser Mensch
war, von dem man nur eins wußte: daß er *tot* war. Es mag sehr
wohl sein, daß noch im Bereich des Süßlich-Sentimentalen
und auf bildhafte Art dieselbe Wendung sichtbar wurde, die
sich im Werke mancher Dichter um die Jahrhundertwende
vollzog, bei Arthur Schnitzler etwa, der, von *Sterben* bis zu
Flucht in die Finsternis, das Leben alles Sinns und alles Inhalts
entleerte und am Ende, einzige Wirklichkeit, nichts übrigließ
als den Tod.

Wie sehr sich die Perspektive im 20. Jahrhundert verschoben
hat, ließe sich leicht an einem Stoff wie dem der Agnes
Bernauer aufzeigen, der Geschichte von dem Mädchen, das
ertränkt wird, weil es zu schön ist. Man braucht dabei noch
gar nicht an Hebbels Drama zu denken, sondern einfach an
die alte Ballade, die anfängt: »Es reiten drei Reiter zu
München hinaus, sie reiten wohl vor der Bernauerin Haus«,
und die dann die Ereignisse erzählt, wie sie sich nacheinander
abspielen, erst die Warnung an die Agnes Bernauer, dann ihre
Tötung in der Donau, dann den daraus folgenden Krieg
zwischen Vater und Sohn, und die aufhört:

> So wollen wir stiften ein ewige Meß,
> daß man der Bernauerin nicht vergeß,
> man wolle für sie beten, ja beten.

Der Schluß hat seinen guten Sinn: zwar ist Schaudervolles
berichtet worden, die Welt ist für einen Augenblick aus den
Fugen gegangen, aber am Ende wird das höhere Gesetz, unter
dem sie steht, sichtbar gemacht, die verletzte Ordnung wird,
wenigstens im Anruf, wieder hergestellt. Und nun stelle man
sich vor, daß ein moderner Dichter ein Gedicht schreibt, das
zwar *Agnes Bernauer* heißt, in dem sich aber kein Herzog

mehr mit einer Baderstochter »treu verspricht«, in dem kein Sohn fünftausend Reiter gegen seinen Vater ins Feld führt, und wo kein Gott mehr ist, zu dem man beten kann, sondern in dem alles was geschehen ist, ausgelöscht und gleichgültig geworden ist, und der Dichter uns nichts zeigt als den Leichnam eines Mädchens, der einsam einen großen Strom hinuntertreibt. Dieses Gedicht von der Agnes Bernauer gibt es zwar nicht; aber ein anderes Gedicht, in dem genau dasselbe mit einer anderen berühmten literarischen Figur, mit Shakespeares Ophelia, geschehen ist, gibt es in der Tat. Und damit ist zugleich das große französische Vorbild genannt, ohne das die deutschen Gedichte vom ertrunkenen Mädchen nicht zu denken sind: Arthur Rimbauds »Ophélie«.

Mit rücksichtslosem Griff hat Rimbaud die rührende Gestalt der Ophelia aus dem Ganzen von Shakespeares Drama herausgerissen; nichts als ein lyrischer Klang aus dem Bericht ihres Todes, den die Königin gibt, tönt bei ihm noch nach und bildet gleichsam den Ausgangspunkt seines Gedichts: jener Augenblick, als die Kleider der ins Wasser gestürzten Ophelia sich ausbreiten und sie noch ein Weilchen auf der Flut dahintragen; und so, »ganz wie Courbet sie gemalt hat«[1], läßt Rimbaud nun das tote Mädchen den dunklen Strom hinabziehn. Dies Gedicht, 1870 von einem Sechzehnjährigen geschrieben, hat rund vierzig Jahre später vor allem auf die Generation des frühen Expressionismus, auf Dichter wie Alfred Wolfenstein, Paul Zech, Gottfried Benn, Georg Heym und später in den zwanziger Jahren auf Bertolt Brecht, um nur die wichtigsten zu nennen, eine faszinierende Wirkung ausgeübt. Es ist nicht nur, wie Rimbauds Dichtung überhaupt, immer wieder übersetzt worden, sondern es hat auch sehr eigenartige und tief bezeichnende Veränderungen erfahren. Aber noch vor der Betrachtung dieser Neuformungen drängt sich die Frage auf, weshalb wohl ein Gedicht, das auf den ersten Anblick ganz der makabren Phantasie eines Einzelgängers entsprungen zu sein scheint, eine so bereitwillige und so tiefgehende Aufnahme gefunden hat. Diese Wirkung wäre nicht zu verstehen, wenn nicht die Generation nach 1910 in diesem Gedicht – bewußt oder unbewußt – einen Ausdruck ihres eigenen Lebensgefühls gefunden hätte. Sieht

man näher zu, so zeigt sich, wie dieses in die deutsche Literatur übernommene französische Gedicht im Deutschen keineswegs ein Fremdkörper geblieben ist; es reiht sich vielmehr in eine sehr lange und sehr konsequente Entwicklung ein: im Bilde des toten, bewegungslos den Strom hinabgetragenen Körpers offenbart sich die Spätform eines großen lyrischen Symbols, – des Flusses. Die besondere Funktion, die gerade das Bild des Flusses in der Lyrik der letzten 150 Jahre ausgeübt hat, läßt sich hier nicht im einzelnen verfolgen; für den, der dies tut, wird fast bestürzend klar, wie deutlich sich selbst an einem so einfachen lyrischen Thema wie dem des fließenden Wassers das Sinken des allgemeinen Lebensgefühls ablesen läßt. Noch Goethe hatte – man denke an »Mahomets Gesang« – im Bilde des Stromes vor allem die mitreißende Wucht und aneignende Kraft gesehen, das Größer- und Breiterwerden; Strom war für ihn im Grunde dasselbe was Pflanze war: Sinnbild lebendigen Wachstums; Spätere aber hatten dann immer stärker die Richtung nach abwärts erlebt, das »wunderbare Sehnen dem Abgrund zu«, wie Hölderlin, die Katarakte und tödlichen Wirbel, wie Lenau, und das ewig rauschende Fließen der ewig vergehenden Zeit, wie Tieck, Eichendorff, Brentano.
Diese Thematik geht in der Folge nicht mehr verloren.

> Wie abgerissene Wiesenblumen
> Ein dunkles Wasser mit sich reißt,
> So glitten mir die jungen Tage,
> Und ich hab nie gewußt, daß das schon
> Leben heißt.

So klagt Hofmannsthals Tor. »Es ist ein leeres Boot, das am Abend den schwarzen Kanal heruntertreibt«, das ist das Bild des Lebens bei Georg Trakl. Die Häufung, die Verschärfung, die verzweifelte Steigerung des Motivs um die Jahrhundertwende ist symptomatisch für ein zunehmendes Erlebnis des allgemeinen Niedergangs, für einen schwindenden Glauben an den Sinn menschlichen Tuns. Schneidend, unbarmherzig spricht Nietzsche, wiederum im Bild des Stroms, der ganzen

Epoche das Urteil: »Unsre ganze europäische Kultur bewegt sich seit langem schon mit einer Tortur der Spannung, die von Jahrzehnt zu Jahrzehnt wächst, wie auf eine Katastrophe los: unruhig, gewaltsam, überstürzt: einem Strome ähnlich, der *ans Ende* will, der sich nicht mehr besinnt, der Furcht davor hat, sich zu besinnen.« Voraus schickt Nietzsche diesen Sätzen die prophetisch-programmatische Erklärung: »Ich beschreibe, was kommt, was nicht mehr anders kommen kann: *die Heraufkunft des Nihilismus.*«

Aber nicht nur der abwärtsfließende Strom wird zu einem Lieblingsgleichnis der niedergehenden Epoche; nicht weniger bezeichnend ist die Vorliebe für den stagnierenden Teich, für den regungslosen See. Die Passivität, die Richtungslosigkeit, die innere Lähmung, die entsteht, wenn die Antwort auf die Frage nach dem Wozu? und Warum? ausbleibt, findet in diesen Bildern ihr Gleichnis. Ein Gedicht wie Meyers »Eingelegte Ruder« bekommt in diesem Zusammenhang einen Sinn, der über die Darstellung individueller persönlicher Not und Problematik hinausgeht und das Gedicht zu einem repräsentativen Ausdruck einer viel allgemeineren Entwicklung macht. Auch jene dunklen, starren, regungslosen Seen, von denen Lenaus Lyrik so voll ist, haben hier ihren Platz.

Das Erstaunliche ist nun, daß mit dem Augenblick, in dem Rimbauds »Ophelia« in die deutsche Literatur eingeht, tatsächlich eine Steigerung der Untergangs-Symbolik gefunden ist, eine Steigerung, die beide Themen, das der fließenden Vergänglichkeit, der Richtung nach abwärts, und das der stagnierenden Unbewegtheit in sich zu vereinigen weiß. Bei Brentano war es immerhin noch ein lebendiger Schiffer im Kahne gewesen, den die Strömung hinwegnimmt; die im Wasser treibende Leiche aber ist der zum *Ding* erniedrigte Mensch. Kein lebendiger Wille mehr, der sich in sein Schicksal ergeben oder ihm Widerstand leisten kann, sondern ein willenloses Etwas, das alle Bestimmung über sich verloren hat.

Dies ist jedoch noch nicht alles, was dieses Gedicht merkwürdig macht. Denn die deutsche Literatur begnügt sich nicht einfach damit, es aufzunehmen und sich anzueignen, was an sich schon charakteristisch genug wäre, sie formt es vielmehr

auf eine höchst bezeichnende Art um. Es ist hier nicht möglich, die verschiedenen Bearbeitungen, die Rimbauds »Ophélie« gefunden hat, als ganzes nebeneinanderzustellen; doch schon ein Vergleich der ersten vier Zeilen einzelner Fassungen wird die Richtung deutlich machen, in der die Entwicklung weitergeht.
Diese vier ersten Zeilen lauten im Urtext so:

> Sur l'onde calme et noire où dorment les étoiles,
> La blanche Ophélia flotte comme un grand lys,
> Flotte très lentement, couchée en ses longs voiles ...
> – On entend dans les bois lointains des hallalis.

Hält man daneben nun die deutsche Fassung Alfred Wolfensteins, so kann kaum ein Zweifel bestehen, daß hier nicht mehr beabsichtigt ist als eine Übersetzung:

> Auf dunkler Flut, wo Sterne ruhn, wie eine schmale
> Und lange weiße Lilie schwimmt Ophelia hin,
> Von fernen Wäldern, Jagden, Feiern kommen
>   Hornsignale,
> In ihren Schleiern langsam schwimmt Ophelia hin.

Wo Wolfenstein von Rimbaud abweicht, dürfte es sich eher um Ungenauigkeiten oder Unvermögen als um Absicht handeln. Er läßt manchmal weg, er tut manchmal ein bißchen hinzu; aber im ganzen bemüht er sich, dem Original zu folgen. Immerhin, K. L. Ammer hat gezeigt, daß man es besser machen kann:

> Auf stiller, dunkler Flut, im Widerschein der Sterne,
> geschmiegt in ihre Schleier, schwimmt Ophelia bleich,
> sehr langsam, einer großen weißen Lilie gleich.
> Jagdrufe hört man aus dem Wald verklingen ferne.

Ausstellen ließe sich höchstens, daß die vierte Zeile auch bei Ammer um einen Grad abgeschwächt ist. Die »Jagdrufe« entsprechen nicht ganz dem »hallali«, das doch ganz anders die Assoziation der Verfolgung, des Endes, ja des Todes mit sich bringt und nicht ohne tiefen Grund in den Zeilenschluß gestellt ist.

Paul Zech nun hat seine Übersetzung von Rimbauds Werk selbst eine freie Nachdichtung genannt. Bei ihm lautet die erste Strophe folgendermaßen:

> Auf schwarzer Flut, beschneit vom bleichen Schein
> des Nachtgestirns, treibt weit die weiße Braut
> Ophelia. Der Wind ist in den Bäumen laut,
> wo schon die Blätter zittern angstallein.

Zech überträgt Rimbauds Gedicht bewußt in eine andere Tonart; er verschiebt es in der Richtung des Schreckens und der Angst; stilistisch in einen krasseren und lauteren Tonfall, der sich dem Expressionismus nähert. Von den zwei Beiwörtern, die »Flut« bei Rimbaud hat, »calme« und »noire«, wird »calme« unterdrückt; aus »où dorment les étoiles« wird »beschneit vom bleichen Schein des Nachtgestirns«, wobei Zech noch ein Spiel mit den ei-Lauten treibt, das sich fortsetzt in »Treibt weit die weiße Braut«, was offenbar den schneidenden Klang von Wörtern wie »weiß« und »bleich« intensivieren soll. Denn Weiß, bei Rimbaud die Farbe der Unschuld, wird nun zur Farbe des Schreckens, die »weiße Blume bleiernen Entsetzens«, wie es bei Georg Heym heißt.[2] Die »zitternden Blätter« der vierten Zeile von Zechs Fassung sind aus der bei Rimbaud folgenden Strophe vorausgenommen; das »angstallein« jedoch ist reine Zutat und zeigt, worauf es Zech vor allem ankommt. Dieselbe Tendenz der Verschärfung geht durch das ganze Gedicht. »Sanfter Wahnsinn«, der »flüstert«, (»douce folie [qui] murmure«), wird bei Zech zu Wahnsinn, der »heult«; ein »Nest, aus dem ein kleines Flügelflattern schlägt«, wie Ammer wortgetreu übersetzt, wird zu »Vögeln«, die »tot ins Kraut stürzen«.

All dies klingt jedoch beinahe zahm, sobald man es gegen den Anfang von Georg Heyms »Ophelia« stellt:

> Im Haar ein Nest von jungen Wasserratten,
> Und die beringten Hände auf der Flut
> Wie Flossen, also treibt sie durch den Schatten

Des großen Urwalds, der im Wasser ruht.

Zwar läßt Heym die Grundvision von Rimbauds »Ophelia«
bestehen, die langsame Fahrt des toten Mädchens den
schwarzen Fluß hinab, aber der Fluß selbst fließt nun durch
eine völlig andere Landschaft, die Georg Heyms eigene Welt
konstituiert und deren Pole der Urwald auf der einen Seite
und die moderne Industriestadt auf der anderen Seite sind.
Urwald ist hier nicht etwa ein exotisches Stück Landschaft
weit weg in einer fabelhaften Ferne, sondern gleichsam in uns
und um uns, wuchernd im Umkreis der dem Untergang
geweihten Städte, Symbol dessen was Jünger später die
Heraufkunft des Elementaren genannt hat, Symbol der
Natur, die eine überreif gewordene und zerfallende Kultur zu
überwachsen und wieder an sich zu nehmen droht. Diesen
unteren, aus dem Boden aufsteigenden Mächten zugeordnet
ist die Ratte, die hier bei Heym, bei Trakl, Hauptmann, Benn
ihr unheimliches Wesen treibt, Bote des Verfalls und der
Fäulnis.

> Der Mund eines Mädchens, das lange im Schilf
>   gelegen hatte,
> sah so angeknabbert aus,

beginnt Gottfried Benn ein Gedicht, das ironischerweise
»Schöne Jugend« betitelt ist, schöne Jugend für die Ratten
nämlich, die sich hier gütlich tun. Sicherlich im saloppen
Zynismus seiner zwölf Zeilen eins von Benns schwächsten
Erzeugnissen, hat dies Gedicht seine symptomatische Bedeu-
tung als eine Art Abfallsprodukt von Rimbauds »Ophélie«.
Neben diesen späten Fassungen erscheint Rimbauds Gedicht
nun beinahe als Ausdruck klassizistischer Überlieferung, ein
im Rückblick gesehen fast zartes Gebilde, Landschaft aus
Stille, Sternen, Wasserrosen, weißen Schleiern, überglänzt
vom beherrschenden Sinnbild der Lilie. So, als zartes
Gebilde, wirkt das Gedicht selbst in Rimbauds eigenem
Werk, in welchem man es in gewissem Sinne als eine Vorform
des »Bateau Ivre« ansehen kann. Denn das trunkene Schiff,
das die reißenden Flüsse heruntergeschwommen kommt,

nimmt ja das eine große Bewegungsmotiv der »Ophelia«
wieder auf, übersetzt es freilich zugleich in eine wildere und
größere, Rimbaud viel eigenere Tonart. Die Umbildung, die
das Gedicht in der Literatur *nach* Rimbaud erfährt, ist
vielleicht nicht weniger radikal; sie geht jedoch Schritt für
Schritt vor sich und läßt sich deshalb verfolgen.
Den ersten Schritt hat noch im 19. Jahrhundert Georges
Rodenbach unternommen. In einem Zyklus von Aquarium-
Gedichten, seltsamen Sinnbildern eines sich selbst bespie-
gelnden, in sich gläsern abgeschlossenen Geistes, steht als
drittes, die Reihe unterbrechend, ein Ophelia-Gedicht.
Rodenbachs Ophelia ist ohne Rimbauds Vorbild nicht zu
denken; sein Gedicht unterscheidet sich von dem Rimbauds
jedoch sehr wesentlich und zwar in zwiefacher Hinsicht: es
läßt weg und es fügt hinzu. Worauf fast ganz verzichtet wird,
ist der geistige Gehalt; die Beziehung auf Shakespeares
Hamlet, die Deutung von Ophelias Schicksal, die den ganzen
Mittelteil von Rimbauds Gedicht ausfüllt, ist nahezu völlig
verschwunden; was sich statt dessen in den Vordergrund
schiebt, ist die Welt des Pflanzenhaften. Man könnte versucht
sein, einzuwenden, daß Rimbaud, mit dem Bild der Lilie
jedenfalls, das er zweimal so auffallend hervortreten läßt,
ähnliche Absichten verfolgt. In Wahrheit aber bedeutet die
Pflanze bei Rodenbach und Rimbaud ganz Verschiedenes.
Das Bild der Lilie sagt paradoxerweise – von den visuellen
Eindrücken und Assoziationen, die es hervorruft, abgesehen
– nichts anderes als was ohne Bild, direkt ausgesprochen,
lautet: sie war zu *menschlich* (»trop humain et trop doux«).
Die sich lösenden, im Wasser fließenden Haare von Roden-
bachs Ophelia hingegen, die sie dem Spiegelbild der Weide
ähnlich machen, führen vom Menschlichen weg. Denn die
Weide ist ja nicht, wie es die Lilie ist, ein Bild der Seele. Die
Frage aber »Bin ich oder bin ich nicht?«, die Rodenbachs
Ophelia sich stellt,

>Suis-je ou ne suis-je pas?‹ songe-t-elle, fidèle
Au souvenir des mots d'Hamlet, seigneur volage,

diese Frage ist keine Hamlet-Frage, auch nicht einfach ein

traumhafter Anklang an »Sein oder Nichtsein«, sondern sie hat, von Ophelia gestellt, einen veränderten Sinn bekommen; sie erfaßt den Augenblick des Übergangs, jenen Augenblick, in dem Ophelia nicht mehr Mensch ist und noch nicht Natur, ehe sie eingeht ins Reich der anonymen Mächte. Zweimal wird diese Frage gestellt, und zweimal wird sie sozusagen überwachsen, zugedeckt von der wuchernden Wirrnis, in der sich Ophelia auflöst:

> Ses cheveux maintenant se nouent comme un feuillage
> Qui jusqu'au bout de l'eau, sans fin, se ramifie.
> Ophélie est trop morte, elle se liquéfie ...
> Les bagues ont quitté ses mains devenant nulles;
> Ses derniers pleurs à la surface font des bulles;
> Ses beaux yeux, délogés des chairs qui sont finies,
> Survivent seuls, au fond, comme deux actinies.
> Et ses cheveux verdis, dont la masse persiste
> Dans les herbes aquatiques qui leur ressemblent,
> Sont si dénaturés d'avoir trempé qu'ils semblent
> Un fouillis végétal issu de cette eau triste.

Rimbauds Ophelia hingegen *wahrt* ihre Identität. Diese Ophelia geht nicht ein ins Reich der Elemente, sondern zieht, eingehüllt in ihre Schleier, Attribute ihrer Menschheit, unentstellt und unberührt durch die Zeit, vom Dichter genannt, gestaltet, in ihrem Wesenhaften dauernd, als Person erhalten.

Um diese Erhaltung der Person geht es auch in gewissen früheren Fassungen des Motivs. André de Chéniers Myrto etwa (»La jeune Tarentine«), die ihren Tod im Meer gefunden hat, wird von Thetis der Auflösung entzogen und von den Nereiden in der Höhlung eines Felsens beigesetzt. Sie wird vor allem, und höchst bezeichnenderweise, *beklagt*. Denn der Dichter weiß, daß der Mensch nichts besitzt, was er der endgültigen Vernichtung entgegenstellen kann, wenn nicht die Sprache. Es ist ein tiefer Zug, daß Tennysons Lady von Shalott, ehe sie sich auf ihre letzte Fahrt begibt, an den Bug ihres Bootes ihren Namen schreibt. Und obwohl die Lady von Shalott ihren Tod nicht im Wasser findet, sondern auf dem Wasser, so hat Tennysons Gedicht doch merkwürdige Ähnlichkeiten mit Rimbaud, zum mindesten in einzelnen Motiven, wenn auch nicht im Ton. Das Bild der weiß gekleideten Gestalt, im Boot, den dunklen Fluß hinuntertreibend, die fließenden Gewänder, die Weiden am Fluß, selbst der Gesang, all das rührt, und nicht nur von ferne, an Rimbauds Ophelia:

> Lying, robed in snowy white
> That loosely flew to left and right –
> The leaves upon her falling light –
> Thro' the noises of the night
> She floated down to Camelot:
> And as the boat-head wound along
> The willowy hills and fields among,
> They heard her singing her last song,
> The Lady of Shalott.

Tot im Kahne treibt sie in Camelot an, aber nicht namenlos. Und auch für dieses Mädchen wird mit »Rühmung« und »Fürbitte« die Totenklage gehalten, von Lancelot:

> He said, ›She has a lovely face;
> God in his mercy lend her grace,
> The Lady of Shalott.‹

Es sind die Schlußworte des Gedichts. Rimbauds »Et le poète dit ...«, das die vier letzten Zeilen seines Gedichts einleitet, hat dieselbe Funktion eines letzten beschwörenden Anrufs:

> Et le poète dit qu'au rayon des étoiles
> Tu viens chercher, la nuit, les fleurs que tu cueillis,
> Et qu'il a vu sur l'eau, couchée en ses longs voiles,
> La blanche Ophélia flotter, comme un grand lys.

Nicht zufällig wird in der letzten Zeile der Name Ophelia noch einmal genannt. Im Grunde wollen alle diese Schlüsse nichts anderes als was die alte Ballade von der Agnes Bernauer auch will, wenn sie verlangt, »daß man der Bernauerin nicht vergeß«. Immer wieder wird an die alte Aufgabe des Dichters gerührt, Taten und Leiden, Schicksale, im Gedächtnis der Menschen zu bewahren. Die bittere Einsicht aber, daß alles vergessen wird, liegt der bisher wohl letzten Formung von Belang zugrunde, die das Ophelia-Motiv gefunden hat, Bertolt Brechts Gedicht »Vom Ertrunkenen Mädchen«, das folgendermaßen schließt:

> Als ihr bleicher Leib im Wasser verfaulet war,
> Geschah es (sehr langsam), daß Gott sie allmählich
>   vergaß.
> Erst ihr Gesicht, dann die Hände und ganz zuletzt das
>   Haar,
> Dann ward sie Aas in Flüssen mit vielem Aas.

Brechts letzte Zeile faßt die Entwicklung zusammen, die das Motiv seit Rimbaud gehabt hat. Es ist die Entwicklung von Shakespeares Ophelia zur Wasserleiche. Eingeleitet wird diese Umformung von Rodenbach, durchgeführt wird sie von Georg Heym. Schon bei Rodenbach beginnt die Verschiebung der Figur zum Gattungswesen, die kein Einzelschicksal mehr hat. An Hamlet zugrunde gehen kann nur Ophelia; im Wasser ertrinken kann jedes Mädchen. Aber gerade deshalb ist es verständlich, daß Rodenbach von Ophelia spricht, als ob es nicht nur diese gäbe, daß er von *einer* Ophelia spricht oder von Ophelien, so wie man von einer Undine spricht oder von Undinen, von einer Leiche oder von Leichen.[3]
Im Zuge derselben Entwicklung liegt es, wenn man vom Namen Ophelia das Dingwort *ophélisation* gebildet hat, so wie das Gaston Bachelard tut, wenn er Rodenbachs berühmten Roman *Bruges-la-morte* als die »*ophélisation*« einer ganzen Stadt bezeichnet.[4]
Georg Heym aber hat sich nicht nur damit begnügt, Rimbauds Ophelia in ein ganz anderes Klima zu verpflanzen, er hat das Thema vom Tod im Wasser immer wieder aufgenommen, am ausführlichsten im »Tod der Liebenden im Meer«, von dem zwei Fassungen existieren, und in dem Gedicht »Die Tote im Wasser«. Diese Tote, die durch die Hafenstadt ins

Meer hinaustreibt, hat nun wirklich keinen Namen mehr, sie ist anonym wie all der Abfall, der neben ihr im Wasser schwimmt, und mit diesen toten Dingen teilt sie das Schicksal alles Stofflichen, sich aufzulösen und zu verwesen:

Der Stadtnacht Spülicht treibt
Wie eine weiße Haut im Strom und reibt
Sich an dem Dampfer, der im Docke ruht.

Staub, Obst, Papier, in einer dicken Schicht,
So treibt der Kot aus seinen Röhren ganz.
Ein weißes Tanzkleid kommt, in fettem Glanz
Ein nackter Hals und bleiweiß ein Gesicht.

Die Leiche wälzt sich ganz heraus. Es bläht
Das Kleid sich wie ein weißes Schiff im Wind.
Die toten Augen starren groß und blind
Zum Himmel, der voll rosa Wolken steht.

Das lila Wasser bebt von kleiner Welle,
– Der Wasserratten Fährte, die bemannen
Das weiße Schiff. Nun treibt es stolz von dannen,
Voll grauer Köpfe und voll schwarzer Felle.

Die Tote segelt froh hinaus, gerissen
Von Wind und Flut. Ihr dicker Bauch entragt
Dem Wasser groß, zerhöhlt und fast zernagt.
Wie eine Grotte dröhnt er von den Bissen.

Sie treibt ins Meer ...

Hier bei Heym tritt nun, wie bei Benn und bei Brecht, ein weiteres Element in den Vordergrund, das verständlich macht, warum gerade das Bild des ertrunkenen Mädchens eine so seltsame Faszination auf führende Dichter der Zeit ausgeübt hat: neben der Richtung nach abwärts, dem Untergang zu, neben der Verkörperung extremer Willenlosigkeit vermag dies Motiv noch ein anderes beunruhigendes und beklemmendes Thema der Zeit in sich aufzunehmen, – das der Fäulnis. Auch daß kleinere Talente das Motiv aufgreifen, ist bezeichnend. An einem Gedicht wie Arnim T. Wegners »Die Ertrunkenen«[5], das weithin von Heym abhängig ist, ließe sich zeigen, wie bestimmte Einzelzüge einen fast modischen Charakter anzunehmen beginnen; Friedrich Georg Jüngers seltsam nachzüglerische »Ophelia«[6] schließlich konnte der Entwicklung nichts mehr hinzufügen. Das Motiv der Fäulnis, das für Heym so bezeichnend ist, heftet sich im übrigen auch gar nicht an die Wasserleiche allein, es bricht an vielen Stellen und bei vielen Dichtern zugleich auf, mit einer Wucht, die verrät, daß hier ein genereller Zwang am Werk ist. Man muß schon bis zum Barock zurückgehen, um ähnlich krassen und abstoßenden Bildern der Verwesung zu begegnen. Mit dem schwerwiegenden Unterschied allerdings, daß die Fäulnis-Orgien des Barock noch einen religiösen Sinn hatten, von dem im 20. Jahrhundert keine Rede mehr sein kann. Es würde auch sonst schwerhalten, den Expressionismus ans Barock anzuknüpfen; überdies bot sich, wenn schon von literarischen Mustern die Rede sein soll, ein zeitlich viel näheres Vorbild an, wiederum ein großes französisches Gedicht: Baudelaires »Une Charogne«. Dies Gedicht vor allem hat, nachdem die barocke Tradition überall durch die Klassik unterbrochen worden war, die Fäulnis wieder literaturfähig gemacht.[7] Der überwältigende Eindruck, den Baudelaires »Charogne« auf Rilke gemacht hat, ist bekannt und von ihm selbst bezeugt. Rilke verwahrte sich allerdings gegen den Schluß. »Abgesehen von der letzten Strophe war er im Recht«, heißt es von Baudelaires Gedicht im *Malte Laurids Brigge*.[8] Es ist dies bezeichnenderweise die Strophe, die nach einem Trost greift, und zwar wiederum nach dem Trost, den die Dichtung spendet, indem sie das Verwesliche und der Verweslichkeit Bestimmte festhält im Wort, das Dauer verleiht. Nachdem der Dichter im gräßlichen Anblick des faulenden Aases entsetzt geschwelgt, nachdem er der Geliebten erklärt hat, daß auch sie einst diesem Schmutze gleichen und unter fettem Gras und Blumen faulen werde, schließt er:

Alors, ô ma beauté! dites à la vermine
Qui vous mangera de baisers,

> Que j'ai gardé la forme et l'essence divine
> De mes amours décomposées!

Für Rilke aber gibt es diesen Trost, den das ästhetische Verhalten gewährt, nicht mehr; die »Existenz des Entsetzlichen in jedem Bestandteil der Luft«[9] muß, als solche, im Leben, bestanden werden. Gerade diese eigene Haltung Rilkes aber macht es verständlich, daß er sich von Heyms Dichtung angezogen fühlte. Denn Gedichte wie »Ophelia«, wie »Die Tote im Wasser« sind ja nicht schwächlicher Ausdruck der Verfallenheit an Untergang, Sterblichkeit und Vernichtung, sondern der Versuch, das Schreckliche ins Bewußtsein zu heben und auszuhalten. Für eine Dichtergeneration, die keine Gewißheit einer Fortdauer mehr kennt und der aller Glaube an ein Jenseits erloschen ist, heißt es nun, *diese* Erde sich *ganz* zu eigen zu machen, auch jene Bezirke, die bisher als unbetretbar gegolten hatten. So jedenfalls sah Rilke die Aufgabe an; der *Malte* bezeugt, wie tief er in die Zone des Schreckens eindrang. Aber diese Zone war nur die eine, bisher im Dunkeln gebliebene Seite des Daseins, die Seite, als deren furchtbares Symbol das Bild des ertrunkenen Mädchens sich gezeigt hatte. Rilke freilich blieb dieser dunklen Sphäre nicht verhaftet; im »Doppelbereich« zu Hause fand er ein tieferes Sinnbild, das *beide* Bereiche umfaßte: den Brunnen. Es sind die Brunnen gemeint, deren Trog aus alten steinernen Särgen gebildet wird, römische Sarkophage. Sehr wohl ist Rilkes Gefühl vertraut, wie einst in diesen Särgen

> in langsam sich verzehrenden Gewändern
> ein langsam Aufgelöstes lag –

Aber diese Endlichkeit des Irdischen ist nicht das ganze Irdische. Denn, heißt es im Gedichte weiter:

> Da wurde von den alten Aquädukten
> ewiges Wasser in sie eingelenkt –:
> das spiegelt jetzt und geht und glänzt in ihnen.

Ewiges Wasser. Es ist dasselbe Wasser, das als schwarzer Strom die tote Ophelia ins Meer hinabgetragen hat, trauervolles Sinnbild der unrettbaren Vergänglichkeit alles Irdischen. Und doch zugleich, als Wasser, kostbares Gleichnis der Dauer, der ewig fließenden, ewig strömenden, sich ewig erneuernden Kraft des Lebens.

Anmerkungen

1 Max Bense, *Ptolemäer und Mauretanier* (Köln und Berlin 1950); S. 3.

2 *Gesammelte Gedichte* (Zürich 1947), S. 197.

3 Dans le miroir blêmi, les reflets se défont
Come d'une Ophélie en larmes qui s'enfonce;
(»Le soir dans les vitres IV«, *Œuvres*, II, [Paris 1923], S. 27f.).
Und:
On la [l'eau de l'aquarium] dirait vouée à ce seul subtil soin au vent léger qui passe; D'être impressionable
. . . .
Et surtout ne vouloir, dans son calme otieux,
Que s'orner de reflets, de couleurs accueillies,
Fard délayé du visage des Ophélies!
(»Aquarium Mental II«, a. a. O., S. 9).

4 *L'eau et les rêves* (Paris 1942), S. 121. Dies Buch, das der Ophelia-Gestalt ein eigenes Kapitel widmet, verfolgt allerdings, obwohl auf Dichtung begründet, keine literarhistorischen Ziele, sondern ist der geistvolle Versuch einer psychologisch-symbolischen Typenlehre. Es entwickelt den Typus der Ophelia aus Shakespeares Drama und erwähnt weder Rimbauds noch Rodenbachs Ophélie noch auch die deutschen Weiterbildungen des Motivs.

5 *Das Antlitz der Städte* (Berlin 1917), abgedruckt bei Sommerfeld, a. a. O., S. 148.

6 *Der Missouri* (Leipzig 1940), S. 31 f.

7 »[Baudelaire] a inventé la littérature-charogne . . .«, Alphons Duchesne, *Figaro*, 20 septembre 1859, zitiert *Les Fleurs du Mal*, Ed. crit. par Jacques Crépet et Georges Blin (Paris 1942), p. 348.

8 *Die Aufzeichnungen des Malte Laurids Brigge*, 36. bis 38. Tausend (Leipzig 1938), S. 89. – Vgl. a. Brief an Clara Rilke, 19. Okt. 1907: »Ich mußte daran denken, daß ohne dies Gedicht die ganze Entwicklung zum sachlichen Sagen, die wir jetzt in Cezanne zu erkennen glauben, nicht hätte anheben können . . .« Und: »Du kannst dir denken, wie es mich berührt, zu lesen, daß Cezanne eben dieses Gedicht – Baudelaires Charogne – noch in seinen letzten Jahren ganz auswendig wußte und es Wort für Wort hersagte.«

9 *Ebd.*, S. 90.

Motive der frühen Lyrik Bertolt Brechts

1. Der Tod im Wasser

Versucht man die von Jahr zu Jahr anschwellende Brecht-Literatur zu überblicken, so fällt auf, wie ungleich das Interesse verteilt ist. Es konzentriert sich auf den Dramatiker, den Theoretiker und den Politiker. Seit Jahren werden wir immer aufs neue über Brechts Theorien des »epischen Theaters«, der »nicht-aristotelischen Dramatik« oder über den »Verfremdungseffekt« belehrt, Begriffe, die Brecht selbst schon recht ausführlich erläutert hat. Demgegenüber erscheint das lyrische Werk – ein Werk hohen Ranges – merkwürdig vernachlässigt. Es gibt einige ausgezeichnete Ansätze, ein paar erhellende Deutungen einzelner Gedichte, aber noch keine umfassende Deutung.[1] Die folgende Untersuchung will von einem einzelnen Gedicht, der Ballade »Vom ertrunkenen Mädchen« ausgehend, einen Beitrag zum Verständnis der frühen Lyrik Brechts liefern.

1

Als sie ertrunken war und hinunterschwamm
Von den Bächen in die größeren Flüsse
Schien der Opal des Himmels sehr wundersam
Als ob er die Leiche begütigen müsse.

2

Tang und Algen hielten sich an ihr ein
So daß sie langsam viel schwerer ward
Kühl die Fische schwammen an ihrem Bein
Pflanzen und Tiere beschwerten noch ihre letzte Fahrt.

3

Und der Himmel ward abends dunkel wie Rauch
Und hielt nachts mit den Sternen das Licht in Schwebe.
Aber früh ward er hell, daß es auch
Noch für sie Morgen und Abend gebe.

Als ihr bleicher Leib im Wasser verfaulet war
Geschah es (sehr langsam), daß Gott sie allmählich
   vergaß
Erst ihr Gesicht, dann die Hände und ganz zuletzt erst
   ihr Haar.
Dann ward sie Aas in Flüssen mit vielem Aas.[2]

Baudelaires bekannter Rat, beim Versuch, in ein dichterisches Werk einzudringen, vor allem auf die Wiederkehr derselben Worte zu achten, da sie Neigung, Absichten, »Obsession« des Dichtes verrieten[3], ist natürlich für ein dichterisches Werk als ganzes gemeint und scheint auf ein kurzes Gedicht von sechzehn Zeilen nicht anwendbar. Fängt man dennoch an zu zählen, probeweise und unbekümmert um die Gefahr, pedantisch zu erscheinen, so macht man freilich eine überraschende Entdeckung. Es sind in der Tat nicht wenige Wörter, die sich wiederholen, und sie sind, wobei zunächst nur die bildlichen Vorstellungen berücksichtigt seien, im Kontext des Gedichts alles andere als gleichgültig. Es sind die Wörter »schwimmen«, »Flüsse«, »Himmel« und »Aas«. Mit ihnen sind, wie zu zeigen sein wird, die Grundelemente, aus denen das Gedicht besteht, genannt und durch Wiederholung verstärkt. Zweifellos gibt es in jeder Dichtung solche Wörter und Bilder, an denen die sprachliche und seelische Energie, die ein dichterisches Gebilde durchdringt, gleichsam aufleuchtet; die genannten gehören dazu.
Das Wort »halten« soll beiseite gelassen werden: das reflexive, intransitive »hielten« (»Tang und Algen hielten sich an ihr ein«) hat wenig mit dem transitiven »hielt« (»der Himmel ... hielt ... das Licht in Schwebe«) zu tun. Von dem ebenfalls wiederholten und allerdings sehr bedeutsamen »langsam« muß jedoch wenigstens dies gesagt werden, daß es nicht nur die beschriebenen Vorgänge, sondern auch die Gangart des Gedichts betrifft. Es ist nicht zuletzt musikalisch zu verstehen, ein Lento, das man beim Hören der Vertonung ja auch sehr eindringlich empfindet.
Merkwürdig mag es erscheinen, daß ein anderes Wort, das man vielleicht erwartet, nicht wiederholt wird: das Wort

»Mädchen«. Es kommt sogar im Text des Gedichts überhaupt nicht vor, es steht nur im Titel; im Gedicht heißt es statt dessen »sie« oder »ihr«, zehnmal im ganzen. Man muß sich nur einen Augenblick vorstellen, statt »sie« stünde auch nur ein paarmal »Mädchen«, und man wird sofort fühlen, wie sehr damit Ton und Charakter des Gedichts geändert wären. Daß gerade dies im Titel angekündigte Hauptwort im Gedicht ausgespart und durch das unbetontere, unbestimmtere, unpersönlichere »sie« ersetzt ist, ist natürlich künstlerische Absicht. Um zu erfahren, wer diese »sie« ist, muß man sich gleichsam aus dem erzählten Ereignis des Gedichts hinausbegeben, zurück in die Vergangenheit. Denn das Mädchen, von dem im Titel die Rede ist, gibt es in Wahrheit schon nicht mehr, es ist, die vierte Zeile spricht es aus, zur Leiche geworden. Diese Verwandlung ist die erste Phase des Gedichts; sie ist ein Vorgang in der Zeit, mit dem das Gedicht beginnt und der eingeleitet wird mit »Als« (»Als sie ertrunken war und hinunterschwamm«). Diesem »Als« der ersten Strophe entspricht ein zweites »Als«, mit dem die letzte Strophe beginnt und das einen zweiten Vorgang ankündigt, die Verwandlung der »Leiche« zum »Aas«. Man versteht jetzt, daß dies Wort »Aas« wiederholt werden muß und darüber hinaus durch die Stellung, die ihm im Gedicht gegeben wird, als letztes Wort überhaupt, noch eine besondere Akzentuierung erhält. Das letzte Wort eines Satzes oder eines Gedichts hat sehr oft ein erhöhtes Gewicht, und hier wird nun auch besonders deutlich fühlbar, daß damit das endgültig Letzte erreicht ist, worauf das Gedicht sich hinbewegt. Es gibt in dem Gedicht also eine zeitliche Bewegung von der Vorvergangenheit (»Als sie ertrunken war«) – ein Ereignis, um das sich das Gedicht schon nicht mehr kümmert – zum Vorgang des »Hinunterschwimmens« und »Verfaulens«, die sich zeitlich entsprechen und den Mittelteil des Gedichts, die zweite und dritte Strophe, einnehmen. Hiervon berichtet dann die vierte Strophe, parallel zur ersten wiederum in der Vorvergangenheit (»Als ihr bleicher Leib ... verfaulet war«), um dann das Ergebnis mitzuteilen, die Verwandlung zum »Aas«. Es ist eine Bewegung, die wir als eine Abwärtsbewegung empfinden, ein fortschreitender Prozeß der Deformierung, der sich über drei Stufen abwärts vollzieht: Mädchen, Leiche, Aas. Während die Leiche zwar nicht mehr das Leben, aber doch noch die Form des Mädchens bewahrt, ist dem »Aas« nun auch die letzte Reminiszenz an die Person, die einmal gelebt hat, genommen. Der Abwärtsbewegung im Reich der Formen entspricht im physischen Bereich die abwärtsfließende Bewegung des Wasser, die im »Hinunter-schwimmen« angedeutet ist und nicht mehr als eine Andeutung benötigt, um uns vor Augen zu stehen. Am Ende sind wir im Bereich des Gestaltlosen, Anonymen angelangt.

Sehr weit entfernt vom Anonymen sind wir allerdings nie gewesen. Denn wenn wir eben das Wort »Person« gebraucht haben, so müssen wir uns korrigieren. Zur Person gehört unter anderem auch ein Name; hier aber hören wir nur von einem »Mädchen«. Wer dies Mädchen war, erfahren wir nicht, nichts von den Umständen ihres Todes, nichts von ihrem Leben. Dies ändert sich freilich, wenn wir das Gedicht in dem Zusammenhang betrachten, in dem es schon vor der Hauspostille erschienen ist, in dem Drama *Baal* (1922).[4] Da bezieht es sich offensichtlich auf das Schicksal des Mädchens Johanna Reiher, die Baal einem Freunde weggenommen und verführt hat, und die dann den Tod im Wasser gesucht hat. Es erscheint dort mit der Gewaltsamkeit einer plötzlichen Inspiration: Baal kommt nachts über die Felder her, »Ich habs« schreiend weckt er seinen schlafenden Freund Ekart auf und spricht ihm dann das Gedicht. Aber ganz so spontan wie man meinen könnte, taucht es doch nicht auf: etwas früher im Stück, in der Szene in der Bettlerkneipe, erscheint es in einer Art Vorform, zwei Verse, die Baal plötzlich, scheinbar außerhalb allen Zusammenhangs, aus sich herausschleu-dert:

> Schwimmst du hinunter mit Ratten im Haar:
> Der Himmel drüber bleibt wunderbar.[5]

Dies ist zunächst einmal eine literarische Reminiszenz, ein Anklang an den Beginn von Georg Heyms »Ophelia«:

> Im Haar ein Nest von jungen Wasserratten,

Und die beringten Hände auf der Flut
Wie Flossen, also treibt sie durch den Schatten
Des großen Urwalds, der im Wasser ruht.[6]

Daß Brecht Heyms Gedicht gekannt hat, wird man kaum bezweifeln. Seine Vertrautheit mit Heym geht schon daraus hervor, daß in der ersten Szene des *Baal*, und zwar in der ursprünglichen Fassung, die Brecht der Ausgabe von 1953 zugrunde legte, Heyms Gedicht »Der Baum« rezitiert wird. Zweifellos hat sich Brecht aus Heym, wie auch sonst gelegentlich, etwa aus Villons Balladen, »was herausgenommen«[7], aber was dann in den zwei Versen Baals neu entstanden ist, ist ein lyrisches Epigramm vom unverkennbaren Tonfall Brechts; in zwei Zeilen verdichtet erscheint der Grundkontrast, auf dem ein paar Szenen später Baal dann seine Ballade vom ertrunkenen Mädchen aufbaut. Im Stück selber haben die zwei Zeilen zunächst eine dramatische Funktion: sie sind ein Gegenschlag Baals gegen den Nihilismus, der ihn anzusaugen droht, gegen die »Verwesung«, die sich anpreist. Baal fegt mit diesen zwei Versen den kranken und verkommenen Abschaum, das »Gewürm« der Spelunke, das ihn umkriecht, hinweg. Denn Baal geht zwar unter, aber er ist kein Nihilist. »Man muß das Karussell aushalten«, erklärt er. »Es ist wunderbar« (S. 92). Der Ton, mit dem die kreisende, sich selbst genugsame Bewegung des Lebens überhaupt bejaht wird, hat etwas von Wedekinds gewollter und forcierter Schnoddrigkeit, und der Konflikt selber erinnert gewiß thematisch an den Schluß von *Frühlings Erwachen*, an die Kirchhofsszene, in der der jugendliche Held des Stückes, vom »vermummten Herrn« unterstützt, der Verwesung absagt, die sein toter Freund ihm anpreist. Schon hier bei Wedekind ist die Welt so groß, mächtig, wunderbar und dabei auch völlig gleichgültig gegen alle, die in ihr verkommen und zugrunde gehen, wie dann später in Brechts *Baal*.
Unleugbar freilich beziehen sich die Verse Baals zugleich auch auf die ertrunkene Johanna und ihr Schicksal. Brecht ist später von seinem »asozialen« Helden abgerückt. Vielleicht nicht nur notgedrungen. Sicherlich werden diejenigen, die nicht gelernt haben, »dialektisch zu denken«, in Brechts

frühestem Stück »kaum etwas anderes als die Verherrlichung nacktester Ichsucht erblicken« (S. 8). Der kulinarisch und sexuell so ungeheuer gefräßige Baal, der Welt und Menschen genießt und dann achtlos wieder ausspuckt, der, um es noch einmal mit Wedekind zu sagen, »über Gräber hopst«[8], war wahrscheinlich nicht einmal als unreif jugendliches Wunschbild völlig ernstgemeint. Als Stilübung aber angesehen hat das Stück seine genialen Züge. Und so wie im Stück Baals »brutale« Verse polemisch gemeint sind, als Abfuhr sentimental verkommener Lyrik, so hat das ganze Stück seinen polemischen Aspekt, als Persiflage bürgerlich verlogener Vorstellungen vom »Dichter«: gegen das überkommene Bild des edlen Hungerleiders wird mit hohnvollem Bravado der viehisch wüste Bursche gestellt. Dennoch kann die Unflätigkeit des Tons nicht darüber hinwegtäuschen, daß wir es im Grunde mit einem Modethema der Zeit, dem Verhältnis des Künstlers zum Leben, zu tun haben. Es mag abwegig erscheinen, Beziehungen herzustellen zwischen zwei so verschiedenen Naturen wie Brecht und Thomas Mann, aber achtet man erst einmal darauf, dann fällt doch auf, wie oft im Goethe-Roman etwa das Wort »Schmarutzertum« zur Bezeichnung der dichterischen Existenz verwendet wird. Gemeint ist damit das »Sich niederlassen auf fremder Lebensgründung«, die »naturelbische« Gesinnungslosigkeit, die kalte Meisterschaft, der das Schicksal der anderen »Stoff« ist, Anlaß zur Herstellung sprachlicher Gebilde. Das wird psychologisch, behutsam und respektvoll abgehandelt, da es um Goethe (und um Thomas Mann) geht, und stilistisch ist das sicher weltenfern von den trunkenen Lyrismen des jungen Brecht; thematisch aber gehört der dichtende Baal, dem sich das Schicksal der armen Johanna, an dem er nicht ganz unschuldig ist, genußvoll umformt zur Ballade »Vom ertrunkenen Mädchen«, in die Nähe des großen Dichters, dem die gedichtete Lotte um vieles näher steht als die lebende. In der unablenkbaren und unnachsichtigen Entschlossenheit, mit der beide, Thomas Mann und Brecht – bei aller leidenschaftlichen Beteiligung an den großen Fragen und Entscheidungen der Zeit – das eigene Leben der künstlerischen Arbeit untergeordnet haben, sind sie sich völlig gleich. Und tief verwandt sind sie sich noch in einem anderen: in der Vertrautheit mit den »Vorteilen des Chaos«, in der Versuchung, die Disziplin aufzuheben zugunsten des Untergangs. Die Vision des Untergangs ist Drohung und Lockung zugleich, Projektion einer Gefahr, die im Bild beschworen und gebannt wird. Werther erschießt sich, und Goethe bleibt am Leben; Aschenbach läßt sich fallen, und Thomas Mann gewinnt den Nobelpreis; Baal verkommt, und Brecht leitet eine große Bühne. Dem *Tod in Venedig* entspricht der »Tod im Wasser«.

Wenn es zutrifft, »daß ein Gedicht nie davon handelt, wovon es zu handeln scheint«[9], dann stellt sich die Frage, wovon also die Ballade vom ertrunkenen Mädchen handelt. *Eine* Antwort lautet: von der Dramenfigur, der sie in den Mund gelegt ist, dem Dichter Baal. Genauer: von seinem eigenen, vorausgefühlten Tode. Anonym wie dieses Mädchen, das Gott (sehr langsam) vergißt, wird auch der Dichter Baal seinen anonymen Tod sterben. Nicht den Tod im Wasser, der, wie Gaston Bachelard so eindrucksvoll gezeigt hat, ein eminent weiblicher Tod ist[10], sondern den Tod im Wald. Namenlos aber stirbt auch er. »Wie heißt er?« fragt einer der Holzfäller, die ihn begraben werden; niemand antwortet. In dem »Choral vom großen Baal«, der dem Stück vorausgeht und einer Ouverture gleich die Hauptmotive vorausnimmt, lautet die letzte Strophe:

> Als im dunklen Erdenschoße faulte Baal
> War der Himmel noch so groß und still und fahl
> Jung und nackt und ungeheuer wunderbar
> Wie ihn Baal einst liebte, als Baal war.
> (*Stücke* I, 22)

Das ist thematisch dasselbe wie:

> Schwimmst du hinunter mit Ratten im Haar:
> Der Himmel drüber bleibt wunderbar,

und dasselbe wie die Ballade vom ertrunkenen Mädchen. Die Zusammengehörigkeit der beiden Balladen wird überdies noch durch den Parallelismus der ersten und letzten, in beiden Gedichten mit »als« beginnenden Strophen hervorgehoben.

Man würde das Gedicht vom ertrunkenen Mädchen freilich zu eng fassen, wenn man es nur als ein Gedicht vom Tode ansähe. Mit dem gleichen oder vielleicht mit größerem Recht könnte man es als ein Gedicht vom Leben verstehen. Vom Leben, das sich auf den Tod zu bewegt, das ein graduelles Sterben ist, ein Prozeß der Dekomposition, ein Weg hinab.[11] Bei Büchner heißt es: »[Der Tod] ist nur eine einfachere, das Leben eine verwickeltere, organisiertere Fäulnis.«[12] Es ist eine Formulierung, die dem Weltgefühl der frühen Dichtungen Brechts entspricht. Für dieses Weltgefühl hat Brecht zwei große Metaphern, eine physiologische: die Verwesung, und eine räumliche: die Bewegung nach abwärts. Als Baal einmal die großen Genüsse des Daseins aufzählt, ist der erste, den er nennt, dieser:

> wenn man auf einem reißenden Strom auf dem Rücken hinschießt, nackt unter orangefarbenem Himmel und man sieht nichts, als wie der Himmel violett wird, dann schwarz wie ein Loch wird. (*Stücke* 1, 43)

So konkret nun auch im allgemeinen die Genüsse sind, für die Baal sich interessiert, so wird man doch schwerlich annehmen können, mit dem »reißenden Strom« sei nichts als der Lech oder der Orinoco gemeint. Unverkennbar ist, daß die langsame Fahrt des toten Mädchens, das in die »größeren Flüsse« gelangt ist, nichts ist als das Ende der Fahrt, die in reißenderen Strömen begonnen hat, doch unwiderruflich hinabführt, und man begreift, daß die Ballade vom toten Mädchen, die Baal singt, auch von Baal handelt. Und natürlich von dem Dichter, der den Baal gemacht hat, der ihm zusieht, wie er weite Felder »schmatzend« abgrast, und der dann gelassen den Schluß zieht:

> Sind sie leer, dann trottet singend Baal
> In den ewigen Wald zum Schlaf hinab.
> (*Stücke* 1, 22)

»Hinabschwimmen« und »Verwesen« sind zwei Vorstellungen, die beim frühen Brecht mit der Kraft der Obsession
wiederkehren und sich immer neue Konfigurationen erzwingen. Sich an »verführte Mädchen« erinnernd spricht das
lyrische Ich des Dichters (ironisch) von »Resten von Wasser-
leichen«, die er auf dem Gewissen habe:

> Unter sehr getrübten Himmeln schwammen
> Lässig und müde sie in die Hölle hinein
> Wie ein Geflechte von Algen ...
> (*Gedichte* 1, 130)

Natürlich ist nicht von Massenselbstmorden die Rede, sondern von toter Liebe und vergangenen Zeiten, Zeiten freilich,
die dieselbe Metaphorik eben nicht als »vergangen«, sondern
als »hinuntergeschwommen« bezeichnet (*Ebda.*, S. 99). Oder
ein Mädchen kommt aus den »Savannen« in die Stadt,
vielmehr, sie ist

> wie eine Katze in die große Stadt geschwemmt
> Eine kleine graue Katze zwischen Hölzer eingeklemmt
> Zwischen Leichen in die schwarzen Kanäle.
> (S. 93)

Oder:

> Wie zwei Kürbisse abwärts schwimmen
> Verfault, doch an einem Stiel
> In gelben Flüssen:

so beginnt die »Ballade von der Freundschaft« (S. 102), um
die unauflösliche Bindung zweier Männer aneinander und
den mutmaßlichen Gang ihres Schicksals zu suggerieren,
wiederum den Fäulnischarakter und die Abwärtsbewegung
des Lebens in ein einziges Bild zusammenschmelzend. Nicht
selten ist ein ganzes Gedicht nichts als eine »erweiterte
Metapher«[13] aus demselben Bereich. Ein großes Beispiel
hierfür ist »Das Schiff«, von dem hier nur die zwei ersten
Strophen angeführt seien:

Durch die klaren Wasser schwimmend vieler Meere
Löst ich schaukelnd mich von Ziel und Schwere
Mit den Haien ziehend unter rotem Mond.
Seit mein Holz fault und die Segel schlissen
Seit die Seile modern, die am Strand mich rissen
Ist entfernter mir und bleicher auch mein Horizont.

Und seit jener hinblich und mich diesen
Wassern die entfernten Himmel ließen
Fühl ich tief, daß ich vergehen soll.
Seit ich wußte, ohne mich zu wehren
Daß ich untergehen soll in diesen Meeren
Ließ ich mich den Wassern ohne Groll.
(*Gedichte* I, 23)

Das ist noch einmal eine Variation des ertrunkenen Mädchens. Beide Gedichte sind geformt aus denselben drei
konstituierenden Elementen: Fluß oder Meer, es ist dieselbe
tödliche Flut; verwesendes Mädchen oder faulendes Schiff, es
sind dieselben »Fahrzeuge« in dieser Flut, dasselbe vergängli-
che »Ich« des Dichters, seiner Vergänglichkeit bewußt, und
über allem, in beiden Gedichten Horizont und Himmel, fern,
unberührt und unberührbar. »Das Schiff« hat nicht ganz
dieselbe Dichte, nicht dieselbe großartige Ausgewogenheit
der Einzelheiten wie das »Ertrunkene Mädchen«; wie das
Schiff, so ist das Gedicht selbst sozusagen durchlässig, nicht
durchweg fest gefügt und geschlossen. Brecht braucht sechs,
überdies längere Strophen, wo er im »Ertrunkenen Mädchen« mit vieren auskommt, er variiert und wiederholt, fügt
zum faulenden Holz zerschlissene Segel und modernde Seile,
schiebt die geliebten Requisiten der Meerszenerie hin und
her, Algen, Haie, Wal und Möwen, bleibt mitunter an
Einzelheiten hängen, die, für sich ausgemalt, die Bewegung
des Gedichtes hemmen, und findet doch immer wieder Zeilen
von großer Eigenart und einer gleichsam wehenden Gewalt,
die das Gedicht zu einem der bedeutenderen unter seinen
frühen Gedichten machen.
Merkwürdig ist ein Zug des Gedichts, der dem »Ertrunkenen
Mädchen« fehlt: die fast unauffälligen Assoziationen, die auf

diesen Untergang wie auf eine Schwangerschaft weisen. Vom »vierten Mond« ist die Rede, vom »achten Mond«; man kann es, wenn man will, als bloße Zeitangabe lesen; doch auch die »vielen Tiere«, die die Wasser in das Schiff schwemmen, und die es dann in sich trägt, deuten darauf, daß hier etwas ausgetragen wird. Nicht entfernt darf man dabei an Rilkesche Begriffe denken. Dies ist kein »todgebärendes« Schiff, das seinen »eigenen Tod« in sich trägt und aus sich hervorbringt; nur ganz leicht, fast nebenher, streift Brecht eine seiner Grundüberzeugungen: daß Verwesen ein Vorgang des Lebens ist, Leben eine Form der Verwesung.

Auch die »Ballade auf vielen Schiffen« hat dieselbe Textur wie »Das Schiff«. Dieselben Bilder kehren wieder: Möwen und Haie, Tang, Mond und Himmel, und dieselbe Fäulnis: alte Schaluppen, die »dick und krebsig« im Brackwasser liegen mit Segeln wie »kotige Hemden«. Nur mit dem Unterschied, daß »Ich« und »Schiff« hier nicht miteinander identifiziert werden, sondern ein Ich, ein Mann, eines Tages erscheint – angeschwommen kommt –, eins dieser Schiffe besteigt und auf ihm fährt. Es ist jemand, der seine Schiffe wechselt, und eine gewisse sexuelle Bildlichkeit sowie die Tatsache, daß das Schiff ohnedies ein uraltes Sexualsymbol ist, könnten vermuten lassen, daß verlassene Schiffe verlassene Geliebten »bedeuten«, doch klingt dies nur gelegentlich an, und die letzte Strophe bringt es dann geradezu auf den Begriff, daß hier ein weiterer Zusammenhang gemeint ist:

> So lebt er weiter, den Wind in den Augen
> Auf immer schlechteren Schiffen fort
> Auf vielen Schiffen, schon halb im Wasser
> Und mondweis wechselt er seinen Abort.
> Ohne Hut und nackt und mit eigenen Haien.
> Er kennt seine Welt. Er hat sie gesehn.
> Er hat eine Lust in sich: zu versaufen
> Und er hat eine Lust: nicht unterzugehn.
> (*Gedichte*, 1, 84)

Mann und Schiff, das ist ein Mensch und seine *ambiance*; ein fahrendes, verlassenes, untergehendes Schiff ist eine Existenzform, die man lebt, aufgibt oder verliert. Daß es in diesem Gedicht von schlechtem zu schlechterem Schiff weitergeht, ist im Einklang mit der Kurve eines sinkenden Lebensgefühls, die für so viele Gedichte des frühen Brecht bezeichnend ist. Die epigrammatische Antithese der beiden Schlußzeilen aber formuliert aufs präziseste, wobei das Gedicht völlig in der Bildwelt von Schiff und Meerfahrt bleibt, den doppelten Aspekt des Lebensgefühls, von dem sich der Dichter beherrscht weiß. Verlust des Selbst und Behauptung des Selbst, – zwei große Möglichkeiten, sich selbst zu erfahren, bieten sich an.

Für die Vereinbarkeit dieser Gegensätze findet der junge Brecht schon 1920 eins seiner stärksten Sinnbilder: die Schiffschaukel. Hier ist beides möglich: sich fallen zu lassen (die »purpurnen Todesstürze in den nackten Himmel«, *Ged.* II, 77) und gleichzeitig diesen Sturz zu kontrollieren (»ich vergleiche sie [die Schiffe] Tieren, die in die Zäume beißen, aber der Reiter sitzt auf dem Rücken«, (*ebd.* S. 76).[14] Die federnde Elastizität, die den Sturz in den Knien abfängt und, die Knie vorwerfend, sich wieder nach oben schwingt, Steigen und Fallen, sich schleudern und geschleudert werden, die Sensation der Gefahr und das Hochgefühl ihrer Bemeisterung, dazu im Hintergrund das geheime Wissen, daß alles dies ein *Spiel* ist – man kann sich in der Tat nicht leicht ein Bild denken, das treffender Situation, Thematik und Existenz eines jungen Dichters abspiegelt, der in farbigen Visionen das Meer mit sinkenden Schiffen bevölkerte und selber ein Leben lang auf einem seetüchtigen Fahrzeug fuhr, das seinen Kurs zu halten wußte.

Die Affinität zum Bild des Schiffes ließe sich in Brechts Werk noch viel weiter verfolgen. Hans Otto Münsterer hat in seinen *Erinnerungen und Gesprächen mit Bert Brecht* (S. 122) das folgende offenbar schon 1917 entstandene Gedicht mitgeteilt:

In einem Frühling kam an ein Gestade
ein fremdes Schiff, das blau war wie das Meer
mit schlaffen Segeln und geschloßner Lade
und ohne Paß und mutterseelenleer.

Viel sonnige Tage lag es dort und viele
sahn es vom Ufer sonnenhell und nah,
bis es so lang lag, daß die blauen Kiele
kein Mensch mehr drüben schaukeln sah.

Nur nachts zuweilen hörten sehr Berauschte
in seinem Takelwerk fremde Musik
und dennoch: keiner, der erstaunend lauschte,
und dennoch: keiner, dem der Wind die Segel
  bauschte,
nahm Müh und Mut, daß er das Schiff bestieg.

Es folgte einem fremden Sterne
zu landen einst an einem Riff –
denn mit dem Lenz in nebelblauer Ferne
verschwand das blaue geisterhafte Schiff.

Wem es um biographische Quellen zu tun ist und um
Auskunft darüber, was der Autor mit seinem Werk »wollte«,
kann sich diesem Gedicht gegenüber leicht informieren.
Nach Brechts eigenen Angaben ist das Gedicht in einem Kahn
am Tegernsee entstanden. Münsterer weiß auch von Kahnfahrten am Graben in Augsburg zu berichten. Und gerichtet
war das Gedicht an ein junges Mädchen, dem Brecht die
poetische Einladung, sein Schiff zu besteigen, in einem
»überaus vornehmen«, nur für diesen Zweck beschafften
Kuvert zustellte. Erfolglos übrigens. Der erhebliche
»Gebrauchswert« dieses Gedichts führte, wie Münsterer
hinzusetzt, »freilich dazu, daß es später auch andere junge
Damen von Brecht erhielten.« (*Ebda.*, S. 123)
Der biographisch erhärtete Umstand, daß dieses frühe
»Schiff« so nahe am Wasser entstanden ist, erhöht allerdings
seinen Wert sowenig wie es den späteren Schiffsgedichten
geschadet hat, daß Brecht nicht wie Melville oder Conrad zur
See gefahren ist. Daß es ein »Zweckgedicht« ist, brauchte ihm
keinen Eintrag zu tun; – nicht wenige Meisterwerke würden
aus der Literatur ausscheiden müssen, wenn dies ein Kriterium wäre – das geringe Gewicht, das dem Gedicht eignet,
leitet sich lediglich aus seiner fehlenden sprachlichen Sub-

stanz her. Nicht ohne Berechtigung ist das Gedicht »Romantik« überschrieben, und obwohl anzunehmen ist, daß sich Brecht mit diesem Titel ironisch von seinem Opus distanzieren wollte, so operiert er eben doch noch mit dem verbrauchten Vokabular eines nach- oder spätromantischen epigonalen Stils, ohne ihn parodistisch als verbraucht kenntlich zu machen. »Keiner, dem der Wind die Segel bauschte, / nahm Müh und Mut«: das könnte samt der Alliteration beim frühen Rilke stehen, dessen Jugendgedichte noch epigonaler als die Brechtschen sind. »Lenz« *steht* beim frühen Rilke; schon zu dessen Zeiten war das Wort längst pseudopoetisch geworden. Daß Brecht den »Lenz in nebelblauer Ferne« etwa parodistisch eingesetzt hätte, ist nicht zu erkennen; der Ausdruck fügt sich bruchlos in die pseudopoetische Stimmung des ganzen Gedichts ein. Rhythmisch fehlen dem Gedicht mit der Ausnahme der zweiten Zeile der dritten Strophe die Synkopierungen und das kunstvoll Aufgerauhte von Brechts späterer Diktion; es verfügt über eine gewisse versierte Glätte, die zugleich talentvoll und nichtssagend ist. So, auf »geisterhaftem Schiff« im beruhigten Kielwasser des Fliegenden Holländers fahrend und nach einer Senta Ausschau haltend, von der wir wissen, daß sie Therese hieß, folgt Brecht auch mit dem eigentlichen Gegenstand seiner Ballade einer schon abgenützten Tradition.

Dies Jugendgedicht, das Brecht aus guten Gründen nicht unter seine gültige Lyrik aufgenommen hat, ist hier nicht herangezogen worden, um sich über seine Schwächen lustig zu machen, sondern um den eingeschlagenen Gang der Untersuchung zu überprüfen. Wenn Baudelaires kritisches Verfahren, aus den Wort- und Motivwiederholungen und -konzentrierungen eines Dichters Einsicht in sein Wesen zu gewinnen, recht hat, so müßte dies Gedicht sich unter die bisher betrachteten einreihen lassen. Die Schwierigkeit liegt darin, daß sich das Verfahren nicht mechanisch anwenden läßt. Offenbar kommt es nicht nur auf den Gegenstand eines Bildes an, sondern auch auf die Thematik, die sich mit ihm verbindet. Das »Ertrunkene Mädchen«, »Das Schiff«, die »Ballade auf vielen Schiffen«, viele Schiffsmetaphern im einzelnen, korrespondieren miteinander, sind vom selben oder verwandten Grundgefühl hervorgetrieben. Wenn das »blaue Schiff« sich nicht einfügt, so liegt es nicht nur daran, daß es künstlerisch so viel schwächer ist als die genannten Gedichte, sondern auch daran, daß sich Brecht im Grunde nie als *poète maudit* empfunden hat und vor allem völlig abgeneigt war, sich vom Weibe »erlösen« zu lassen. Diese Thematik hatte, wie die Franzosen und vor allem Baudelaire sofort erkannten, im einsam und unerlöst unter fremden Sternen fahrenden Geisterschiff Richard Wagners ein großes Symbol gefunden. Für Brecht aber war, so sehr er sich zeitlebens für Fragen der dichterischen *Technik* interessierte, die Problematik des Künstlers in der bürgerlichen Gesellschaft ein Vorwurf, den die Zeit zwar an ihn heranbrachte, von dem er aber schon sehr früh, im *Baal*, laut und drastisch endgültigen Abschied nahm.

Doch auch bedeutendere Gedichte, etwa das berühmte »Schiff mit acht Segeln und mit fünfzig Kanonen«, von dem die Seeräuber-Jenny in der *Dreigroschenoper* singt, gehört nicht in diesen Zusammenhang. Ernst Bloch hat in einem glänzenden Aufsatz gezeigt, daß es sich um das zur Persiflage gewordene »Gebet einer Jungfrau« handelt.[15] Statt des sehnsüchtig erwarteten himmlischen Bräutigams, der aus Not und Misere befreit, erscheint das Piratenschiff; was einst fromme Ergebung war, wird Ressentiment und Aggression; die Träume eines Küchenmädchens sind blutig geworden. Umgekehrt aber gehört die »Ballade vom Mazeppa«, die dem »Ertrunkenen Mädchen« stofflich ganz fern zu stehen scheint, in seine unmittelbare Nähe. Nur Tonart und Tempo wechseln, aber das Thema bleibt: die langsame Fahrt des toten Mädchens den Fluß hinab und der rasende Ritt des auf den Rücken seines Pferdes gebundenen todgeweihten Mannes sind sich in der unentrinnbaren Fatalität des Vorgangs völlig gleich. Und wenn Baal in seiner Phantasie »auf einem reißenden Strom auf dem Rücken hinschießt«, so gehört auch das hierher. Was Brecht an der Geschichte des Mazeppa reizte, war offenbar nicht das Besondere, Einmalige, Historisch-Spektakuläre der Begebenheit, sondern die Typik, die er in sie hineinsah. Verkürzt in eine Zeitspanne von drei Tagen, sozusagen mit dem Zeitraffer gezeigt wird ein Grundgesetz des Daseins. In einem Einzelzug wird es auch ausgesprochen. Von Anfang an verfolgen Raubvögel, Krähen und Geier, den Todesritt; das wird, da es ein wesentliches Strukturelement des Gedichtes ist, ein paarmal wiederholt. Das erste Mal heißt es:

> Auch füllte sich abends dann seltsam der Himmel
> Mit fremdem Gevögel: Kräh und Geier, die mit
> Lautlosem Flug in dunklem Gewimmel
> im Aether verfolgen den keuchenden Ritt.
> (*Gedichte* 1, 99 f.)

Das zweite Mal:

> Und die Geier lauern schon auf sein Verrecken
> Und sehnen sich wild auf das lebende Aas.

Das Oxymoron »lebendes Aas« erscheint frappierend, aber offenbar erklärt es sich aus der Technik der Verkürzung, von der eben die Rede war: der zum Tod Verurteilte lebt zwar noch, aber eigentlich ist er schon tot. Kurz darauf erscheint derselbe Ausdruck wörtlich noch einmal, oder doch nicht ganz derselbe, denn jetzt ist er reflektierend vom Bild zur Betrachtung erweitert, zu einem (übrigens dem einzigen) verallgemeinernden Rückblick auf das Leben des Mannes:

> Ach! es rauften wohl *immer* zu seinen Häupten
> Kräh und Geier sich schon um das lebende Aas!

Was der noch lebende Mann im Augenblick vor seinem Tode eigentlich schon ist, das ist er im Grunde immer gewesen: ein lebendes Aas. Unter diesem Aspekt trifft vielleicht auch die Bezeichnung Oxymoron nicht genau, weil die scheinbare logische Unvereinbarkeit der beiden Begriffe, die hier zusammengezwungen sind, keine wirkliche Antithese zum Ausdruck bringt, sondern einen Prozeß versinnlichen soll: der Mensch wird sein ganzes Leben lang als ein Vergehender, ein »Verwesender« gesehen. Die schon anläßlich des »Ertrunkenen Mädchens« ausgesprochene Vermutung, daß der frühe

Brecht den Prozeß des Lebens im wesentlichen als einen Prozeß der Dekomposition sieht, bestätigt sich. Und das Wort »Aas« stellt ja auch eine sprachliche Verbindung zwischen den beiden Gedichten her.

Dieselbe Kunst der Zusammendrängung, der Verdichtung und Verkürzung hat Brecht noch in einer anderen Variante desselben Themas angewendet, der Ballade *Von des Cortez Leuten*. Ein paar Männer haben am Abend auf einer Wiese Rast gemacht, zechen und trinken. Am nächsten Tage, als sie aufwachen, sind sie tief im Wald. Im tropischen Dschungel, das über Nacht aufgeschossen ist, sind sie eingeschlossen wie »Affen in einem Käfig«, und in dem wuchernden Astwerk, das weiterwächst, gehen sie zugrunde. Unbekümmert wächst die Natur weiter.

> Langsam fraß der Wald
> In leichtem Wind, bei guter Sonne, still
> Die Wiesen in den nächsten Wochen auf.
> (*Gedichte* 1, 86)

So endet die Ballade, im selben »leichten Wind«, in dem sie begonnen hat. Darin liegt zweierlei: einmal die große Indifferenz der Natur, die ihr Zerstörungswerk mit Gleichmut tut. Überdies ist der Wind eins der Lieblingsbilder Brechts: ungreifbar, flüchtig, gestaltlos und dabei dauernder als die »unzerstörbaren« Städte. Brecht sagt nicht, diese Städte werden zerstört werden, er sagt es kühner und großartiger, in einem unvergeßlichen Bild:

> Von diesen Städten wird bleiben:
> der durch sie hindurchging, der Wind!
> (*Gedichte* 1, 149)

Zweitens aber ist die Gelassenheit, die Kühle und Gleichgültigkeit der Natur Katastrophen gegenüber eine Haltung, die Brecht gern selber einnimmt. Der stoische Geist, der kommenden Erdbeben gegenüber vor allem darauf bedacht ist, daß ihm die Zigarre nicht ausgeht, bekundet oder posiert eine Überlegenheit, die dem Unfaßbaren gegenüber gefaßt bleibt. Gleichzeitig aber erscheint die vollendete Indifferenz, mit der

Schreckliches berichtet oder erlebt wird, als ein erstes Beispiel
– und zwar noch ehe Brecht das Wort dafür hatte – jener
Verfremdungstechnik, die später so wichtig für ihn wurde.
Indem Katastrophen ohne Gefühlsbeteiligung erzählt werden, als etwas, von dem man kein Aufhebens macht, weil es
selbstverständlich ist, treffen sie den Zuschauer mit einem um
so stärkeren Schock. Das Katastrophale ist normal, es betrifft
also auch ihn.

Mit Vorbedacht gewählt ist im letzten Satz der Ballade das
Wort »fraß«. Es weist auf den Anfang. Da schlachteten und
fraßen die Männer, jetzt frißt der Wald. Es ist dasselbe. Hieße
es vom Wald: er »wuchs«, auch dann wäre es dasselbe. Es gibt
eine frühe Ballade von Brecht, »Das Lied der Eisenbahn-
truppe von Fort Donald« (1916), die man als eine Vorform
der Ballade »Von des Cortez Leuten« betrachten kann. Was
in der späteren Ballade der Wald tut, tut in der früheren das
Wasser. Die Männer, auf einer ebenso ungenannt bleibenden
Expedition begriffen wie des Cortez Leute, sind den Strom
hinauf »in die Wälder« gezogen und in eine Überschwem-
mung geraten; mitten im Wald sind sie plötzlich tief im
Wasser oder, wie das Gedicht es metaphorisch ausdrückt:
»der Wald wuchs um sie zum See.« Dieses Bild des Wachsens
kehrt nun beharrlich wieder. Sie stehen einen Tag lang im
Wasser, dann wird es dunkel »und der Abend wuchs aus dem
plätschernden See«. Sie werden müde: das heißt in der
Sprache des Gedichts: »Schlaf wuchs aus Wasser und Nacht«,
und schließlich breitet sich Wasser, endlos »wachsend«,
endlos um sie: »Und das nasse Ohio wuchs unten, und oben
wuchs Regen und Wind.« (*Gedichte* II, 19 ff.)

»Wachsen«: das war einst die bevorzugte Metapher einer
Weltauffassung gewesen, die in der Natur vor allem Entwicklung und Entfaltung sah, organisches Werden, das gehegt und
gepflegt werden konnte; ihr Ideal war der Gärtner und sein
geistig-moralisches Ebenbild, der Erzieher. Brechts Natur
wächst bösartig um sich fressend wie ein Krebsgeschwür. Die
»Naturkatastrophe« dient als Bild des katastrophischen Cha-
rakters der menschlichen Existenz. »Das Wasser frißt auf, die
drin waten« (*Gedichte* I, 106). Im Jahre 1954, im Vorwort zu
seinen *Ersten Stücken* hat Brecht auf sein Frühwerk zurück-

blickend es als Beschreibung einer »großen Sintflut« charak-
terisiert:

> Erst ist da noch Land, aber schon mit Lachen, die zu
> Tümpeln und Sunden werden; dann ist nur noch das
> schwarze Wasser weithin, mit Inseln, die schnell zerbrök-
> keln. (*Stücke* 1, 15)

Das ist ein vollkommenes Gleichnis für Thematik, Atmosphäre und Weltgefühl von Brechts ersten Dichtungen; noch
im Abstand von mehr als dreißig Jahren gelingt es ihm, in
einer großen Metapher die dichterische Landschaft seiner
frühen Jahre heraufzubeschwören. Mit *einer* Modifikation
allerdings: es ist nicht das Leben oder die Welt, über die die
Sinftlut hereinbricht, es ist die »bürgerliche« Welt. Brecht
interpretiert sich im Lichte marxistischer Literatursoziologie
– ungefähr ebenso, nur nicht so metaphorisch schlagend,
würde es auch Georg Lukács sagen – und wenn Brecht
hinzusetzt, »ohne Bedauern« zeigten seine fünf ersten Stücke
das Hereinbrechen dieser Sintflut, so ist nicht die Haltung der
Seeräuber gemeint, die im Taifun mit einem Triumphschrei
zur Hölle rasen (»Ballade von den Seeräubern«, *Gedichte* 1,
87 ff.), sondern das zwar latent schon vorhandene, aber noch
unartikulierte sozialkritische Bewußtsein eines jungen
Autors, der später, gereift und geschult, nicht umhin kann,
festzustellen, daß er in seinen frühen Stücken »sozial negative« Helden (*Stücke* 1, 14) geschildert habe. Unleugbar
handelt Baal, sich instinktiv gegen die »Verwurstung« seiner
Talente wehrend, unzweckmäßig; unleugbar ist er »asozial«,
asozial freilich, wie Brecht erklärt, in einer »asozialen Gesellschaft« (S. 8). Genauso unleugbar ist allerdings die alte
Erkenntnis, daß »richtigere« Einsichten – was immer »richti-
ger« heißen mag – nicht unbedingt die besseren Dichtungen
hervorrufen. Die zynische, wilde, verkommene, verzweifelte
und blasphemische Welt der Brechtschen Balladen, auf welchen »Irrtümern« sie auch beruhen mag, leuchtet in einem
eigenen dunklen Licht, einem phosphoriszierenden Glanz,
den der dünne Lichtstrahl späterer, gesellschaftlicher Perspektiven nicht weiter zu erhellen vermag. Das *ertrunkene*

Mädchen freilich, anders als Kragler, Baal oder Galy Gay, entzieht sich wahrscheinlich sozialer Umdeutung, schon weil der Dichter die Umstände ihres Lebens und Sterbens im Dunkeln gelassen hat. Wortlos treibt sie den Strom hinab. Und doch spricht sie zu uns, und falls wir Licht benötigen, so fällt nicht wenig auf sie von den Balladen und Liedern aus der Zeit in Brechts Schaffen, zu der sie gehört. Gerade der Versuch, sie in diesen Zusammenhang zu stellen, zeigt dann, wie sehr sie ein integraler und repräsentativer Bestandteil eines dichterischen Werkes ist, das in der Wiederkehr und Verflechtung seiner Motive eine unerwartete Einheitlichkeit aufweist.

2. Der Himmel der Enttäuschten

Die Betrachtung von Brechts Ballade »Vom ertrunkenen Mädchen« kann nicht den Anspruch einer Interpretation erheben. Wesentliche Züge des Gedichts sind unberücksichtigt geblieben. Von ihnen und damit von der thematischen Gegenstimme, die dem Gedicht erst seine eigentliche Tiefendimension verleiht, soll im folgenden die Rede sein. Es wird damit zugleich die Polarität der Motive sichtbar werden, die für Brechts frühe Lyrik überhaupt kennzeichnend ist. Dabei mag es vielleicht am zweckmäßigsten sein, nicht mit dem Anfang, sondern mit dem Schluß des Gedichts zu beginnen. Man würde gern wissen, ob Brecht, als er diesen Schluß schrieb, bewußt an eine andere Ballade gedacht hat, der ebenfalls das Thema vom Tod im Wasser zugrunde liegt: die alte Volksballade von der »Schönen Bernauerin«. Daß der Augsburger Brecht die Geschichte von der Augsburger Baderstochter, die in der Donau ertränkt wurde, weil sie zu schön war, nicht gekannt haben sollte, ist schwer vorstellbar. Der Stoff war überdies, und nicht zuletzt in den Schulen, durch Hebbels Drama bekannt. Unleugbar ist Brechts »Ertrunkenes Mädchen« zunächst und in erster Linie eine Weiterbildung von Rimbauds »Ophélie«, aber zum mindesten der Schluß läßt eine Beziehung auf die »Schöne Bernauerin« nicht als undenkbar erscheinen. Es ist eine Beziehung des

Gegensatzes. Brecht hat bekanntlich gern *gegen* andere Dichtungen geschrieben, gegen die »Bürgschaft«, gegen »Der Gott und die Bajadere«, gegen den *Prinz von Homburg*, gegen die *Jungfrau von Orleans*, gegen Johsts *Einsamen*; es ist zum mindesten denkbar, daß er seine Ballade gegen die überlieferte Version des Stoffes schrieb, vielleicht sogar gegen die sinnig-sentimentale Aufweichung, die er in der Ballade der Agnes Miegel erfahren hatte.

Die Volksballade hatte mit einer Wendung ins Religiöse geschlossen:

> So wollen wir stiften eine ewige Mess,
> daß man der Bernauerin nicht vergess,
> man wolle für sie beten, ja beten.[16]

Brechts ertrunkenes Mädchen aber *wird* vergessen, und zwar von demselben Gott, zu dem in der Volksballade gebetet wird. Beabsichtigt oder ungewollt, die Antithese zur »Schönen Bernauerin« könnte nicht krasser und schneidender sein. Dem Dichter der Volksballade geht es darum, das Andenken an das unglückliche Mädchen zu erhalten; dem gilt die Ballade selber und die ewige Messe, die in ihr gestiftet wird. Ganz gleich wie fürchterlich ihr Los gewesen ist, gerade die *tote* Agnes Bernauer kann aus Gottes Hand nicht herausfallen, Brechts ertrunkenes Mädchen aber wird von Gott »vergessen«. Was ist das aber, muß man fragen, für ein Gott, ein Gott, der vergißt und der überdies das Gedächtnis schrittweise verliert, genau in der Reihenfolge, in der die Natur die Gestalt des Mädchens auflöst: »erst das Gesicht, dann die Hände und ganz zuletzt erst ihr Haar.« Nun, es ist ein Gott, den es nicht gibt. Es gibt nur die Natur, gefühllos, seelenlos, bewußtlos. Dennoch: mit diesem Gott, den es nicht gibt, beschäftigt sich der junge Brecht aufs erbittertste. Voltaires bekanntes Witzwort ließe sich, auf Brecht bezogen, geradezu umkehren. Denn wenn Voltaire die einzige Entschuldigung Gottes darin sieht, daß er nicht existiert, so ist dies gerade die einzige *Anklage*, die Brecht gegen Gott erhebt: daß er nicht existiert. Dabei gibt es keinen Grund, an Brechts radikalem Atheismus zu zweifeln. »Über der Welt sind die Wolken, sie

gehören zur Welt. Über den Wolken ist nichts« (*Gedichte* 1,
111). Diese Feststellung drückt wohl am bündigsten Brechts
Verzicht auf alle metaphysischen Systeme aus. Merkwürdiger
aber als diese Feststellung, mit der ja Brecht im zwanzigsten
Jahrhundert nicht allein steht, ist der Titel des Gedichts, dem
sie entstammt. Er lautet: »Erster Psalm«. Das ist kein singulä-
rer Titel: Gedichte, die in der Überzahl von Mördern und
Selbstmördern, von Dieben, Huren und Zuhältern, von
Seeräubern, Abenteurern, Trinkern, Spielern, Nichtstuern
und von Brecht selber handeln, werden mit Vorliebe mit
Titeln versehen, die der christlichen Erbauungsliteratur ent-
nommen sind: Psalm, Choral, Liturgie, Legende, Bittgänge,
Exerzitien. In diese Reihe gehört nicht zuletzt der Titel der
ganzen Sammlung: Hauspostille. Doch sind die Titel dabei
das wenigste; die sprachliche Substanz des ganzen Werks ist,
worauf man schon oft hingewiesen hat, von Wendungen
durchsetzt, deren Herkunft aus dem Deutsch von Luthers
Bibelübersetzung unverkennbar ist.[17]
Sieht man das alles einfach als den Versuch an, einer abgestorbenen aber konventionell noch geltenden Tradition parodi-
stische Effekte abzugewinnen, dann nimmt man es zu leicht.
Betrachtet man die *Hauspostille* hingegen gleichsam als des
Teufels Gebetbuch, eine vom Haß zelebrierte schwarze
Messe, in der Apostatentum sich an Sakrilegien und Blasphe-
mien ergötzt, dann nimmt man sie zu schwer. Unüberhörbar
auf jeden Fall ist jedoch der emotionale Unterton, wenn
immer es um religiöse Dinge geht. Man muß daraus schließen, daß die Ablösung von der christlichen Lehre, in der
Brecht aufgewachsen war, nicht ohne Konflikte vor sich ging
und nicht ohne ein Trauma zu hinterlassen. Der vielberufene
»Tod Gottes« bedeutete für ihn keinen Akt der Befreiung,
sondern führte in ein Vakuum, das erst später durch die
Heilslehre des Kommunismus wieder gefüllt wurde. Zweifellos aber gibt es, bei aller betonten Gottlosigkeit, in Brecht
christliche Züge. Es war vielleicht nicht nur als Scherz
gemeint, wenn er sich einmal als den letzten katholischen
Dramatiker bezeichnete.[18] Der Refrain der Ballade »Von der
Kindesmörderin Marie Farrar«: »Denn alle Kreatur braucht
Hilf von allen«, (11, 18 ff.) drückt trotz des parodistischen

Anflugs doch wohl Brechts Gesinnung aus, und die Einsicht, daß »der Mensch dem Menschen nicht hilft«, seine tiefste Enttäuschung. Hilfsbedürftig ist die Welt vor allem. Sie ist außerdem böse. Und sie ist schön. Aus diesen drei Elementen ist sie gemischt, wenn auch nicht immer im gleichen Verhältnis. Soweit ein Gott in ihr auftritt, ist er eine Fiktion, auf *den* Aspekt der Welt bezogen, der gerade hervorgehoben wird. Das kann fast gutmütig geschehen: der »liebe Gott«, der »am Abend noch in seinen Flüssen schwimmt« (*Gedichte* I, 66), ist ein harmloser alter Mann, als mythische Figur für Poeten verfügbar wie Zeus oder Poseidon. Der Gott aber, der »auch die Haie nach seinem Bild gemacht« hat[19], ist alles andere als harmlos; er ist der böse Gott, der zu einer bösen Welt gehört. Man muß sich, um die Aggressivität dieser Äußerung zu würdigen, dabei klarmachen, daß in der dichterichen Welt des frühen Brecht Haifisch und Aasgeier die häufigsten Tiere sind, Sinnbilder der »Gefräßigkeit« beide, der eine dem Mord zugeordnet, der andere der Verwesung. Durch den gewollten mitschwingenden Bezug auf das Wort der Genesis von Gott, der den Menschen ihm zum Bilde schuf, fällt zugleich auch ein schwarzer Schatten auf den Menschen: Mensch, Fisch und Gott, Schöpfer, Geschöpf und Schöpfung sind zusammengefaßt im Bild des Raubtiers.

So kommt es, daß Gott im Werke Brechts zwar keine Existenz, aber eine Funktion hat. Zur Besonderheit von Brechts Stil gehört es, daß die Leugnung Gottes in der Form des »Gottesbeweises« vorgebracht wird, eines Beweises *ex nihilo* sozusagen, auch dies schon ein frühes Beispiel von »Verfremdungstechnik«:

> Viele sagen, du bist nicht und das sei besser so.
> Aber wie kann *das* nicht sein, das so betrügen kann?
> Wo so viel leben von dir und anders nicht sterben
>   konnten –
> Sag mir, was heißt das dagegen – daß du nicht bist?
> (*Gedichte* II, 39)

Es versteht sich fast von selbst, daß die Lästerung einen frommen Titel aufweist: »Hymne an Gott« (1919).

Beim Versuche, die besondere Abwandlung zu verfolgen, die das große abendländische Thema vom »Tode Gottes« im Werke Brechts erfährt, darf man freilich seine Aufmerksamkeit auf das Wort »Gott« nicht beschränken. Brecht zieht ihm ein anderes vor, das seinen dichterischen Intentionen weit reichere Möglichkeiten bietet. Es ist das Wort »Himmel«. Brecht liebt das Wort und seine schillernde Vieldeutigkeit: unter allen Schlüsselwörtern seines Werkes steht es wahrscheinlich obenan. Sehr viel mehr als nur ein Synonym für Gott, tritt es doch sehr oft einfach für ihn ein. Dann läßt sich alles, was von Gott gesagt wird, auch vom Himmel oder von den Himmeln sagen. Gott ist »grausam« (II, 39), aber auch die Himmel sind es. Gott zeigt den Hungernden Brot und läßt sie sterben, aber auch die Himmel bleiben ungerührt angesichts irdischer Not und »hören die Schreie der Ertrinkenden nicht« (II, 82). Gott, der die Haie nach seinem Bild gemacht hat, ein Haifischgott demnach, hat sein Spiegelbild im bleichen »Haifischhimmel«, »bös und gefrässig« (I, 66). Gott »vergißt« das ertrunkene Mädchen, doch auch der Himmel hat kein Gedächtnis und wird dafür in einem »Großen Dankchoral«, der das bekannte Neandersche Kirchenlied rücksichtslos travestiert, sardonisch belobt:

> Lobet von Herzen das schlechte Gedächtnis des
>   Himmels!
> und daß er nicht
> Weiß euren Nam' noch Gesicht
> Niemand weiß, daß ihr noch da seid.
> (I, 75)

Ist Gott ein Betrug, so sind die Himmel »Lügen« (II, 69). Doch ist dies nur *ein* Aspekt des Himmels und überdies unvollständig zitiert. Vollständig lautet der Satz:

> Die Himmel, strahlend wie die großen Lügen
> Sie narrten sie [die Gläubigen] ...

Auf das »strahlend« kommt es dabei sehr wesentlich an. Die Himmel strahlen und die Lügen strahlen, und der Glanz ist

für Brecht nicht weniger wichtig als die Täuschung. Es ist ein
Glanz, der beides ist, physisch und metaphysisch, wirklich
und illusionär. Dieser Ambiguität leistet der Doppelsinn, den
das Wort »Himmel« im Deutschen hat, Vorschub. Was im
Englischen als *sky* und *heaven* getrennt ist, fällt im Deutschen
zusammen, eine Koinzidenz, die schon Heine nötigte (oder
es ihm ermöglichte), den Himmel, als er ihn aufgab, nicht
einfach den Engeln zu überlassen, sondern auch den
Spatzen.
Bei Brecht liegt der Fall insofern komplexer, als sich etwas in
ihm wehrt, den Himmel leichter Hand aufzugeben. In dem
vorhin zitierten Satz aus dem »Ersten Psalm« hat er sich selbst
allzu sehr vereinfacht. »Über der Welt sind die Wolken, sie
gehören zur Welt. Über den Wolken ist nichts«: das trifft,
genaugenommen, gerade auf Brecht nicht zu. Denn über den
Wolken ist der Himmel. Und der Himmel ist bei Brecht fast
immer da, das wohl unentbehrlichste Requisit seiner Landschaft. Die Frage ist, ob der Himmel, wie die Wolken, zur
Welt gehört. Sicherlich gehört er *auch* zur Welt, eine irdische
Lichterscheinung, die in unerhörten Farben leuchtend die
Welt überstrahlt: opalen über dem ertrunkenen Mädchen,
violett und aprikosenfahl über Baals Erdenwanderung.
Aber dann gibt es noch einen Himmel über diesem Himmel
oder eigentlich eine Stufenleiter von Himmeln. Zu ihnen
gehört der »Himmel der Enttäuschten« (II, 40).

1

Halben Weges zwischen Nacht und Morgen
Nackt und frierend zwischen dem Gestein
Unter kaltem Himmel wie verborgen
Wird der Himmel der Enttäuschten sein.

2

Alle tausend Jahre weiße Wolken
Hoch am Himmel. Tausend Jahre nie.
Aber alle tausend Jahre immer
Hoch am Himmel. Weiß und lachend. Sie.

3
Immer Stille über großen Steinen
Wenig Helle, aber immer Schein
Trübe Seelen, satt sogar vom Greinen
Sitzen traumlos, stumm und sehr allein.

4
Aber aus dem untern Himmel singen
Manchmal Stimmen feierlich und rein:
Aus dem Himmel der Bewundrer dringen
Zarte Hymnen manchmal oben ein.

Der Himmel dieses frühen und merkwürdigen Gedichts ist
sichtlich kein irdischer, sondern ein metaphorischer Himmel,
Teil einer imaginären Landschaft, seelischer Ort eines
Zustandes, in dem offenbar die leben, die ihre Illusionen
verloren haben. Sie sind nicht glücklich; »trübe Seelen«,
»traumlos, stumm und sehr allein«. Über diesem »Himmel
der Enttäuschten« aber befindet sich noch ein weiterer Himmel, von dem wir nichts erfahren, als daß er »kalt« ist. Brecht
ist selten verzwickt und selten dunkel: um sich in dieser
himmlischen Topographie zurechtzufinden, mag es deshalb
erlaubt sein, eine abstraktere aber wohl analoge Formulierung, wahrscheinlich aus derselben Zeit, heranzuziehen. Es
ist das kurze, spruchartige Gedicht »Der Neugeborene«:

Ich gestehe es: ich
Habe keine Hoffnung.
Die Blinden reden von einem Ausweg. Ich
Sehe.

Wenn die Irrtümer verbraucht sind
Sitzt als letzter Gesellschafter
Uns das Nichts gegenüber.
(ii, 87)

Man wird kaum fehlgehen, wenn man den letzten, äußersten,
»kalten« Himmel mit dem »Nichts« dieses Gedichtes identifiziert. Fast immer, wenn Brecht vom »kalten«, »blassen«,

»bleichen« oder »erbleichten« Himmel spricht, schwingt eine
Assoziation an die Leere des Nichts, an die Kälte erstorbener
Welten mit. Die »Enttäuschten« sind dann die, die ihren
»verbrauchten Irrtümern« noch nachtrauern. Sie sind zwar
über ihre Irrtümer hinausgekommen, aber Illusionen zu
verlieren, erweist sich am Ende eben wirklich als – Verlust.
»Traumlos« sitzen sie da, denn die Träume der großen
Mythen sind ausgeträumt; wer dem Nichts gegenübersitzt,
hat nichts mehr zu sagen, und so sind sie »stumm« und, da sie
alles hinter sich gelassen haben, auch »sehr allein«. Aber in
dieser desillusionierten Welt lebt doch noch wie ein Nachklang die Erinnerung an die Welt des schönen Scheins und der
schöpferischen Täuschungen. Auch dieser überwundene
Bereich erscheint in der imaginären Landschaft von Brechts
Gedicht als ein »Himmel«, ein »unterer Himmel«, über den
die *Ent*täuschten sich ja erhoben haben. Man könnte ihn den
Himmel der *Ge*täuschten nennen. So nennt ihn das Gedicht
zwar nicht; es ist vielmehr der »Himmel der Bewundrer«, der
Himmel derer, die »in die Knie sanken«, wie es in einem
anderen Gedicht von ihnen heißt (II, 69), der glücklich
Getäuschten, die preisen und loben. Es sind also die Preisge-
sänge der Genarrten, die in den oberen Himmel aufsteigen,
aber im Bereich der Verstummten kommen sie an wie ver-
klärte Musik.
Was hier als Nachklang aus einer anderen Sphäre ertönt, kann
auch als Nach*glanz* sichtbar werden. Das große, ungeheure,
»wunderbare« Strahlen von Brechts Himmel ist eben nicht
nur ein physisches Phänomen; es ist zugleich ein metaphysi-
scher Nachglanz. Wie Licht, das von erstorbenen Sternen
kommt, leuchtet der Glanz erstorbener Mythen nach. »Sehr
wundersam« scheint der Opa des Himmels über dem ertrunkenen Mädchen; er scheint, »als ob« er die Leiche begütigen
müsse. Die Leiche der Agnes Bernauer konnte noch wirklich
begütigt werden; in der Welt, in der sie liebte, litt und starb,
gab es für schreckliches Schicksal, und für den Tod überhaupt, einen überirdischen Trost. Von solchem Trost kann
bei Brecht keine Rede sein:

Ihr sterbt mit allen Tieren
Und es kommt nichts nachher.
(I, 144)

Und:

Schauet hinan:
Es kommet nicht auf euch an
Und ihr könnt unbesorgt sterben.
(I, 75)

Die gleichsam hinterhältige Form, in der die Unmöglichkeit
des Trostes gerade als Trost ausgesprochen wird (»ihr könnt
unbesorgt sterben«), gibt der tatsächlichen Verweigerung des
Trostes eine doppelte Gewalt. So auch könnte der opalene
Himmel, indifferent, ein physikalisches Phänomen, in ruhigem Glanz über dem toten Mädchen scheinen; daß er scheint,
als ob er die Leiche begütigen müsse, macht überdeutlich, daß
er eben gerade nicht »begütigt« und daß jeder Gedanke an
eine »Begütigung« eine bloße Fiktion ist; außerdem aber, daß
das Verlangen nach einer »Begütigung« so tief und dringend
ist, daß es ausgesprochen werden muß. An sich könnte der
Satz ja auch fehlen, und wenn das Gedicht lediglich ein
deskriptives Gedicht wäre und der Glanz des Himmels nicht
als eine Naturerscheinung, dann müßte er sogar fehlen. Denn
der »als ob«-Satz drückt ja keine Handlung des Himmels aus,
sondern eine vom Leser (vergeblich) erwartete oder vom
Dichter (scheinbar) versuchte Deutung.
Strukturell oder musikalisch hat das Gedicht zwei Themen.
Die erste und die dritte Strophe werden vom »Himmel«
beherrscht, die zweite und die vierte zeigen unerbittlich, was
auf Erden geschieht. Rein quantitativ gesehen, könnte man
sagen, die erste Strophe sei zweigeteilt: die ersten zwei Verse
handeln vom Schicksal des Mädchens (»Als sie ertrunken war
und hinunterschwamm / Von den Bächen in die größeren
Flüsse«), der dritte Vers handelt vom Himmel (»Schien der
Opal des Himmels sehr wundersam«), und der vierte bringt
eine scheinbare Verbindung der beiden Themen (»Als ob er
die Leiche begütigen müsse«). Sieht man sich jedoch die
Syntax dieser ersten Strophe an, dann erkennt man, daß der
Himmel das Übergewicht hat. Von ihm, und nur von ihm,

wird in der Form des Hauptsatzes geredet, während das Schicksal des Mädchens in einem Nebensatz berichtet und die (scheinbare) Beziehung von Mädchen und Himmel ebenfalls in einen abhängigen Satz verwiesen wird. Die dritte Strophe ist ähnlich gebaut, nur daß sie vom Himmel nun auch quantitativ beherrscht wird. Drei Aussagesätze beschreiben den Naturvorgang, den Wechsel von Tag und Nacht; dann wird er gleichsam als ein himmlisches Naturtheater dem toten Mädchen vorgeführt (»daß es auch / Noch für sie Morgen und Abend gebe«). Wiederum ist der Effekt gerade der umgekehrte des scheinbar erstrebten: gerade *daß* es für sie keinen Morgen und keinen Abend mehr gibt, ist der Schluß, den der Leser ziehen muß. Und die letzte Zeile des ganzen Gedichts macht diesen Schluß dann unwiderruflich.

Das auffallendste Wort der dritten Strophe ist wohl das Wort »Schwebe« (»Und der Himmel ward abends dunkel wie Rauch / Und hielt nachts mit den Sternen das Licht in Schwebe«). Was »in Schwebe« oder »in der Schwebe« gehalten wird, befindet sich gewöhnlich in einem sehr labilen, bedrohten Gleichgewicht. In der Tat wäre das Licht nachts ja auch völlig ausgelöscht, wenn es sich nicht mit Hilfe der Himmelslichter, der Sterne, erhalten könnte. Und genau dies tut der Himmel hier. Die Überlegung drängt sich auf, daß dies vielleicht die Aufgabe des Himmels im Werk des frühen Brecht überhaupt ist, die Welt in Schwebe zu halten. Es ist eine dunkle, versinkende, sich verzehrende Welt; ohne den »Himmel«, der über fast jedem Gedicht aufscheint, würde sie in Nacht versinken. Er bedeutet in der großen Musik des Untergangs die zartere und reinere Gegenstimme. Als Bild, Farbfleck, Licht, ist er Ausdruck einer Sehnsucht nach Dauer, letzter, erbleichter Abglanz einer höheren Welt.

Wie zwangartig die Struktur der frühen Lyrik Brechts von bestimmten Motiven dominiert wird, läßt sich auch daran sehen, daß der Anfang des »Ertrunkenen Mädchen« und des »Choral vom großen Baal« völlig gleich gebaut ist. Auch der Choral legt die eigentliche »Handlung« in einen Nebensatz, ebenfalls mit »als« beginnend: »Als im weißen Mutterschoße aufwuchs Baal«, weist dann im Hauptsatz, ganz wie im »Ertrunkenen Mädchen«, dem Himmel die überragende

Stellung in der Strophe zu: »War der Himmel schon so groß und still und fahl / Jung und nackt und ungeheuer wundersam«, um dann in der vierten Zeile, wiederum im Nebensatz, die beiden Themen, diesmal nicht nur scheinbar, miteinander zu verschränken: »wie ihn Baal dann liebte, als Baal kam« (1, 125). Aber der Himmel beherrscht nicht nur die erste Strophe, sondern überstrahlt das ganze Gedicht. Mit Ausnahme des Wortes »Baal« selber, das allerdings, einer magischen Anrufung gleich, immer wiederkehrt, ist »Himmel« das bei weitem häufigste Wort des Gedichts. Himmel ist das, was da ist, noch ehe Baal ist, und was immer da sein wird, auch wenn Baal nicht mehr ist. Es gibt keine »höhere« Welt für Brecht, aber doch Chiffren, Bilder von Naturphänomenen, die nur dadurch, daß sie *über* der Erde sind, auf ein Überirdisches hindeuten, dem doch zugleich die Existenz abgesprochen wird. Zu diesen Chiffren gehört der »leichte Wind«, die »weiße Wolke«, das »milde Licht«, der »strahlende Azur«. Auch die Sterne. Als der sterbende Baal auf allen vieren aus seiner Hütte in den Wald kriecht, sind die Sterne das letzte, was er sieht und nennt. Oder doch nicht das allerletzte, denn, wie um jede Möglichkeit auszuschalten, diese Anrufung der Sterne pathetisch oder sentimental zu nehmen, folgt ihr ein »hm« nach, das so vielfältig ausdeutbar ist wie das berühmte »Ach!« der Alkmene in Kleists *Amphitryon*.

Auch dem Himmel kann Brecht eine Art »hm« beigesellen, etwa indem er ihn »Azurl« nennt:

»Im Juli habe ich ein Verhältnis mit dem Himmel, ich nenne ihn Azurl, herrlich, violett, er liebt mich. Es ist Männerliebe.« (1, 114)

Das ist Selbstparodie, die über ihre Lieblingsthemen sehr genau Bescheid weiß und, indem sie dem Azur die verkleinernde Endsilbe aus dem Dialekt anhängt, jede Gefahr himmlisch-erhabener Assoziationen beseitigt. Dennoch kann der so unbekümmert eingebaierte Azurl seine fremde Abkunft nicht verleugnen; es läßt sich eben nicht vergessen, daß er einst »l'azur« hieß und seinen Namen französisch aussprach. Azur und Abgrund: damit waren in Baudelaires Werk die Pole eines unlösbaren Konflikts bezeichnet: über einer verworfenen Welt leuchtete ein unerreichbares Ideal.

An dieser Gegensätzlichkeit und der literarischen Tradition, die sie zur Folge hatte, hatte auch Brecht zunächst, auf seine Art, noch teil. In dem Maße aber, in dem er die Welt als »veränderbar« begriff und die Ideale als erreichbar, verblaßte der Himmel, der sein frühes Werk überstrahlt, und wurde durch handfestere Leitideen ersetzt.

Anmerkungen

1 Von Aufsätzen, die sich mit Brechts Lyrik beschäftigen, seien hervorgehoben: Walter Benjamin, »Kommentare zu Gedichten von Brecht«, in *Schriften* II (Frankfurt/M., 1955) 351-372; Walter Jens, »Der Lyriker Brecht«, in *Zueignungen* (München, 1962), 18-30; Walter Muschg, »Der Lyriker Bertolt Brecht«, in *Von Trakl zu Brecht* (München, 1961), 335-365; Heinz Politzer, »Bertolt Brecht«, in *Triffst du nur das Zauberwort*, hrsg. v. Jürgen Petersen (Frankfurt/M. und Berlin, 1961), 288-299, und die Einzelinterpretationen: Ernst Bloch, »Lied der Seeräuber-Jenny in der Dreigroschenoper«, *Aufbau* (Berlin) XII, 9 (Sept. 1956), 812-814; Hella Sachs, »Entdeckung an einer jungen Frau«, *Neue Deutsche Hefte*, H. 92 (März/April 1963), 60-64; Albrecht Schöne, »Bertolt Brecht, *Erinnerung an die Marie A.*, in *Die deutsche Lyrik*, hrsg. v. Benno von Wiese, II (Düsseldorf, 1956), 485-494. Die soeben erschienene Untersuchung von Klaus Schuhmann, *Der Lyriker Bertolt Brecht* (Berlin, 1964), war mir bis jetzt leider nicht zugänglich.

2 Zitiert nach der Gesamtausgabe, *Gedichte I* (Frankfurt/M., 1960), S. 131. Das Gedicht erschien als Einzelveröffentlichung zum ersten Mal in der *Weltbühne* vom 30. Nov. 1922. Der Text der Gesamtausgabe ist mit den frühen Abdrucken des Gedichts in *Baal* (Potsdam, 1922), S. 74 und *Hauspostille* (Berlin, 1927), S. 120 identisch; mit einer Ausnahme: *Hauspostille* hat in der 11. Zeile »war« statt »ward«, ebenso der 1951 im Suhrkamp Verlag erschienene Neudruck der *Hauspostille*. Ich halte »ward« für die authentische Lesung.

3 *Œuvres*, édition de la Pléiade (Paris, 1954), S. 1111.

4 Ob das »Ertrunkene Mädchen« von Anfang an im *Baal* enthalten war oder, wie H. O. Münsterer (*Erinnerungen und Gespräche mit Bert Brecht*, Zürich, 1963, S. 83) erklärt, ihm erst später eingefügt wurde, läßt sich ohne Kenntnis der Handschriften nicht nachprüfen. Auf jeden Fall ist die Ballade völlig organisch mit dem Stück verschmolzen.

5 *Stücke I* (Suhrkamp Verlag, Frankfurt/M. und Berlin, 1953) S. 91.

6 *Gesammelte Gedichte*, hrsg. v. Carl Seelig (Zürich, 1947), S. 61.

7 »Sonett zur Neuausgabe des François Villon«, *Gedichte III* (Frankfurt/M., 1961), S. 158.

8 S. a. Brechts frühes, aus dem Nachlaß veröffentlichtes »Lied der müden Empörer« (*Gedichte II*, 17) mit den Versen: »Wir tanzten nie mit mehr Grazie / Als über Gräber noch.« Über Brechts genaue Kenntnis Wedekinds vgl. Münsterer *a. a. O.*, S. 42 ff.

9 John Ciardi, »The Way to the Poem«, *Saturday Review* XII (April 12, 1956), S. 13.

10 *L'eau et les rêves*, nouvelle édition, (Paris, 1947), S. 111ff.

11 Dagegen Reinhold Grimm: »Selbst was Brecht über Tod und Verfaulen dichtet, wird ihm zu einem wilden Hymnus ans Leben.« *Strukturen* (Göttingen, 1963), S. 160.

12 *Dantons Tod, Sämtliche Werke* (Leipzig, 1922), S. 65.

13 So, als »erweiterte Metapher« definiert Herbert Read das lyrische Gedicht überhaupt: »... the lyric poem is in reality no more than an extended metaphor.« *The Nature of Literature* (Grove Press, New York, o. J.) S. 57.

14 S. a. Münsterer, *a. a. O.*, S. 119.

15 »Lied der Seeräuber-Jenny in der Dreigroschenoper«, *Aufbau* (Berlin) XII, 9 (Sept. 1956), S. 812-814.

16 Zitiert in der gekürzten Fassung des *Zupfgeigenhansl*, 137. Aufl. (Leipzig, 1925), S. 86f.

17 Hierzu Thomas O. Brandt, »Brecht und die Bibel«, *PMLA* LXXIX, 1 (March 1964), S. 171-176.

18 Nach Siegfried Melchinger, »Zweitausendjähriges Theater«, *Stuttgarter Zeitung*, 9. Juli 1960.

19 *Hauspostille* (Berlin, 1927), S. 29. – *Gedichte 1* hat die »Haie« in »Säue« verwandelt.

Veröffentlichungen von Bernhard Blume

1924
Fahrt nach der Südsee. Ein Stück (München, Georg Müller), (Erstaufführung: Nationaltheater Mannheim, 1925).

1925
»Der Tod im November«. Erzählung, *Kölnische Zeitung*, 1925.
»Franz Grillparzer«, *Blätter der Städt. Bühnen Beuthen–Gleiwitz–Hindenburg*, 1925/26, H. 1.
»Drama und Theater«, *ibid.* H. 3.

1926
Bonaparte. Ein Stück (München, Georg Müller), (gleichzeitige Erstaufführungen: Staatstheater München, Landestheater Stuttgart, Staatstheater Wiesbaden, Städtische Bühnen Hannover, 1926).
»Klabund. Zur Aufführung des ›Kreidekreis‹«, *Blätter der Städt. Bühnen Beuthen–Gleiwitz–Hindenburg*, 1925/26. H. 4.

1927
Treibjagd. Ein Stück (Berlin, Oesterheld & Co. Verlag), (Erstaufführung: Deutsches Schauspielhaus Hamburg, 1927).
»Der Marsch nach Hause«, Fragment eines Romans, *Schwäbische Thalia*, Stuttgart, H. 22.
»Die Lebensbedingungen der Schaubühne«, *Die Scene*, Berlin, Januar 1927.
»Das Drama ist ein Kampfspiel«, *Jahrbuch der Vereinigten Städt. Theater Kiel*, 45-47.

1928
Feurio. Ein Lustspiel (Stuttgart und Berlin, Chronos Verlag), (Erstaufführung: Landestheater Stuttgart, 1928).
»Kleist«, *Jahrbuch der Württ. Landestheater Stuttgart*, 109-11.

1929
Im Namen des Volkes. Ein Stück (Stuttgart und Berlin, Chronos Verlag), (Erstaufführung: Städtische Bühnen Leipzig, 1930).

1930
Gelegenheit macht Diebe. Ein Lustspiel (Stuttgart und Berlin, Chronos Verlag), (Erstaufführung: Städtische Bühnen Frankfurt a/Main, 1931).
Fürio! Dialektschwank. Schweizerische Dialektbearbeitung von *Feurio* (Aarau, Verlag H. R. Sauerländer & Co.).
»Abenteuer in Tirol«, Erzählung, *Münchener Neueste Nachrichten*, Mai 1930.
»Politik und Drama«, *Jahrbuch der Württembergischen Landestheater* (Stuttgart), 6-18; auch in: *Neue Blätter für den Sozialismus* II, 2 (Februar 1931).

1931

»Dramaturg und Autor. Ein Briefwechsel«, *Die Scene* (Mai 1931).
»Arthur Schnitzler«, *Schwäbische Thalia* (November 1931).

1932

»Ferdinand Bruckner«, *Blätter der Reinhardt-Bühnen*, Berlin (1931/32),
H. 7.
»Gerhart Hauptmann«, *Wissenschaftliche Beilage des Staatsanzeigers für
Württemberg* (November 1932).

1933

Schatzgräber und Matrosen (Nach R. L. Stevenson's *Treasure Island*)
(Leipzig, Dietzmann-Verlag), (Erstaufführung: Schiller-Theater Berlin,
1934).
»Anna Seghers«, *Stuttgarter Neues Tagblatt*, 30. Januar 1933.

1934

Die Schwertbrüder (Eine Bearbeitung von Schillers »Malteser«-Fragment).
(Leipzig, Dietzmann-Verlag) (Erstaufführung: Landestheater Karlsruhe,
1935).
»Arthur Rimbaud«, *Stuttgarter Tagblatt*, 19. Oktober 1934.
»Schiller«, *Rechenschaftsbericht des Schwäbischen Schillervereins* (Stuttgart,
1933/34).

1935

»Betrachtung über einen Satz des Machiavell«, *Stuttgarter Neues Tagblatt*,
9. Feburar 1935.

1936

Das Wirtshaus zum roten Husaren. Roman (Berlin, Schützen-Verlag).
Das Weltbild Arthur Schnitzlers (Stuttgart, Knöller).

1937

»Thomas Mann and his Philosophy of Life«, *Faculty Studies*, No. 1., Mills
College.

1939

Hitler's Mein Kampf (The Eucalyptus Press, Mills College).
»Heinrich von Kleist«, *German Life and Letters*, Oxford, January 1939.

1942

The Revolution of Nihilism (The Eucalyptus Press, Mills College) pp. 21.

1944

»Thomas Manns Goethebild«, *Publications of the Modern Language Asso-
ciation of America*, LIX, 1, 2, 3; 261-290; 556-584; 851-868.

1945

»The Foreigner«, Fragment of a Novel, *Pacific* I, 1, 1-8.
»Das Motiv des Fallens bei Rilke«, *Modern Language Notes*, LX, 5, 295-302.

1946

»Kleist und Goethe«, *Monatshefte* XXXVIII, 1, 2, 3, 20-31; 83-96; 150-164.

1948

»Goethe und die Deutschen«, *Monatshefte* XL, 1, 1-16.
Edith Runge, Primitivism and Related Ideas in Sturm und Drang Literature, Baltimore 1946, in *Modern Language Notes*, LXIII, 557-559 (Buchbesprechung).

1949

Thomas Mann und Goethe (Bern, Francke Verlag).
»Die Insel als Symbol in der deutschen Literatur«, *Monatshefte*, XLI, 5, 239-247.

1950

»Thomas Mann«, *Collier's Encyclopedia*, 1950, vol. 13.
»Buddenbrooks«, *ibid.* vol. 4.
Günther Müller, Gestaltung-Umgestaltung in Wilhelm Meisters Lehrjahren, Halle 1948, in *Journal of English and Germanic Philology*, XLIX, 131-133 (Buchbesprechung).
Thomas Mann, Goethe und die Demokratie, Oxford 1949, in *Germanic Review*, XXV, 305-306 (Buchbesprechung).

1951

»Die Stadt als seelische Landschaft im Werk Rainer Maria Rilkes«, *Monatshefte* XLIII, 65-82; 133-149.
»›Erfahren wie wir sind im Untergange ...‹«, Zum 25. Todestag R. M. Rilkes, *Stuttgarter Zeitung*, 29. Dezember 1951.
Hans Fischer, Goethes Naturwissenschaft, Zürich 1950, in *Journal of English and Germanic Philology* (Oktober) (Buchbesprechung).

1952

»Ding und Ich in Rilkes ›Neuen Gedichten‹«, *Modern Language Notes*, LVII, 4, 217-224.
»Eines Volkes innere Geschichte«, Einleitung zu einem deutschen Lesebuch für amerikanische Studenten, *Deutschunterricht für Ausländer*, 1951/52, No. 3.
Ernst Robert Curtius, Kritische Essays zur europäischen Literatur, Bern 1950, in *Monatshefte* (Januar) (Buchbesprechung).

1954

»Das ertrunkene Mädchen: Rimbauds *Ophélie* und die deutsche Literatur«,

Germanisch-Romanische Monatsschrift, Neue Folge, IV, 2, 108-119.

»Kreatur und Element: Zur Metaphorik von Elisabeth Langgässers Roman *Das unauslöschliche Siegel*« Euphorion XLVIII, 71-89.

Peter Demetz, René Rilkes Prager Jahre, Düsseldorf 1953, in *German Quarterly*, XXVII, 211-212 (Buchbesprechung)

August Closs, Die neuere deutsche Lyrik vom Barock bis zur Gegenwart (Deutsche Philologie im Aufriß), in *German Quarterly*, XXVII, 215-216 (Buchbesprechung).

1955

»A Source of Hofmannsthal's *Aufzeichnungen zu Reden in Skandinavien*«, *Modern Language Notes*, LXX, 3, 157-165.

»Geist und Macht: Nathan – Iphigenie – Posa«, *Stuttgarter Zeitung*, 7. Mai 1955.

»Erscheinung eines alten Mannes« (Zu Hermann Hesses später Prosa), *Stuttgarter Zeitung*, 8. Oktober 1955.

»Begegnung mit dem jungen Talent. Antwort auf eine Rundfrage«, *Stuttgarter Zeitung*, 26. November 1955.

Heinrich Henel, The Poetry of Conrad Ferdinand Meyer, Madison 1954, in *Monatshefte*, März 1955, und *Stuttgarter Zeitung*, 30. Mai 1955 (Buchbesprechung).

1956

»Sog«, *German Quarterly* (January) XXIX, 1, 1-8.

»Perspektiven des Widerspruchs: Zur Kritik an Thomas Mann«, *Germanic Review*, XXXI, 3, 176-190.

»Bild einer verfallenden Welt. Zum 25. Todestag Arthur Schnitzlers«, *Stuttgarter Zeitung*, 20. Oktober 1956.

1957

»Die Kahnfahrt. Ein Beitrag zur Motivgeschichte des 18. Jahrhunderts«, *Euphorion* LI, 4, 335-384.

»Interpretations of German Poetry 1939-1956. A Bibliography« (with Adolf E. Schroeder), *Monatshefte*, XLIX, 5, 241-263.

»Die gefährlichen Blumen des Bösen« (Baudelaire, Rilke und die deutsche Lyrik), *Stuttgarter Zeitung*, 22. Juni 1957.

»Beschwörung der Welt. Zum 100. Todestag Joseph von Eichendorffs«, *Stuttgarter Zeitung*, 23. November 1957.

Excerpts from »Goethe und die Deutschen«, »Kleist und Goethe«, »Thomas Manns Goethebild«, in: *Das Herz der Heimat*, hrsg. v. August Lämmle (Stuttgart), 183-189. *Notes*, LXXIV, 5, 477-479 (Buchbesprechung).

Hermann Boeschenstein, Deutsche Gefühlskultur, Bern 1954, in *Monatshefte* XLIX, 3, 130-131 (Buchbesprechung).

1958

»Das Bild des Schiffbruchs in der Romantik«, *Jahrbuch der deutschen Schillergesellschaft*, II, 145-161.

Richard Alewyn, Über Hugo von Hofmannsthal, Göttingen 1958, in *Stuttgarter Zeitung*, 4. Oktober 1958 (Buchbesprechung).

1959

»Sein und Scheitern; Zur Geschichte einer Metapher«, *Germanisch-Romanische Monatsschrift*, Neue Folge, IX, 3, 277-287.

Gerhard Loose, Ernst Jünger, Gestalt und Werk, Frankfurt 1957, in *Modern Language Notes*, LXXIV, 5, 477-479 (Buchbesprechung).

1960

»Amerika und die deutsche Literatur«, *Jahrbuch der Deutschen Akademie für Sprache und Dichtung 1959* (Heidelberg/Darmstadt).

»›Murmeln, flüstern, rieseln ...‹: Zur Entstehung von Brentanos ›Wiegenlied‹«, *Modern Language Notes*, LXXV, 7, 596-602.

»Rilkes ›Spätherbst in Venedig‹«, *Wirkendes Wort*, X, 6, 345-354.

1961

»Orpheus and Messiah: The Mythology of Immortality in Klopstock's Poetry«, *German Quarterly*, XXXIV, 3, 218-224.

»Die Lust am Kriminalroman. Antwort auf eine Rundfrage«, *Stuttgarter Zeitung*, 1. Juli 1961.

»Wilhelm Buschiana« *Monatshefte*, LIII, 6, 298-302.

Ernst Feise und Harry Steinhauer, eds., German Literature since Goethe, Boston 1959, 2 vls., in *German Quarterly*, XXXIV, 1, 90-92 (Buchbesprechung).

Franz Anselm Schmitt, Stoff- und Motivgeschichte in der deutschen Literatur, Berlin 1959, *Stuttgarter Zeitung*, 19. August 1961 (Buchbesprechung).

1962

»Was gilt die deutsche Literatur im Ausland?« (USA), *Die Zeit*, Hamburg, 15. Juni 1962.

»A la recherche de l'hôtel perdu«, Antwort auf eine Rundfrage, *Stuttgarter Zeitung*, 8. September 1962.

»Orpheus und Messias: Zur Mythologie der Unsterblichkeit in Klopstocks Dichtung«, *Jahrbuch der deutschen Schillergesellschaft,* VI, 21-34.

Thomas Mann, Briefe 1889-1936, herausgegeben von Erika Mann, Frankfurt 1961, in *Stuttgarter Zeitung*, 27. Januar 1962 (Buchbesprechung).

Katherine Anne Porter, Ship of Fools, Boston 1962, in *Stuttgarter Zeitung*, 14. August 1962 (Buchbesprechung).

1964

»Aspects of Contradictions: On Recent Criticisms of Thomas Mann«, in *Thomas Mann. A Collection of Critical Essays,* edited by Henry Hatfield, Englewood Cliffs, N. J., 155-169.

Thomas Mann, Briefe 1937-1947, herausgegeben von Erika Mann, Frankfurt 1963, *Stuttgarter Zeitung*, 8. Februar 1964 (Buchbesprechung).

Heinz Politzer, Franz Kafka: Parable and Paradox, Cornell University Press

1962, *Comparative Literature*, XVI, 3, 278-280 (Buchbesprechung).

Gedichte Conrad Ferdinand Meyers. Wege ihrer Vollendung, herausgegeben und mit einem Nachwort und Kommentar versehen von Heinrich Henel, Tübingen 1962, in *Monatshefte*, LVI, 311-312 (Buchbesprechung).

1965

»Moderne«, in *Das Fischer Lexikon. Literatur* II, 2, hrsg. v. Wolf-Hartmut Friedrich und Walther Killy, Frankfurt, S. Fischer Verlag, 379-400.

»Motive der frühen Lyrik Bertolt Brechts I: Der Tod im Wasser«, *Monatshefte*, LVII, 3, 97-112.

»Motive der frühen Lyrik Bertolt Brechts II: Der Himmel der Enttäuschten«, *Monatshefte*, LVII, 273-281.

»Lyrismus der Zelle«, *Almanach des S. Fischer Verlags 79* (Frankfurt), 92-98; auch in *Stuttgarter Zeitung*, 25. September 1965.

»Rilkes ›Spätherbst in Venedig‹«, in *Interpretationen I, Deutsche Lyrik von Weckherlin bis Benn*, hrsg. v. Jost Schillemeit (Frankfurt, S. Fischer Verlag), Fischer Bücherei Bd. 695, 277-290.

Heinz Politzer, Franz Kafka, der Künstler, Frankfurt a. M., 1965, in *Stuttgarter Zeitung*, 17. Juli 1965 (Buchbesprechung).

1966

Aufsätze aus dem Stuttgarter Neuen Tagblatt und der Stuttgarter Zeitung 1933-1966, Privatdruck der Stuttgarter Zeitung, pp. 49.

»Lebendiger Quell und Flut des Todes. Ein Beitrag zu einer Literaturgeschichte des Wassers«, *Arcadia*, I, 1, 18-30.

Thomas Mann, Briefe 1948-1955, herausgegeben von Erika Mann, Frankfurt 1965, *Stuttgarter Zeitung*, 5. März 1966 (Buchbesprechung).

»Die tapferen Frauen von Königsberg«, *Die Zeit*, 10. Januar 1967.

1967

»Fausts Himmelfahrt«, *Études Germaniques*, XXII (Juli–Sept. 1967) No. 3, 338–345

»Kleist und Goethe«, *Heinrich von Kleist, Wege der Forschung*, CXLVII. Darmstadt: Wissenschaftliche Buchgesellschaft, 1967, 130–185. Zuerst in: *Monatshefte fuer Deutschen Unterricht*, XXXVIII (1946), 20–31, 83–96, 150–164.

1970

»The Metamorphosis of Captivity: Some Aspects of the Dialectics of Freedom in Modern Literatures«, *The German Quarterly*, XLIII, 3 (Mai 1970) 357-375.

Sigurd Burckhardt, hrsg. von B. Blume und Roy Harvey Pearce (Baltimore und London, Johns Hopkins Press).

»Der Briefschreiber Thomas Mann«, *Lebendige Form: Interpretationen zur Deutschen Literatur*, hrsg. von Jeffrey L. Sammons und Ernst Schurer (München, Wilhelm Fink Verlag), 277-289 (Festschrift für Heinrich E. K. Henel).

1973

Rainer Maria Rilke: Briefe an Sidonie Nádherný von Borutin (Frankfurt, Insel Verlag).

»Rilke und Karl Kraus«, *Neue Zürcher Zeitung*, No. 500 (28. Okt. 1973).

1974

»Karl Kraus und Sidonie Nádherný von Borutin«, *Neue Zürcher Zeitung*, No. 194 (28. April 1974).

German Literature: Texts and Contexts, (New York, McGraw-Hill).

1975

»›Allein mit aller Menschen Gram.‹ Eine Interpretation von Rilkes Gedicht ›Der Ölbaum-Garten‹«, *Neue Zürcher Zeitung*, No. 278 (29./30. Nov., 1975).

»Perspektiven des Widerspruchs: Zur Kritik an Thomas Mann«, *Thomas Mann, Wege der Forschung*, CCXXXV. Darmstadt: Wissenschaftliche Buchgesellschaft, 1976, 105-125. Zuerst in: *The Germanic Review*, XXXI (1956), 176-190.

»Paul Wanner«, *Schwäbische Heimat*, (Stuttgart, Konrad Theiss Verlag, Okt./Dez. 1975) Bd. 4, 346-349.

1976

»Einwanderungen/Immigrations«, übersetzt von Ralph R. Read III, *Dimension: Contemporary German Arts and letters*, IX, 1, 152-163.

»Rainer Maria Rilke: Existenz und Dichtung«, *Rilke heute, Beziehungen und Wirkungen*, 2. Bd. (Frankfurt, Suhrkamp Verlag), suhrkamp taschenbuch 355, 168-186.

»Some Thoughts on Rilke's Letters«, *Boston University Journal*, XXIV, 2, 14-21.

Das Wirtshaus »Zum Roten Husaren« (Frankfurt, Wolfgang Krüger Verlag) (Neudruck der in Berlin: Schützen-Verlag, 1936 veröff. Erstausgabe).

»Entwicklungsstufen von Rilkes Pariser Lyrik. Zu einer Untersuchung von Brigitte L. Bradley«, *Neue Zürcher Zeitung*, No. 228 (29. Sept. 1976) (Buchbesprechung).

»Jesus, der Gottesleugner: Rilkes ›Der Ölbaum-Garten‹ und Jean Pauls ›Rede des toten Christus‹«, *Herkommen und Erneuerung*. Essays für Oskar Seidlin (Tübingen, Max Niemeyer Verlag), 336-364.

»Jugend in der Heimat«, *Schwaben unter sich über sich*, hrsg. von Otto Heuschele (Frankfurt, Wolfgang Weidlich Verlag), 21-26.

»Rilke im Zeichen Rudolf Steiners, eine Werkdeutung von Rudolf Eppelsheimer«, *Neue Zürcher Zeitung*, No. 97 (27. Apr. 1976) (Buchbesprechung).

Karl Kraus, *Briefe an Sidonie Nádherný von Borutin, The German Quarterly*, XLIX, 121-123 (Buchbesprechung).

Maurice Zermatten, *Rilkes Letzte Lebensjahre, Neue Zürcher Zeitung*, No. 89 (15. Apr. 1976) (Buchbesprechung).

1977

»Die Heiratsannonce in der ›Marquise von O . . .‹«. *Neue Zürcher Zeitung*, No. 242 (15./16. Oktober 1977).

Nachweise

Die in diesem Band vereinigten Aufsätze erschienen in den folgenden Büchern und Zeitschriften, deren Herausgebern hiermit für die Erlaubnis des Wiederabdrucks freundlich gedankt sei.

1949
»Die Insel als Symbol in der deutschen Literatur«, *Monatshefte*, XLI, 5, 239-247.

1951
»Die Stadt als seelische Landschaft im Werk Rainer Maria Rilkes«, *Monatshefte* XLIII, 65-82; 133-149.

1952
»Ding und Ich in Rilkes ›Neuen Gedichten‹«, *Modern Language Notes*, LVII, 4, 217-224.

1954
»Das ertrunkene Mädchen: Rimbauds *Ophélie* und die deutsche Literatur«, *Germanisch-Romanische Monatsschrift*, Neue Folge, IV, 2, 108-119.

1957
»Die Kahnfahrt. Ein Beitrag zur Motivgeschichte des 18. Jahrhunderts«, *Euphorion*, LI, 4, 335-384.

1958
»Das Bild des Schiffbruchs in der Romantik«, *Jahrbuch der deutschen Schillergesellschaft*, II, 145-161.

1959
»Sein und Scheitern; Zur Geschichte einer Metapher«, *Germanisch-Romanische Monatsschrift*, Neue Folge, IX, 3, 277-287.

1960
»Rilkes *Spätherbst in Venedig*«, *Wirkendes Wort*, X, 6, 345-354.

1965
»Motive der frühen Lyrik Bertolt Brechts I: Der Tod im Wasser«, *Monatshefte* LVII, 3, 97-112.
»Motive der frühen Lyrik Bertolt Brechts II: Der Himmel der Enttäuschten«, *Monatshefte*, LVII, 273-281.

1966
»Lebendiger Quell und Flut des Todes. Ein Beitrag zu einer Literaturgeschichte des Wassers«, *Arcadia* I, 1, 18-30.

1973

»Rilke und Sidonie Nádherný von Borutin« ist die (dort unbetitelte) Einleitung zu *Rainer Maria Rilke: Briefe an Sidonie Nádherný von Borutin*, hrsg. von Bernhard Blume (Frankfurt am Main, Insel Verlag, 1973).

1976

»Rainer Maria Rilke: Existenz und Dichtung«, *Rilke heute, Beziehungen und Wirkungen*, zweiter Bd. (Frankfurt, Suhrkamp Verlag), suhrkamp taschenbuch 355, 168-186.

»Jesus, der Gottesleugner: Rilkes ›Der Ölbaum-Garten‹ und Jean Pauls ›Rede des toten Christus‹«, *Herkommen und Erneuerung*. Essays für Oskar Seidlin (Tübingen, Max Niemeyer Verlag), 336-364.

Es geht hier nicht um den Menschen, sondern um den Literaturhistoriker. Dennoch wäre es ein Versäumnis, wenn bei jemand, der daran glaubte, daß jede Lebensäußerung, und nun erst gar eine schöpferische, aus dem Ganzen der Existenz fließt, nicht wenigstens auf die wichtigsten Voraussetzungen hingewiesen würde. Bernhard Blume gehörte zu den letzten einer aussterbenden Art: den deutschen Künstlern und Intellektuellen, die es vorzogen, ihr Leben in fremden Ländern zu fristen, als es dem über Deutschland hereingebrochenen Faschismus anzupassen.

Wer seine gewohnte Umwelt aus politischen Gründen aufgeben muß, ist immer zu bedauern. Wer es wie Bernhard Blume freiwillig, um einer ethischen Überzeugung willen tut, ist zu bewundern. Wie soll sich aber ein Künstler, vor allem ein dem Wort verhafteter Schriftsteller, noch dazu ein Dramatiker, in fremder Kultur, unter Menschen, die seine Sprache nicht verstehen, über Wasser halten? Romane lassen sich allenfalls, wenn man Glück hat, noch verpflanzen, Bühnenstücke, die in direktester Weise auf ein Tagespublikum angewiesen sind, kaum. Und so kam es, daß Bernhard Blume von der Bühne zum Katheder, vom Theater zur Universität, vom Stückeschreiben zur Literaturgeschiche überging. Er hat es auch in diesem Fach zu Rang und Ansehen gebracht und zusammen mit anderen Wissenschaftlern und Humanisten an einer tiefen Umgestaltung der amerikanischen Universität mitgewirkt. Dieses Kapitel Kulturhistorie muß trotz mancher Vorarbeiten erst geschrieben werden.

Die Umstellung auf ein neues Arbeitsgebiet hat Bedeutendes hervorgebracht, z. B. ein Buch über Thomas Manns Weg zu Goethe, eine Anzahl grundlegender Kleist-Aufsätze, Arbeiten über Goethe und Klopstock, über Brentano, Elisabeth Langgässer und viele andere Autoren. Wir haben uns entschieden, hier zwei thematisch gebundene Reihen Essays aufzustellen, die den weiten Horizont und den großen Atem Bernhard Blumes besser veranschaulichen, als es eine noch so breite Streuung unzusammenhängender Schriften vermöchte. Zur Charakteristik dieser Stücke ließe sich sagen, daß sie mehrere, längst gängige Methoden der Literaturbetrachtung, die biographische, die interpretatorische, die motivgeschichtliche und die geistesgeschichtliche kombinieren und so zu überraschend modernen Wirkungen bringen. Beide Gruppen zeichnen sich dadurch aus, daß Dichtung jeweils in größere Zusammenhänge gestellt wird. Blume ist ein Meister der werkimmanenten Interpretation. Aufbau, Wortwahl, Metrik, Reim, Klang, für alle diese Elemente hat er ein untrügliches Gespür und versteht es, sie dem Leser, dem ihr Zusammenwirken noch Augenblicke zuvor undurchsichtig war, ganz einleuchtend zu machen. Mit diesen Resultaten gibt sich Blume aber niemals zufrieden. Trotz seiner hohen Achtung vor dem Detail ruht sein Geist erst, wenn er das einzelne literarische Erzeugnis als Ausdruck einer allgemeinen, fast unpersönlichen Macht verstanden hat.

Im Fall Rilke ist es das Leben des Dichters. Aber was ist dieses »Leben«? Es ist weder Psychologie noch Gesellschaftliches oder Geschichtliches, obgleich alle drei immer eine gewisse Rolle spielen, sondern »Existenz«, jener Komplex aller Strategien, die ein Mensch bewußt oder unbewußt anwendet, um in einer faszinierenden, vielleicht sogar schönen, aber im Grunde indifferenten und oft feindseligen Welt zu überstehen; und Überstehen ist nicht genug, es ist nur Vorbedingung; das Wichtige und Eigentliche ist, sich zu entwickeln, das zu werden, was man sein könnte, und dem Schöpferischen in sich zum Durchbruch zu verhelfen.

Auch bei den »Wasseraufsätzen« handelt es sich um ein groß angelegtes »Existentielles«, auf das die Einzelheit bezogen ist, aber hier ist es etwas anderes als das Schicksal eines Individuums. Hier wird die Metaphorik von Schiffahrt, Landen und Scheitern, von Insularität, Selbstvertrauen und Geborgenheit oder Selbstverlust und Untergang als Epochenausdruck verstanden. Hier wird dem Geheimnis nachgegangen, wie die Gleichnisse, die ein Einzelner findet, um sein einmaliges Lebensgefühl auszudrücken, allenthalben auftauchen, sich häufen und trotz eigenwilliger Auslegung und Anordnung zu Sinnbildern der ganzen Epoche werden können. So entsteht ein ungeheures Panorama von Seelenlandschaften, die vom Barock bis zur Moderne reichen und kontinuierliche Entwicklungen in unserer Kultur sichtbar machen. Denn die Belesenheit, von der hier gezehrt wird, ist enorm, sie schließt fremde Literaturen mit ein, die englische z.B. und namentlich die französische, sie ist im besten Sinn komparatistisch, und weil sie Freude am Kleinen und Unscheinbaren hat und oft unerwartete Funde zutage fördert, auch »philologisch« in der alten, humanistischen Auffassung des Begriffs.

Da diese »Existenz«, sei sie nun epochal oder individuell genommen, mit Vorurteilslosigkeit und unübertrefflicher Sachkenntnis in glänzenden Formulierungen rekonstruiert und ihr Verständnis in scharfsinnigen und illusionslosen, aber zutiefst gütigen und schonungsvollen Untersuchungen dargeboten wird, fühlt sich schließlich ein jeder Leser von Bernhard Blume gewonnen. Dies gilt auch von demjenigen, der gewohnt ist, sich der Literatur mit ganz anderen Fragen zu nähern, denn der Wunsch, zu wissen, wie sich der einzelne, besonders der durch ein überempfindliches Sensorium ausgezeichnete Dichter mit den Gegebenheiten einrichtet und wie er mit den anonymen Strömungen zusammenhängt, interessiert jeden. Das ist nun freilich eine Literaturwissenschaft ganz eigener Art. Sie ist zwar unnachahmlich, was sie aber nicht hindert, gleichzeitig vorbildlich zu sein. *Egon Schwarz*